Claus Hilpold / Dieter G. Kaiser

Innovative Investmentstrategien

Claus Hilpold / Dieter G. Kaiser

Innovative Investmentstrategien

Handelstechniken für eine optimierte
Portfoliodiversifikation

GABLER

Bibliografische Information der Deutschen Nationalbibliothek
Die Deutsche Nationalbibliothek verzeichnet diese Publikation in der
Deutschen Nationalbibliografie; detaillierte bibliografische Daten sind im Internet über
<http://dnb.d-nb.de> abrufbar.

1. Auflage 2010

Alle Rechte vorbehalten
© Gabler Verlag | Springer Fachmedien Wiesbaden GmbH 2010, Softcover 2013

Lektorat: Guido Notthoff

Gabler Verlag ist eine Marke von Springer Fachmedien.
Springer Fachmedien ist Teil der Fachverlagsgruppe Springer Science+Business Media.
www.gabler.de

Umschlaggestaltung: KünkelLopka Medienentwicklung, Heidelberg
Druck und buchbinderische Verarbeitung: MercedesDruck, Berlin
Gedruckt auf säurefreiem und chlorfrei gebleichtem Papier

ISBN 978-3-8349-1982-3   (Hardcover)

ISBN 978-3-658-00578-8   (Softcover)

Geleitworte

Mit dem vorliegenden Buch ist es den Autoren eindrucksvoll gelungen, zwei Punkte zu verdeutlichen. Erstens wird bei der Berichterstattung über alternative Investmentstrategien häufig nicht differenziert. Die alternativen Investmentstrategien werden dementsprechend fälschlicherweise als eine homogene Anlagekategorie dargestellt. Die sechs verschiedenen Investmentstrategien, die im Rahmen des Buches sehr detailliert beschrieben werden, sind jedoch ein gutes Indiz dafür, wie heterogen die Strategien, die von Hedgefonds verfolgt werden, tatsächlich sind. Zweitens führen die Autoren jedem Leser und Investor eindeutig vor Augen, wie wichtig es ist, sich mit den einzelnen Strategien inhaltlich auseinanderzusetzen, *bevor* eine Investition getätigt wird. Dies ist das einzige Mittel, etwaigen Enttäuschungen aufgrund falscher Erwartungen in Bezug auf die Investition in alternative Anlagetechniken vorzubeugen. Die Lektüre dieses Buchs hilft dem Leser in starkem Maße, das mit innovativen Investmentstrategien verbundene und teilweise auch kostspielige Enttäuschungspotenzial zu reduzieren.

Ulf Becker
Partner, Leiter Absolute Return, Lupus alpha Asset Management GmbH

Die Finanzkrise hat eines vollkommen deutlich gezeigt: Es reicht als Investor nicht aus, sein Kapital nur auf verschiedene Anlageklassen zu verteilen und in einer „Long-only-Buy-and-Hold"-Variante zu kombinieren. Die Risiken sind untragbar geworden für private und institutionelle Investoren. Die einzige Lösung aus diesem Dilemma ist der Weg von einem Multi-Asset- hin zu einem Multi-Strategie-Portfolio, das unterschiedliche Zugangswege für alle Anlageklassen kombiniert. Das vorliegende Buch schafft Transparenz und Verständnis für diverse innovative Ansätze und ist ein sehr wichtiger Beitrag für eine erfolgreichere Kapitalanlage.

Michael Busack
Geschäftsführender Gesellschafter Absolut Research GmbH,
Herausgeber des Absolut|report und
Vorstand Bundesverband Alternative Investments (BAI) e.V., Bonn

Wie sich 2008 gezeigt hat, weisen viele der herkömmlichen Hedgefonds-Strategien die unangenehme Eigenschaft aus, dass sie zwar in einem „normalen" Marktumfeld nicht oder kaum mit Aktien korrelieren, in Krisenzeiten jedoch in die gleiche Richtung wie Aktien tendieren. Das vorliegende Buch erläutert detailliert sechs gering korrelierte alternative Investmentstrategien. Die beiden Autoren verfügen über viel Erfahrung im Umgang mit nichttraditionellen Investmentstrategien. Dies haben sie bereits in ihrem ersten Buch anschaulich unter Beweis gestellt. Im vorliegenden Buch tragen sie mit ihren Ausführungen viel zum Verständnis von innovativen Investmentstrategien bei, die bei vielen Anlegern noch wenig bekannt sind. Diese Investmentstrategien wurden in der Vergangenheit eher unterschätzt und dürften in Zukunft an Bedeutung gewinnen. Es ist unabdingbar, dass Investoren die jeweiligen Anlagen und Strategien, in die sie Kapital allokieren, auch verstehen. Dazu trägt dieses Buch in eindrücklicher Weise bei.

Dr. Philipp Cottier
Mitglied des Verwaltungsrates, Vontobel Holding AG

Das vorliegende Buch beschreibt in bemerkenswerter Detailgenauigkeit die bedeutendsten innovativen Anlagetechniken. Ergänzt durch ausführliche Beispiele aus dem Handelsbereich gelingt es den Autoren, die anspruchsvollen Investmentstrategien dem Leser prägnant und voll umfänglich verständlich zu machen. Eine abschließende empirische Anlageerfolgsbetrachtung anhand unterschiedlicher Performancekennzahlen erlaubt eine Einordnung der jeweiligen Strategie in das Risiko-Rendite-Spektrum gegenüber Buy-and-Hold-Strategien in konventionellen Anlageklassen. Damit wird das Buch nicht nur zur Pflichtlektüre für all diejenigen, die sich in der Praxis mit innovativen Investmentstrategien beschäftigen, sondern ermöglicht als ein wertvolles Lehrbuch Studierenden im Bereich des Finanzmanagements den Einstieg in eine komplexe, jedoch außerordentlich spannende Materie.

Dr. Roland Füss
Professor für Finanzwirtschaft, European Business School (EBS)
International University Schloss Reichartshausen

Dieses Buch repräsentiert eine überzeugende Auswahl an Investmentstrategien, die bisher zu Unrecht nicht im Fokus institutioneller Investoren standen. Die vorgestellten Ansätze stellen innovative Handelsstrategien dar, die im modernen Portfoliomanagement unverzichtbar sind. Der Leser dieses sehr lesenswerten und lehrreichen Buches lernt Anlagetechniken kennen, die sogar während der Finanzkrise ihre Robustheit unter Beweis gestellt haben. Dies ist vor allem für den Investmententscheider von enormer Bedeutung. Das vorliegende Buch ist verständlich geschrieben und eignet sich hervorragend für Praktiker und Wissenschaftler. Ich hoffe, dass das Buch in einem großen Umfang dazu beitragen wird, das Verständnis für alternative Investmentstrategien im deutschsprachigen Raum zu fördern.

Dr. Thomas Heidorn
Professor für Bankbetriebslehre, Frankfurt School of Finance and Management

Das Jahr 2008 war ein Waterloo für die klassischen Anlageklassen. Aktien, Immobilien und die meisten Anleihensegmente verzeichneten hohe Verluste. Eine Risikodiversifikation erwies sich aufgrund der hohen Korrelationen traditioneller Anlageinstrumente für viele Anleger als reine Illusion. In einem unverändert schwierigen Kapitalmarktumfeld scheinen auch die Renditeperspektiven dieser Anlageformen auf Jahre begrenzt. Was liegt also näher als den Blick auf innovative Anlagestrategien zu richten, deren Ertragsquellen unabhängig von der Entwicklung der klassischen Anlageklassen sprudeln? Mit dem vorliegenden Werk gelingt es den Autoren erneut, wenig bekannte und ertragreiche Investmentstrategien sehr anschaulich und verständlich darzustellen. Die sechs vorgestellten Anlagestrategien waren bisher vielfach noch den Profis vorbehalten. Dies sollte und wird nicht so bleiben. Auf Basis der informativen Kapitel des vorliegenden Buches wird eine immer größer werdende Anlegerschar komplexe Handelsstrategien nachvollziehen und Kapital in diesen Bereichen allokieren können. Die Autoren tragen dazu bei, dass der Trend zu alternativen Geldanlagen weiter anhalten wird.

Markus Mezger
Partner und Chief Investment Officer, Tiberius Asset Management AG

Vorwort

Es ist für mich jedes Mal eine Ehre, wenn ich gebeten werde, das Vorwort zu einem innovativen Buch über alternative Investmentstrategien zu schreiben. Doch als ich die Bitte um ein Vorwort im Anschluss an das doch sehr turbulente Jahr 2008 bekam, war ich fast versucht, mich auf dem nächsten Baum zu verstecken. Das Jahr 2009 ist mittlerweile Vergangenheit und glücklicherweise hat sich die Besonnenheit durchgesetzt und die Wertentwicklung von Hedgefonds hat sich verbessert. Obwohl die Mittelzuflüsse in alternative Investments überschaubar waren, besteht kaum mehr Zweifel an dem renditeerhöhenden und portfoliodiversifizierendem Potenzial von Hedgefonds. Die jüngsten Ereignisse haben zum einen die dynamische Natur der Finanzmärkte sowie die Neigung der Investoren, insbesondere hoch rentierliche Strategien zu verfolgen, hervorgehoben und zum anderen das resultierende Potenzial für negative Ergebnisse, wenn beides nicht richtig aufeinander abgestimmt ist. Die Investoren können entweder zukünftige Investments gänzlich negieren – wie auch die vielen anderen vergangenen Finanzmarktblasen – oder aber die aktuelle Krise dazu verwenden, sich fortzubilden, sodass ähnliche Fehler in der Zukunft nicht mehr gemacht werden. Ich meinerseits bevorzuge das letzte Vorgehen.

Viele institutionelle Anleger haben signifikante Wertverluste in ihren Wertpapierportfolios erlitten, andererseits hat aber ihr Einfluss auf die Konditionen ihrer Investments stark zugenommen. Konsolidierung und Fondsliquidationen haben die schwächeren, weniger fähigen Vermögensverwalter eliminiert. Die Investitionsbedingungen werden günstiger, die Transparenz steigt, Management- und Performancegebühren sinken, und der Zugang zu hochqualitativen Managern ist nunmehr möglich. Diese Marktdynamik sollte den Investoren zugutekommen, jedoch sollte weiterhin große Sorgfalt in Bezug auf die Analyseprozesse an den Tag gelegt werden.

Aufgrund der stark medial aufgearbeiteten Betrugsfälle der letzten Zeit sind die Rufe nach einer stärkeren Regulierung und höheren Transparenz lauter geworden. Zum Beispiel hat die Börsenaufsicht SEC in den USA den wichtigen Schritt unternommen und ein Regelwerk vorgeschlagen, welches jeden Hedgefonds, der in den USA agiert dazu zwingt, sich als Vermögensverwalter bei der Behörde zu registrieren. Bisher agieren Hedgefonds innerhalb von Ausnahmeregelungen des Investment Company Act von 1940 und dem Investment Advisers Act von 1940, um die Registrierung als Investmentgesellschaft oder Investmentberater zu vermeiden. In erster Linie verlassen sich die Manager von alternativen Anlagefonds auf die sogenannte Private Advisor-Regelung.

Demnach muss sich ein Investmentberater, der weniger als 15 Klienten betreut, nicht als Vermögensverwalter bei der SEC registrieren. Bequemerweise zählt ein einziger privater Fonds wie ein Hedgefonds lediglich als ein Klient nach Maßgabe der SEC, obwohl dieser private Fonds wiederum hunderte Investoren und Milliarden US-Dollar an verwaltetem Vermögen haben kann. Entsprechend hat die SEC vorgeschlagen, die Private Advisor-Regelung für Hedgefonds abzuschaffen, die aus den USA heraus operieren. Dies bedeutet effektiv, dass jeder in den USA operierende Hedgefonds sich bei der SEC registrieren müsste (die Regelung soll nicht angewandt werden auf Hedgefonds-Manager, die außerhalb der USA operieren und auch keine Geschäfte in den USA tätigen).

Die SEC hat diesen Schritt aus drei Gründen getätigt. Erstens hat über die letzte Dekade ein explosives Wachstum von privaten Anlagefonds, inklusive Hedgefonds, Private Equity- und Venture Capital-Fonds, stattgefunden. Zweitens hat während der Finanzmarktkrise der Jahre 2007 und 2008 der Abbau von Risikokapital – in erster Linie durch Hedgefonds – seinen Beitrag zur Belastung der Finanzmärkte geleistet. Drittens fehlten aufgrund der fehlenden Regulierung von Hedgefonds bei der SEC dem amerikanischen Finanzministerium sowie der US-Notenbank verlässliche und umfangreiche Daten, die nötig sind, um die Aktivität von Hedgefonds zu überwachen und die von dieser Anlagekategorie ausgehenden potenziellen Risiken einzuschätzen. Im Endeffekt beabsichtigt die US-Regierung den Grad der Informationsbereitstellung sowie der Transparenz um die Hedgefonds-Industrie zu erhöhen. Entsprechend fordert die SEC die Offenlegung des verwalteten Vermögens, des Fremdkapitaleinsatzes, der Kreditrisikopositionen gegenüber Handelspartnern, der Handelspraktiken bis hin zu den gehaltenen Positionen.

Ob diese Transparenz in der Form von registrierungsbedingten Offenlegungsvorschriften, durch die Eröffnung von separaten treuhänderisch verwalteten Einzelkonten bei den Managern, der kompletten Positionstransparenz oder der besseren Enthüllung von Risikopositionen erfolgt, ist aktuell noch nicht sicher. Sicher ist allerdings, dass die Investoren mittlerweile mehr und detailliertere Informationen bei ihren Hedgefonds-Managern abfragen. Diese Bemühungen helfen den Investoren, potenzielle Investments zu evaluieren, allerdings existiert nach wie vor kein Ersatz für einen tiefgehenden Due Diligence-Prozess. Denn weder Regulierung noch Registrierung schützen vor finanziellem Scheitern. Dies zeigen beispielsweise die Fälle AIG, Bear Stearns oder Lehman Brothers.

Viele Investoren haben festgestellt, dass Due Diligence eine sehr kostspielige und zeitintensive Angelegenheit ist. Mehr Gewicht wird künftig auf den Aufbau eines tiefen Verständnisses der verschiedenen Strategien gelegt, welche von Hedgefonds-Managern angewandt werden: Entwicklung in verschiedenen Marktumfeldern, historische Volatilität, Fremdkapitaleinsatz, Kapazitätsbeschränkungen oder auch Korrelationen zu den traditionellen Anlageklassen. Dies sind kritische Erfolgsfaktoren, die bei der Beurteilung von potenziellen alternativen Investments eine Rolle spielen.

Dieses Buch bietet dem Leser alle notwendigen Informationen, die benötigt werden, um eine informierte Investitionsentscheidung im Hinblick auf die innovativen alternativen Investmentstrategien zu tätigen. Die Entmystifizierung von alternativen Investments benötigt zwar substanzielle Ressourcen, aber ich teile die Leidenschaft von Claus und Dieter sowie ihre Überzeugung, dass solche Investments auch weiterhin Portfoliobestandteil eines jeden sophistizierten Investors sein sollten.

Mark J.P. Anson
President und Executive Director of Investment Services
Nuveen Investments, Inc.

Inhaltsverzeichnis

Einleitung

Die Idee, ein Buch über innovative Investmentstrategien zu schreiben, entstand durch unsere Arbeit mit institutionellen Investoren im deutschsprachigen Raum. Sehr häufig wurden wir mit dem Wunsch konfrontiert, einmal aus unserer Sicht darzulegen, welche Investmentstrategien wir für zukunftsträchtig und gleichzeitig attraktiv genug erachten – die aber weder als „traditionelle" noch als „klassische alternative" Investmentstrategien zu verstehen sind. Letztendlich entschlossen wir uns, die wesentlichen innovativen Investmentstrategien in einem Buch detailliert vorzustellen. Zum einen haben wir die Auswahl der Strategien unter subjektiven Gesichtspunkten vorgenommen. Zum anderen ist die Auswahl natürlich auch durch die Finanzkrise beeinflusst: So werden beispielsweise keine Strategien berücksichtigt, die sich vor der Krise als attraktiv und nach der Krise als nicht überlebensfähig herausgestellt haben. Behandelt werden im vorliegenden Buch Managed Futures, Volatilitäts-Arbitrage, Long/Short Rohstoffe, Stromhandel, Distressed Securities und Währungsstrategien.

Die einzelnen Kapitel dieses Buches sind analog zu der Struktur aufgebaut, die wir bereits in unserem ersten gemeinsamen Buch[1] verwendeten: Nach einer generellen Strategie-Deskription folgen konkrete Handelsbeispiele, die dem Leser die Anwendung der jeweiligen Strategie in der Praxis zeigen. Die einzelnen Kapitel werden abgerundet durch eine umfassende Rendite- und Risikoanalyse: Die jeweilige Strategie wird mit einer Investition in Aktien und Anleihen verglichen. Da es sich bei den in diesem Buch dargestellten Strategien nicht nur um innovative Strategien aus der Sicht institutioneller Investoren im deutschsprachigen Raum, sondern teilweise auch um komplett neue Handelstechniken handelt, war es leider nicht möglich, zu jeder Strategie auf einen Index eines renommierten Anbieters zurückzugreifen. Meist lag dies daran, dass es zu diesen Strategien überhaupt keine Indizes gab, in einigen wenigen Fällen war es wiederum so, dass die existierenden Indizes nicht als repräsentativ eingestuft werden konnten.

Wir wollen uns an dieser Stelle bei all den Personen bedanken, die uns bei der Durchsicht sowie der Erstellung des Manuskripts durch ihre qualifizierte Hilfe zur Seite standen. Unser Dank gilt im Speziellen Karsten Abromeit (VersAM Versicherungs-Assetmanagement GmbH), Jon Andersson (Harcourt Investment Consulting AG), Jeremy Baker (Harcourt Investment Consulting AG), Ulf Becker (Lupus alpha Asset Management GmbH), Carine Dauphin (Louis Dreyfus Investment Group), Rolf Dreiseidler (Man Capital Markets AG), R. Sean Duff (Onex Credit Partners LLC), Francis Featherby (Louis Dreyfus Investment Group), Jerome Gaberell (POLARIS Investment Advisory AG), Michael J. Gelblat (Onex Credit

---

[1]   Vgl. Hilpold/Kaiser (2005).

Partners LLC), Florian Haberfelner (Feri Institutional Advisors GmbH), Markus Hausberger (MM Capital LLC), Maximilian Kogler (MM Capital LLC), Stuart R. Kovensky (Onex Credit Partners LLC), Hans Kumar (AC Investment Management LLC), Stian Kurvers (Energy Capital Management BV), Steve Macari (FX Concepts LLC), Ian Mcintosh (Louis Dreyfus Investment Group), Marcel Melis (Energy Capital Management BV), Ernest Scalamandre (AC Investment Management LLC), Oliver Schwindler (HF-Analytics GmbH), Akiva Stechler (Onex Credit Partners LLC), Andreas Stehr (Warburg Alternative Investments), Daniel Szor (FX Concepts LLC) und Gordian Weber (IDC AG).

Viele Inhalte dieses Buches wären auch ohne die vielen Diskussionen und Konversationen mit unseren Kollegen in den verschiedenen Stationen unserer Karrieren nicht möglich gewesen. Dankbar sind wir auch den Experten aus der Praxis sowie der Wissenschaft, die dieses Buch durch ihr Vorwort bzw. Geleitworte unterstützen. Wir danken außerdem Guido Notthoff und dem Gabler-Verlag für das Lektorat sowie das Vertrauen in dieses Buchprojekt, das uns entgegengebracht wurde.

Claus Hilpold, Dieter Kaiser

Zürich und Bad Homburg v.d.H. im September 2009

1. Managed Futures

1.1 Deskription

Managed Futures ist der Oberbegriff für eine Trading-Strategie, die vor allem auf ex-post programmierten, systematischen Computermodellen beruht, die unter Analyse unterschiedlicher Zeithorizonte in alle weltweit verfügbaren Asset-Klassen investiert. Als Instrumente dienen meist standardisierte und börsennotierte Derivate (Futures, Optionen, Forwards). Die Anlegergelder werden über Fonds oder Pools bzw. über Individualkonten (Managed Accounts), durch professionelle Managed-Futures-Trader (Commodity Trading Advisors, CTAs) in Terminkontrakte investiert, um von steigenden und/oder fallenden Kurstrends in allen Assetklassen zu profitieren.[1]

Die Managed-Futures-Strategie versucht vorwiegend systematisch, aus den Preisbewegungen auf Aktien-, Devisen-, Zins- oder Rohstoffmärkten Kauf- und Verkaufssignale auszumachen und im Sinne des Anlegers renditebringend auszunutzen. Die Preisschwankungen werden durch den Einsatz technischer Handelssysteme und von Mustererkennungsmodellen analysiert. Die Simulationsmodelle werden von den CTAs entwickelt und stellen deren spezielles Know-how dar. Diese sind deswegen nicht immer transparent hinsichtlich der Funktionsweise der von ihnen angewandten Methoden. Heutzutage werden von CTAs vorwiegend mehrere Märkte gehandelt, zum Beispiel Aktien, Zinsen, Währungen und Rohstoffe. Interessanterweise ist die Anzahl der CTAs, die ausschließlich Rohstoffe (Systematic Commodity) oder Devisen (Systematic Currency) handeln, sehr gering. CTAs handeln meist zwischen 60 und 100 verschiedene Märkte.[2]

Die Anlage in Managed Futures ist seit 1949, der Auflage des Fonds *Futures, Inc.* durch Richard Donchian, einem Händler bei Hayden Stone, möglich. Doch dauerte es noch weitere 16 Jahre, bis Dunn und Hargitt die Auswahl der Terminkontrakte anhand computergestützter Modelle durchführten.[3] Einen ersten Wachstumsschub erlebte die Branche in den frühen Achtzigerjahren, nachdem eine Studie der Harvard Universität nachweisen konnte, dass traditionelle Investorenportfolios durch das Beimischen einer Managed-Futures-Quote an Risiko ab- und an Rendite zunehmen können.[4] In den folgenden fünf Jahren nach Erscheinen der Studie wuchs das in Managed Futures verwaltete Vermögen von zwei Milliarden US-Dollar in 1983 auf zehn Milliarden US-Dollar in 1988 an. Im Jahr 1991 war das Virginia Retirement System der erste institutionelle Investor, der eine signifikante Erst-Allokation in

---

[1] In der Praxis werden Managed Futures und CTAs als Synonyme füreinander verwendet. Vgl. Busack/Kaiser (2006).

[2] Vgl. Kaiser (2009), S. 106.

[3] Vgl. Weber (1999), S. 108.

[4] Vgl. Lintner (1983), S. 12.

Managed Futures in Höhe von 100 Millionen US-Dollar tätigte. In den frühen Achtzigerjahren erzielten die meisten CTAs ihre Performance aus dem Handel von Gold-Kontrakten, in den späten Achtzigerjahren durch den Handel mit Währungs-Futures und in den frühen Neunzigerjahren mit Zinssatz-Derivaten.

Heutzutage gelten Trends als schwieriger auszumachen, kürzer in ihrer Verweildauer und anfällig für starke Trendumkehrungen (Reversals) aufgrund der Tatsache, dass sich viele Investoren bestimmten Elementen der technischen Analyse bei ihren Investitionsentscheidungen bedienen. Entsprechend ist es für Managed-Futures-Fonds notwendig, dass diese kontinuierlich ihre Signale und Modelle optimieren sowie in neue Märkte diversifizieren. Da die Anwendung bestehender Modelle sowie die Forschung nach Optimierungsmethoden sehr personalintensiv ist, wird der Bereich Managed Futures von einigen wenigen Multi-Milliarden-Dollar-Fonds dominiert. Gleichzeitig gibt es allerdings eine sehr hohe Anzahl an kleinen CTAs, welche aber im Kontext des gesamten in diesem Bereich allokierten Kapitals keine Rolle spielen. Interessanterweise scheint es bei Managed-Futures-Fonds auch so zu sein, dass die großen Anbieter nicht nur über mehr Forschungspersonal und fortschrittlichere Modelle verfügen, sondern auch die kleinen Produkte in der Wertentwicklung übertreffen. Da die meisten CTAs aufgrund ähnlicher Modellarten gleichzeitig auch noch eine hohe Korrelation zueinander aufweisen, ist der Mehrwert für einen institutionellen Investor, in einen kleinen CTA zu investieren, nur selten attraktiv. Nach Angaben von BarclayHedge stieg das in Managed Futures investierte Vermögen von 40 bis 45 Milliarden US-Dollar Ende 2002 auf 206 Milliarden US-Dollar Ende 2008 an.

Das Wachstum der Managed-Futures-Industrie wurde durch ansteigende regulatorische Aufsicht begleitet. Während Futures-Trading in den USA seit den Zwanzigerjahren einer geringen Regulierung unterlag, rief der amerikanische Kongress im Jahr 1974 die Commodity Futures Trading Comission (CFTC) als Aufsichtsorgan für den Futures-Handel ins Leben. Die CFTC wird dabei durch die National Futures Association (NFA), eine selbst-regulierende Behörde unterstützt, die im Jahr 1982 gegründet wurde, sowie von den Börsen. Hierbei überwacht jede Futures-Börse ihre Mitgliedsfirmen, Broker und Händler, die hierüber Geschäfte betreiben, während die NFA jeden reguliert, der für US-Investoren Futures handelt.[5] Einen Überblick über die wesentlichen Futures-Börsen gibt Tabelle 1-1.

---

5   Vgl. Jaffarian (2007), S. 20-21.

Tabelle 1-1: Wesentliche Terminbörsen

Börsenname	Abkürzung	Land	Gehandelte Kontrakte	Internetseite
Chicago Mercantile Exchange	CME	USA	Finanz- und Rohstoff-Kontrakte	cmegroup.com
Eurex	EUREX	Deutschland	Finanz-Futures	eurexchange.com
Euronext.liffe	EURONEXT	Frankreich	Finanz- und Rohstoff-Kontrakte	euronext.com
Intercontinental Exchange	ICE	USA	Energie	theice.com
London Metal Exchange	LME	England	Metalle	lme.co.uk
Winnipeg Commodity Exchange	WCE	Kanada	Agrarprodukte	wce.ca
Tokyo Commodity Exchange	TOCOM	Japan	Energie und Metalle	tocom.or.jp
Shanghai Metal Exchange	SHME	China	Metalle	shme.com
Dalian Commodity Exchange	DCE	China	Agrarprodukte und Öl	dce.com.cn
Brazilian Mercantile and Futures Exchange	BM&F	Brasilien	Agrarprodukte	bmf.com.br
Risk Management Exchange	RMX	Deutschland	Agrarprodukte und Fleisch	wtb-hannover.de
National Commodity and Derivatives Exchange	NCDEX	Indien	Agrarprodukte und Metalle	ncdex.com

Quelle: Erweiterte Darstellung nach Fabozzi et al. (2008), S. 19.

Die NFA ist hauptsächlich dafür verantwortlich, die Mitgliedsfirmen zu prüfen aber auch die CFTC hat das Recht Prüfungen durchzuführen. Der Handel mit Währungen erfolgt allerdings vorwiegend Over-The-Counter (OTC) in der Form von Inter-Bank Spot sowie Forward-Kontrakten und ist entsprechend wenig reguliert. Der Handel mit Single-Stock-Futures, der seit 2002 möglich ist, wird in den USA gemeinsam durch die CFTC sowie die Securities and Exchange Commission (SEC) reguliert. Tabelle 1-2 gibt einen Überblick über die wesentlichen Teilnehmer der Managed-Futures-Industrie, deren Hauptansprechpartner die NFA ist.

Tabelle 1-2: Industrieteilnehmer

Abkürzung	Bedeutung	Erklärung
CTA	Commodity Trading Advisor	Eine Person, die gegen Bezahlung regelmäßig Dritte über die Anlage in Rohstoff- und Finanz-Futures oder -Optionen berät oder aber Investitionen für Dritte in Rohstoff- und Finanz-Futures oder -Optionen in deren Namen tätigt oder aber Berichte oder Analysen über Rohstoff- und Finanz-Futures oder -Optionen herausgibt.
CPO	Commodity Pool Operator	Eine Person, die Geschäfte betreibt die ähnlich der einer Kapitalanlagegesellschaft sind, bei der Kapital, Wertpapiere oder anderes Eigentum eingezahlt werden können, mit der Absicht in Futures oder Optionen angelegt zu werden. Der CPO tätigt entweder selbst Handelsentscheidungen im Namen des Kapital-Pools oder engagiert verschiedene CTAs hierfür.
FCM	Futures Commission Merchant	Individuen, Verbände, Gesellschaften oder Trusts, die Aufträge für den Kauf und Verkauf eines jeden Rohstoffs oder Finanztitels mit einer zukünftigen Lieferverpflichtung nach den Auflagen verschiedener Börsen akzeptieren, Zahlungen hierfür annehmen und Kredit an diejenigen vergeben, deren Kaufaufträge akzeptiert werden.
IB	Introducing Broker	Eine Person (eine die nicht mit einem FCM assoziiert werden kann), die Aufträge für den Kauf und Verkauf eines jeden Rohstoffs oder Finanztitels mit einer zukünftigen Lieferverpflichtung an einer Börse akzeptiert, die kein Geld, Wertpapiere oder anderes Eigentum als Sicherheitsleistung akzeptiert oder jegliche Transaktionen oder Kontrakte, die hieraus resultieren, sicherstellt.

Quelle: Commodity Futures Trading Commission (2009).

Verfügt ein CTA oder CPO über US-Investoren, so unterliegt dieser der Aufsicht der CFTC und muss sich bei der NFA registrieren lassen. Erfolgt die Verwaltung über ein Managed Account und nicht über einen Fonds, so wird hierfür ein Konto im Namen des Investors bei einem FCM eröffnet, auf welchem der CTA oder CPO eine eingeschränkte Handlungsvollmacht erhält. Die Vorteile von Managed Accounts sind nach Jaffarian[6] die vollständige Transparenz, Liquidität und unmittelbare Kontrolle durch den Investor mit dem Nachteil einer potenziellen unlimitierten Haftung. Die Gebühren und Kommissionen, die von FCMs veranschlagt werden, sind im Laufe der Jahre von 50 bis 75 US-Dollar auf heutzutage teilweise unter zehn US-Dollar je Round Turn gesunken. Ein *Round Turn* bezeichnet hierbei eine abgeschlossene Transaktion, die sowohl den Kauf als auch den Verkauf eines Futures oder aber den Verkauf eines Futures gefolgt von der Wiedereindeckung umfasst. Aufgrund dieser

---

6   Vgl. Jaffarian (2007).

hohen Gebührenkompression engagieren sehr viele FCMs heutzutage eigene „Capital Intro-
duction Teams", die streng genommen Marketing für die CTAs und CPOs betreiben die über
sie abwickeln.

Futures sind derivative Finanzinstrumente, die dazu berechtigen, den zugrunde liegenden
Handelsgegenstand zu einem vorab vereinbarten Preis zum Ende der Laufzeit zu kaufen
(*Long Futures*) oder zu verkaufen (*Short Futures*). Futures haben zudem den Vorteil einer
hohen Liquidität, niedrigen Transaktionskosten und einem geringen Settlement-Risiko. Aufgrund der Liquidität der Futures-Märkte ist es auch für große Fonds möglich, mit Stop-Loss-
Limiten zu arbeiten. Aufgrund der Nutzung von Futures sind Fonds dieser Strategie zu einem
gewissen Maße fremdfinanziert. Das Maß für die Kapitalauslastung bei Managed Futures ist
das sogenannte *Margin-to-Equity-Ratio*. Es stellt den Anteil des gesamten Eigenkapitals des
Fonds (*Equity*) dar, das zu einer bestimmten Zeit als Sicherheit (*Margin*) hinterlegt ist. Je
nach Markt (Aktien, Zinsen oder Rohstoffe) bewegt sich das Margin-to-Equity-Ratio von
Managed Futures zwischen 10 und 40 Prozent. Anders ausgedrückt „investiert" der CTA
lediglich zwischen 10 und 40 Prozent des Kapitals des Investors in Futures, während der Rest
in bargeldähnlichen Zinsinstrumenten gehalten wird. Das implizierte Fremdkapital ist von
Kontrakt zu Kontrakt unterschiedlich, da jede Börse die Höhe der Sicherheitshinterlegung für
die Kontrakte (Margin) selbst bestimmt.[7] Tabelle 1-3 stellt Eigenschaften von verschiedenen,
typischen Futures-Kontrakten dar. Dabei wird genauer eingegangen auf die zu hinterlegende
Margin für spekulative Geschäfte (*Spec Margin*) sowie den Grad des Leverage, den man
hierdurch erreichen kann. Börsen verlangen bei Futures für absichernde Geschäfte eine geringere Hinterlegung als bei spekulativen Transaktionen. Dadurch wird bei Hedge-
Geschäften (*Hedge Margin*) ein höherer Leverage möglich.

Tabelle 1-3: Futures-Kontrakte

Kontrakt	Wert (USD)	Spec Margin (USD)	Leverage
10-Jahres-K.	124.220	2.970	42:1
5-Jahres-K.	118.287	2.295	52:1
2-Jahres-K.	109.007	2.295	47:1
S&P 500-K.	229.500	30,938	7:1
Dow Jones-K.	89.500	13.750	7:1
Nasdaq-K.	125.050	20.000	6:1
Nikkei-K.	45.800	6.250	7:1

Quelle: CME Group (2009).

---

[7] Vgl. Kaiser (2009), S. 44.

Leverage allein ist bei Managed Futures auch kein adäquates Risikomaß, da ein hoher Fremdkapitaleinsatz nicht unbedingt mit einem hohen Risiko gleichzusetzen ist. Bei Managed Futures ist deswegen zwischen Brutto Leverage (*Gross Leverage*) und Netto Leverage (*Net Leverage*) zu unterscheiden:

$$\text{Gross Leverage} = \frac{\text{Long Positionen} + \text{absoluter Wert der Short-Positionen}}{\text{Eigenkapital des Portfolios}}$$

$$\text{Net Leverage} = \frac{\text{Long Positionen} - \text{absoluter Wert der Short-Positionen}}{\text{Eigenkapital des Portfolios}}$$

Managed Futures können als Investmentfonds, private Geldsammelstellen und andere Investmentformen definiert werden, die fast ausschließlich in börsengehandelte Rohstoff- und Finanzkontrakte (Futures, Optionen) investieren. Manager eines auf Rohstoffe fokussierten CTAs investieren Long und Short in Futures auf beispielsweise Rohöl, Erdgas, Kaffee oder Mais. Bei Finanz-Futures liegen den Termingeschäften Aktien, Wertpapierindizes, Zinskontrakte oder Devisen zugrunde. Einen Überblick über die verschiedenen Sektoren, die von Managed Futures-Fonds gehandelt werden, gibt Tabelle 1-4.

Tabelle 1-4: Futures-Arten

Futures-Art	Sektor	Märkte (Beispiele)
Finanz-Futures	Aktienindizes	DAX, S&P, MSCI World, Nikkei
	Währungen	US-Dollar, Euro, Britische Pfund, Japanische Yen
	Zinssätze	Anleihen, Eurodollar, Bunds, Treasuries
Rohstoff-Futures	Energie	Erdöl, Erdgas, Heizöl, Strom
	Fleisch	Schweinehälften, Mastrind, Schweinebäuche
	Industrie	Gummi, Holz
	Getreide	Weizen, Mais, Sojabohnen
	Metalle	Gold, Silber, Kupfer, Zink
	Softs	Kaffee, Kakao, Baumwolle

Quelle: Eigene Darstellung.

Bei Managed Futures gibt es Modelle, die entweder auf fundamentalen oder technischen Informationen (oder auf beiden) aufbauen. Während bei den fundamentalen Händlern die qualitative Analyse im Vordergrund steht, sind es bei technisch orientierten Fonds vorwiegend quantitative Preisdaten (sowie Ableitungen des Preises). Die *Fundamentalanalyse* versucht den Wert eines Wertpapiers durch die Verwendung von Indikatoren zu bestimmen, zum Beispiel volkswirtschaftliche Indikatoren wie Arbeitslosenquoten oder Zinssatzänderungsentscheidungen von Zentralbanken, die Wertpapierkurse beeinflussen können. Die *Technische Analyse* fokussiert auf den Preis eines Wertpapiers und versucht durch die quantitative Analyse der historischen Wertentwicklung zukünftige Marktentwicklungen abzuleiten. In diesem

Sinne impliziert die technische Analyse, dass der Finanzmarkt, also der Platz an dem sich Angebot und Nachfrage treffen, nicht effizient ist.

Die Entscheidungsmethoden von Managed-Futures-Fonds sind entweder diskretionär oder systematisch. Bei *diskretionärem Handel* werden die tatsächlichen Handelsentscheidungen von einem Manager getroffen, d.h. obwohl quantitative Modelle existieren die konkrete Trading-Vorschläge liefern, ist es dem Manager überlassen, sich an diese Modelle zu halten. Ein diskretionärer Manager würde sich beispielsweise dann nicht an seine quantitativen Modelle halten, wenn die Ergebnisse der qualitativen Analyse ein anderes Bild der aktuellen Marktlage zeichnen und der Manager der letzteren in diesem Beispiel eine höhere Validität beimisst. Beim *systematischen Handel* existieren programmierte Handelsalgorithmen, die die Ergebnisse der qualitativen Analyse automatisiert umsetzen und entsprechende Transaktionen über programmierte Schnittstellen in den Markt geben. Hierbei existieren feste Regeln für jedes programmierte Marktszenario. Abweichungen hiervon sind nicht gestattet. Ein Vorteil des systematischen Ansatzes ist es, dass Handelssysteme mit einem festen quantitativen Regelwerk brauchbare Ergebnisse liefern, wenn diese in die Vergangenheit zurück gestestet werden (*Backtest*).

Von den CTAs kann ein sehr breites Spektrum von unterschiedlichen Trading-Ansätzen angewandt werden. Abbildung 1-1 zeigt einen vereinfachten Überblick über die Strategien, die Managed Futures nutzen. Dabei ist ersichtlich, dass der Trading-Ansatz meist systematisch, diskretionär oder als Mischung dieser beiden konzipiert ist. Der systematische Ansatz mit automatisiertem Trading ist dabei in der Praxis am häufigsten anzutreffen. Die technische Analyse wird meistens dazu verwendet, das Momentum der aktuellen Trends an den Finanzmärkten zu erfassen. Im Gegensatz dazu sind nicht systematische CTAs als diskretionäre Händler bekannt, und persönliche Erfahrung und eigenes Urteilsvermögen sind die Grundlage der Investitionsentscheidungen. Tendenziell haben diese diskretionären CTAs konzentriertere Portfolios und verwenden Fundamentaldaten, um die jeweiligen Märkte zu beurteilen – genauso wie die technische Analyse, um das Timing zu verbessern.

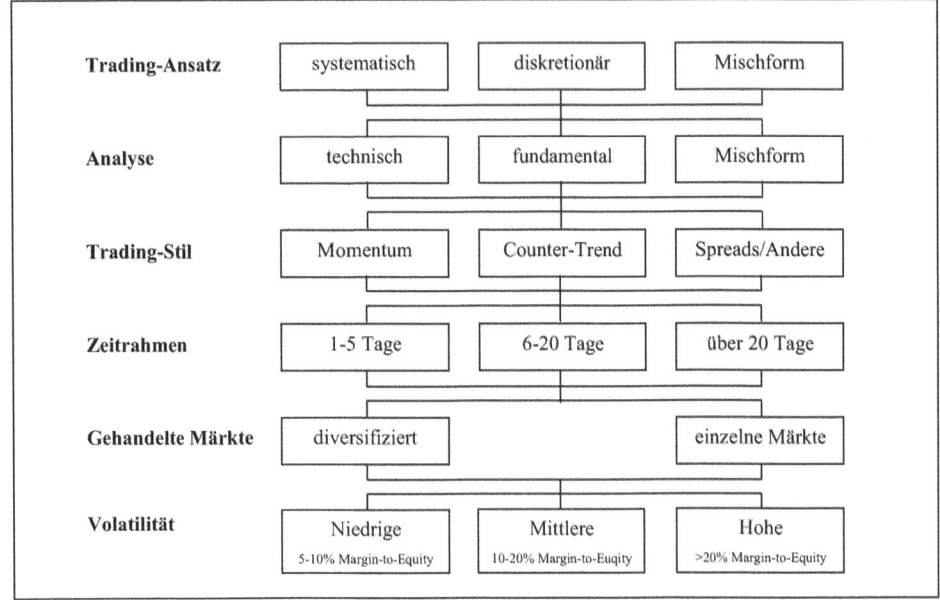

Trading-Ansatz	systematisch	diskretionär	Mischform
Analyse	technisch	fundamental	Mischform
Trading-Stil	Momentum	Counter-Trend	Spreads/Andere
Zeitrahmen	1-5 Tage	6-20 Tage	über 20 Tage
Gehandelte Märkte	diversifiziert		einzelne Märkte
Volatilität	Niedrige 5-10% Margin-to-Equity	Mittlere 10-20% Margin-to-Euqity	Hohe >20% Margin-to-Equity

Quelle: Eigene Darstellung nach Harding (2006).
Abbildung 1-1: *Verschiedene Investmentansätze von CTAs*

Nach Della Casa et al.[8] sind die wesentlichen Risikomanagement-Schwerpunkte von Managed Futures:

- *Value-at-Risk (VaR):* Misst den erwarteten maximalen Verlust des Portfolios, wenn die zukünftigen Marktbedingungen ähnlich der in den Modellen sind. Der Wert ist bestimmt für ein bestimmtes Zeitintervall und Konfidenzniveau.

- *Stress-Tests:* Vergleich der aktuellen Marktpositionen mit historischen Preisdaten. Dies erlaubt den CTAs festzustellen, wie sich die aktuelle Positionierung des Portfolios in historischen Marktstressphasen entwickelt hätte.

- *Implizite Volatilität:* Ein vorwärts gerichtetes Risikomaß, das für jeden Markt analysiert werden sollte. Hierfür wird die aus dem Optionsmarkt stammende implizite Volatilität für die Basiswerte berechnet, die sich in der Form von Futures im CTA-Portfolio befinden.

- *Leverage:* Wenn sich der Hebel des Gesamtportfolios einem definierten Vielfachen des Fondsvermögens nähert, sollte eine Überprüfung stattfinden und gegebenenfalls der Hebel reduziert werden.

- *Margin-to-Equity-Ratios:* Wenn die Initial-Margin-Anforderungen in Relation zum Nettoinventarwert des Fonds ein im Vorfeld definiertes Niveau erreichen, sollte dies eine Überprüfung und anschließende Risikoreduktion nach sich ziehen.

---

8   Vgl. Della Casa et al. (2007).

▓ *Netto-Exposures:* kontinuierlicher Soll-Ist-Abgleich der definierten Netto-Exposure-Limits (zum Beispiel Sektorenebene, Währungs-Exposure).

Die meisten CTAs folgen den Strategien *Long Term Trend Following* sowie *Short Term Trading*. Dabei versuchen die langfristigen Trendfolger, mittel- und langfristige Trends in verschiedenen Märkten anhand von statistischen Simulationen zu erkennen und diese gewinnbringend auszunutzen. In der Vergangenheit waren die technischen Ansätze der langfristigen Trendfolger dominiert von einfachen Moving-Average-Crossover-Systemen. Heutzutage spielen aber auch die Stärke der Signale und die Stärke des Momentums, die während eines Trends gemessen werden, eine Rolle. So ist beispielsweise in manchen Märkten zu beobachten, dass das Momentum in bestimmten Phasen stark abnimmt oder besonders stark zunimmt, was dazu führen kann, dass manche Modelle verkaufen oder eine Position verkleinert wird. War es bei Managed Futures früher auch durchaus üblich, das maximale Risiko einer Position zu definieren, funktioniert heutzutage das Risikomanagement und damit auch der automatisierte Positionsaufbau über eine Zielvolatilität auf der Gesamtportfolioebene. Auf der Ebene des einzelnen Marktes wird die Positionsgröße häufig über die Signalstärke und die Volatilität des Marktes bestimmt.

Zur Messung der Stärke eines Trends kann beispielsweise der *Average Directional Movement Index* (ADX) verwendet werden, welcher von J. Welles Wilder kreiert wurde. Mit diesem Oszillator, der zwischen 0 und 100 schwankt, kann die Stärke eines Trends (aufwärts, abwärts oder seitwärts) beurteilt werden. Niedrige Werte des ADX von unter 20 (über 40) zeigen einen schwachen (starken) Trend an. Hierbei unterscheidet der Oszillator nicht in Aufwärts- oder Abwärtstrends, sondern bewertet lediglich die Stärke des aktuellen Trends. Der ADX kann allerdings auch dazu verwendet werden, mögliche Änderungen von einem Trendmarkt in einen trendlosen Markt zu erkennen. Die wesentliche Idee hinter dem ADX ist es, die jeweiligen Tageshöchst- und Tiefstkurse aufeinander folgender Tage zu vergleichen. Ist der aktuelle Höchstkurs höher als der Höchstkurs des vorherigen Handelstages, so wird der Aufwärtsindikator DM-Plus (Directional Movement-Plus) errechnet, indem der gestrige Höchstkurs vom heutigen abgezogen wird. Im Falle, dass der heutige Höchstkurs unter dem gestrigen liegt, ist DM-Plus gleich Null. Für einen Abwärtstrend wird DM-Minus als Differenz des gestrigen Tageshöchstkurses vom heutigen gebildet. Der ADX wird wie folgt berechnet:

$$ADX = SMA \left(\frac{DM - Plus - DM - Minus}{DM - Plus + DI - Minus} \right),$$

mit

SMA: Einfacher gleitender Durchschnitt;

DM-Plus: Directional Movement-Plus,

DM-Minus: Directional Movement-Minus.

Abbildung 1-2 stellt beispielhaft die Performance-Attribution eines langfristigen Trendfolgers im Zeitablauf, gegliedert nach den einzelnen Sektoren, dar.

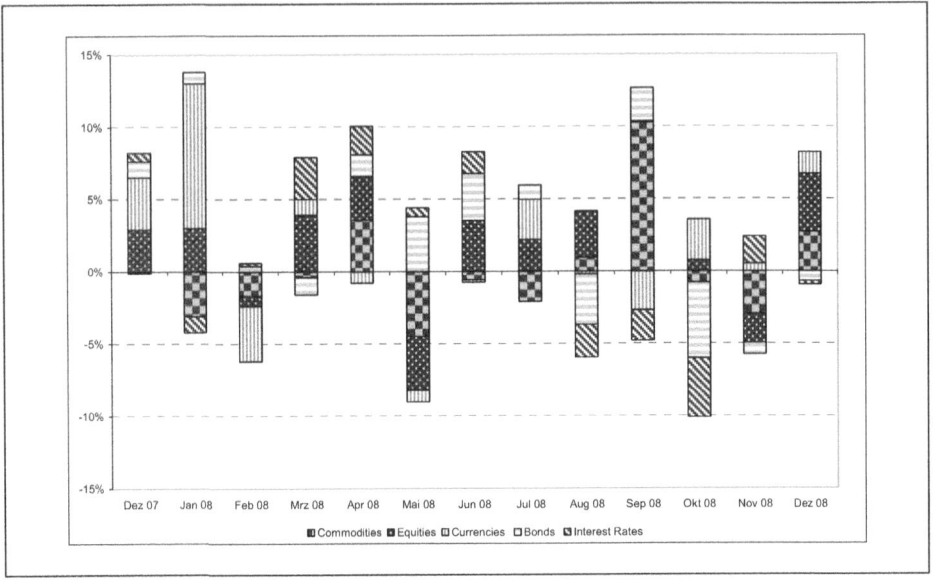

Quelle: Eigene Darstellung.
Abbildung 1-2: *Beispiel einer Performance-Attribution eines langfristigen Trendfolgers*

Der typische Investmentprozess eines langfristigen Trendfolgers lässt sich wie folgt skizzie-ren. Jeden Morgen vor Handelsbeginn liefert das Modell Kauf- oder Verkaufsignale für ver-schiedene Kontrakte mit einer Preisspanne, der Anzahl an Kontrakten sowie dem Stop-Loss-Limit. Der CTA summiert die einzelnen Signale und schickt die Orders zu seinem Clearing Broker (CPO). Der Clearing Broker verwendet schließlich weitere, lokale Ausführungs-Broker (Execution Broker) an den jeweiligen Terminbörsen, um die Orders auszuführen. Der Clearing Broker rechnet anschließend mit dem Execution Broker ab und bestätigt dem CTA die Transaktion elektronisch. Bei Managed Accounts besteht der CPO häufig auf Leverage-oder Stop-Loss-Limits. Der CPO verwaltet das Managed Account und hat normalerweise auch eine Handlungsvollmacht für das Kapital, das er im Namen des Kunden hält, während der CTA lediglich eine Beratungsfunktion inne hat und die jeweiligen Transaktionen rechtlich gesehen lediglich „vorschlägt". Wenn das Stop-Loss-Limit getroffen wird, löst der Clearing Broker umgehend die Position über den Execution Broker wieder auf.

Generell funktionieren langfristige Trendfolger am besten in Zeiten von lang anhaltenden und sich langsam ändernden Trends, wie in Panel A von Abbildung 1-3 am Beispiel des Rohstoffs Nickel verdeutlicht wird. Die Pfeile geben jeweils an, ob das Signal des Trendfolgemodells – der Einfachheit halber wurde hier der gleitende Durchschnitt der letzten 20 Handelstage, also ein sehr reaktiver Indikator, gewählt – ein Kaufsignal (↑) oder ein Verkaufsignal (↓) darstellt. Sehr schlecht funktionieren langfristige Trendmodelle, wie in Panel B von Abbildung 1-3 anhand von Kakao dargestellt, in sehr volatilen und sich tendenziell seitwärts bewegenden Märkten. Denn dann kann es zu Fehlsignalen dahingehend kommen, dass Trends zu früh bzw.

zu spät vom System erkannt werden und das System bereits ausgestoppt wurde, bevor der Trend sich tatsächlich umkehrt. Bis das System erneut ein Trendsignal liefert, kann der Trend bereits schon wieder vorüber sein. Ebenso wenig funktionieren Trendfolgesysteme unmittelbar nach einem stabilen Aufwärtstrend, wenn ein Trendwechsel durch einen sehr abrupten Kurseinbruch eingeleitet wird. Dies verdeutlicht Panel C am Beispiel von Sojabohnen (siehe Abbildung 1-3). Auch hier geht das Modell deutlich länger davon aus, dass der Aufwärtstrend noch immer intakt ist, obwohl dieser in der Realität bereits gedreht hat. Dies führt in der Praxis meist zu einer Kombination aus Verlusten aufgrund der Fehlausrichtung sowie einem anschließenden Aussteigen aus der Position aufgrund des Stop-Loss (oder einer Reduktion der Position aufgrund des erhöhten Value-at-Risk-Wertes dieser Position) und einem anschließenden verspäteten Aufgreifen oder gar Verpassens des nächsten Trends.

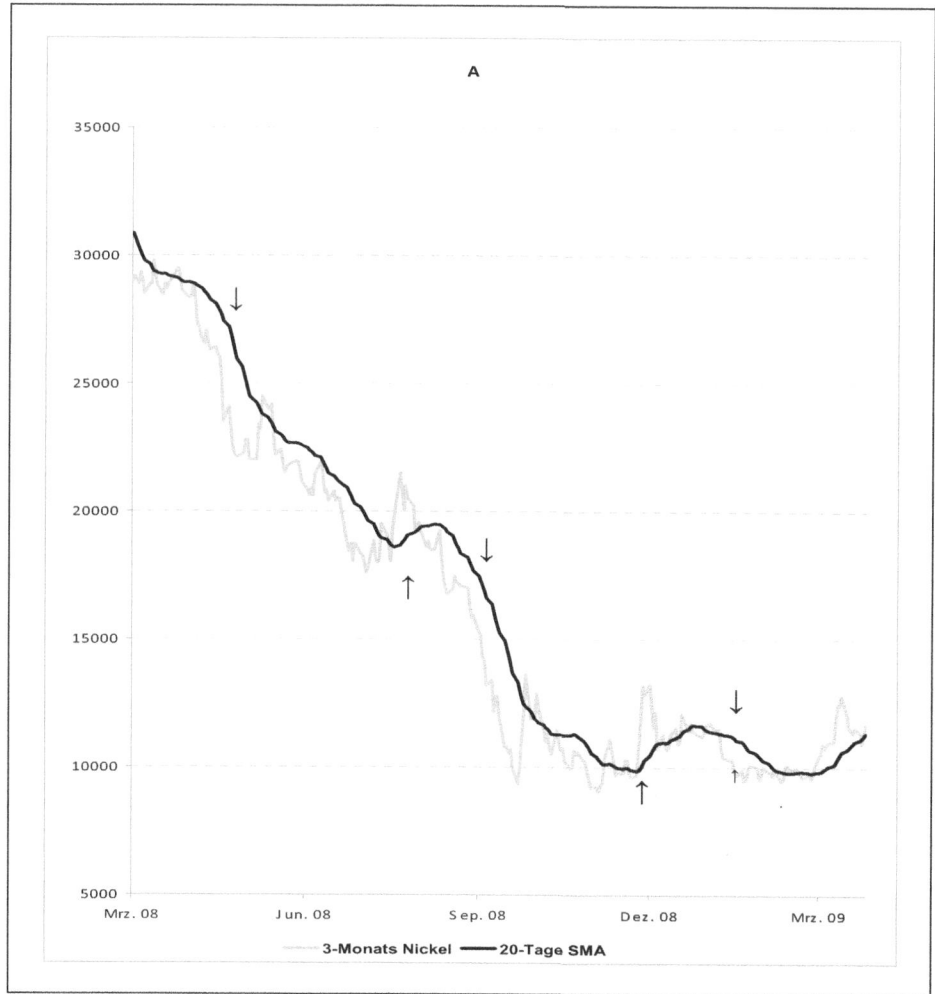

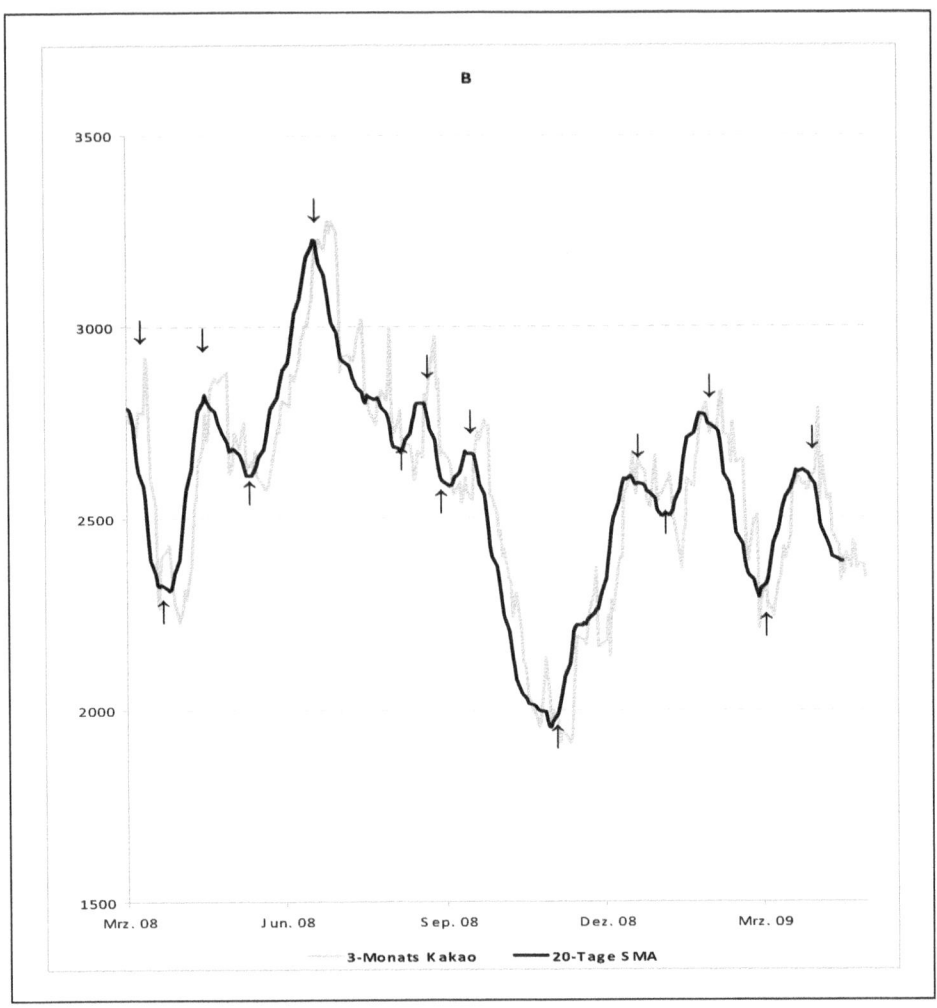

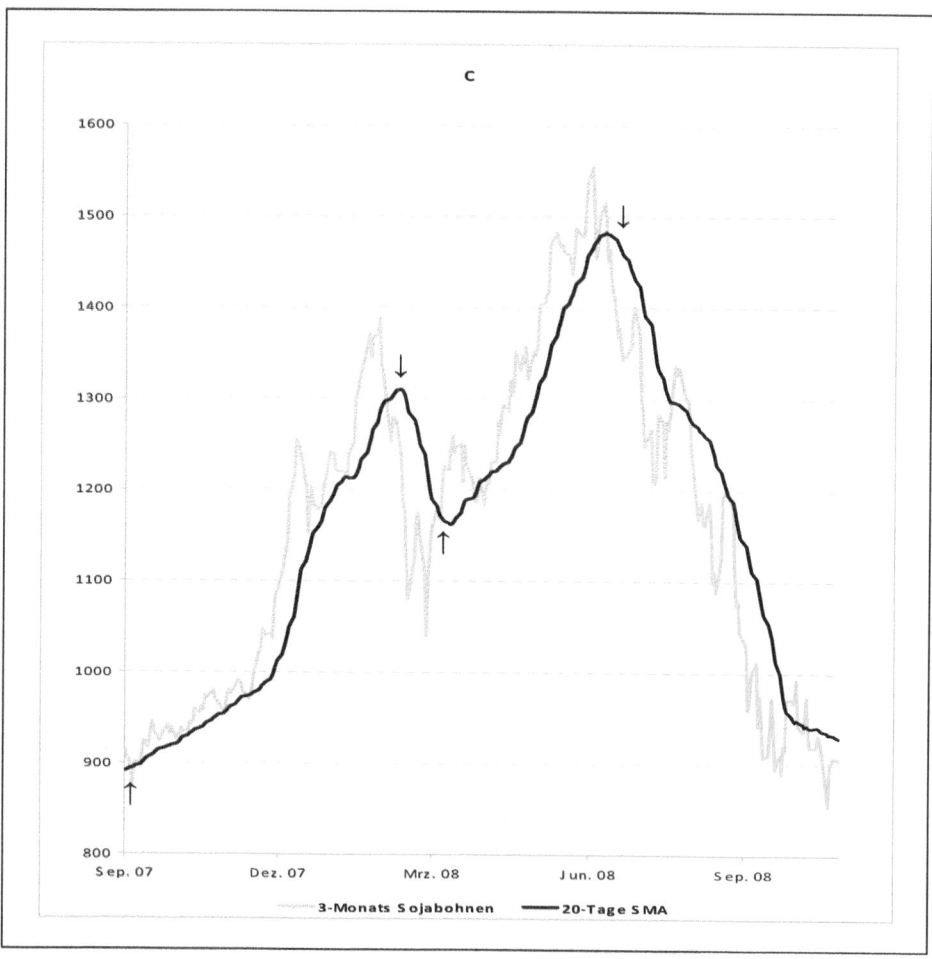

Quelle: Feri Institutional Advisors GmbH, Daten: Bloomberg.
Abbildung 1-3: *Optimales und schwieriges Umfeld für Trendfolge-Strategien*

Zu den wesentlichen Risiken einer Investition in Long Term Trend Following-Fonds zählt ein
Marktumfeld, in welchem verschiedene Sektoren über einen längeren Zeitraum keine Trends
aufweisen oder aber von scharfen Trendumkehrungen charakterisiert sind. Außerdem kann es
durchaus sein, dass die in den Modellen eingebauten Risikolimite sowie die verfolgten Strategien sich unter nicht normalen Marktbedingungen als unangebracht herausstellen. Auch
kann es augrund von statistisch signifikanten Ergebnissen in den Backtests über einen sehr
langen Untersuchungszeitraum zu einem übermäßigen Vertrauen in die Renditeverteilungen
der Modelle sowie deren historischer Wertentwicklung kommen.

CTAs der Strategie *Short Term Trading* versuchen Muster bei kurzfristigen Preisbewegungen auf den internationalen Märkten auszunutzen. Lediglich ein geringer Anteil des Managed-Futures-Universums ist auf Short Term Trading spezialisiert. Dies liegt daran, dass die Entwicklung von kurzfristigen Handelssystemen mit einer hohen Wahrscheinlichkeit zur Erzielung von positiven Renditen schwierig ist. Gleichzeitig wird bei den meisten langfristigen Trendfolgern mit Tagesdaten gearbeitet, während bei Short Term Tradern die Verarbeitung von Tickdaten im Vordergrund steht. Die durchschnittliche Haltedauer bei Short Term Tradern kann von einigen Minuten bis hin zu fünf Handelstagen reichen. Die im kurzfristigen Bereich vorwiegend verwendeten Handelsansätze sind Momentum, Gegentrend und Mustererkennung. Generell ist das Risiko, welches pro Transaktion von einem kurzfristigen System eingegangen wird, geringer als bei einem langfristigen System, da die Position für eine deutlich kürzere Zeitperiode gehalten wird. Entsprechend sind auch die durchschnittlichen Margin-to-Equity-Ratios bei Short Term Trading Fonds niedriger als bei langfristigen Trendfolgern. Häufig passieren profitable und verlustbringende Trades bei kurzfristigen Systemen über verschiedene Märkte und weniger auf Basis einzelner marktspezifischer Ereignisse.

Da insgesamt die durchschnittlichen Renditen je Transaktion im kurzfristigen Bereich niedrig sind, ist hier die eingehende Kontrolle der *Slippage* ein entscheidender Erfolgsfaktor dieser Strategie. Unter Slippage wird die Differenz zwischen dem erwarteten und dem tatsächlichen Ausführungskurs einer Wertpapierorder verstanden. Zu den wesentlichen Slippage-Reduktions-Techniken bei Short Term Tradern zählt die Platzierung von Orders direkt im Markt (Direct Market Access, DMA) und nicht über Broker sowie der Gewährung einer gewissen Diskretion hinsichtlich der Orderausführung durch die Händler des Fonds. Die Anzahl der Märkte, die von Short Term Tradern gehandelt werden, ist in erster Linie eine Funktion der Liquidität. Entsprechend fokussieren sich Short Term Trader auf zwischen 1 bis teilweise 40 der liquidesten Märkte, verfügen aber trotzdem über eine eingeschränkte Kapazität, welche sich durch die niedrigere Liquidität im kurzfristigen Bereich als im langfristigen erklären lässt. Dadurch, dass das Portfolio eines Short Term Traders in Echtzeit überwacht, bewertet, analysiert und angepasst werden muss, sind die Anforderungen an die technologische Infrastruktur sehr hoch.

Die Forschungsaktivitäten konzentrieren sich bei Short Term Tradern außerdem auf neue Handelsmodelle, neue Märkte sowie die Implementierung von Single Security Futures. Aufgrund der Vielzahl der unterschiedlichen Handelsmodelle sind die Korrelationen von Short Term Tradern untereinander sowie zu langfristigen Trendfolgern gering. Die kurzfristigen Händler lassen sich hinsichtlich der Anzahl der verwendeten Strategien (eine einzige Handelsstrategie versus eine Vielzahl), der Anzahl der gehandelten Zeitfenster (ein einziges versus eine Vielzahl) sowie der Anzahl der gehandelten Märkte (konzentriert versus diversifiziert) unterscheiden. Die Strategie Short Term Trading funktioniert am besten in einem Umfeld hoher Volatilität, kurzfristigem Momentum sowie kurzfristigen Trendumkehrungen. Zu den wesentlichen Risiken zählen schnelle Trendumkehrungen innerhalb eines Handelsabschnitts, steigende Transaktionskosten, sinkende Marktvolatilität und Marktliquidität.

1.2 Modellarten

Die Kernelemente eines Handelssystems sind der Einstieg, der Ausstieg sowie die Positions-größenbestimmung. Hierbei ist der Einstieg der Zeitpunkt, zu welchem der Kauf eines vom Handelssystem ermittelten Futures ausgeführt wird. Der Ausstieg hingegen ist der Zeitpunkt, zu dem die zuvor aufgebaute Long- oder Short-Position wieder abgebaut wird. Im Bereich der Managed Futures gibt es generell drei verschiedene Möglichkeiten des Ausstiegs: 1. das Erreichen des Kursziels, 2. das Erreichen einer Stop-Marke (Stop-Loss) oder 3. nachgezogene Stop-Marke (Trailing-Stop-Loss). Bei *Trailing-Stop-Loss* Orders wird die Stop-Marke automatisch nachgezogen, wenn sich der Kurs des Wertpapiers positiv entwickelt. Ein Trailing-Stop-Loss von zum Beispiel zwei Prozent beim Aufbau einer Position mit einem Wert von 100 bedeutet, dass diese Position bei einem Wert von 98 verkauft wird. In diesem Fall wäre der nachgezogene Stop-Loss gleich dem Stop-Loss, da sich das Wertpapier seit dem Kauf nicht positiv entwickelt hat. Entwickelt sich das Wertpapier aber beispielsweise positiv auf einen Wert von 102, so ist der normale Stop-Loss noch immer bei 98, der nachgezogene Stop-Loss aber bei 99,96.

Der Einstieg ist der erste Teil einer Transaktion und wird entweder durch einen einzigen oder eine Vielzahl an Faktoren ausgelöst, die einem vordefinierten systematischen Regelwerk entsprechen. Diese Regeln können entweder auf Basis von Trendfolge-, Gegentrend- oder Mustererkennungs-Modellen aufbauen. Im Folgenden werden diese Modelle jeweils in ihren Grundzügen beschrieben. Die Ausführungen erheben entsprechend keinen Anspruch auf Vollständigkeit.

1.2.1 Trendfolge-Modelle

Die dominierende Form im Bereich der Managed Futures stellen Trendfolgesysteme dar, welche versuchen, Renditen auf Basis von entstehenden Konsistenzen bei Marktbewegungen zu erzielen. Hierzu werden häufig verschiedene *gleitende Durchschnitte* (Moving Averages) auf Basis der Renditen des eigentlichen Wertpapiers berechnet, um hierdurch die Richtung des Preistrends (positiv oder negativ) auszumachen. Generell ist davon auszugehen, dass Trendfolger bei einem positiven Trend Kauf-Positionen eingehen und bei einem negativen Trend Short-Positionen. Allerdings existieren auch Systeme bei denen bei einem negativen Trend keine Short-Positionen getätigt werden, sondern das Modell dann in diesem Markt keine Position eingeht. Gleitende Durchschnitte werden dazu verwendet, die Richtung eines Trends zu identifizieren. Ein einfacher gleitender Durchschnitt wird berechnet, indem die Schlusskurse eines Wertpapiers für ein bestimmtes Zeitfenster addiert und anschließend durch die Anzahl der Tage dividiert werden. Wenn beispielsweise ein kurzfristiger Durchschnitt (zum Beispiel Zehn-Tages-Durchschnitt) einen langfristigen Durchschnitt (zum Beispiel 30-Tages-Durchschnitt) kreuzt ("Crossover"), ist dies ein Zeichen für eine Aufwärtsbewegung.

Gleitende Durchschnitte sind die Durchschnittspreise eines Wertpapiers über einen bestimmten Zeitraum und bewegen sich über eine Preisgrafik als verzögerter Indikator. Je kürzer (länger) hierbei das Zeitintervall gewählt wird, desto schneller (langsamer) reagiert der gleitende Durchschnitt auf die aktuellen Preisveränderungen. Nach Jaffarian[9] sind die drei häufigsten Verwendungen von gleitenden Durchschnitten bei systematischen Handelssystemen:

- ein Kaufsignal, wenn der Preis über einen oder verschiedene vorgegebene gleitende Durchschnitte liegt oder ein Verkaufsignal wenn der Preis unter diesen notiert;

- ein Kaufsignal, wenn ein kurzfristig gleitender Durchschnitt einen längerfristigen nach oben kreuzt oder ein Verkaufsignal wenn der kurzfristige gleitende Durchschnitt den langfristigen nach unten kreuzt;

- ein Kaufsignal, wenn verschiedene gleitende Durchschnitte sich nach oben ausrichten und ein Verkaufsignal, wenn diese sich nach unten ausrichten.

Bei der Berechnung eines einfachen gleitenden Durchschnitts (Simple Moving Average) werden die täglichen Preise der Wertpapiere gleich gewichtet, und entsprechend der Aufnahme neuer Preisbeobachtung in die Durchschnittsberechnung fallen ältere Preise aus dieser heraus. Ein *einfacher gleitender Durchschnitt* wird wie folgt berechnet:

$$SMA_t(n) = \frac{1}{n}P_t + \frac{1}{n}P_{t-1} + \ldots + \frac{1}{n}P_{t-(n-1)},$$

mit

     SMA: Einfacher gleitender Durchschnitt;

     P :   Preis des Wertpapiers.

Bei gewichteten Durchschnitten kann die Reaktionsstärke der zugrunde liegenden Preisbewegungen durch die Veränderung der Gewichte der Preisbeobachtungen kontrolliert werden. Bei gewichteten Durchschnitten wird häufig den Preisen am aktuellen Rand ein höheres Gewicht beigemessen als den Preisen, die in der weiteren Vergangenheit liegen, um die Relevanz der aktuellen Preisbewegungen zu erhöhen. Ein *gewichteter gleitender Durchschnitt* wird wie folgt berechnet:

$$WMA_t(n) = \omega_1 P_t + \omega_2 P_{t-1} + \ldots + \omega_n P_{t-(n-1)},$$

mit

     WMA: Gewichteter gleitender Durchschnitt;

     ω :   Gewicht;

     P :   Preis des Wertpapiers.

---

9   Vgl. Jaffarian (2007).

Exponentielle gleitende Durchschnitte kombinieren die aktuellen Preise mit den gleitenden Durchschnittswerten der vorherigen Daten in einer Zeitreihe. Hierdurch gehen ältere Datenpunkte nicht verloren und die Durchschnittslinie tendiert dazu, nahe der aktuellen Zeitreihe zu bleiben. Ein *exponentieller gleitender Durchschnitt* wird wie folgt berechnet:

$$EMA_t(n) = \alpha P_t + (1-\alpha)XGD_{t-1} ,$$

mit

EMA: Exponentieller gleitender Durchschnitt;

α :   häufig: $\dfrac{2}{1+n}$

P :   Preis des Wertpapiers.

Bei den hier vorgestellten drei Formen der gleitenden Durchschnitte wird jeweils dann vom Handelssystem eine Long-Order generiert, wenn der Preis des Wertpapiers oberhalb des Durchschnitts liegt und eine Short-Order, wenn der Preis unterhalb liegt. Abbildung 1-4 stellt die Funktionsweise eines Moving-Average-Crossover-Modells dar, bei dem eine Kauf-Order (Verkauf-Order) platziert wird, wenn der gleitende 20-Tages SMA den gleitenden 45-Tages SMA von unten nach oben (von oben nach unten) kreuzt.

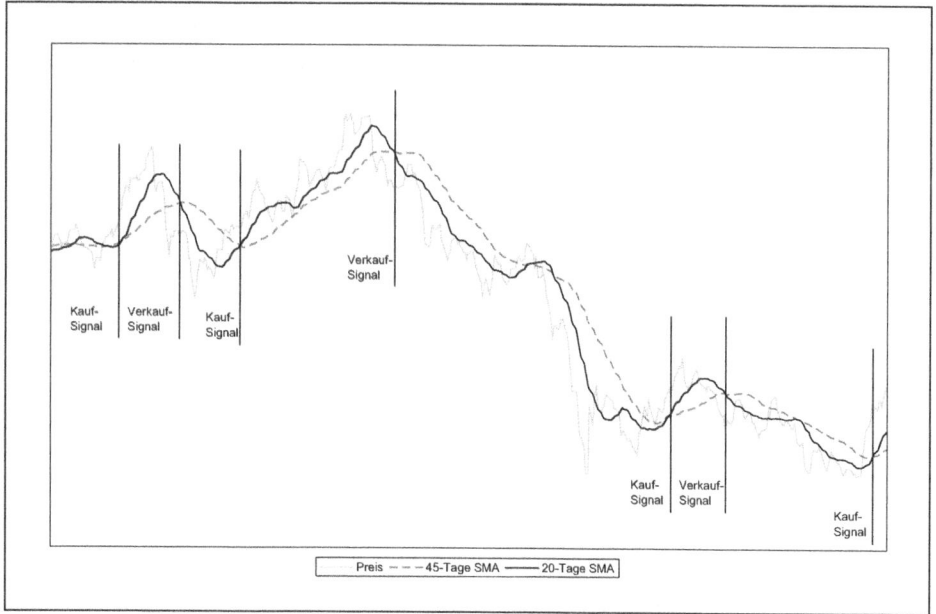

Quelle: Eigene Darstellung.
Abbildung 1-4: *Funktionsweise von Modellen auf Basis von gleitenden Durchschnitten*

Momentum-Modelle berechnen die gesamte Preisbewegung eines Wertpapiers über einen bestimmten Beobachtungszeitraum (zum Beispiel innerhalb eines Handelstages, einer Handelswoche, etc). Die Höhe des Anstiegs wird häufig als ein Indiz für die Stärke eines bestimmten Trends und dadurch für die Bestimmung der Positionsgröße herangezogen. Bei Momentum-Signalen wird dann gekauft (verkauft), wenn der heutige Schlusskurs höher (niedriger) ist als der Schlusskurs vor *n* Tagen. Entsprechend lässt sich das Momentum wie folgt berechnen:

$$Momentum = Schlusskurs_t - Schlusskurs_{t-n}.$$

Eine weitere Variante von Trendfolge-Systemen sind Ausbruch-Modelle (Break-out). Ein *Break-out-Modell* beobachtet Bewegungsbandbreiten eines Wertpapierpreises, die durch Unterstützungs- und Widerstandsgrenzen gekennzeichnet sind, und identifiziert Trends, wenn das Wertpapier aus diesen Bandbreiten ausbricht. Bei dem Durchbrechen des Widerstandsniveaus (Unterstützungsniveaus) werden Long-Positionen (Short-Positionen) aufgebaut. Um diese Strategie umzusetzen, werden Computeralgorithmen programmiert, die beispielsweise besagen, dass wenn der letzte Schlusskurs höher ist als der höchste Schlusskurs der vorherigen 100 Handelstage ein Kaufsignal generiert wird.[10] Häufig werden die Bandbreiten durch Preis- oder Volatilitäts-Kanäle definiert. Diese Kanäle werden erstellt, indem die Bandbreite der neuen Preis-Hoch- und -Tiefstände abgetragen werden. Wenn nun eine der oberen oder unteren Begrenzungslinien des Kanals überproportional zu der anderen wächst, generiert dies ein Trendsignal. Hierbei werden Long-Positionen (Short-Positionen) eingegangen, wenn der Wertpapierpreis aus dem Kanal nach oben (unten) ausbricht. Die obere Grenze eines Kanals entspricht dem höchsten Höchststand, und die untere Grenze dem tiefsten Tiefstand. Abbildung 1-5 stellt die Funktionsweise von Break-out-Modellen schematisch dar.

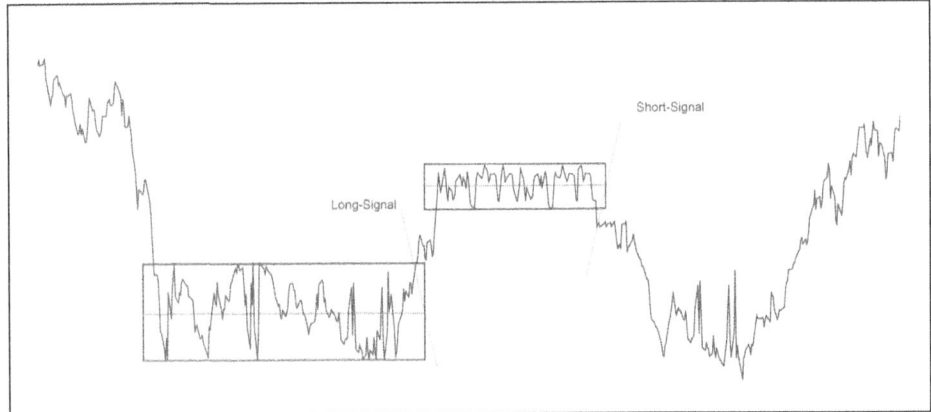

Quelle: Eigene Darstellung.
Abbildung 1-5: *Funktionsweise von Break-out-Modellen*

---

10   Vgl. Della Casa *et al.* (2007), S. 6.

1.2.2 Gegentrend-Modelle

Im Bereich der Gegentrend-Modelle findet insbesondere der im Jahr 1978 von J. Welles Wilder, Jr. entwickelte Relative-Stärke-Index (Relative Strength Index, RSI) Anwendung. Der RSI ist ein oszillierender Indikator mit einem Wertebereich zwischen Null (absoluter Markt-Tiefstpunkt) und 100 (absoluter Markt-Höchststand). Hierbei setzt der RSI die Auf- und Abwärtsbewegungen eines Wertpapiers über die Zeit in Relation. Das Ziel ist es, hierdurch die relative Marktstärke des aktuellen Kurses im historischen Kontext zu ermitteln. Hierzu wird der exponentiell gleitende Durchschnitt der Auf- und Abwärtsbewegungen berechnet und ins Verhältnis gesetzt. Bei der Berechnung des RSI wird für jeden Tag die Aufwärtsände-rung h und die Abwärtsänderung r berechnet. Bei einer Aufwärtsänderung gilt entsprechend h=Kurs$_{\text{heute}}$ – Kurs$_{\text{gestern}}$ und r=0. Ändert sich der Kurs eines Wertpapiers an einem Tag nicht, so wären r und h gleich 0. Durch die Berechnung des exponentiell gleitenden Durchschnitts von h bzw. r ergibt sich H bzw. R. Der Relative-Stärke-Index berechnet sich anschließend wie folgt:

$$RSI = 100 - \frac{100}{1 + \dfrac{H}{R}},$$

mit

RSI: Relative-Stärke-Index;

H: Exponentiell gleitender Durchschnitt der Aufwärtsänderung h eines Wertpapiers;

R :   Exponentiell gleitender Durchschnitt der Abwärtsänderung r eines Wertpapiers.

Generell wird ein RSI von unter 30 als ein Zeichen für einen überverkauften Markt interpre-tiert, wodurch ein systematisches Modell hierauf ein Kaufsignal generieren dürfte. Generell gilt ein RSI von über 70 als Indikation für einen überkauften Markt, bei dessen Vorliegen ein quantitatives System ein Verkaufsignal ausgeben sollte. Die Funktionsweise des RSI wird anhand des DAX in Abbildung 1-6 dargestellt.

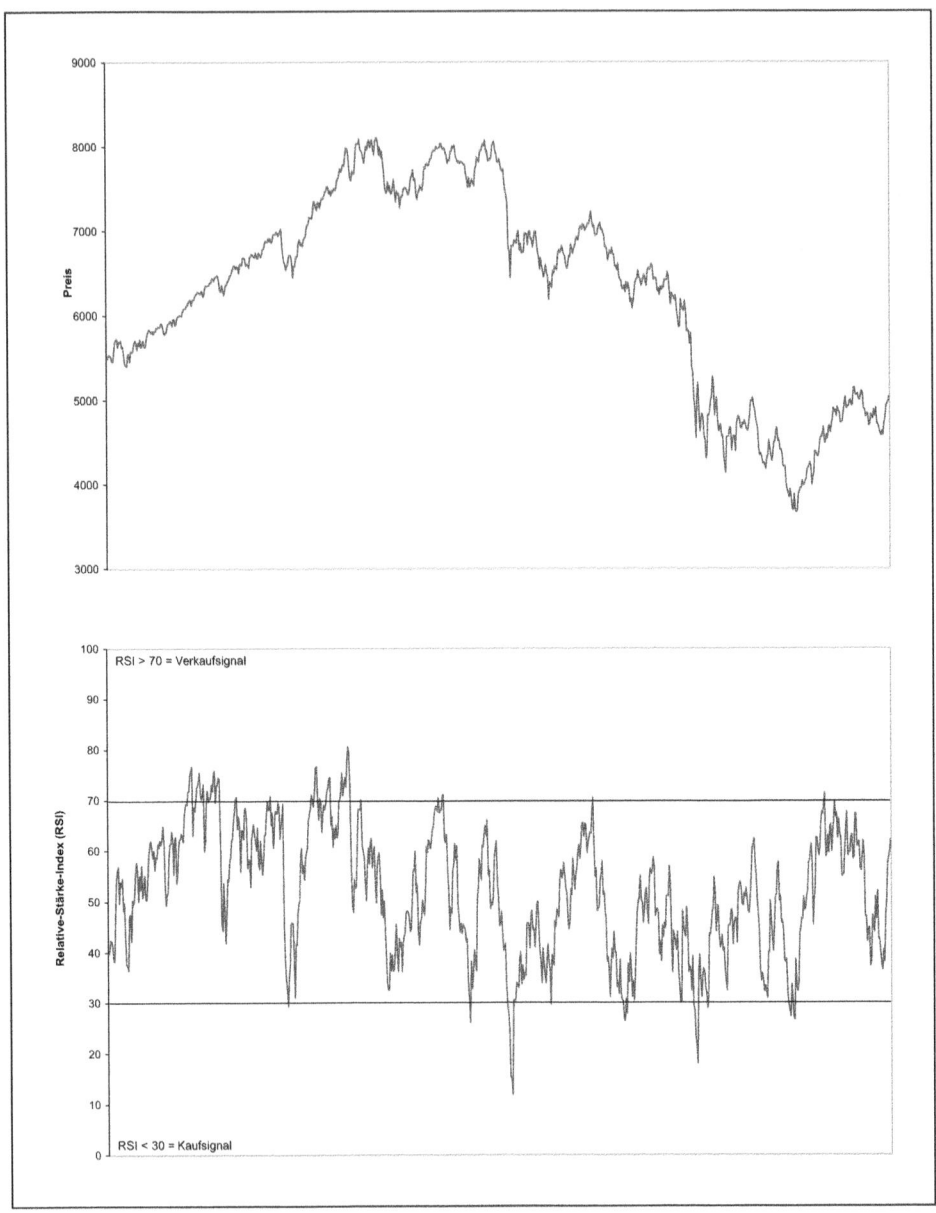

Quelle: Eigene Darstellung.
Abbildung 1-6: *Funktionsweise des Relative-Stärke-Index*

Der *Stochastische RSI* ist ein Oszillator, der Werte zwischen 0 und 1 annehmen kann und das Niveau des RSI relativ zu seinen Höchst- und Tiefstwerten über *n* Perioden darstellt. Er berechnet sich wie folgt:

$$StochRSI = \frac{RSI - LowRSI_n}{HighRSI_n - LowRSI_n},$$

mit

StochRSI: Stochastischer Relative-Stärke-Index;

RSI: aktueller Stand des RSI;

LowRSI_n: Niedrigster Stand des RSI in den letzten *n* Perioden;

HighRSI_n: Höchster Stand des RSI in den letzten *n* Perioden;

Generell gilt ein Stochastischer RSI von über 0,80 als Zeichen für einen überkauften Markt und es kann in Folge von einer Abwärtskorrektur ausgegangen werden. Wenn der StochRSI jedoch unter 0,20 notiert, so wird eine überverkaufte Situation unterstellt und es kann in der nahen Zukunft eine Aufwärtskorrektur erwartet werden. Ein Kaufsignal wird häufig generiert, wenn der StochRSI die 0,2-Linie nach oben durchbricht, bzw. als Verkaufssignal, wenn der StochRSI die 0,80-Linie nach unten durchbricht. Teilweise gilt es auch als Bestätigung eines anderen Signals, wenn der StochRSI die 0,50-Linie schneidet:

- *Kaufsignal*: wenn der Stochastische RSI die 0,50-Linie nach oben (unten) durchbricht, nachdem er einen überkauften Markt angezeigt hat.

- *Verkaufsignal*: wenn der Stochastische RSI die 0,50-Linie nach unten (oben) durchbricht, nachdem er einen überkauften Markt angezeigt hat.

Die Idee hinter dem *Stochastik-Indikator* ist, dass in Aufwärtsphasen (Abwärtsphasen) die Schlusskurse häufig in der Nähe der Höchstwerte (Tiefstwerte) der Preisspanne liegen. Der Stochastik-Indikator verwendet dieselbe 0 bis 100 Index-Skala wie der RSI, allerdings werden Formeln verwendet, die zwei Signalkurven *%K* und *%D* generieren. Diese beiden Kurven werden durch die Parameter *n* und *m* bestimmt, die eine Anzahl an Perioden angeben und zeigen an, wo der Schlusskurs im Verhältnis zur gesamten Kursspanne der ausgewählten Anzahl von Perioden steht.

$$\%K = \frac{CP - L_n}{H_n - L_n} * 100$$

mit

%K: %K-Linie;

CP: letzter Schlusskurs;

n: Anzahl der Perioden;

L_n: Niedrigster Briefkurs über die letzten n Perioden;

H_n: Höchster Geldkurs über die letzten n Perioden.

Die %D-Kurve hingegen ist ein einfacher gleitender Durchschnitt der %K-Linie über die Periode m und berechnet sich wie folgt:

$$\%D = SMA(\%K)\,.$$

Es gibt verschiedene Interpretations- bzw. Programmierungsmöglichkeiten für den Stochastik-Oszillator. Bewegen sich die Kurven nahe an 100, sprich in der Nähe der letzten Höchststände, kann von einem überkauften Markt und einer wahrscheinlich folgenden Abwärtsbewegung ausgegangen werden. Liegen die Schlusskurse hingegen näher an den letzten Tiefständen und damit nahe an der Nulllinie wird ein überverkaufter Markt interpretiert und eine Aufwärtskorrektur ist wahrscheinlich. Generell gilt der Bereich über 70 als Zeichen für einen überkauften und der unter 30 für einen überverkauften Markt. Entsprechend gelten Werte über 90 als Verkaufssignal, wenn sie anfangen zu sinken. Entsprechend generieren Werte unter 10 ein Kaufsignal, wenn sie anfangen zu steigen. Teilweise wird auch das Schneiden der %K- und %D-Linie im überkauften oder überverkauften Bereich als Signal verwendet.

▪ Kaufsignale:

  – wenn sich eine ansteigende %K-Linie mit der %D-Linie in dem Bereich unter 30 schneidet,
  – wenn die %D-Linie im überverkauften Bereich zwei ansteigende Tiefpunkte bildet, während die Kurse weiter sinken.

▪ Verkaufsignale:

  – wenn sich eine abfallende %K-Linie mit der %D-Linie in dem Bereich über 70 schneidet.
  – wenn die %D-Linie im überkauften Bereich zwei abfallende Höchstwerte erreicht, während die Kurse weiter steigen.

Der von Gerald Appel erfundene *Moving Average Convergence/Divergence-Oszillator* („MACD-Oszillator")[11] ist ein sehr einfacher und zuverlässiger Indikator – Letzteres insbesondere bei Märkten mit hoher Volatilität. Der MACD ist ein Oszillator, da die MACD-Kurve um die Nulllinie schwankt. Hierbei hat der Oszillator allerdings keine oberen oder unteren Begrenzungen. Eine MACD-Abbildung weist zwei Kurven auf. Zum einen den MACD selbst und zum anderen einen exponentiellen Durchschnitt der MACD-Linie für die Periode n. Der MACD ist wie folgt definiert:

---

11   Im Sprachgebrauch wird der MACD-Oszillator als „Mac D" bezeichnet.

$$MACD = EMA_{n1} - EMA_{n2}.$$

mit

$MACD$: MACD-Oszillator;

EMA: Exponentieller gleitender Durchschnitt;

$n1$: Periode $n1$, häufig 12;

$n2$: Periode $n2$, häufig 26.

Wenn der exponentiell gleitende Durchschnitt der Periode $n1$ höher ist als der der Periode $n2$, dann ist die MACD-Linie positiv, im umgekehrten Fall ist sie negativ. Die zweite Kurve des MACD ist ein exponentieller Durchschnitt der MACD-Linie über den Zeitraum n=9. Dadurch ist diese zweite Kurve glatter und verändert sich langsamer als der MACD.

▪ Kaufsignale:

– wenn der MACD fällt und sich schnell von seinem gleitenden Durchschnitt entfernt;
– wenn der MACD die Nulllinie schneidet und über Null steigt;
– wenn der MACD über seinen gleitenden Durchschnitt steigt;
– wenn der MACD steigt, während der Marktkurs weiter fällt;
– wenn der MACD neue Höchstwerte erreicht, während der entsprechende Marktkurs weiter sinkt.

▪ Verkaufsignale:

– wenn der MACD steigt und sich dabei schnell von seinem gleitenden Durchschnitt entfernt;
– wenn der MACD die Nulllinie schneidet und unter Null sinkt;
– wenn der MACD unter seinen gleitenden Durchschnitt fällt;
– wenn der MACD sinkt, während der Kurs weiter steigt;
– wenn der MACD neue Tiefstpunkte erreicht, während der entsprechende Kurs weiter steigt.

Abschließend sollte allerdings nicht der Eindruck entstehen, dass die in der Praxis im Einsatz befindlichen systematischen Handelsmodelle ähnlich einfach strukturiert sind wie in diesem Abschnitt bisher beschrieben. Beispielsweise ist es im Bereich der Trendfolge-Modelle durchaus üblich, dass verschiedene gleitende Durchschnitte über verschiedene Zeithorizonte berechnet werden, worauf sich unterschiedliche Signale für einzelne Zeitperioden herausstellen können. In einem nächsten Schritt wird dann meist über verschiedene Algorithmen lediglich ein Signal pro Markt gehandelt und nicht jeweils ein Signal für die verschiedenen Perioden.

1.2.3   Mustererkennungs-Modelle

Im Bereich der klassischen Chartmuster ist die *Kopf-Schulter-Formation* (head and shoulders) eines der bekanntesten Trendumkehr-Signale. Diese Formation sieht aus wie ein menschlicher Kopf mit jeweils einer Schulter an der Seite (siehe Abbildung 1-7). In diesem perfekten Beispiel wird dieses Muster gekennzeichnet durch drei scharfe Preisspitzen die durch drei erfolgreiche Kursrallys des Wertpapiers ausgelöst wurden. Die linke Schulter entsteht, indem der Wertpapierkurs in einem steigenden Umfeld einen neuen Höchststand erreicht und dann wieder zurückkommt. Der Kopf entsteht, wenn der Wertpapierpreis anschließend wieder ein neues Hoch erklimmt und dann wieder an Wert verliert. Die rechte Schulter wird dadurch gebildet, dass der Preis anschließend wieder ansteigt, allerdings nicht wieder bis auf das Preisniveau des Kopfes. Ein Schlüsselelement dieses Musters ist die sogenannte Nackenlinie. Diese wird dadurch gebildet, indem eine Verbindungslinie zwischen den beiden Tiefpunkten der Formation gezogen wird. Die Kopf-Schulter-Formation gilt als geschlossen, wenn die Unterstützung der Nackenline nach unten gekreuzt wird. Dies wird von den Handelssystemen als Verkaufsignal gewertet.

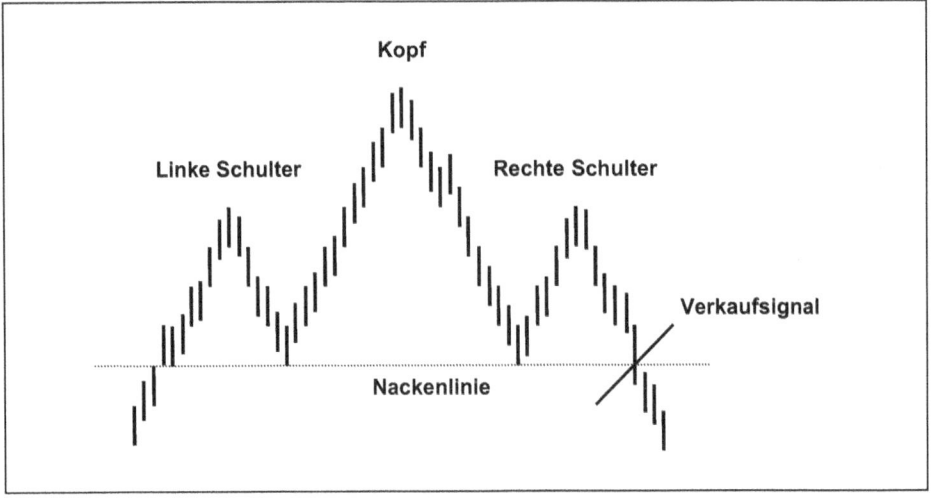

Quelle: Eigene Darstellung.
Abbildung 1-7: *Kopf-Schulter-Formation*

Von einer *inversen Kopf-Schulter-Formation* oder von einem Kopfstand wird gesprochen, wenn sich in einem Abwärtstrend die umgedrehte Variante der Kopf-Schulter-Formation herausbildet (siehe Abbildung 1-8). Ist bei der normalen Kopf-Schulter-Formation die zusätzliche Beachtung des Handelsvolumen in dem jeweiligen Markt wichtig, so ist dies beim Kopfstand noch wichtiger. Für viele Marktteilnehmer gilt die inverse Kopf-Schulter-Formation nicht unbedingt mit einem Kreuzen der Nackenlinie als abgeschlossen, sondern erst, wenn zusätzlich das Handelsvolumen merklich ansteigt.

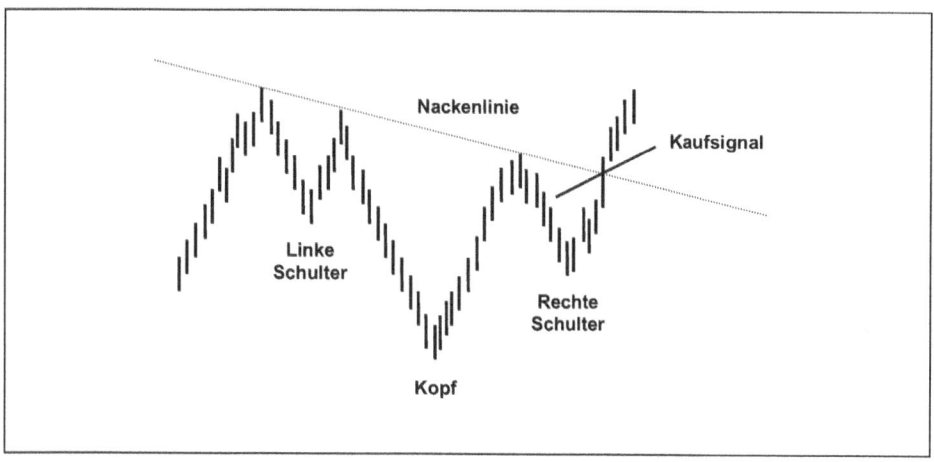

Quelle: Eigene Darstellung.
Abbildung 1-8: *Inverse Kopf-Schulter-Formation*

Die sogenannte *Doppeltop-Formation* als Trendumkehr-Signal bildet sich heraus, wenn die Preise eines Underlyings zwei nicht merklich voneinander unterschiedliche Höchststände bilden (siehe Abbildung 1-9). Hierbei gilt das Doppeltop als Signal für einen fallenden Markt dann als komplett, wenn die Unterstützungslinie nach unten gekreuzt wird. Neben dem Doppeltop existiert auch die Trippletop-Formation.

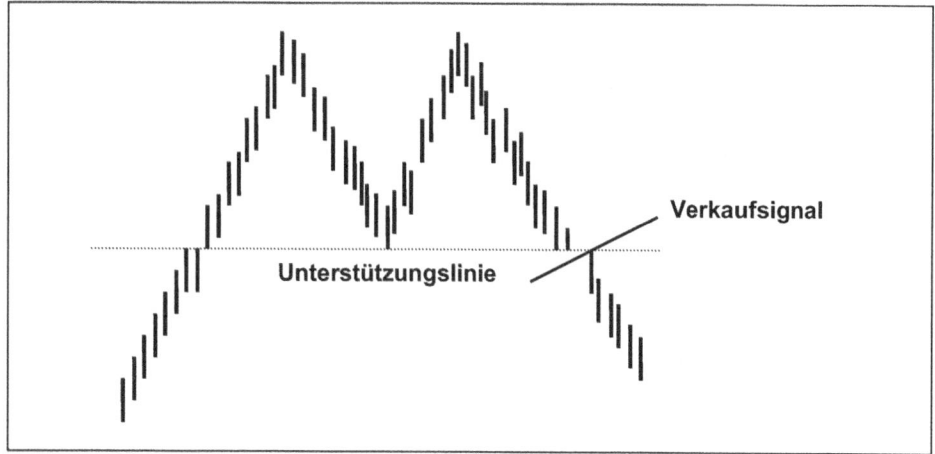

Quelle: Eigene Darstellung.
Abbildung 1-9: *Doppeltop-Formation*

Die umgekehrte Version des Doppeltops ist die *Doppelboden-Formation* (siehe Abbildung 1-10). Entsprechend ist die Doppelboden-Formation ein bullishes Signal für eine Trendum-

kehr nach einem länger andauernden Abwärtstrend. Hierbei gilt der Doppelboden als komplett, wenn die Widerstandslinie nach oben gekreuzt wird. Neben dem Doppelboden existiert
auch die Trippleboden-Formation.

Quelle: Eigene Darstellung.
Abbildung 1-10: *Doppelboden-Formation*

Ein weiteres wesentliches Muster, das im Bereich der Managed Futures als Signalgeber verwendet wird, ist das sogenannte Dreieck. Dieses existiert in drei Varianten. Das *symmetrische
Dreieck* bildet sich durch zwei konvergierende Widerstands- und Unterstützungslinien und
mindestens vier Trendumkehrpunkten (siehe Abbildung 1-11). Dieses Muster ist häufig in
Zeiten zu beobachten, in denen Unsicherheit die Märkte dominiert. Das symmetrische Dreieck ist typischerweise eine Fortführungs-Formation, kann aber auch auf eine Trendumkehr
hinweisen. Entsprechend wird häufig erst dann ein Trade aufgesetzt, wenn der Preis des
Wertpapiers, nachdem er die Dreiecks-Formation verlassen hat, sich einen gewissen Prozentsatz in die entsprechende Richtung bewegt hat.

Das *aufsteigende Dreieck* zeigt genau wie das symmetrische Dreieck zwei konvergierende
Trendlinien. In diesem Fall ist allerdings die untere Trendlinie aufsteigend, während die obere
Trendline vertikal verläuft. Dieses Muster tritt auf, wenn die Tiefstpunkte kontinuierlich
höher wandern, während die Höchstpunkte jeweils an einer Widerstandslinie scheitern (siehe
Abbildung 1-12). Genau wie das symmetrische Dreieck kann auch das aufsteigende Dreieck
eine Fortführungs-Formation sowie auch eine Trendumkehr darstellen.

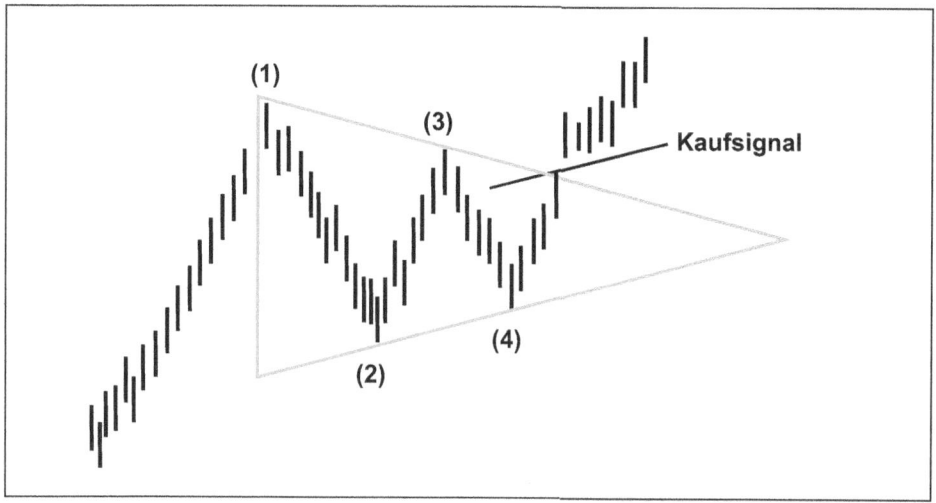

Quelle: Eigene Darstellung.
Abbildung 1-11: Symmetrische Dreiecks-Formation

Quelle: Eigene Darstellung.
Abbildung 1-12: Aufsteigende Dreiecks-Formation

Das *absteigende Dreieck* wird durch eine horizontale untere Trendlinie sowie eine absteigen-de obere Trendlinie gebildet (siehe Abbildung 1-13). Es steht für Tiefpunkte die sich auf demselben Niveau wiederholen, während die hierauf folgenden Höchststände kontinuierlich niedriger ausfallen. Typischerweise ist das absteigende Dreieck eine Fortsetzungs-Formation für einen Abwärtstrend.

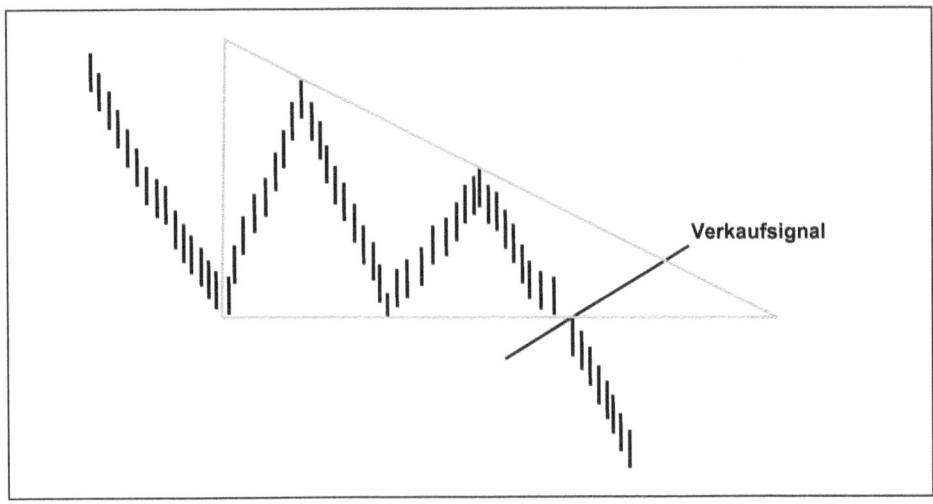

Quelle: Eigene Darstellung.
Abbildung 1-13: *Absteigende Dreiecks-Formation*

Eine dem Dreieck ähnliche Umkehr-Formation ist der sogenannte Keil. Ein *Keil* wird gebildet durch zwei konvergierende Trendlinien die sich in einer Spitze treffen. Je nachdem in
welche Richtung (Trend) die Spitze des Keils zeigt, kann zwischen Bullen- (abwärts gerichtet) und Bären-Keil (aufwärts gerichtet) unterschieden werden. Ein Bären-Keil wird schematisch in Abbildung 1-14 dargestellt.

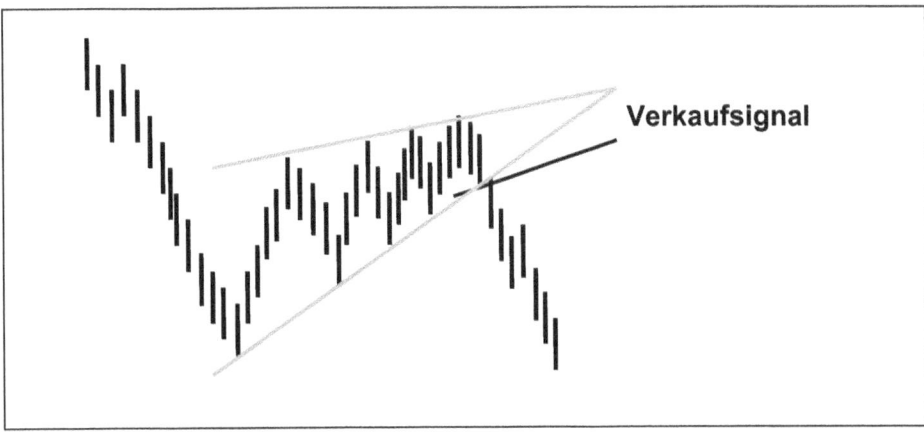

Quelle: Eigene Darstellung.
Abbildung 1-14: *Bärische Keil-Formation*

Flaggen und *Wimpel* sind ebenfalls zwei häufig auszumachende Formationen bei Wertpa-
pierkursen. Beide sind in ihrem Erscheinungsbild sehr ähnlich und tauchen auch häufig an
denselben Stellen in einem existierenden Trend auf.[12] Beiden Formationen geht entweder
eine steile Aufwärtsbewegung oder eine steile Abwärtsbewegung voraus, je nachdem ob es
sich für eine bullische oder respektive bärische Ausprägung der jeweiligen Formation handelt. Entsprechend stellen Flagge und Wimpel „kurze Verschnaufpausen" in einer dynamischen Marktbewegung dar und funktionieren beide vorwiegend als Fortsetzungsformationen.
Flaggen und Wimpel zeigen sich häufig zur Mitte einer starken Trendbewegung und werden
komplettiert durch sinkende Handelsumsätze in der Formation, die nach deren Ausbruch
wieder stark ansteigen sollten. Eine bullische Flagge, wie in Abbildung 1-15 dargestellt, ist
entgegen der Trendrichtung geneigt. Ein bärischer Wimpel ist beispielhaft in Abbildung 1-16
zu sehen.

Kaufsignal

Quelle: Eigene Darstellung.
Abbildung 1-15: *Bullische Flaggen-Formation*

---

12   Vgl. Murphy (1999), S. 151.

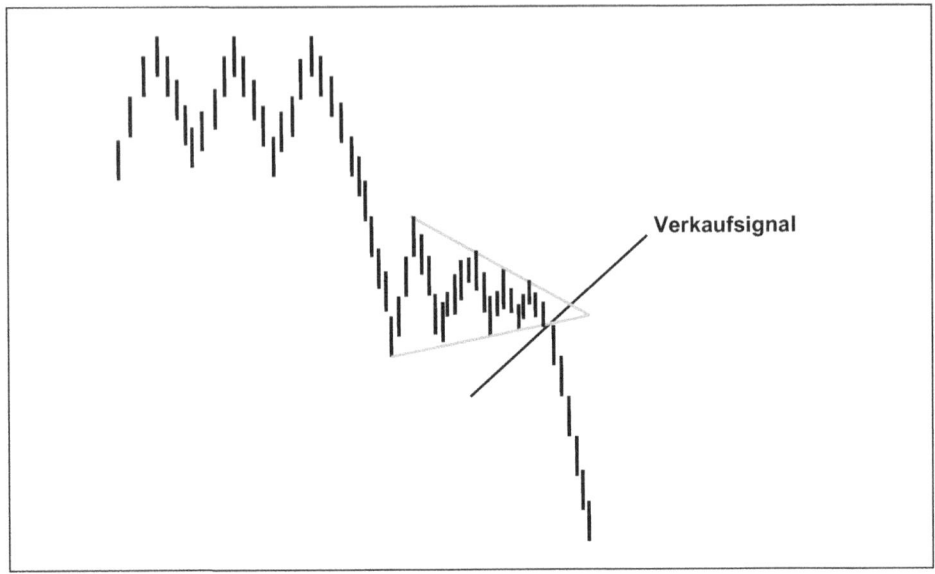

Quelle: Eigene Darstellung.
Abbildung 1-16: *Bärische Wimpel-Formation*

1.3   Handelsbeispiele

In den hier dargestellten Handelsbeispielen werden zwei verschiedene Strategien anhand desselben Basiswerts, des Deutschen Aktien Index (DAX) in dem Zeitraum vom 02. Januar 2008 bis zum 30. Dezember 2008, verdeutlicht. Es werden jeweils ein Beispiel aus den zwei wesentlichen Modellarten von Managed Futures, nämlich Trendfolge und Gegentrend vorgestellt.

1.3.1   Trendfolge

In dem Trendfolge-Beispiel werden gleitende Durchschnitte verwendet, um die Einstiegs- und Ausstiegs-Zeitpunkte zu bestimmen. In dem vorliegenden Beispiel verwendet der Manager als Signalgeber das Kreuzen des Zehn-Tages Durchschnitts mit dem 45-Tages Durchschnitt. Ein Kaufsignal wird hierbei generiert, wenn der kürzere gleitende Durchschnitt den längeren von unten nach oben kreuzt. Das Kreuzen des kürzeren gleitenden Durchschnitts unterhalb des längeren wird hingegen als Verkaufsignal ausgelegt. In diesem Beispiel beabsichtigt der Manager zu jedem Zeitpunkt ein Exposure von einem Kontrakt, entweder long oder short zu halten. Der erste Kontrakt wird am 16. Januar 2008 gekauft und entsprechend müssen alle folgenden Transaktionen zwei Kontrakte umfassen, sodass das Exposure des Fonds jeweils maximal ein Kontrakt long oder short ist. Es wird ferner unterstellt, dass alle Trades in diesem Beispiel zum Schlusskurs ausgeübt wurden. Der Kontraktwert eines DAX Futures an der Eurex entspricht 25 Euro und entsprechend müssen diese 25 Euro mit dem jeweiligen DAX-Stand multipliziert werden, um den Euro-Wert dieses Futures zu ermitteln. In Anlehnung an Abbildung 1-17, werden von diesem Handelssystem die folgenden Transaktionen durchgeführt:

- *16. Januar 2008:* Der Zehn-Tages-SMA kreuzt den 45-Tages-SMA unterhalb. Das Handelssystem des Fonds verkauft einen Kontrakt zum Schlusskurs von 7.471,57. Damit ist der Fonds nun den DAX in einem Nennwert von 7.471,57 * 25 Euro = 186.789,25 Euro short.

- *10. April 2008:* Zehn-Tages-SMA kreuzt den 45-Tages-SMA oberhalb. Das Handelssystem des Fonds kauft zwei Kontrakte zum Schlusskurs von 6.704,32. Damit hat der Fonds seit Beginn dieser Strategie (7.471,57 – 6.704,32) * 25 Euro = 19.181,25 Euro Gewinn erzielt und ist nun einen Kontrakt den DAX long.

- *12. Juni 2008:* Der Zehn-Tages-SMA kreuzt den 45-Tages-SMA unterhalb. Das Handelssystem des Fonds verkauft zwei Kontrakte zum Schlusskurs von 6.714,52. Damit hat der Fonds seit dem letzten Trade weitere 255 Euro an Gewinn erzielt und seit Beginn dieser Strategie sogar 19.181,25 Euro + ((6.714,52 – 6.704,32) * 25 Euro) = 19.436,25 Euro. Der Fonds ist nun einen Kontrakt den DAX short.

- *11. August 2008:* Zehn-Tages-SMA kreuzt den 45-Tages-SMA oberhalb. Das Handelssystem des Fonds kauft zwei Kontrakte zum Schlusskurs von 6.609,63. Damit hat der Fonds seit dem letzten Trade weitere 2.622,25 Euro((6.714,52 – 6.609,63)) * 25 Euro) an Gewinn erzielt und seit Beginn dieser Strategie sogar 19.436,25 Euro + 2.622,25 Euro = 22.058,50 Euro. Der Fonds ist nun einen Kontrakt den DAX long.

- *26. August 2008:* Der Zehn-Tages SMA kreuzt den 45-Tages-SMA unterhalb. Das Handelssystem des Fonds verkauft zwei Kontrakte zum Schlusskurs von 6.340,52. Damit hat der Fonds seit dem letzten Trade 6.727,75 Euro ((6.340,52 – 6.609,63) * 25 Euro) verloren, seit Beginn dieser Strategie aber noch immer 22.058,50 Euro – 6.727,75 Euro = 15.330,75 Euro gewonnen. Der Fonds ist nun einen Kontrakt den DAX short.

- *18. Dezember 2008:* Zehn-Tages-SMA kreuzt den 45-Tages SMA oberhalb. Das Handelssystem des Fonds kauft zwei Kontrakte zum Schlusskurs von 4.756,40. Damit hat der Fonds seit dem letzten Trade weitere 39.590 Euro ((6.340,52 – 4.756,40)) * 25 Euro) an Gewinn erzielt und seit Beginn dieser Strategie 15.330,75 Euro + 39.590 Euro = 54.920 Euro. Der Fonds ist nun einen Kontrakt den DAX long.

- …

Zusammenfassend kann festgehalten werden, dass durch die Verwendung der gleitenden Durchschnitte im Beispieljahr 2008, das Handelssystem sechs Signale geliefert und entsprechende Transaktionen ausgeführt hat, welche sich zu einem zu diesem Zeitpunkt unrealisierten Gewinn von 54.920 Euro aufsummiert.

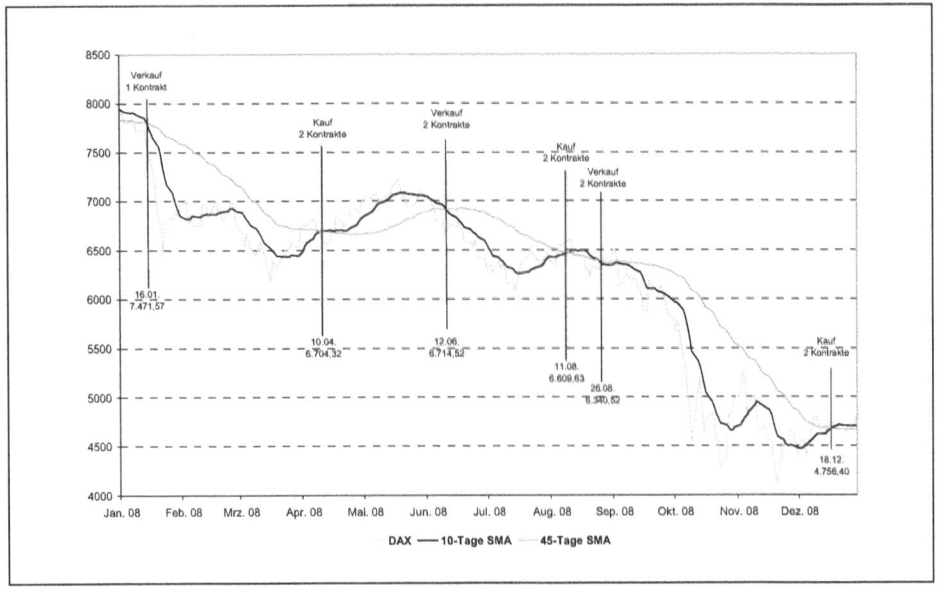

Quelle: Eigene Darstellung, Daten: Bloomberg.
Abbildung 1-17: *Beispiel eines Moving Average Crossover-Handelssystems auf den DAX*

1.3.2   Gegentrend

In diesem Gegentrend-Beispiel wird der Relative-Stärke-Index (RSI) als Signalgeber für
Transaktionen verwendet. Hierbei wird bei einem RSI von über 70 ein Verkaufssignal und bei
einem RSI von unter 30 ein Kaufsignal generiert. Da eine RSI-Strategie im Unterschied zu
Trendfolge-Modellen keine implizite Stop-Loss-Struktur hat, arbeiten RSI-Systeme meist mit
festen Stop-Loss-Marken. Entsprechend wird in diesem Beispiel eine fixe Stop-Loss-Marke
von fünf Prozent definiert. Bei diesem Beispiel ist es wiederum das Ziel des Handelssystems,
immer ein Positions-Exposure von einem DAX-Kontrakt zu halten (long oder short). Eine
Ausnahme hiervon ist nur zugelassen, wenn die Position durch das Erreichen der Stop-Loss-
Marke glattgestellt wird. Anschließend wird lediglich dann wieder eine Position aufgebaut,
wenn der RSI erneut eine der beiden Marken (30 oder 70 nach unten bzw. oben) kreuzt. Es
wird ferner unterstellt, dass alle Trades in diesem Beispiel zum Schlusskurs ausgeführt wurden. Der Kontraktwert eines DAX Futures an der Eurex entspricht 25 Euro und entsprechend
müssen diese 25 Euro mit dem jeweiligen DAX-Stand multipliziert werden, um den Euro-
Wert dieses Futures zu ermitteln. In Anlehnung an Abbildung 1-18 werden von diesem Handelssystem die folgenden Transaktionen durchgeführt:

- *17. Januar 2008:* Der RSI bewegt sich unter die 30-Prozentmarke und schließt bei 28,04
  Prozent. Das Handelssystem kauft einen DAX-Kontrakt zum Schlusskurs von 7.413,53.
  Das System ist nun long einen Kontrakt und hat bisher keinen Gewinn oder Verlust erzielt.
  Der Stop-Loss wird bei 7042,85 gesetzt.

▦ *21. Januar 2008:* Der DAX hat sich, seitdem der Trade initiiert wurde, negativ entwickelt und entsprechend wird dieser bei der Stop-Loss-Marke von 7.042,85 glattgestellt. Das Handelssystem verkauft einen Kontrakt zum Stop-Loss und das Modell erzielt einen Verlust von (7.413,53 – 7.042,85) * 25 Euro = 9.267 Euro.

▦ *17. März 2008:* Der RSI bewegt sich unter die 30-Prozentmarke und schließt bei 29,64 Prozent Das Handelssystem kauft einen DAX-Kontrakt zum Schlusskurs von 6.182,30. Das System ist nun long einen Kontrakt und hat bisher einen Verlust von 9.267 Euro erzielt. Der Stop-Loss wird bei 5.873,19 gesetzt.

▦ *19. Mai 2009:* Der RSI bewegt sich über die 70-Prozentmarke und schließt bei 70,59 Prozent. Das Handelssystem verkauft zwei DAX-Kontrakte zum Schlusskurs von 7.225,94. Das System ist nun short einen Kontrakt. Der Stop-Loss wird bei 7.587,24 gesetzt. Mit der letzten Transaktion hat das System einen Gewinn von (7.225,94 – 6.182,30) * 25 Euro = 26.091 Euro erzielt. Der Gesamtgewinn dieses Systems seit Jahresbeginn liegt nunmehr bei 26.091 Euro – 9.267 Euro = 16.824 Euro.

▦ *01. Juli 2008:* Der RSI bewegt sich unter die 30-Prozentmarke und schließt bei 26,81 Prozent. Das Handelssystem kauft zwei DAX-Kontrakte zum Schlusskurs von 6.315,94. Das System ist nun long einen Kontrakt. Der Stop-Loss wird bei 6.000,14 gesetzt. Mit der letzten Transaktion hat das System einen Gewinn von (7.225,94 – 6.315,94) * 25 Euro = 22.750 Euro erzielt. Der Gesamtgewinn dieses Systems seit Jahresbeginn liegt nunmehr bei 26.091 Euro + 22.750 Euro = 48.841 Euro.

▦ *16. September 2009:* Der DAX hat sich, seitdem der Trade initiiert wurde, negativ enwickelt und entsprechend wird dieser bei der Stop-Loss-Marke von 6.000,14 glattgestellt. Das Handelssystem verkauft einen Kontrakt zum Stop-Loss und das Modell erzielt einen Verlust von (6.315,94 – 6000,14) * 25 Euro = 7.895 Euro. Der Gesamtgewinn dieses Systems seit Jahresbeginn liegt nunmehr bei 48.841 Euro – 7.895 Euro = 40.946 Euro.

▦ *06. Oktober 2009:* Der RSI bewegt sich unter die 30-Prozentmarke und schließt bei 29,54 Prozent. Das Handelssystem kauft einen DAX-Kontrakt zum Schlusskurs von 5.387,01. Das System ist nun long einen Kontrakt. Der Stop-Loss wird bei 5.117,66 gesetzt.

▦ *08. Oktober 2009:* Der DAX hat sich, seitdem der Trade initiiert wurde, negativ entwickelt und entsprechend wird dieser bei der Stop-Loss-Marke von 5.117,66 glattgestellt. Das Handelssystem verkauft einen Kontrakt zum Stop-Loss und das Modell erzielt einen Verlust von (5.387,01 – 5.117,66) * 25 Euro = 6.733,75 Euro. Der Gesamtgewinn dieses Systems seit Jahresbeginn liegt nunmehr damit bei 40.946 Euro – 6.733,75 Euro = 34.212,25 Euro.

▦ *24. Oktober 2009:* Der RSI bewegt sich unter die 30-Prozentmarke und schließt bei 28,89 Prozent. Das Handelssystem kauft einen DAX-Kontrakt zum Schlusskurs von 4.295,67. Das System ist nun long einen Kontrakt. Der Stop-Loss wird bei 4.080,89 gesetzt.

▦ ...

Zusammenfassend kann festgehalten werden, dass durch die Verwendung des Relative-Stärke-Index im Beispieljahr 2008, das Handelssystem sechs Signale geliefert und entsprechende Transaktionen ausgeführt hat, die zum Ende der Beispielperiode zu einem unrealisierten Gewinn von 34.212,25 Euro aufsummierten.

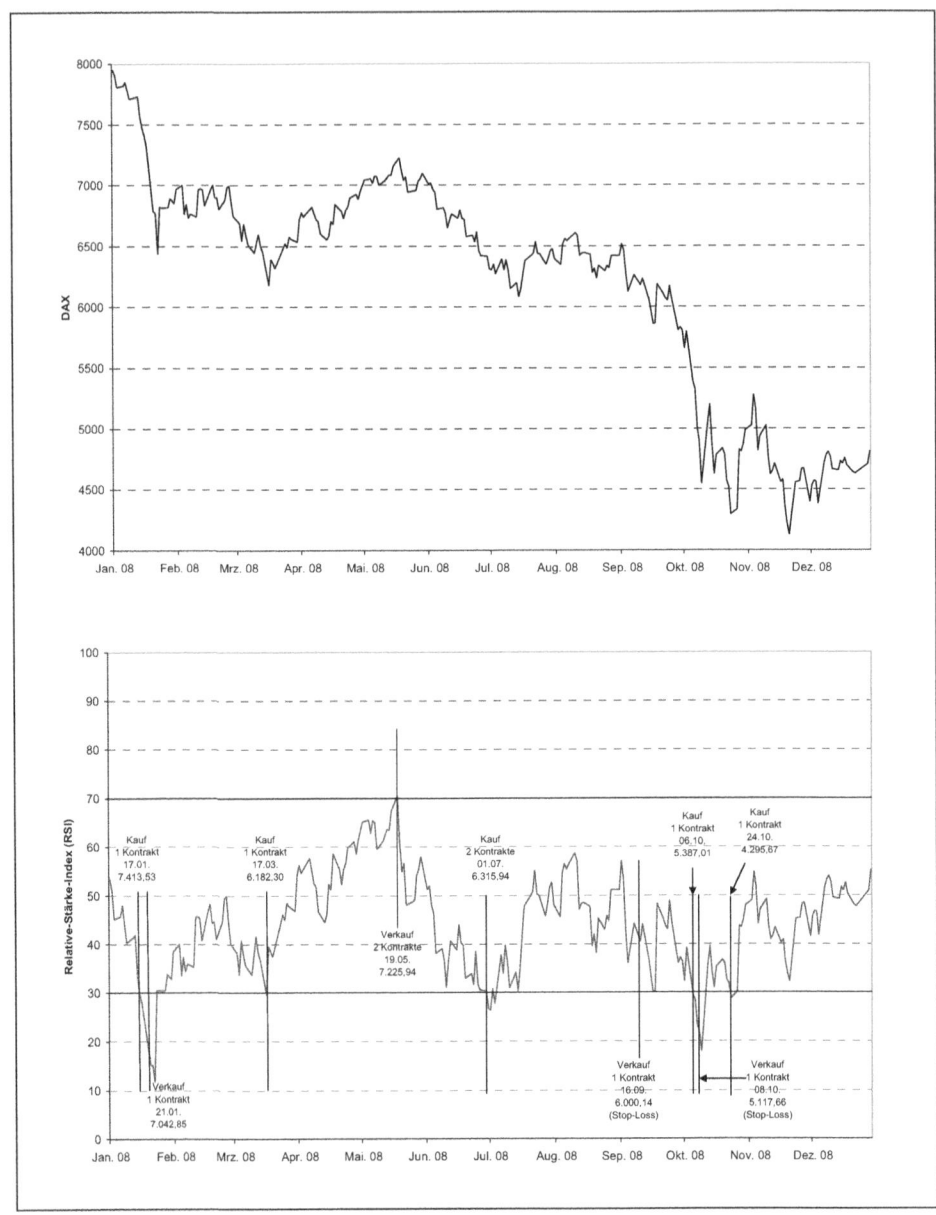

Quelle: Eigene Darstellung, Daten: Bloomberg.

Abbildung 1-18: Beispiel eines RSI-Handelssystems auf den DAX

1.4 Rendite- und Risikobetrachtung

In diesem Abschnitt werden die Rendite- und Risikoeigenschaften von Managed Futures beschrieben. Als Benchmark für Managed Futures wird hier der BarclayHedge CTA Index (BHC) verwendet und mit einer Investition in US-Aktien, gemessen anhand des Standard & Poor's 500 (SP500) sowie in Staatsanleihen, gemessen anhand des JP Morgan Government Bond Index (JPMGBI), verglichen. Der Barclay CTA Index stellt die durchschnittliche Wertentwicklung von 488 verschiedenen Handelssystemen dar.[13] Die Auswertungen in diesem Abschnitt erfolgen auf Basis von Monatsdaten und basieren entsprechend auf 281 Datenpunkten. Der Untersuchungszeitraum erstreckt sich jeweils vom 28. Februar 1986 bis einschließlich dem 30. Juni 2009.

1.4.1 Wertentwicklung

Die durchschnittliche jährliche Wertentwicklung der Strategie Managed Futures betrug 8,7 Prozent zwischen dem 28. Februar 1986 bis einschließlich dem 30. Juni 2009 und lag damit über den Werten für Aktien und Anleihen (siehe auch Tabelle 1-5). Diese Rendite wurde erzielt mit einer niedrigeren Volatilität (12,5 Prozent) als bei Aktien (15,7 Prozent), aber einer deutlich höheren als bei Anleihen (4,7 Prozent). Die risikoadjustierten Performancemaße (Sharpe Ratio, Omega) zeigen sehr interessante Werte für Managed Futures und Anleihen. Allerdings müssen sich Investoren in Managed Futures deutlich mehr Gedanken hinsichtlich der Tolerierbarkeit der damit einhergehenden maximalen Kursverluste (schlechtester Monat von -8,2 Prozent und Maximum Drawdown von -15,7 Prozent) machen als bei einer Investition in Anleihen – gleichzeitig aber deutlich weniger als bei einer Allokation in Aktien.

---

[13] Weitere Informationen zum Barclay CTA Index können der Internetseite des Indexsponsors unter www.barclayhedge.com entnommen werden.

Tabelle 1-5: Historische Wertentwicklung des Barclay CTA Index

	BHC	SP500	JPMGBI
Annualisierte Rendite	8,7%	6,5%	7,9%
Volatilität	12,5%	15,7%	4,7%
Positive Monate in %	55,5%	62,6%	71,9%
Sharpe Ratio (RFR)	0,33	0,17	0,60
Omega (RFR)	1,34	1,14	1,60
Bester Monat	27,4%	13,2%	5,7%
Schlechtester Monat	-8,2%	-21,8%	-3,8%
Maximum Drawdown	-15,7%	-52,6%	-5,3%
Annualisiertes Alpha		9%	5%
Beta		0,00	0,48
Downside Beta		-0,16	0,08

Quelle: Eigene Darstellung. Daten: Bloomberg.

Es ist bei der in Abbildung 1-19 dargestellten Renditeverteilung des BHC hervorzuheben, dass es deutlich mehr Extremwerte im positiven Randbereich gibt, als im negativen.

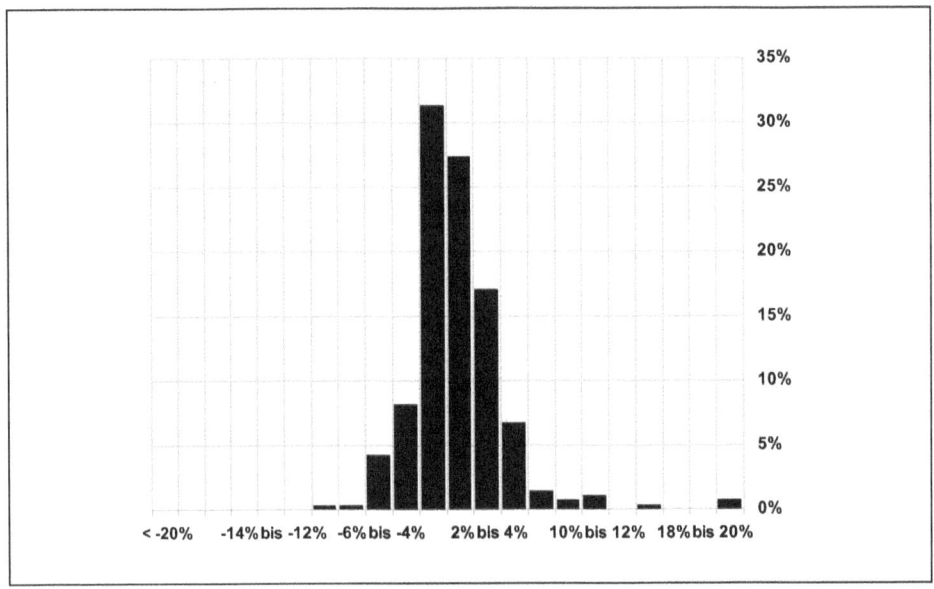

Quelle: Eigene Darstellung. Daten: Bloomberg.
Abbildung 1-19: *Häufigkeitsverteilung der monatlichen Renditen des Barclay CTA Index*

Die rollierenden Zwölfmonats-Renditen bewegen sich für den BHC in einer Bandbreite von -7,9 Prozent bis +57,30 Prozent. Abbildung 1-12 zeigt die Bandbreite möglicher Renditen über einen rollierenden Zwölfmonatszeitraum, welche in der Mehrzahl positiv sind. Entsprechend sollten Investoren bei der Allokation in Managed Futures einen mittleren Investitionshorizont von mindestens drei Jahren einplanen.

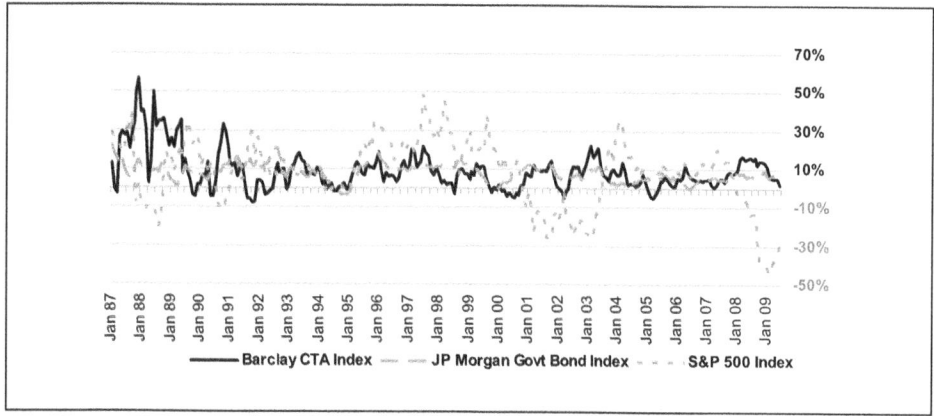

Quelle: Eigene Darstellung. Daten: Bloomberg.
Abbildung 1-20: *Rollierende Zwölfmonats-Renditen des Barclay CTA Index*

Die rollierenden Zwölfmonats-Sharpe Ratios bewegen sich für den BHC in einer Bandbreite von -2,60 bis 5,10. Abbildung 1-21 zeigt die Bandbreite möglicher Sharpe Ratios über einen rollierenden Zwölfmonatszeitraum, welche in der Mehrzahl positiv sind.

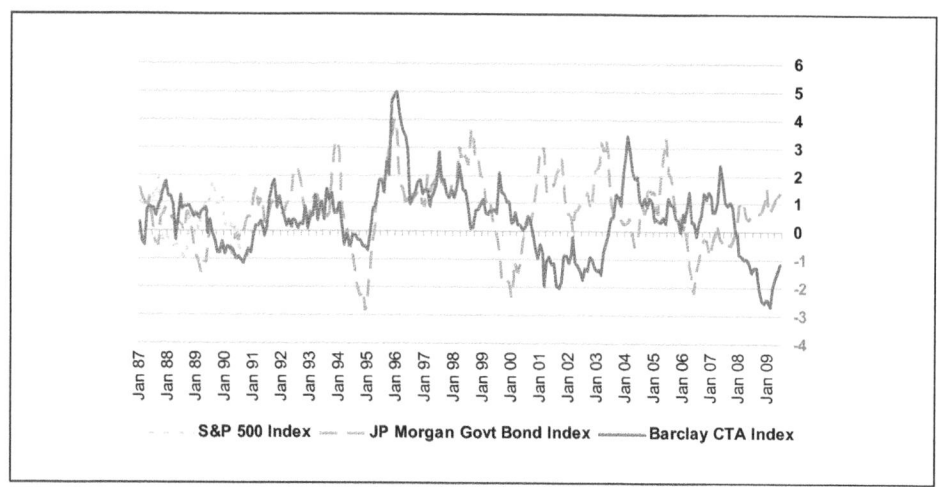

Quelle: Eigene Darstellung. Daten: Bloomberg.
Abbildung 1-21: *Rollierende Zwölfmonats-Sharpe Ratios des Barclay CTA Index*

Gregoriou (2006) kann empirisch belegen, dass die Investition in den am besten performenden CTA des Vorjahres eine valide Anlagestrategie darstellt, die sogar investierbare CTA-Indizes outperformt.

1.4.2 Risikobetrachtung

Wie aus Tabelle 1-6 ersichtlich ist, erzielt der BHC in einem negativen Monat einen durchschnittlichen Verlust von 1,8 Prozent sowie einen durchschnittlichen Monatsgewinn von 2,8 Prozent in einem positiven Monat. Diese Werte sind vergleichbar mit Aktien (-3,8 Prozent und 3,3 Prozent) aber deutlich höher als bei Anleihen (-0,9 Prozent und 1,3 Prozent). Die Semi-Standardabweichung des BHC ist bei den hier verglichenen Investitionsalternativen mit 6,3 Prozent deutlich unter dem Aktienniveau (11,8 Prozent) und Anleihen bilden erneut die konservativste Alternative (2,8 Prozent). Hinsichtlich des Sortino Ratios sind die Ergebnisse von Managed Futures und Aktien vergleichbar gut, lediglich Anleihen erscheinen nach diesem Risikomaß attraktiver. Die niedrigen Korrelationen von Managed Futures in Aufwärts- sowie Abwärtsphasen zu Aktien sowie zu Anleihen unterstreichen die Möglichkeit zur Optimierung von klassischen Aktien-Renten-Portfolios durch die Hinzunahme einer Managed-Futures-Allokation. Hinsichtlich des dritten und vierten Moments der Renditeverteilung ist festzuhalten, dass Managed Futures und Anleihen eine Rechtsschiefe aufweisen und auch hinsichtlich der Wölbung niedrige Werte zeigen.

Tabelle 1-6: Historisches Risikoprofil des Barclay CTA Index

	BHC	SP500	JPMGBI
Durchschnittlicher Monatsverlust	-1,8%	-3,8%	-0,9%
Durchschnittlicher Monatsgewinn	2,8%	3,3%	1,3%
Semi-Standardabweichung	6,3%	11,8%	2,8%
Sortino Ratio (RFR)	0,66	0,22	1,02
Downside Correlation (BHC)		-0,17	0,01
Upside Correlation (BHC)		0,13	0,22
Schiefe	2,51	-0,88	0,36
Überschuss-Wölbung	1,24	2,65	1,59

Quelle: Eigene Darstellung. Daten: Bloomberg.

Die durchschnittliche Volatilität des BHC über den gesamten Untersuchungszeitraum beträgt 12,5 Prozent. Dabei reicht die Bandbreite zu verschiedenen Betrachtungsstichtagen von 4,1 bis 30,7 Prozent (siehe Abbildung 1-22).

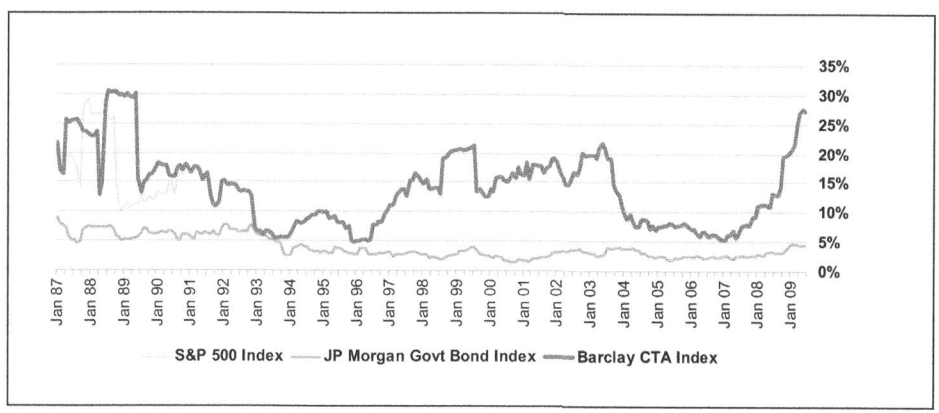

Quelle: Eigene Darstellung. Daten: Bloomberg.
Abbildung 1-22: *Rollierende Zwölfmonats-Volatilitäten des Barclay CTA Index*

Mit einer Korrelation von 0,00 zum SP500 und von 0,18 zum JPMGBI über die gesamte Untersuchungsperiode vom 31. Januar 1998 bis einschließlich 30. Juni 2009 weist die Strategie Managed Futures keinerlei langfristige Abhängigkeiten zu diesen beiden Anlageklassen aus. Auf einer zwölfmonatigen rollierenden Basis hingegen bewegt sich die Korrelation des BHC zu Aktien zwischen -0,82 und 0,70 sowie zu Anleihen zwischen -0,59 und 0,89 (siehe Abbildung 1-23).

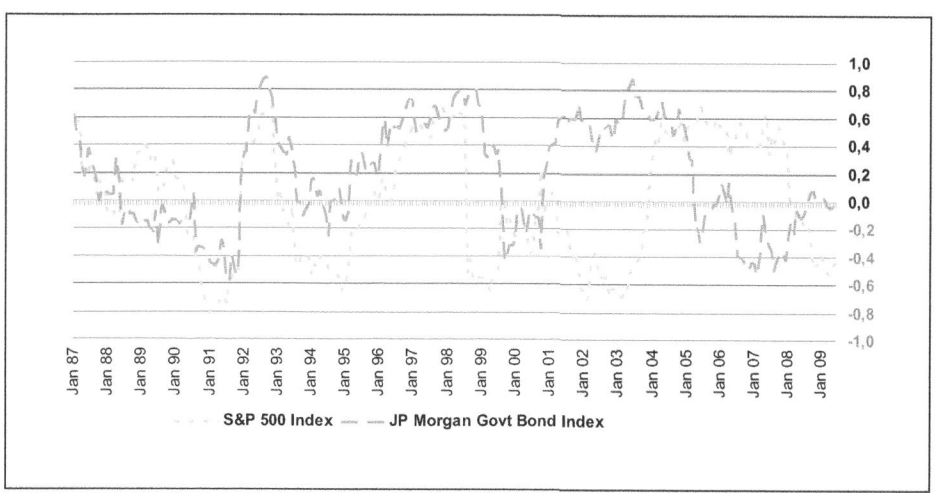

Quelle: Eigene Darstellung. Daten: Bloomberg.
Abbildung 1-23: *Rollierende Zwölfmonats-Korrelationen des Barclay CTA Index*

Besonders risikoaversen Investoren sei stets der Blick auf die sogenannten Unterwasser-Charts angeraten. Diese zeigen an wann und wie lange ein Investment sich in einer Kursverlustphase befunden hat. Abbildung 1-24 zeigt, dass die Unterwasser-Zeiten von Managed Futures tendenziell kürzer und weniger ausgeprägt sind als bei Aktien. Anders ausgedrückt sind die Wertaufholzeiten bei Managed Futures nach einem Wertverlust kürzer als bei Aktien.

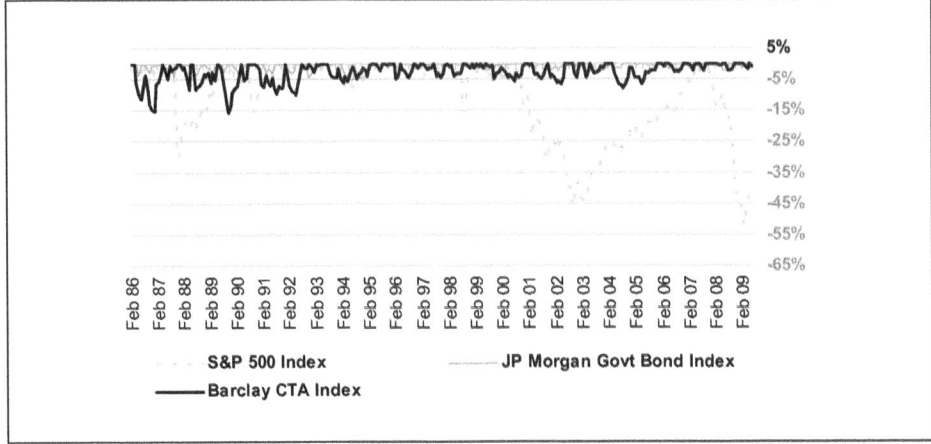

Quelle: Eigene Darstellung. Daten: Bloomberg.
Abbildung 1-24: *Unterwasser-Chart des Barclay CTA Index*

Eine genauere Betrachtung der Kursverluste liefert die sogenannte Drawdown-Analyse (siehe Tabelle 1-7). Hier werden die jeweiligen Kursverlust-Phasen (Drawdown-Phasen) nach ihrer Höhe absteigend sortiert und um die Dauer des Drawdowns (Length) sowie der Wertaufholung (Recovery) und den genauen Zeitpunkten ergänzt angegeben. Entsprechend sollten Investoren in Managed Futures eine Verlusttoleranz von bisher im schlimmsten Fall 16 Prozent einkalkulieren sowie einer Wertaufholungsphase von etwas über einem Jahr (vier + neun Monate).

Tabelle 1-7: Drawdown-Analyse des Barclay CTA Index

	Drawdown	Length	Recovery	Start	Valley
1	-15,66%	4	9	Jul 89	Okt 89
2	-15,46%	9	4	Apr 86	Dez 86
3	-10,10%	5	3	Jan 92	Mai 92
4	-9,50%	10	4	Nov 90	Aug 91
5	-8,35%	4	2	Jan 88	Apr 88
6	-8,23%	1	10	Jul 88	Jul 88
7	-7,81%	5	15	Apr 04	Aug 04
8	-6,74%	6	2	Nov 01	Apr 02
9	-6,13%	7	13	Aug 93	Feb 94
10	-5,63%	13	5	Jul 99	Jul 00
11	-4,99%	2	5	Mai 87	Jun 87
12	-4,87%	4	3	Apr 01	Jul 01

Quelle: Eigene Darstellung. Daten: Bloomberg.

In einer Untersuchung von Kat[14] wird die Beimischung von Managed Futures in ein Portfolio bestehend aus Aktien, Renten und Hedgefonds unter besonderer Berücksichtung der höheren Momente der Renditeverteilung untersucht. So konnte nachgewiesen werden, dass die Beimischung von Managed Futures in ein klassisches Portfolio einen substanziellen Beitrag zur Risikoreduktion des Gesamtportfolios bei eingeschränkten Kosten ermöglicht. So scheinen Managed Futures die effektiveren Diversifikationsobjekte als Hedgefonds zu sein, die aber gleichzeitig geringere Wertentwicklungen vorweisen. Die Beimischung von Managed Futures in ein klassisches Portfolio bringt außerdem auch keine negativen Nebeneffekte bezüglich der Schiefe- und Wölbungseigenschaften mit sich, wie dies bei Hedgefonds zu beobachten ist.

---

[14] Vgl. Kat (2004).

2.   Volatilitäts-Arbitrage

2.1   Deskription

Der Begriff der Volatilität ist aus dem Lateinischen „volare" abgeleitet und bedeutet fliegen bzw. volaticus – fliegend, flatterhaft, unbeständig. Mit der Volatilität der Preisentwicklung von Wertpapieren kann die Unsicherheit hinsichtlich der Entwicklung der historischen Renditen bezeichnet werden bzw. die Fluktuation um deren Preistrend. Die Kennzahl Volatilität dient auch häufig als Risikogradmesser, da sie zu steigen tendiert, wenn die Unsicherheit über die Bewertung zukünftiger Zahlungsströme zunimmt. In der Stochastik ist die Varianz ein Streuungsmaß, das heißt ein Maß für die Abweichung einer Zufallsvariable X von ihrem Erwartungswert. Die Varianz verallgemeinert das Konzept der Summe der quadrierten Abweichungen vom Mittelwert in einer Beobachtungsreihe. Die Varianz der Zufallsvariable X wird üblicherweise als σ^2 notiert. Ihr Nachteil für die Praxis liegt darin, dass sie eine andere Einheit als die Daten besitzt. Dieser Nachteil kann behoben werden, indem anstatt der Varianz die Standardabweichung benutzt wird. Die Standardabweichung ist die Quadratwurzel der Varianz und führt in ihrer annualisierten Form zur Volatilität. Die Standardabweichung wird wie folgt berechnet:

$$\sigma = \sqrt{\frac{1}{n-1} * \sum_{i=1}^{n} (r_i - \mu)^2}$$

σ: Standardabweichung;

μ: arithmetischer Mittelwert (erwartete Rendite);

r : Rendite;

n: Anzahl der Monate, Tage;

i: imaginäre Einheit.

2.1.1   Historische Volatilität

Die historische Volatilität errechnet sich ex post aus Zeitreihen historischer Wertveränderungen. Die historische Volatilität wird im Börsenumfeld meist als Jahresvolatilität angegeben und in Prozent ausgedrückt. Hierzu wird normalerweise die auf Basis von Tagesveränderungsraten errechnete Volatilität mittels der Wurzel-T-Regel auf ein Jahr hochskaliert. Die annualisierte Volatilität repräsentiert die annualisierte Standardabweichung in der Renditeverteilung eines Basiswertes und unterstellt die Unabhängigkeit der Renditen voneinander. Um von der Standardabweichung täglicher Log-Renditen zur annualisierten Volatilität zu gelangen, ist es notwendig diese mit der Quadratwurzel der Anzahl der Handelstage zu multiplizieren, für gewöhnlich 252. Da die Quadratwurzel von 252 der Zahl 16 entspricht, übersetzt sich eine annualisierte Volatilität von 16 in eine Standardabweichung der täglichen Renditen von einem Prozent.

Abbildung 2-1 zeigt die historische Volatilität des Dow Jones Industrial Index über die letzten 100 Jahre. Perioden erhöhter Volatilität konnten beispielsweise in den frühen Dreißigerjahren als Folge der großen Depression beobachtet werden, in einem geringeren Ausmaß in den Jahren um die Jahrtausendwende verbunden mit dem Platzen der Internet-Blase sowie in der Finanzmarktkrise der Jahre 2007/2008. Erwähnenswert ist auch der Effekt des Börsencrashs 1987, der sich im Wesentlichen durch eine einzige außergewöhnliche Tagesbewegung erklären lässt.

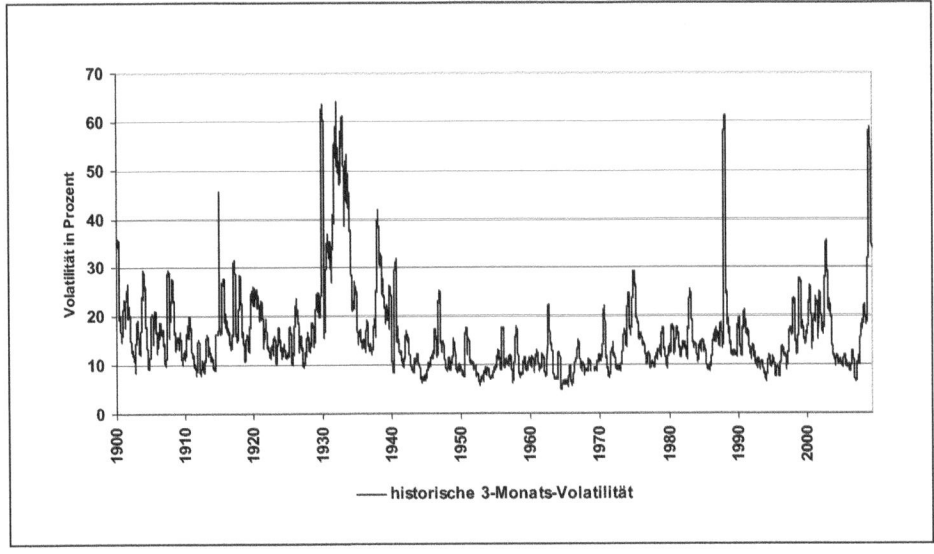

Quelle: Eigene Darstellung. Daten: Bloomberg.
Abbildung 2-1: *Historische langfristige Volatilität des Dow Jones Industrial Average Index*

Aktienmarktvolatilität zeigt generell verschiedene wiederkehrende Eigenschaften:

▦ Die Volatilität ist negativ korreliert zum Basiswert während kürzerer Zeitperioden,

▦ Die Volatilität erhöht sich meist plötzlich und sprunghaft,

▦ Die Volatilität tendiert dazu, sich innerhalb unterschiedlicher und voneinander getrennten Marktphasen zu bewegen,

▦ Die Märkte, und damit auch die Volatilität, unterliegen unterschiedlichen Marktphasen (zum Beispiel Unsicherheit, Trend, Panik),

▓ Die Volatilität tendiert dazu sich über die Dauer innerhalb der jeweiligen Marktphase immer wieder ihrem Mittelwert anzunähern (*Mean-Reversion*).

2.1.2 Implizite Volatilität

Im Unterschied zur historischen Volatilität beruht die implizite Volatilität nicht auf historischen Zeitreihen. Sie wird vielmehr aus den Marktpreisen von Optionen abgeleitet. Die implizite Volatilität ist die Volatilität des Basiswertes einer Option, die in ein Optionspreismodell (zum Beispiel Black-Scholes-Modell) eingesetzt, gerade den beobachteten Marktpreis der Option ergibt. Die implizite Volatilität ist somit eine durch Umkehrung der Black-Scholes-Formel in Verbindung mit Optionen und anderen derivativen Finanzinstrumenten berechnete Kennzahl. Sind der Preis einer Option sowie die preisbeeinflussenden Faktoren Laufzeit, Kurs des Basiswertes, Zinsen und Ausübungspreis bekannt, so lässt sich mittels eines Optionspreismodells die noch fehlende Größe Volatilität bestimmen. Die Black-Scholes-Formel sowie die der anderen gängigen Optionspreismodelle lassen sich nicht explizit nach der Volatilität umstellen. Zur Berechnung müssen numerische Näherungsverfahren verwendet werden. Bei europäischen Standardoptionen, wie sie im Black-Scholes-Modell unterstellt werden, bietet sich dazu das Newton-Raphson-Verfahren an.[1] Es ist sehr effizient und konvergiert in der Regel innerhalb von drei oder vier Iterationen zu der gesuchten impliziten Volatilität.

2.1.3 Relevante Finanzinstrumente

Die Standardoptionen, auch Plain Vanilla Options genannt, sind Put-Optionen und Call-Optionen, sowohl amerikanischer als auch europäischer Art.

Der Käufer erwirbt das Recht, hat aber nicht die Pflicht, während eines festgelegten Zeitraums (Kontraktlaufzeit) bei amerikanischen Optionen bzw. am Ende der Laufzeit zum Ausübungsdatum bei europäischen Optionen eine bestimmte Menge eines Gutes (Basiswert) zu einem im Voraus festgelegten Preis (Ausübungspreis) zu kaufen (Call-Option) oder zu verkaufen (Put-Option).

Der Verkäufer (auch Stillhalter, Schreiber, Zeichner) erhält den Kaufpreis der Option. Er ist im Falle der Ausübung verpflichtet, den Basiswert zum vorher bestimmten Preis zu kaufen (Put) bzw. zu verkaufen (Call).

$$C_T = max[S_T - K; 0]$$

$$P_T = max[K - S_T; 0]$$

---

1 Vgl. http://de.wikipedia.org/wiki/Newton-Verfahren [14. Aug. 2009].

C_T: Wert der Call-Option bei Fälligkeit;

P_T: Wert der Put-Option bei Fälligkeit;

S_T: Aktienkurs bei Fälligkeit;

K: Basispreis der Call- und Put-Option.

Die *Put-Call-Parität* ist eine Beziehung zwischen dem Preis eines europäischen Calls und dem Preis eines europäischen Puts, wenn beide den gleichen Basispreis und das gleiche Fälligkeitsdatum haben:

$$P + S_0 = c + K * e^{-rT} + D$$

wobei:

P: Preis der europäischen Put-Option;

S_0: Preis des Basiswertes;

c: Preis der europäischen Call-Option;

K: Basispreis;

rT: Risikoloser Zinssatz zum Zeitpunkt T bei stetiger Verzinsung;

D: diskontierte Dividendenzahlungen während der Laufzeit der Option.

Mittels der Put-Call-Parität lässt sich die Äquivalenz zwischen Optionsstrategien und einfachen Optionspositionen zeigen.

■ *Covered Call* entspricht Put Short, an diesem Beispiel demonstriert: $S_0 - c = K_e - r_T + D - p$, das heißt, Aktie Long und Call Short (= Covered Call) ist gleich einem Put Short zuzüglich eines Geldbetrages.

■ Protective Put + Basiswert entspricht *Call Long*.

In der Optionspreistheorie wird die Volatilität für unterschiedliche Optionen als konstant angesehen – unabhängig vom Basispreis und der Laufzeit einer Option. In der Praxis verhält sich Volatilität anders: Implizite Volatilitäten sind zahlreichen dynamischen Einflussfaktoren ausgesetzt, die in einer wechselseitigen Beziehung zueinander stehen. Zu diesen Faktoren gehören Angebot und Nachfrage, Liquidität, Risikoneigung sowie die Handlungen der Marktteilnehmer. Als wichtigster Faktor können die Erwartungen der Marktteilnehmer hinsichtlich zukünftiger Volatilitäten bezeichnet werden. Heute erlauben Handelssysteme eine visuelle Darstellung von Volatilität, die sogenannte *Volatilitätsoberfläche* (Volatility Surface). Diese gleicht einem unruhigen Ozean, der permanent in Bewegung bleibt – beeinflusst von dynamischen, wechselseitigen Strömungen. Die Volatilitätsoberfläche vereint den sogenannten

Schiefe-Effekt (Skew-Effekt) mit dem *Terminkurven-Effekt* (Term-Structure) zu einer dreidi-mensionalen Darstellung (siehe auch Abbildung 2-2).

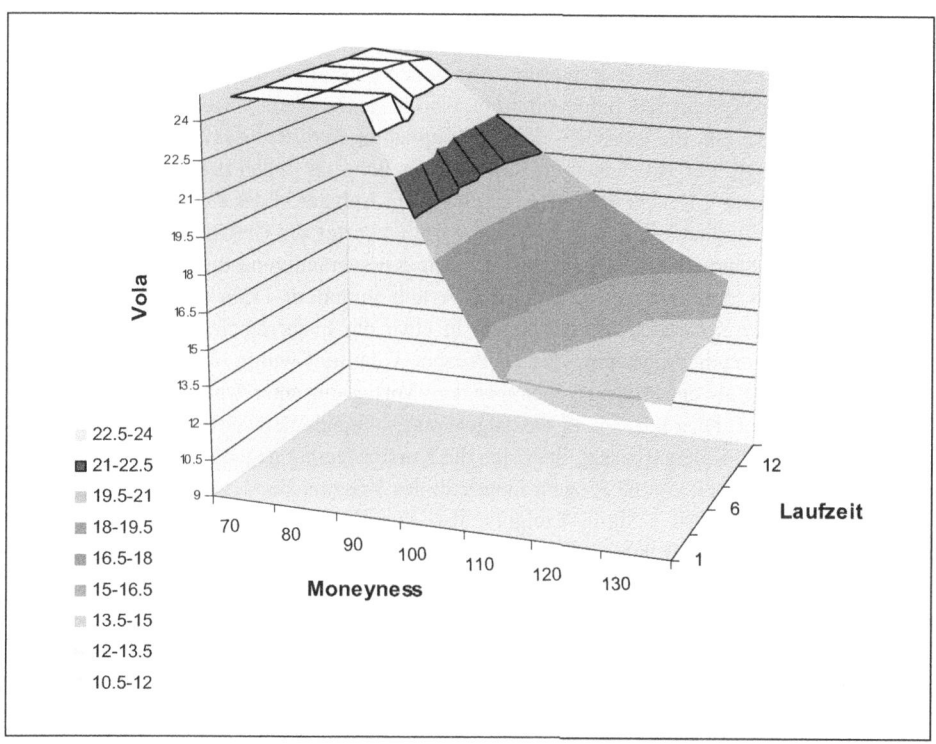

Quelle: Citigroup, eigene Berechnung
Abbildung 2-2: *Volatilitätsoberfläche für S&P 500 Index Optionen am 27. September 1995*

Nichtflache Volatilitätsoberflächen werden seit dem Börsencrash von 1987 beobachtet, zuvor war die Volatilitätsoberfläche flach. Mit dem Börsencrash von 1987 waren aber vor allem die Schwachstellen des für die Optionsbewertung industrieweit verwendeten Black-Scholes-Verfahrens offenkundig geworden. Die klassische Formel zur Optionspreisberechnung basiert auf einer ganzen Reihe von Annahmen, die in der Realität nicht gegeben sind. So geht das Originalmodell davon aus, dass eine Aktie keine Dividenden zahlt, dass Geld zum gleichen Zinssatz angelegt werden kann, zu dem es geliehen werden kann, und dass alle Basiswerte in beliebig klein teilbaren Einheiten gehandelt werden können. Auch andere Annahmen des Black-Scholes-Modells waren ebenfalls problematisch, wenn auch weniger offensichtlich: Es wurde unterstellt, dass sich alle Aktien stets kontinuierlich bewegen, dass also eine Aktie, die sich von 100 Euro auf 101 Euro verbessert hat, in der Zwischenzeit auf jedem denkbaren Kurs dazwischen auch handelbar gewesen wäre. Desweiteren wurde angenommen, dass keine Aussage über die Richtung einer Kursbewegung gemacht werden kann, was impliziert, dass ein Kursanstieg und ein Kursrückgang gleich wahrscheinlich sind. Zudem wurde angenommen, dass sich die Kurse normalverteilt[2] ändern. Dies bedeutet, dass Ereignisse mit einer Kursbewegung von einer Standardabweichung und mehr nur mit einer Wahrscheinlichkeit von 32 Prozent und Kursbewegungen mit mehr als zwei Standardabweichungen nur mit einer Wahrscheinlichkeit von fünf Prozent auftreten.

Der 19. Oktober 1987 hat die letzteren drei Annahmen entkräftet. Während dieses Tages, an dem der Dow Jones Industrial Index rund ein Viertel seines Werts verlor, stellten sich keineswegs alle Kurse ein, die zwischen dem Freitagsschlusskurs und dem Tagestiefstkurs lagen. Vielmehr zeigte der Handelsverlauf mehrere Stellen, bei denen der Index abrupt von einen auf den anderen Moment einbrach, ohne dass ein Anleger in der Zwischenzeit zu Kursen dazwischen hätte handeln können. Noch wesentlicher auf die Gewinn- und Verlustrechnung von Optionshändlern wirkte sich aus, dass die Kursveränderung dieses Tages kaum zu der Annahme passt, dass sich die Kurse normal verteilt verändern. Denn der Markt bewertete Optionen mit einer erwarteten Volatilität, die in etwa der historischen Volatilität vor dem Kurseinbruch entsprach. Angesichts der 16 Prozent Volatilität wurde also eine Kursabweichung von weniger als ein Prozent gegenüber dem Vortag mit einer Wahrscheinlichkeit von 68 Prozent erwartet. Dies bezeichnet das sogenannte 1-Standardabweichungs-Ereignis oder „1-Sigma-Ereignis", welches besagt, dass sich die Kursbewegung gegenüber dem Vortag mit einer Wahrscheinlichkeit von 68 Prozent innerhalb des 1-Sigma-Bandes zwischen -1 und +1-Sigma bewegen wird. Das 2-Sigma-Ereignis, also eine Kursänderung zwischen -2 und +2-Sigma hat bei Normalverteilung eine Eintrittswahrscheinlichkeit von 95 Prozent, das 3-Sigma-Ereignis eine Eintrittswahrscheinlichkeit von immerhin 99,7 Prozent. Daraus ergibt sich, dass die Wahrscheinlichkeit noch größerer Abweichungen, also beispielsweise vier Standardabweichungen oder mehr, schnell gegen null tendiert. Standardtabellenkalkulationsprogramme können gerade noch die Wahrscheinlichkeit eines 8-Sigma-Ereignisses berechnen. Sie liegt bei 0,00000000000013 Prozent – oder anders ausgedrückt: bei einem Handelstag in 2,9 Billionen Jahren. Die Kursbewegung am 19. Oktober 1987 entsprach einem 23-Sigma-Ereignis und wäre daher laut Modell noch um ein Mehrfaches unwahrscheinlicher gewesen. Dass es schon nach nur knapp 100 Jahren Indexberechnung auftrat, zeigt eine Schwäche des Black-Scholes-Modells. Nachdem Marktteilnehmer die Situation rekapituliert hatten, wurde auch noch die dritte Annahme fallengelassen: die Theorie, dass ein Kursanstieg stets genauso wahrscheinlich ist wie ein Kursrückgang. Denn ein dramatischer Einbruch der Kurse ist aus einer Reihe von Gründen vorstellbar und auch schon beobachtet worden. Eine gleichermaßen dramatische Kaufpanik ist dagegen bisher nicht aufgetreten. Der Einsatz des Black-Scholes-Modells unter Verwendung unterschiedlicher Volatilitäten für unterschiedliche Basispreise einer Option auf den gleichen Basiswert bei gleicher Fälligkeit oder unterschiedlichen Volatilitäten bei gleichem Basispreis aber unterschiedlichen Fälligkeiten, war eine logische Folgerung dieser Erkenntnisse. Die Volatilitätsoberfläche war geboren.

Der Schiefe-Effekt bildet einen Querschnitt durch die Volatilitätsoberfläche und zeigt die implizite Volatilität in Abhängigkeit von unterschiedlichen Basispreisen zu einer festen Laufzeit. Für gewöhnlich steigt die Volatilität je niedriger der Basispreis ist, da außergewöhnlich

---

2   Im weiteren Verlauf ist immer dann, wenn von Normalverteilung gesprochen wird, die Verteilung der logarithmierten Renditen gemeint.

starke negative Kursausschläge in der Praxis häufiger auftreten als in theoretischen Modellen angenommen. Deshalb bezahlen Käufer von Optionen höhere Risikoprämien für Put-Optionen, die aus dem Geld liegen (bzw. Verkäufer verlangen höhere Prämien), die in Form von höheren impliziten Volatilitäten zum Ausdruck kommen.[3] Bei steigenden Aktienkursen fallen in der Regel die impliziten Volatilitäten und umgekehrt. Die impliziten Volatilitäten von „aus dem Geld"- und „im Geld"-Call-Optionen sind in der Regel höher als die implizite Volatilität von „am Geld"-Call-Optionen (bei Puts verhält es sich genau umgekehrt). Trägt man die implizite Volatilität auf eine y-Achse und den Ausübungspreis der Option auf der x-Achse ab, so entsteht ein Graph den man als *Vola-Smile* bezeichnet (siehe beispielhaft Abbildung 2-3). Dieser Sachverhalt gilt hingegen nur für Optionen auf Einzelwerte. Bei Optionen auf Indizes ist aufgrund der Korrelationen der Einzelwerte dieser Sachverhalt nicht in dieser Form gegeben.

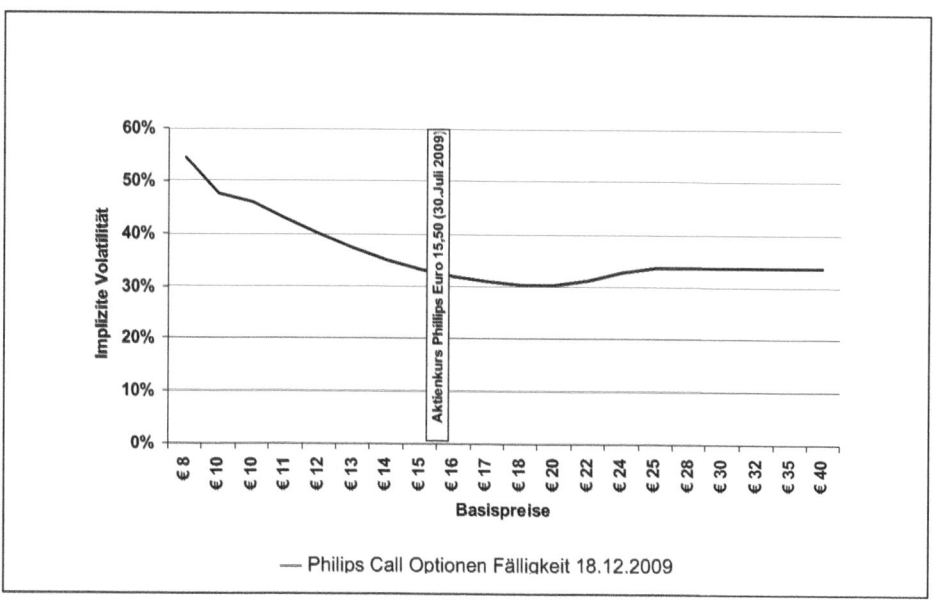

Quelle: Eigene Darstellung. Daten: Bloomberg.
Abbildung 2-3: *Volatilitäts-Smile*

Die *Terminkurve* bildet einen weiteren Querschnitt durch die Volatilitätsoberfläche und gibt die implizite Volatilität von Optionen für unterschiedliche Laufzeiten bei gleichen Basisprei-sen an (siehe beispielhaft Abbildung 2-4). Sie ist somit Ausdruck von Unsicherheit, welche während der Optionslaufzeit auftreten kann und gibt das Risikoempfinden von Marktteil-nehmern für die jeweils in der Zukunft befindlichen Zeitpunkte wieder.[4]

---

3   Gleiches gilt aufgrund der Put-Call-Parität auch für Calls, die im Geld liegen.
4   Vgl. Ledencan *et al.* (2005) S.18 ff.

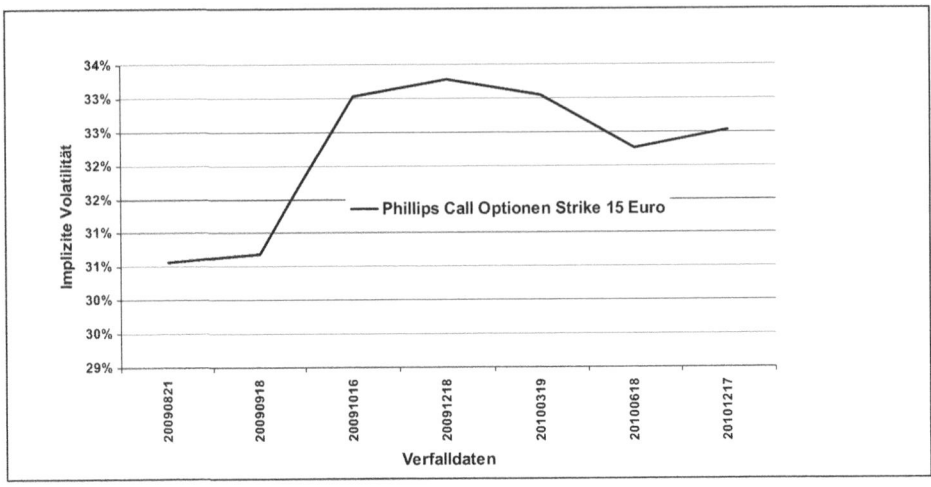

Quelle: Eigene Darstellung. Daten: Bloomberg.
Abbildung 2-4: *Options-Terminkurve*

Futures

Der CBOE Volatility Index® (VIX®) gibt die vom Markt erwartete kurzfristige Schwankungs-intensität (implizite Volatilität) anhand von Optionspreisen auf den S&P 500 über 30 Tage in Prozentpunkten an. Ein hoher Wert weist auf einen unruhigen Markt hin, niedrige Werte lassen eine Entwicklung ohne starke Kursschwankungen erwarten. Der VIX wird daher auch als „Angstbarometer" bezeichnet. Zwischen VIX und S&P 500 liegt eine gegenläufige Korre-lation vor. Fällt der S&P 500 Index, steigt in der Regel der VIX und umgekehrt. Der VIX wurde 1993 von der Chicago Board Options Exchange (CBOE) erstmals berechnet. In den ersten zehn Jahren bezog sich die Berechnung des VIX auf den S&P 100. Seit der Umstel-lung der Berechnungsmethode im Jahr 2003 wurde auf den S&P 500 referenziert. Seitdem werden die tatsächlich an der CBOE existierenden Optionen einbezogen. Dies bedeutet, dass die Berechnung nicht mehr auf fiktiven Optionen basiert. Seit dem 22. September 2003 ver-öffentlicht die CBOE zwei Indizes:

- CBOE Volatility Index (VIX),

- CBOE S&P 100 Volatility Index (VXO).

Die Zurückrechnung des VIX erfolgte bis 1990 (nach neuer Methode) und für den VXO bis 1986 (nach alter Methode). Die Verteilung der monatlichen Renditen des VIX in Tabelle 2-1 zeigen interessante Eigenschaften auf, wobei insbesondere die hohen Extremwerte auffallen. Eine Volatilität der Volatilität (Vega) in Höhe von 62,5 Prozent, als auch die Monate mit den höchsten Veränderungsraten, bester Monat mit +90,8 Prozent (September 2008) und schlech-tester Monat mit -32,7 Prozent (April 1994) sind beeindruckend.

Tabelle 2-1: Historische Wertentwicklung des CBOE Volatility Index (VIX)

	VIX	SP500	JPMGBI
Annualisierte Rendite	0,2%	5,0%	7,3%
Volatilität	62,5%	15,0%	4,0%
Positive Monate in %	45,7%	62,0%	73,9%
Sharpe Ratio (RFR)	0,21	0,11	0,70
Omega (RFR)	1,18	1,09	1,69
Bester Monat	90,8%	11,2%	5,1%
Schlechtester Monat	-32,7%	-16,9%	-3,1%
Maximum Drawdown	-76,5%	-52,6%	-5,3%
Annualisiertes Alpha		33,2%	11,5%
Beta		-2,58	0,86
Downside Beta		-3,09	-0,34

Quelle: Eigene Darstellung, Daten: Bloomberg.

Der VIX zeigt bei der Renditeverteilung der monatlichen Renditen (siehe Abbildung 2-5) ein sehr ungewöhnliches Bild. Die dort dargestellte Renditeverteilung ist deutlich entfernt von einer Normalverteilung.

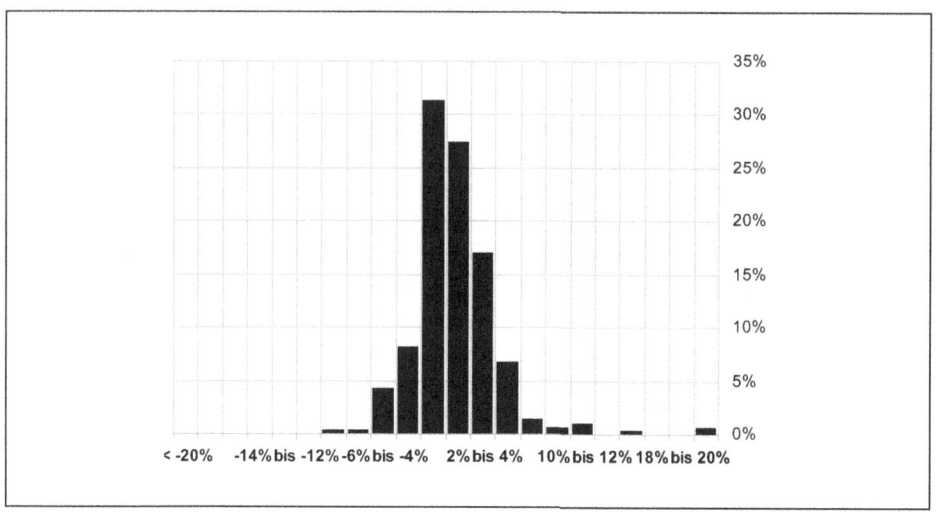

Quelle: Eigene Darstellung. Daten: Bloomberg.
Abbildung 2-5: *Häufigkeitsverteilung der monatlichen Renditen des CBOE Volatility Index (VIX)*

Die rollierenden Zwölfmonats-Renditen bewegen sich für den VIX in einer Bandbreite von -51,6 bis +223,2 Prozent. Abbildung 2-6 zeigt die Bandbreite möglicher Renditen über einen rollierenden Zwölfmonats-Zeitraum.

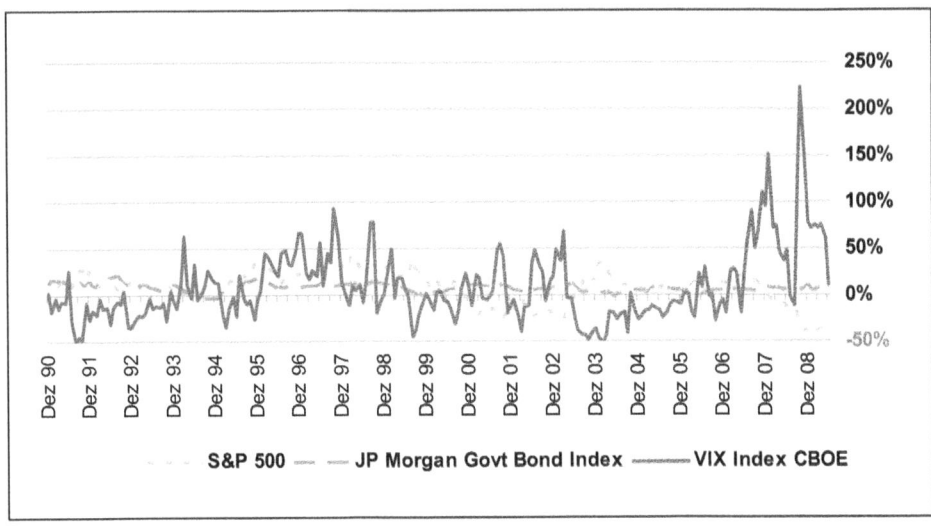

Quelle: Eigene Darstellung. Daten: Bloomberg.
Abbildung 2-6: *Rollierende Zwölfmonats-Renditen des CBOE Volatility Index (VIX)*

Wie aus Tabelle 2-2 deutlich wird, erzielt der VIX in einem negativen Monat einen durchschnittlichen Verlust von 10,8 Prozent sowie einen durchschnittlichen Monatsgewinn von 15,9 Prozent in einem positiven Monat. Diese Werte übertreffen diejenigen bei Aktien und bei Anleihen um ein Vielfaches. Im Umfeld der Finanzmarktkrise führten die hohen Ausreißer auf der positive Seite im September 2008 mit +90,8 Prozent sowie im darauffolgenden Monat mit +52,0 Prozent zu einer positiven Schiefe in Höhe von 1,33; im Grunde eine interessante Eigenschaft aus Sicht eines Investors, liegt das sogenannte Ereignis- und „Fat-Tail"-Risiko doch im positiven Extrembereich. Würde man die Statistik mit Enddatum 30. August 2008, also vor diesen Extremwerten erneut analysieren, käme man dennoch zu einem Ergebnis in der Schiefe der Verteilung von +1,0. Der grundsätzliche Charakter der Renditeverteilung des VIX Index wurde somit durch die Finanzmarktkrise nur verstärkt, nicht jedoch gänzlich verändert.

Tabelle 2-2: Historisches Risikoprofil des CBOE Volatility Index (VIX)

	VIX	SP500	JPMGBI
Durchschnittlicher Monatsverlust	-10,8%	-3,7%	-0,8%
Durchschnittlicher Monatsgewinn	15,9%	3,1%	1,1%
Semi-Standardabweichung (RFR)	34,3%	11,2%	2,4%
Sortino Ratio (RFR)	0,39	0,15	1,16
Downside Correlation (VIX)		-0,52	-0,01
Upside Correlation (VIX)		-0,20	0,03
Schiefe	1,33	-0,66	0,12
Überschuss-Wölbung	0,29	1,34	1,20

Quelle: Eigene Darstellung, Daten: Bloomberg.

Die durchschnittliche Volatilität des VIX über den gesamten Untersuchungszeitraum beträgt 62,5 Prozent. Dabei reicht die Bandbreite der rollierenden Zwölfmonats-Volatilität zu verschiedenen Betrachtungsstichtagen von 26,4 bis 114,6 Prozent (Abbildung 2-7).

Die rollierende Zwölfmonats-Korrelation zum Aktienmarkt weist, wie nicht anders zu erwarten, für die meisten Perioden einen negativen Wert auf und bewegt sich in einer Bandbreite von -0,93 bis +0,22. Üblicherweise geht ein Rückgang am Aktienmarkt mit einem Anstieg der Volatilität einher (Angstbarometer). Deutlich wird dies auch bei der bedingten Korrelation (Downside Korrelation) von -0,52.

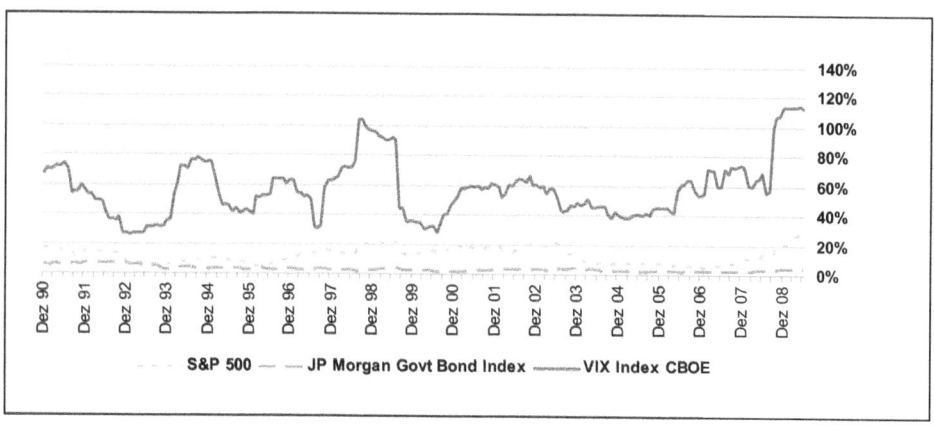

Quelle: Eigene Darstellung. Daten: Bloomberg.
Abbildung 2-7: *Rollierende Zwölfmonats-Volatilitäten des CBOE Volatility Index (VIX)*

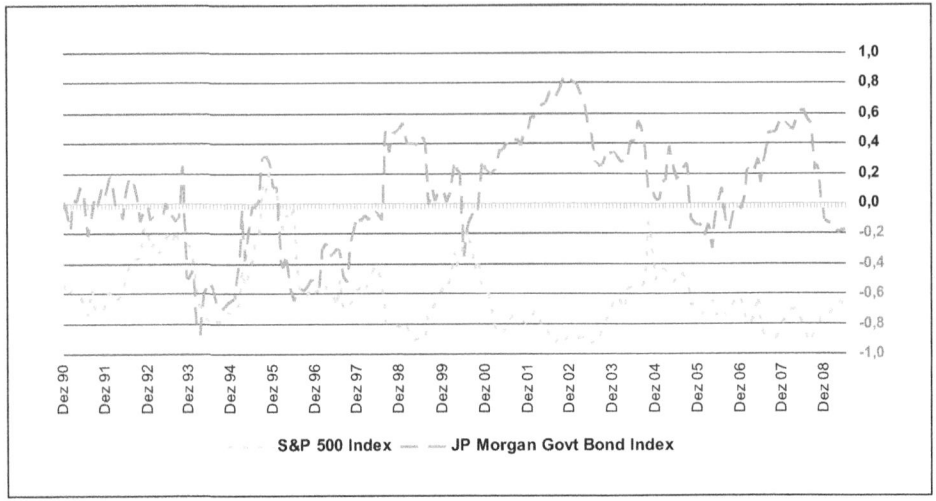

Quelle: Eigene Darstellung. Daten: Bloomberg.
Abbildung 2-8: Rollierende Zwölfmonats-Korrelationen des CBOE Volatility Index (VIX)

Der Unterwasser-Chart in Abbildung 2-9 zeigt ebenfalls deutlich, dass der VIX sich nicht als Buy-and-hold-Investment eignet.

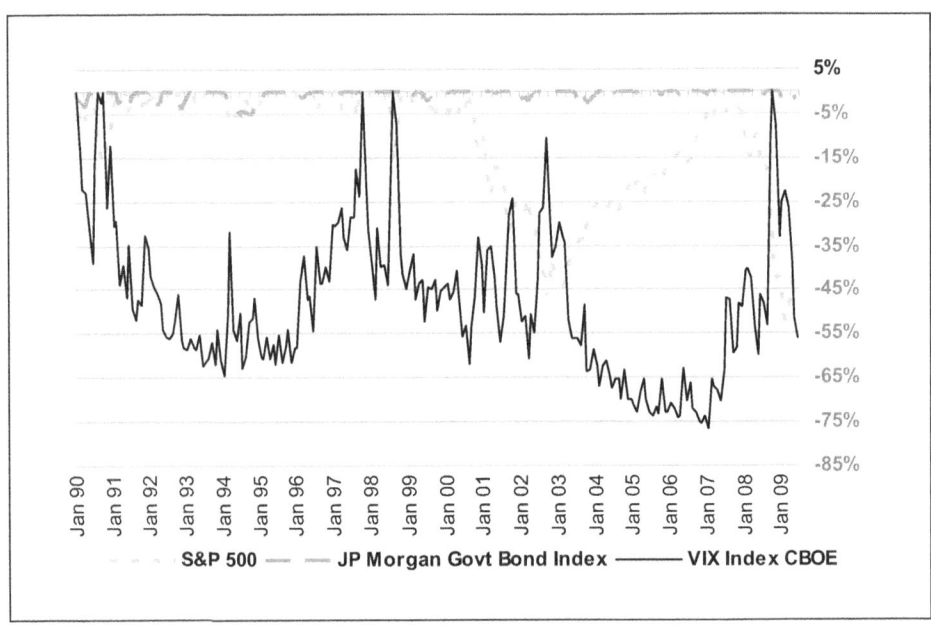

Quelle: Eigene Darstellung. Daten: Bloomberg.
Abbildung 2-9: Unterwasser-Chart des CBOE Volatility Index (VIX)

Eine genauere Betrachtung der Kursverluste ermöglicht die sogenannte Drawdown-Analyse (siehe Tabelle 2-3). Hier werden die jeweiligen Kursverlust-Phasen (Drawdown-Phasen) nach ihrer Höhe absteigend sortiert und um die Dauer des Drawdowns (Length) sowie der Wertaufholung (Recovery) und den genauen Zeitpunkten ergänzt angegeben.

Tabelle 2-3: Drawdown-Analyse des CBOE Volatility Index (VIX)

	Drawdown	Length	Recovery	Start	Valley
1	-76.47%	101	21	Sep-98	Jan-07
2	-64.61%	39	45	Nov-90	Jan-94
3	-56.00%	8	1	Nov-08	Jun-09
4	-47.14%	4	6	Nov-97	Feb-98
5	-38.88%	6	2	Jan-90	Jun-90
6	-2.64%	1	1	Sep-90	Sep-90

Quelle: Eigene Darstellung. Daten: Bloomberg.

Mit der Einführung von Terminkontrakten auf Volatilitätsindizes am 19. September 2005 an der EUREX wurden im zweiten Anlauf auch in Deutschland erfolgreich Futures-Kontrakte eingeführt, die es erlauben, Volatilität direkt und effizient zu handeln. Der von der Deutschen Börse berechnete Volatilitätsindex VDAX ist ein Maßstab für die implizite Volatilität von Standardoptionen auf den wichtigsten deutschen Aktienindex, den DAX 30. Für den Dow Jones EuroStoxx50 wird der VSTOXX berechnet.

Varianz-Swaps

Varianz-Swaps sind Finanzinstrumente, welche einem Investor eine direkte Exponierung zur Volatilität eines Basiswertes bieten. Varianz-Swaps wurden erstmals in den Neunzigerjahren eingesetzt. Ihr Siegeszug startete aber, ähnlich wie klassische Optionen, erst nachdem zuverlässige Modelle für eine stabile Preisermittlung basierend auf der Möglichkeit der Replikation des Auszahlungsmusters mit den zugrunde liegenden Basiswerten entwickelt wurden. Die direkte und einfache Exponierung zur Volatilität eines Basiswertes sowie die einfache Möglichkeit der Replizierbarkeit machen Varianz-Swaps zu einem attraktiven Instrument für Investoren und Market Maker gleichermaßen. Varianz-Swaps wurden ursprünglich auf Basiswerte wie Aktienindizes entwickelt. Zwischenzeitlich werden diese aber auch auf liquide Einzeltitel – wie beispielsweise EuroStoxx50-Aktien – gehandelt. VIX, VSTOXX und VDAX repräsentieren den theoretischen Wert von Ein-Monats-Varianz-Swaps auf den S&P500, den EuroStoxx und den DAX-Index. Diese werden von den Börsen auf Basis der Preise von gelisteten Optionen berechnet sowie interpoliert und auf die Ein-Monats-Laufzeit kalibriert.

Bei Varianz-Swaps vereinbaren zwei Vertragsparteien einen bestimmten aktuellen *Varianz-Level* (Strike), welcher in einem engen Zusammenhang zur derzeitig am Optionsmarkt gehandelten impliziten Volatilität des Basiswertes steht. Der Strike eines Varianz-Swaps, nicht zu verwechseln mit dem Strike-Level einer Option, repräsentiert die vorherrschende implizite Volatilität zum Zeitpunkt des Abschlusses und wird als solche bei Abschluss des Kontraktes festgelegt. Somit repräsentiert der Varianz-Swap zum Zeitpunkt des Abschlusses einen Barwert von Null. Die tatsächlich realisierte Volatilität (genauer Varianz) über die Laufzeit des Swap-Kontraktes minus Varianz-Strike-Level wird zwischen beiden Parteien ausgeglichen. Der Käufer eines Varianz-Swaps ist Volatilität long und profitiert, wenn die tatsächliche realisierte Volatilität am Markt während der Laufzeit des Kontraktes höher ausfällt als die bei Vertragsabschluss im Strike-Level implizite Volatilität. Per Konvention ist die Volatilität mit einem Faktor 100 skaliert, das heißt, ein Strike 20 repräsentiert eine Volatilität von 20 Prozent. Es gilt ferner zu beachten, dass Varianz-Swap-Strikes in Bezug auf Volatilität quotiert werden. Die Abwicklung des Kontraktes erfolgt aber auf Basis der Differenz zwischen dem Strike (de facto dem quadrierten Strike-Level) und der in der Folge realisierten Varianz des Basiswertes während der Kontraktlaufzeit. Dies bedeutet unter anderem auch, dass der Gewinn oder Verlust eines Varianz-Swaps nicht linear, sondern konvex zur Volatilität verläuft, das heißt, eine Long-Position profitiert mehr von einem Anstieg der Volatilität, als sie unter einem äquivalenten Rückgang der Volatilität leidet. Aus diesem Grunde handeln Varianz-Swaps in der Regel auch über der impliziten Volatilität von Optionen am Geld. Varianz-Swaps offerieren dem Investor die Möglichkeit einer direkten Exponierung zur realisierten Volatilität, ohne der Pfadabhängigkeit ausgesetzt zu sein, welche mit einem delta-gehedgten Optionsportfolio verbunden ist.

Beispiel: Gewinn- und Verlustrechnung eines Varianz-Swaps

Ein Investor wünscht eine Exponierung zur Volatilität eines Basiswertes, in diesem Falle dem Euro Stoxx50 über die kommenden zwölf Monate. Hierzu schließt der Investor einen Ein-Jahres-Varianz-Swap ab und erhält bei Fälligkeit die Differenz zwischen der realisierten Varianz des Basiswertes während des Jahres minus dem Varianz-Swap-Strike-Level, also der vorherrschenden impliziten Varianz zum Zeitpunkt des Abschlusses multipliziert mit dem Nominalwert des Kontraktes.

Unterstellt wird ein gehandeltes Nominalvolumen in Höhe von 2.500 Euro, was einen Gewinn/Verlust von 2.500 Euro je Prozent Differenz zwischen realisierter und impliziter Varianz entspricht. Wenn der Varianz-Swap-Strike-Level 20 (Volatilität) beträgt, entspricht dies einer impliziten Varianz von 400 $(=20^2)$. Unterstellt, die realisierte Varianz beträgt während der Laufzeit 225 (Volatilität 15 Prozent^2) ergibt sich für den Investor ein Verlust in Höhe von

2.500 Euro x (225 - 400) = -437.500 Euro.

Die realisierte Varianz des Basiswertes über die Laufzeit des Kontraktes war geringer als die implizite Varianz bei Initiierung des Kontraktes, ausgedrückt im Strike Level.[5]

Mit Varianz-Swaps können direktionale Positionierungen ebenso aufgebaut werden wie Spread-Positionen. Die nachfolgende Aufzählung gibt einen Eindruck über deren mögliches Einsatzspektrum:

▨ *Ausnutzen einer direktionalen Marktmeinung zur zukünftigen Volatilität:* Varianz-Swaps sind hierzu ideal geeignet, da sie die Möglichkeit offerieren, bei entsprechender Positionierung von zukünftig höheren oder niedrigeren Volatilitäten zu profitieren ohne dabei der Pfadabhängigkeit delta-gehedgter Optionsportfolios ausgesetzt zu sein.

▨ *Spezifische Absicherungszwecke:* Varianz-Swaps können auch dazu genutzt werden, um ein Macro-Hedging durchzuführen oder um spezifische Volatilitäts-Exposures abzusichern, wie sie aus Positionierungen in strukturierten Produkten oder Lebensversicherungspolicen resultieren können.

▨ *Rollierende Short Varianz:* Short Varianz-Swaps können dazu genutzt werden um die Volatilitätsprämie, welche häufig bei Optionen auf Aktien-Indizes zu beobachten ist, auszunutzen. Unter Risiko- und Renditeaspekten stellt die rollierende Short Varianz eine attraktive, systematische Volatilitäts-Strategie dar (siehe auch Abschnitt 2.2.2).

▨ *Index-Varianz-Spreads:* Varianz-Swaps können auch dazu eingesetzt werden, den Spread in der Volatilität zwischen zwei Indizes zu handeln. Derartige Positionen können entweder als reine Relative-Value-Positionierungen oder als Volatilitäts-Beta-Trades aufgebaut werden. Letztere profitieren von einer Ausweitung der Spreads, sobald die Volatilität generell ansteigt.

▨ *Pair-Trading der Volatilität von Einzeltiteln:* Mithilfe der Regressions-Analyse können branchenübergreifend Titel gefunden werden, deren Volatilität höher oder niedriger als die Durchschnittsvolatilität der Branche ist. Mit entsprechenden Pair-Trades können Positionen aufgebaut werden, die aus einer Long-Positionierung in einem Varianz-Swap einer relativ günstig gehandelten Volatilität und einer Short-Position in einem Varianz-Swap einer relativ teuer gehandelten Volatilität auf Basiswerte zweier unterschiedlicher Branchen basieren. Volatilität besitzt innerhalb einer jeweiligen Marktphase die Eigenschaft, sich über die Zeit seinem Mittelwert anzunähern (Mean-Reversion), wodurch das eben beschriebene Vorgehen profitabel ausgenutzt werden kann.

▨ *Index-Varianz-Dispersion und Korrelations-Handel:* Der Handel von Varianz-Swaps auf einen Index und auf die Varianz, der durch den Index repräsentierten Einzelwerte bietet Exposure zum Aktienkorrelationshandel.

▨ *Handel der Varianz-Terminkurve:* Varianz-Swaps können dazu genutzt werden, eine Veränderung der Terminkurve zu handeln, ähnlich wie mit sogenannten Butterfly-Trades im Zinsmarkt die Struktur der Zins-Struktur-Kurve gehandelt werden kann.

---

5   Vgl. Allen *et al.* (2006), S. 11.

▩ *Schiefe und Konvexität:* Varianz-Swaps sind Long Schiefe und Konvexität. Der Handel von Varianz-Swaps versus (delta-neutral gehedgeten) klassischen Optionsportfolios ermöglicht ein interessantes Exposure zur Schiefe und/oder Konvexität.

▩ *Cross-Anlageklassen-Trades:* Aktienvolatilität und Credit Spreads weisen oftmals eine hohe Korrelation auf, da beides Kennzahlen darstellen, welche das unternehmerische Risiko abbilden. Varianz-Swaps sind nützliche Instrumente, um Preisverwerfungen bei der unterschiedlichen Abbildung der unternehmerischen Risiken für ein und dasselbe Unternehmen in diesen unterschiedlichen Anlageklassen (Aktien versus Anleihen) handelbar zu machen.[6]

2.1.4 Die Griechen

Verschiedene Charakteristika von Options-Positionen können mithilfe von Parametern beschrieben werden, welche eine Ableitung der Black-Scholes-Formel darstellen. Jeder dieser Parameter ist eine wichtige Komponente, um ein umfassendes Gesamtbild hinsichtlich der Risikoeinschätzung zu erhalten. Diese Parameter werden mit griechischen Buchstaben beschrieben und daher gemeinhin als „Die Griechen" in der Finanzmathematik bezeichnet. Sie bezeichnen die Sensitivität von optionalen Finanzinstrumenten zur Veränderung verschiedener Parameter wie Preis des Basiswerts, Volatilität, Zinsen oder Restlaufzeit.

Delta

Das Delta ist eine Sensitivitätskennzahl, welche den Einfluss einer Veränderung des Basiswertpreises auf den Wert der Option quantifiziert. Es ist mathematisch die erste Ableitung des Optionspreises nach dem Preis des Basiswertes. So bedeutet ein Delta von 0,5 dass eine Veränderung des Basiswertes um 1 Euro (in linearer Näherung) eine Veränderung des Optionspreises von 50 Cent hervorruft. Das Delta ist insbesondere im Zusammenhang mit dem sogenannten Delta-Hedging wichtig. Im Black-Scholes-Modell errechnet man das Delta direkt als:

$$\Delta_c = \frac{\partial C}{\partial S} = N(d_1) \geq 0$$

für den europäischen Call, bzw.

$$\Delta_p = \frac{\partial P}{\partial S} = -N(-d_1) = N(d_1) - 1 \leq 0$$

für den Put.

---

6   Vgl. Allen *et al.* (2006), S. 44.

mit:

Δ_c: Delta Call-Option;

Δ_P: Delta Put-Option;

∂C : partielle Ableitung des Call-Preises;

∂S : bei Veränderung des Basispreises;

∂P : partielle Ableitung des Put-Preises;

N: kumulierte Normalverteilung.

Die Bandbreite des Delta ist beim Call 0 bis +1 und beim Put -1 bis 0.

Delta-Hedging

Die direktionale Positionierung in Optionen beinhaltet eine Volatilitätskomponente, aber sie ermöglicht kein Exposure zur täglichen Volatilität des Basiswertes. Der Payoff von direktionalen Positionierungen hängt davon ab, wo sich der Preis des Basiswertes am Fälligkeitstag befindet – nicht jedoch davon, auf welchem Pfad er dorthin gelangt. Um Exposure zur täglichen Volatilität eines Basiswertes zu erhalten, kann eine Option anhand ihres Deltas gehedgt werden. Durch das Schreiben von Call-Optionen und das gleichzeitige Kaufen von Aktien im Umfang der Delta-Sensitivität der Optionsposition zu Kursbewegungen des Basiswertes wird eine Marktmeinung zum Ausdruck gebracht, welche impliziert, dass die zukünftige realisierte Volatilität geringer ist als die in den Optionspreisen zum Zeitpunkt des Schreibens der Option implizite Volatilität. Geht man davon aus, dass die zukünftige realisierte Volatilität höher sein wird, als die gegenwärtige in den Optionspreisen implizite Volatilität, ist das Kaufen von Call-Optionen bei gleichzeitigem Leerverkauf des delta-adjustierten Basiswertes eine Möglichkeit zur Positionierung. Für das zielgerichtete tägliche Delta-Hedging bedarf es entsprechender Handelssysteme und der erzielte Gewinn/ Verlust ist davon abhängig, welchen Pfad die Preisentwicklung des Basiswertes nachvollzogen hat. Dies bedeutet, dass der Gewinn/Verlust aus dem Delta-Hedging einer Position bei zwei unterschiedlichen Kurs-Pfaden des Basiswertes durchaus unterschiedlich ausfallen kann, selbst wenn beide Preis-Pfade am Ende zur exakt gleichen Volatilität des Basiswertes geführt haben.[7]

---

[7]   Vgl. Mason/Weingram (2004), S. 19ff.

Gamma

Das Gamma einer Option gibt an, wie stark sich deren Delta (in linearer Näherung) ändert, wenn sich der Kurs des Basiswerts um eine Einheit ändert und alle anderen Größen sich nicht verändern. Mathematisch ist das Gamma die zweite Ableitung des Optionspreises nach dem Preis des Basiswertes. Für den Inhaber der Standardoption (sowohl für Long Call als auch für Long Put) gilt immer, dass Gamma ≥ 0 ist. Die Kennzahl findet auch bei Absicherungsstrategien in Form des Gamma-Hedging Berücksichtigung. Es ist für Calls und Puts im Black-Scholes-Modell gleich und zwar:

$$\Gamma_c = \frac{\partial \Delta_c}{\partial S} = \frac{\partial^2 C}{\partial S^2} = \frac{N`(d_1)}{S\sigma\sqrt{T}}$$

$$\Gamma_P = \Gamma_c$$

mit:

Γ_C: Gamma der Call-Option;

Γ_P: Gamma der Put-Option;

Δ_c: partielle Ableitung aus dem Delta der Call-Option;

∂S : bei Veränderung des Basispreises;

S : Preis des Basiswertes;

σ : Standardabweichung;

T : Restlaufzeit der Option;

N: kumulierte Normalverteilung.

Das Gamma ist auch ein Indikator für die Hedging-Frequenz. Eine Option mit hohem Gamma sollte häufiger delta-neutral gestellt werden als eine mit niedrigem Gamma. Das Gamma ist in der Nähe des Forward-at-the-Money am größten. Ferner gilt: Je kürzer die Restlaufzeit einer Option, desto höher das Gamma. Kurzlaufende Optionen sind sehr sensitiv gegenüber Preisänderungen beim Basiswert.

Beispiel: Gamma-Trading

Nehmen wir an ein Investor ist Long eine Option über zehn Millionen US-Dollar mit Fälligkeit am nächsten Tag. Der Basiswert ist USD/YEN mit einem Basispreis von 105 US-Dollar Call Yen Put und der aktuelle Preis des Basiswertes notiert am Geld, das heißt bei 105.

Schritt 1: Basispreis = 105

    Options Delta: 50 Prozent
    Theta: entspricht dem Preis der Option, da diese am nächsten Tag fällig ist.
    Vega: Vernachlässigbar, da Fälligkeit am nächsten Tag.
    Rho: 0

Um die Position delta-neutral zu gestalten, verkauft der Händler 5 Millionen US-Dollar gegen Japanische Yen.

Schritt 2: Basispreis geht auf 105,75

    Delta: 82 Prozent, da die Option nun im Geld ist.

Um die Position delta-neutral zu gestalten, verkauft der Händler weitere 3,2 Millionen US-Dollar.

Schritt 3: Basispreis geht zurück auf 105,00

    Delta: 50 Prozent, da die Option nun wieder am Geld ist.

Um die Position delta-neutral zu gestalten, kauft der Händler nun die 3,2 Millionen US-Dollar zurück, die er bei 105,75 verkauft hat.

Der Händler realisiert einen Gewinn von 7.582 US-Dollar (0,75 x 3,2 Million).

Schritt 4: Basispreis geht zurück auf 104.45

    Delta: 20 Prozent, da die Option nun aus dem Geld ist.

Um die Position delta-neutral zu gestalten, kauft der Händler nun 3,0 Millionen US-Dollar bei 104,45.

Schritt 5: Basispreis geht zurück auf 105,00

    Delta: 50 Prozent, da die Option nun wieder am Geld ist.

Um die Position delta-neutral zu gestalten, verkauft der Händler nun die 3,0 Millionen Dollar bei 105,00 und realisiert folglich einen Gewinn von 15.700 US-Dollar.

Für ein Long-Gamma-Portfolio wird jedes Mal ein Gewinn realisiert, wenn der Basiswert sich vor und zurück bewegt. Das Probelm ist jedoch, dass das Portfolio auf dem Theta (Zeitwertverlust) verliert. Um im Gamma-Trading profitabel zu sein, muss der realisierte Gewinn durch das Gamma-Trading höher sein als der Zeitwertverlust durch das Theta.

Theta

Das Theta einer Option gibt an, wie stark sich der theoretische Wert einer Option ändert, wenn sich die Restlaufzeit um einen Tag verkürzt und alle anderen Größen konstant bleiben. Da sich ceteris paribus mit der Zeit der Wert einer Option an den Payoff zum Fälligkeitsdatum annähert, ist das Theta einer Long-Position in Optionen immer negativ, das heißt, es wird mit der Zeit Geld verloren. Theta wird auch als Zeitwertverlust der Option bezeichnet. Im Black-Scholes Modell ist es:

$$\Theta_C = \frac{\partial C}{\partial t} = -\frac{S\sigma N^{\grave{}}(d_1)}{2\sqrt{T}} - rKe^{-rT}N(d_2)$$

bzw.

$$\Theta_P = \frac{\partial P}{\partial t} = -\frac{S\sigma N^{\grave{}}(d_1)}{2\sqrt{T}} + rKe^{-rT}N(-d_2)$$

mit:

Θ_C: Theta Call-Option;

Θ_P: Theta Put-Option;

Der Zeitwert einer Option ist am größten, wenn die Option am Forward-at-the-Money notiert. In diesem Falle beschleunigt sich der Abbau des Zeitwertes immer mehr und ist in der letzten Woche vor dem Verfall am größten. Anders sieht es aus für die aus-dem-Geld notierte Option. Sie hat den geringsten Zeitwert, baut diesen immer weiter ab und hat bereits einige Zeit vor dem Verfall den Wert Null erreicht. Aus dem Beschriebenen ergibt sich ein spiegelbildliches Verhalten von Theta und Gamma.

Vega

Das Vega (manchmal auch Lambda genannt, da Vega kein Buchstabe des griechischen Alphabetes ist) einer Option gibt an, wie stark sich der Wert der Option ändert, wenn sich die Volatilität des Basiswerts um einen Prozentpunkt ändert und alle anderen Größen konstant bleiben. Das Vega bezeichnet die Ableitung des Optionspreises nach der Volatilität und gibt somit an, wie stark eine Option auf Änderungen der (im Black-Scholes-Modell konstanten) Volatilität reagiert.

Das Vega ist für einen europäischen Call und Put gleich, und zwar:

$$\wedge_C = \frac{\partial C}{\partial \sigma} = \frac{\partial P}{\partial \sigma} = S\sqrt{T N^{\grave{}}(d_1)}$$

$$\wedge_P = \wedge_C$$

mit:

$\wedge_C$: Vega Call-Option;

$\wedge_P$: Vega Put-Option.

Optionen mit langer Laufzeit reagieren sensibler auf Änderungen der Volatilität als kurz laufende Optionen. Das Vega einer Option ist nahe des Forward-at-the-Money am größten.

Rho

Das Rho einer Option gibt an, wie stark sich der Wert der Option ändert, wenn sich der risikofreie Zinssatz am Markt um einen Prozentpunkt ändert. Für Call-Optionen ist Rho positiv, für Put-Optionen negativ. Rho berechnet sich für Calls und Puts wie folgt:

$$\rho_c = \frac{\partial C}{\partial r} = KTe^{-rt)}N(d_2)$$

$$\rho_P = \frac{\partial P}{\partial r} = -KTe^{-rT}N(-d_2).$$

mit:

ρ_c : Rho Call-Option;

ρ_P : Rho Put-Option.

2.2   Handelsstrategien

2.2.1   Direktionale Positionierungen

In Erwartung eines Anstieges der Volatilität könnte beispielsweise durch den Kauf einer Call-Option und dem delta-adjustierten Leerverkauf des Basiswertes eine Positionierung erfolgen. Die Position würde in einer delta-neutralen Form initiiert, das heißt, die Anzahl der leerverkauften Aktien erfolgt in einem Umfang, welcher dem Delta der Anzahl der gehaltenen Optionen entspricht. Um die Profitabilität dieser Position zu berechnen, muss die bezahlte Prämie für die Option als Kosten berücksichtigt werden. Diese reduziert den möglichen Gewinn, womit der Basispreis sich um einen signikanten Wert bewegen muss, um diese Position profitabel zu gestalten. Eine weitere Möglichkeit besteht durch die Kombination von Optionen. Ein *Long Straddle* beschreibt beispielsweise den gleichzeitigen Kauf einer Call- und einer Put-Option mit demselben Basiswert, Basispreis und Fälligkeit.

Eine derartige Position ist profitabel, wenn ein Investor von einer starken Bewegung des Basispreises ausgeht, jedoch indifferent ist hinsichtlich der Richtung des Kursausschlages. Bei Fälligkeit der beiden Optionen muss der Basiswert eine hinreichend große Preisveränderung aufweisen, damit der innere Wert einer der beiden Optionen höher ist als die Optionsprämie, die für den Kauf der beiden Optionen bei Initiierung aufgewendet wurde. Ein ähnliches Vorgehen beschreibt eine *Long-Strangle*-Position. Hierbei werden ebenfalls gleichzeitig eine Call- und eine Put-Option mit gleichem Basiswert und gleicher Laufzeit erworben. Anders als beim Straddle unterscheiden sich die Basispreise. Diese werden sowohl für die Call- als auch für die Put-Option aus dem Geld gewählt, sodass die Position kostengünstiger zu implementieren ist. Im Gegenzug ist jedoch eine deutlich größere Preisbewegung des Basiswertes erforderlich, damit die Position profitabel wird.

2.2.2   Implizite versus realisierte Volatilität

Die realisierte Volatilität ist bei den meisten Anlageklassen systematisch niedriger als die in den Optionspreisen implizite (siehe auch Abbildung 2-10). Dies liegt darin begründet, dass Investoren oftmals Put-Optionen kaufen, um ein Portfolio abzusichern. In diesem Zusammenhang sind Optionen mit einer Versicherung vergleichbar. Analog einer Versicherungsgesellschaft, die die Prämie so kalkuliert, dass neben den zu erwartenden Auszahlungen ein Gewinn übrig bleibt, wird der Verkäufer einer Option eine Kompensation für sein übernommenes Risiko einfordern. Dies drückt sich in einer Volatilitätsprämie aus, die die implizite Volatilität über der zu erwartenden realisierten Volatilität preist. Ein weiterer Umstand, der diesen Sachverhalt unterstützt, liegt darin begründet, dass die historischen Werte der realisierten Volatilität immer auf Basis von Tagesschlusskursen berechnet werden. Die Intra-Day Schwankungen bleiben hierbei unberücksichtigt, wohingegen in den impliziten Volatilitäten, welche durch die Optionshändler gestellt werden, diese Intra-Day-Schwankungen bei der Preisermitlung für die implizite Volatilität Berücksichtigung finden.

Auf Basis dieses Sachverhaltes sollten Verkäufer von Optionen und Investoren, die eine Short-Position in einem Varianz-Swap eingehen, über die Zeit einen Gewinn realisieren. Mit dem S&P500 Volatility Arbitrage Index (S&P VolArb) ist eine Benchmark entwickelt worden, die genau diesen Sachverhalt systematisch erfasst. Dieser Index misst die Performance einer Varianz-Swap-Strategie, die die implizite Volatilität erhält und die realisierte Volatilität über den gleichen Zeitraum zu bezahlen hat. Der Index unterstellt, dass an jedem dritten Freitag eines Monats ein Ein-Monats-Varianz-Swap abgeschlossen wird. Der S&P500 Volatility Arbitrage Total Return Index beinhaltet die Verrechnung von Zinsen auf Basis des Nominalvolumens zum Ein-Monats-USD LIBOR. Die implizite Varianz, die als äquivalent zum Strike-Preis des Varianz-Swaps und somit zur Berechnung des Index dient, entspricht dem durchschnittlichen Niveau des VIX zwischen 12 und 13 Uhr am Rolltag minus einem Prozent, um für die allfälligen Kosten in Form von Slippage Rechnung zu tragen. Die Wertentwicklung des Index ist berechnet auf Basis der Differenz zwischen impliziter Varianz und realisierter Varianz des S&P 500 Index vom vorhergehenden Rebalancing-Datum bis zum aktuellen Datum.

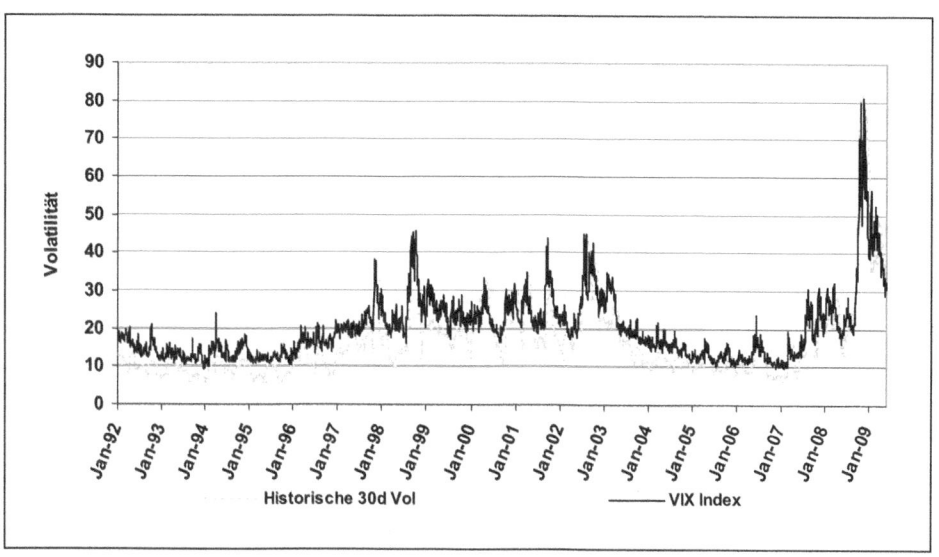

Quelle: Eigene Darstellung. Daten: Bloomberg.
Abbildung 2-10: *Historische versus implizite Volatilität des S&P 500 Index*

Der S&P 500 Volatility Arbitrage Index hat eine Zeithistorie, die bis ins Jahr 1990 zurückgerechnet wurde.[8] In diesem Abschnitt werden die Rendite- und Risikoeigenschaften des S&P VolArb Index beschrieben und mit einer Investition in US-Aktien, gemessen anhand des Standard & Poor's 500 (SP500) sowie in Staatsanleihen, gemessen anhand des JP Morgan Government Bond Index (JPMGBI), verglichen. Die Auswertungen in diesem Abschnitt erfolgen auf Basis von Monatsdaten und basieren entsprechend auf 231 Datenpunkten. Der Untersuchungszeitraum erstreckt sich vom 30. April 1990 bis zum 30. Juni 2009.

Die durchschnittliche jährliche Wertentwicklung des S&P VolArb Index betrug im genannten Zeitraum 7,1 Prozent und lag damit deutlich über dem Wert für den S&P 500 Index und leicht unter dem Wert für Anleihen (siehe auch Tabelle 2-4). Diese Rendite wurde erzielt mit einer niedrigeren Standardabweichung (7,3 Prozent) als bei Aktien (15,0 Prozent) aber einer deutlich höheren als bei Anleihen (4,0 Prozent). Die risikoadjustierten Performancemaße (Sharpe Ratio, Omega) zeigen sehr interessante Werte für den S&P VolArb Index und Anleihen. Allerdings müssen sich Investoren in den S&P VolArb Index Gedanken hinsichtlich der Tolerierbarkeit der damit einhergehenden maximalen Kursverluste (schlechtester Monat von -19,4 Prozent und Maximum Drawdown von -31,7 Prozent) machen.

Es ist interessant zu sehen, dass eine derartig simple und regelgebundene Strategieumsetzung wie das Verkaufen von impliziter Volatilität versus historische Volatilität über rollierende Varianz-Swaps die Vereinnahmung einer Risikoprämie ermöglicht. In 81 Prozent der beobachteten Monate erwirtschaftete diese Strategie positive Monatsrenditen. Es handelt sich

---

8   Vgl. Loggie (2008), S. 14.

hier zumeist um relativ kleine positive Monatsergebnisse, was auch nicht weiter überrascht, schließlich entspricht der Charakter dieser Strategieumsetzung der eines Versicherungsunternehmens. Vielen regelmäßigen und „kleinen" Prämieneinnahmen stehen von Zeit zu Zeit große Schadensauszahlungen gegenüber. So beträgt die durchschnittliche monatliche Rendite in positiven Monaten 1,2 Prozent, die durchschnittliche negative Rendite in den 29 Prozent der Monate in denen „Schäden" zu verzeichnen waren -1,9 Prozent (siehe Tabelle 2-5). Auch der beste Monat mit einer Rendite von +5 Prozent (Oktober 2001) steht einem schlechtesten Monat von -19,4 Prozent (Oktober 2008) gegenüber. Entsprechend sind die Renditen dieser Volatilitäts-Strategie keineswegs normalverteilt.

Interessant hervorzuheben ist der Umstand, dass der Maximum Drawdown einer derartigen Strategie mit -31,7 Prozent (September und Oktober 2008) deutlich unter dem Maximum Drawdown des Aktienmarktes mit -52,6 Prozent, gemessen am S&P 500 Index, liegt. Dies liegt darin begründet, das im Falle eines starken Einbruchs am Aktienmarkt die Volatilität sprunghaft steigt, was dann auch zu dem schlechtesten Monatsergebnis, sowohl bei der Strategie als auch beim S&P 500 Index führt. Da aber für den Folgemonat bereits diese hohe Volatilität als implizite Volatilität im neuen Strike-Preis des Varianz-Swaps vereinnahmt werden kann, profitiert die Strategie in der Folge überdurchschnittlich von einer Normalisierung und einem Rückgang der tatsächlich zu realisierenden Volatilität. Diese Erholung (Rückgang) beim Volatilitätsniveau geht aber offensichtlich nicht zwingend mit einer Erholung am Aktienmarkt einher, wie der Maximum Drawdown beim S&P 500 Index aufzeigt. Es genügt für die Erholung bei der Strategie, wenn die Absturzgeschwindigkeit des Aktienmarktes im zweiten Monat an Fahrt verliert, was in der Regel zu einer Reduktion der Volatilität führen würde, wohingegen sich beim Aktienmarkt der Maximum Drawdown in solch einem beschriebenen Fall noch weiter ausbauen würde. Wie eingangs beschrieben, besitzt Volatilität eine sogenannte Mean-Reverting-Eigenschaft. Vergleichbar ist dieses Muster mit dem Katastrophenversicherungsgeschäft. Regelmäßig nach größeren Naturkatastrophen mit hohen Schadensfällen für die Versicherungsindustrie (beispielsweise Hurrikan Katrina) schießen die Versicherungsprämien zur Absicherung derartiger Ereignisse in die Höhe, um dann in den Folgejahren aufgrund des Wettbewerbs wieder zu erodieren. Nicht selten bietet sich hier der Zeitpunkt für interessante Investitionsmöglichkeiten in diesem Marktsegment.

Tabelle 2-4: Historische Wertentwicklung des S&P 500 Volatility Arbitrage Index

	S&P VolArb	SP500	JPMGBI
Annualisierte Rendite	7,1%	5,3%	7,6%
Volatilität	7,3%	15,0%	4,0%
Positive Monate in %	81,0%	61,9%	74,9%
Sharpe Ratio (RFR)	0,39	0,14	0,78
Omega (RFR)	1,52	1,11	1,81
Bester Monat	5,0%	11,2%	5,1%
Schlechtester Monat	-19,4%	-16,9%	-3,1%
Maximum Drawdown	-31,7%	-52,6%	-5,3%

	S&P VolArb	SP500	JPMGBI
Annualisiertes Alpha (S&P VolArb)		6,2%	7,1%
Beta (S&P VolArb)		0,15	0,01
Downside Beta (S&P VolArb)		0,41	-0,23

Quelle: Eigene Darstellung. Daten: Bloomberg.

Bei der in Abbildung 2-11 dargestellten Renditeverteilung des S&P VolArb Index ist deren extrem spitze Wölbung (leptokurtisch) hervorzuheben. Die rollierenden Zwölfmonats-Renditen bewegen sich für den S&P VolArb Index in einer Bandbreite von -29,9 bis +21,2 Prozent. Abbildung 2-12 zeigt die Bandbreite möglicher Renditen über einen rollierenden Zwölfmonats-Zeitraum, welche in der Mehrzahl positiv sind.

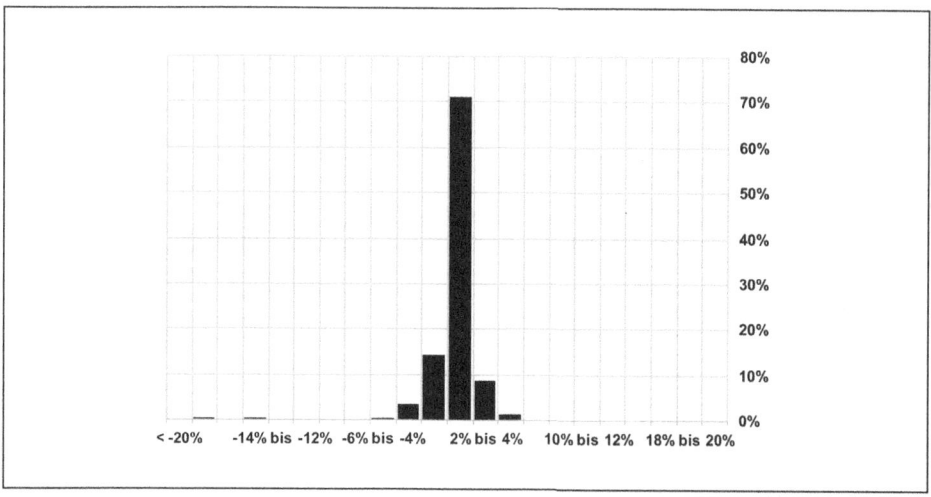

Quelle: Eigene Darstellung. Daten: Bloomberg.
Abbildung 2-11: *Häufigkeitsverteilung der monatlichen Renditen des S&P 500 Volatility Arbitrage Index*

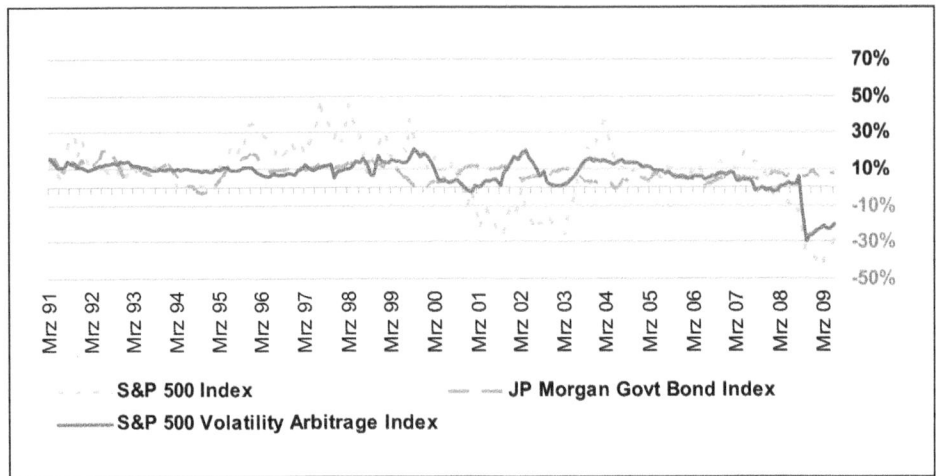

Quelle: Eigene Darstellung. Daten: Bloomberg.
Abbildung 2-12: *Rollierende Zwölfmonats-Renditen des S&P 500 Volatility Arbitrage Index*

Die rollierenden Zwölfmonats-Sharpe-Ratios bewegen sich für den S&P VolArb Index in einer Bandbreite von -1,84 bis 9,34. Abbildung 2-13 zeigt die Bandbreite möglicher Sharpe Ratios über einen rollierenden Zwölfmonatszeitraum, welche in der Mehrzahl positiv sind.

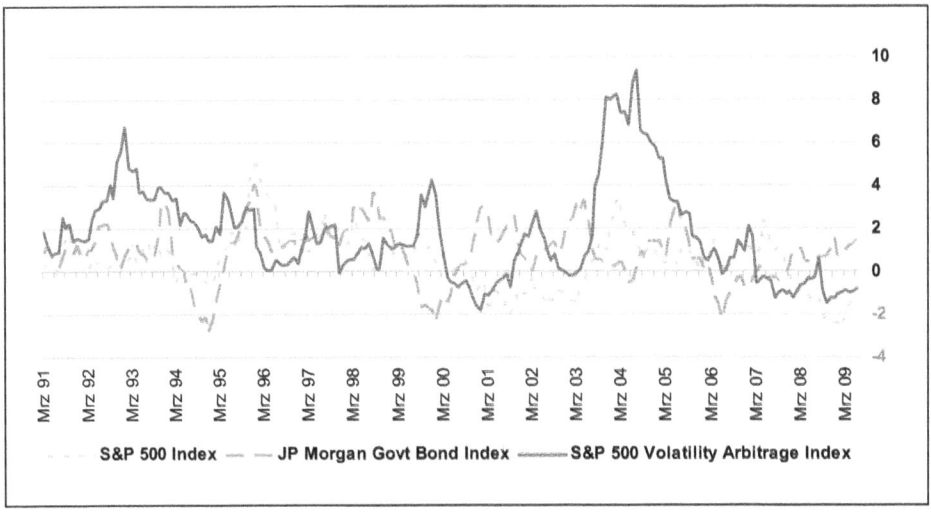

Quelle: Eigene Darstellung. Daten: Bloomberg.
Abbildung 2-13: *Rollierende Zwölfmonats-Sharpe-Ratios des S&P 500 Volatility Arbitrage Index*

Wie in Tabelle 2-5 deutlich wird, erzielt der S&P VolArb Index in einem negativen Monat einen durchschnittlichen Verlust von -1,9 Prozent sowie einen durchschnittlichen Monatsgewinn von 1,2 Prozent in einem positiven Monat. Diese Werte sind besser als bei Aktien (-3,7 und +3,1 Prozent) Hinsichtlich des dritten und vierten Moments der Renditeverteilung ist festzuhalten, dass der S&P VolArb Index eine deutliche negative Schiefe (-5,67) ausweist und auch hinsichtlich der Überschuss-Wölbung eine sogenannte leptokurtische Verteilung aufweist (+3,99).

Tabelle 2-5: Historisches Risikoprofil des S&P 500 Volatility Arbitrage Index

	S&P VolArb	SP500	JPMGBI
Durchschnittlicher Monatsverlust	-1,9%	-3,7%	-0,8%
Durchschnittlicher Monatsgewinn	1,2%	3,1%	1,1%
Semi-Standardabweichung (RFR)	6,4%	11,1%	2,3%
Sortino Ratio (RFR)	0,45	0,18	1,32
Downside Correlation (S&P VolArb)		0,45	-0,13
Upside Correlation (S&P VolArb)		0,06	0,10
Schiefe	-5,67	-0,66	0,12
Überschuss-Wölbung	3,99	1,38	1.31

Quelle: Eigene Darstellung. Daten: Bloomberg.

Die durchschnittliche Volatilität des S&P VolArb Index über den gesamte Untersuchungszeitraum beträgt 7,3 Prozent. Dabei reicht die Bandbreite zu verschiedenen Betrachtungsstichtagen von 1,2 bis 24,7 Prozent wie anhand von Abbildung 2-14 zu sehen ist. Auffällig ist hierbei der plötzliche und sprunghafte Anstieg im September und Oktober 2008 im Rahmen der Finanzmarktkrise.

Die Korrelation des S&P VolArb Index zum Aktienmarkt, gemessen am S&P 500 betrug über die letzten 60 Monate +0,5. Aber auch die sogenannte bedingte Korrelation, oder auch Downside-Korrelation genannt, betrug +0,45. Diese misst die Korrelation der Strategie nur in den Monaten, in welchen der S&P 500 negative Ergebnisse aufweist. Sie ermöglicht eine Einschätzung, inwiefern der Einsatz einer solchen Strategie im Portfoliokontext zur Diversifikation in Phasen in denen sich der Aktienmarkt in Stress befindet, beiträgt. Das Fazit wäre, dass Diversifikationsaspekte nicht das ausschlaggebende Argument für die Einbindung einer derartigen Strategie im Portfoliokontext darstellen. Auf einer rollierenden Zwölfmonats-Basis hingegen, bewegt sich die Korrelation zu Aktien zwischen -0,43 sowie +0,82 (siehe Abbildung 2-15).

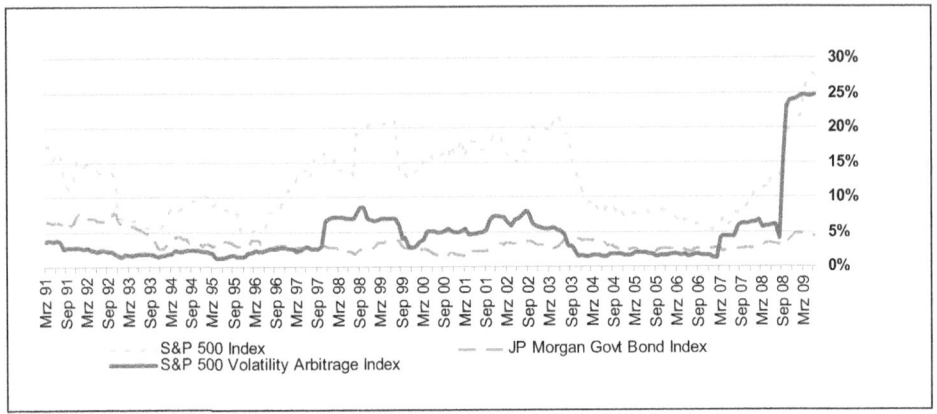

Quelle: Eigene Darstellung. Daten: Bloomberg.

Abbildung 2-14: *Rollierende Zwölfmonats-Volatilitäten des S&P 500 Volatility Arbitrage*
              Index

Der Unterwasser-Chart zeigt in Abbildung 2-16, dass die Unterwasser-Zeiten des S&P Vol-
Arb Index tendenziell kürzer und weniger ausgeprägt sind als bei Aktien. Anders ausgedrückt
sind die Wertaufholzeiten beim S&P VolArb Index nach einem Wertverlust kürzer als bei
Aktien.

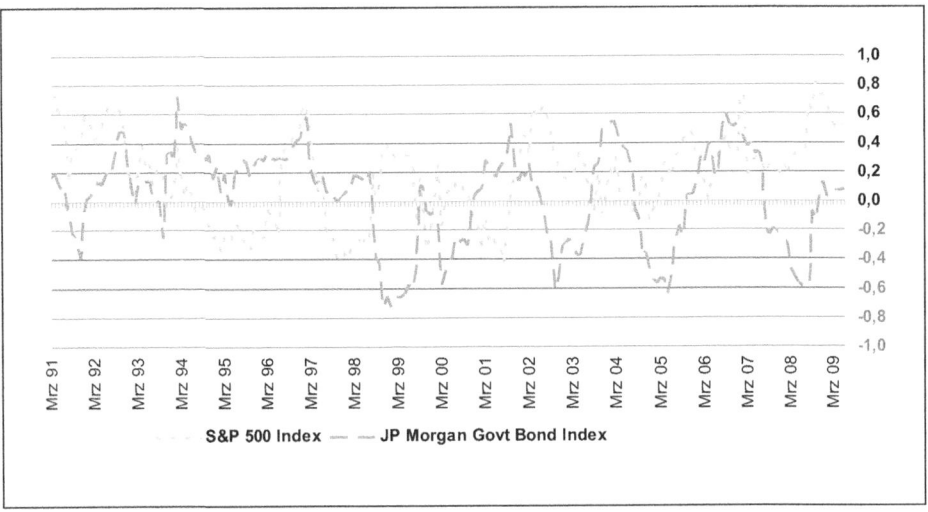

Quelle: Eigene Darstellung. Daten: Bloomberg.

Abbildung 2-15: *Rollierende Zwölfmonats-Korrelationen des S&P 500 Volatility Arbitrage*
              Index

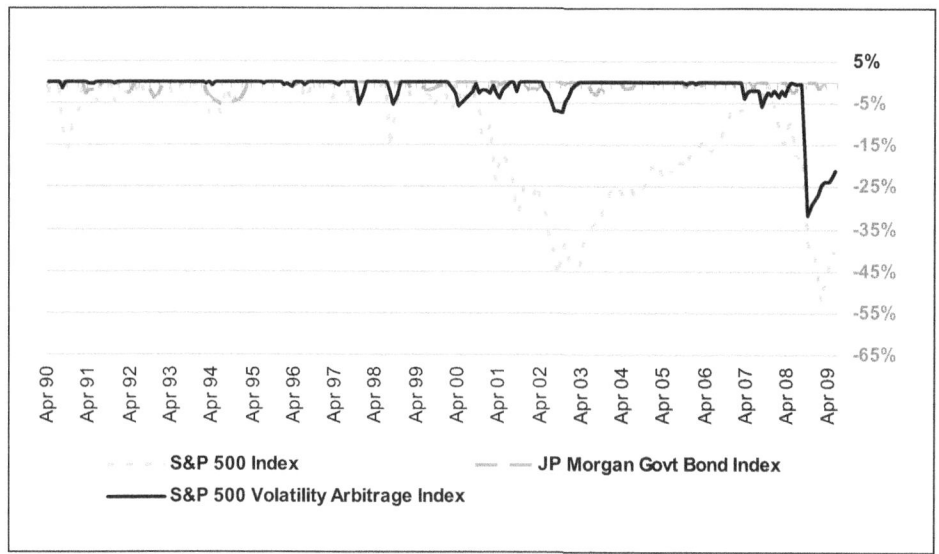

Quelle: Eigene Darstellung. Daten: Bloomberg.

Abbildung 2-16:   *Unterwasser-Chart des S&P 500 Volatility Arbitrage Index*

Aus der Drawdown-Analyse in Tabelle 2-6 geht hervor, dass Investoren in den S&P Volatility Arbitrage Index eine Verlusttoleranz von rund 32 Prozent, auf Basis der Daten der Vergangenheit, aufweisen sollten. Hingegen zeigt die Wertaufholungsphase von weniger als zwei Jahren (3 + 15 in Fall 4) eine attraktive Eigenschaft dieses Index auf.

Tabelle 2-6: Drawdown-Analyse S&P 500 Volatility Arbitrage Index

	Drawdown	Length	Recovery	Start	Valley
1	-31.73%	5	9	Jun-08	Oct-08
2	-7.19%	6	5	May-02	Oct-02
3	-5.84%	6	9	Mar-07	Aug-07
4	-5.55%	3	15	Feb-00	Apr-00
5	-5.27%	2	2	Aug-98	Sep-98
6	-5.20%	1	3	Nov-97	Nov-97
7	-2.21%	1	1	Sep-01	Sep-01
8	-1.65%	1	2	Aug-90	Aug-90
9	-0.96%	3	2	Jan-96	Mar-96
10	-0.74%	2	1	Apr-97	May-97
11	-0.67%	1	1	Jul-96	Jul-96
12	-0.62%	1	1	Apr-94	Apr-94

Quelle: Eigene Darstellung. Daten: Bloomberg.

2.2.3   Volatilitätsoberflächen-Arbitrage

Unter Volatilitätsoberflächen-Arbitrage (*Volatility Surface Arbitrage*) wird das Relative-Value-Trading der impliziten Volatilität von Optionen auf den gleichen Basiswert aber mit unterschiedlichem Basispreis (Skew) oder unter Einbeziehung unterschiedlicher Fälligkeiten (Terminkurve) verstanden. Die Opportunität entsteht aufgrund des Unterschieds zwischen den theoretischen, auf Modellen basierten Preisen von Optionen und der Realität. So geht beispielsweise das Black-Scholes-Optionspreismodell, wie bereits erläutet, davon aus, dass die Renditen des Basiswertes normalverteilt sind. In der Realität ist dies jedoch nicht gegeben, da extreme Preisbewegungen häufiger auftreten, als dies bei Unterstellung der Normalverteilung der Fall wäre. In der Folge weisen tief im Geld oder tief aus dem Geld liegende Optionen, also Optionen, bei denen der aktuelle Preis des Basiswertes in großer Distanz zum Basispreis der Option notiert, eine höhere Volatilität auf, als Optionen am Geld. Eine einfache Strategie, die gehandelt werden kann, wenn der Volatilitäts-Smile in ausgeprägter Form auftritt, ist der gleichzeitige Kauf der Option mit der „günstigen" Volatilität und dem Verkauf der Option mit der „teuren" Volatilität für dieselbe Fälligkeit. Dieser Spread-Trade kann sowohl mit Put- als auch mit Call-Optionen umgesetzt werden. Bei einer negativen Marktmeinung des Fondsmanagers würde diese Spread-Position mit Put-Optionen umgesetzt (*Bear-Spread*). Analog würden bei einer grundsätzlich positiven Marktmeinung hinsichtlich der möglichen Preisbewegung des Basiswertes Call-Optionen zum Einsatz kommen (*Bull-Spread*). Der Investor kann auch beispielsweise die in Bezug auf die implizite Volatilität teuer gehandelte Option mit kürzerer Laufzeit verkaufen, wohingegen er die günstig gehandelte Option mit einer längeren Laufzeit kauft. In diesem Falle hätte eine *Kalender-Spread-Position* aufgebaut und würde über den Zeitwertverfall profitieren. Wenn Märkte einem starken Kursrückgang ausgesetzt sind kommt es vor, dass sowohl die horizontale als auch die vertikale Schiefe sehr ausgeprägt sind. Dies stellt eine gute Handelsopportunität für einen sogenannten *Back-Spread* dar. Dieser besteht aus einer Long-Position in einer Option mit langer Restlaufzeit und einem hohen Basispreis sowie einer Short-Position einer Option mit kürzerer Restlaufzeit und einem niedrigeren Basispreis. Um die Position neutral hinsichtlich Preisbewegungen des Basiswertes zu gestalten, wird ein Investor die Position deltaneutral gestalten. Da Optionen mit unterschiedlichen Restlaufzeiten unterschiedliche Deltas aufweisen, wird ein Investor die Deltaneutralität durch den Kauf und Verkauf einer unterschiedlichen Anzahl von Optionen darstellen.[9]

2.2.4   Index-Dispersion Trading

Ein Index misst die Preisentwicklung eines Portfolios von Einzelwerten. Aus dieser Betrachtung kann das Index-Risiko als das Risiko eines Portfolios dieser Einzelwerte gesehen werden. Das Portfoliorisiko stellt sich dar als die gewichtete Summe der Kovarianz aller Einzelwerte dieses Portfolios und kann in folgender Formel zum Ausdruck gebracht werden:

---

[9]   Vgl. Skeggs (2006), S. 6.

$$\sigma_{\mathrm{p}}^{2} = \sum_{i=1}^{N} W_i^{2} * \sigma_i^{2} + 2\sum_{i=1}^{N}\sum_{j>i} W_i * W_j * \sigma_i * \sigma_j * corr_{ij}$$

mit:

W_i: Gewichtung des Einzelwertes i;

W_j: Gewichtung des Einzelwertes j;

σ_i: Volatilität des Einzelwertes i;

σ_j: Volatilität des Einzelwertes j;

σ_i^{2}: Varianz des Einzelwertes i;

$corr_{ij}$: Korrelation der verschiedenen Einzelwerte i mit j.

Die Bestandteile der Formel können nun durch entsprechende Beobachtungen am Markt ersetzt werden. Würden wir dies für alle Werte auf der linken und rechten Seite der Formel durchführen, würden wir feststellen, dass die Gleichung in Wirklichkeit ein Ungleichgewicht zum Ausdruck bringt. Eine andere Möglichkeit zum Einsatz dieser Formel besteht darin, historische oder implizite Volatilitäten auf der rechten Seite für die Einzelwerte des Index, als auch für deren Korrelationen untereinander zu erfassen, um so die theoretische Volatilität des Index zu ermitteln. Wahlweise kann die Formel dahingehend umgestellt werden, um die am Markt eingepreisten impliziten Korrelationen anhand der impliziten Volatilitäten des Index und der Einzelwerte zu ermitteln. In Ergänzung zu den oben erläuterten impliziten und historischen Werten muss an dieser Stelle noch die Begrifflichkeit *theoretischer Wert* erläutert werden. Ein theoretischer Wert kann auf Basis entsprechender theoretischer Annahmen ermittelt werden, wie beispielsweise der oben beschriebenen Formel, die die Basis für die Portfoliotheorie von Markowitz darstellt. In diesem Zusammenhang ist die Index-Volatilität, berechnet auf Basis dieser Formel, ein theoretischer Wert und kann von der am Markt realisierten oder impliziten Volatilität abweichen. Durch das Vergleichen von impliziten mit historischen Volatilitäten, theoretischen mit realisierten sowie theoretischen mit impliziten Werten für die Indexvolatilität können geeignete Zeitpunkte ermittelt werden, wann und in welcher Form die Index-Dispersion-Strategie zum Einsatz kommt. Die Index-Dispersion-Strategie beinhaltet hierbei den Verkauf von Volatilität auf einen Index und den gleichzeitigen Kauf von Volatilität auf die Einzelwerte des Index. Die Reverse-Index-Dispersion-Strategie beschreibt im umgekehrten Sinne den Kauf von Index-Volatilität beim zeitgleichen Verkauf der Volatilität der Einzelwerte.[10]

Die implizite Index-Korrelation bezeichnet die Korrelation zwischen der aktuellen impliziten Volatilität des Index und der gewichteten impliziten Volatilität der Einzelwerte.

---

10   Vgl. Lozovaia/Hizhniakova (2008), S. 3.

$$\text{Implied Index Correlation} = \frac{\sigma_1^2 - \sum_{i=1}^{N} W_i^2 \sigma_i^2}{2\sum_{I=1}^{N}\sum_{j>i} W_i W_j \sigma_i \sigma_j}$$

Je höher die implizite Index-Korrelation, desto besser ist das Umfeld für die Umsetzung der Index-Dispersion-Strategie. Dies muss jedoch immer auch im relativen Kontext zu historischen und realisierten Werten betrachtet werden. Die realisierte Index-Korrelation kann ebenfalls mit obiger Formel berechnet werden, indem für die Input-Parameter statt der impliziten Volatilitäten die historischen Volatilitäten eingesetzt werden. Empirisch weisen Aktien-Sektor-Indizes eine höhere implizite als auch realisierte Korrelation auf, als die gängigen breiten Aktienmarkt-Indizes. Dies liegt darin begründet, dass Aktien desselben Sektors eine viel höhere Sensitivität oder Beta zu einzelnen bestimmenden Marktparametern aufweisen, als Aktien unterschiedlicher Branchen.

Die einfachste Form um Index-Volatilität zu berechnen, gestaltet sich über die gewichtete Volatilität der Einzelwerte, jedoch ohne Berücksichtigung der Korrelationen der Einzelwerte (WtdCompIV %). In der Folge ermöglicht dies die Berechnung weiterer Kennzahlen. Beispielsweise ergibt sich aus dem Verhältnis zwischen WtdCompIV % / aktuell implizite Index-Volatilität der Volatilitätslevel-Koeffizient ersten Grades. Da die gewichtete Korrelation der Index-Einzelwerte niemals 1 ist, beträgt der Volatilitätslevel-Koeffizient ersten Grades mehr als 100 Prozent. Der theoretische Wert der Index-Volatilität auf Basis der impliziten Volatilität der Einzelwerte und deren Korrelationen kann berechnet werden. Diese Volatilität bezeichnet man als „theoretische korrelierte implizite Index-Volatilität".

$$CorrWtdCompIV_p = \sqrt{\sum_{i=1}^{N} W_i^2 * IVIndex_i^2 + 2\sum_{i=1}^{N}\sum_{j>i} W_i * W_j * IVIndex_i * IVIndex_j * corr(IV_i, IV_j)}$$

wobei:

$IVIndex_i$: Implizite Volatilität Indexbestandteil i;

corr: Korrelation des Indexbestandteil i mit Indexbestandteil j.

Das Verhältnis von theoretischer korrelierter impliziter Index-Volatilität und aktueller impliziter Index-Volatilität erlaubt eine Aussage hinsichtlich theoretischer als auch aktueller Index-Optionspreise und wird auch als Volatilitätslevel-Koeffizient zweiten Grades bezeichnet. Wenn diese Kennziffer kleiner als 1 und sehr niedrig ist, bedeutet dies, dass Index-Optionen zu teuer sind und es folglich opportun erscheint Index-Optionen zu verkaufen. Da der Volatilitätslevel-Koeffizient zweiten Grades auf Korrelationen aus impliziter Volatilität resultiert, ist dieser ein besserer Maßstab für einen Vega-Trade, bei dem es darum geht, die relative Fehlbewertung einzig auf Basis von Vega profitabel umzusetzen. Handelspositionen mit längerer Restlaufzeit haben ein geringeres Gamma, aber dafür ein höheres Vega und der dominierende Risikofaktor ist somit die Volatilität. Der Volatilitätslevel-Koeffzient zweiten

Grades leistet daher zuverlässigere Dienste bei Positionierungen in längeren Restlaufzeiten, bei denen Vega den dominierenden Risikofaktor darstellt, und Gamma sowie Theta vernachlässigbar sind. Der Vergleich des Volatilitätslevel-Koeffzienten zweiten Grades für verschiedene Restlaufzeiten erlaubt die Auswahl der besten Laufzeiten für Index-Dispersion-Trades.

Die theoretische historische Volatilität eines Index kann ebenfalls mithilfe der Hauptformel auf Basis historischer Volatilitäten der Einzelwerte und deren Korrelationen berechnet werden:

$$\text{CorrWTdCompHV}_p = \sqrt{\sum_{i=1}^{N} W_i^2 HV_i^2 + 2\sum_{i=1}^{N}\sum_{j>i} W_i W_j HV_i HV_j corr(price_i, price_j)}.$$

Mit dieser Formel kann die historische Volatilität der Einzelwerte auf Basis der letzten 10, 20, 30, 60, 90, 120, 150 und 180 Tage berechnet werden. Die Relation von theoretischer historischer Volatilität eines Index zur aktuellen Index-Volatilität wird auch bezeichnet als Volatilitätslevel-Koeffzient dritten Grades. Ist dieser kleiner 1 und auf einem niedrigen Level, bedeutet dies, dass die theoretische Index-Volatilität niedriger ist als die aktuelle und es erscheint opportun, Index-Optionen zu verkaufen. Optionen mit kürzerer Restlaufzeit haben weniger Vega-Risiko, dafür ein höheres Gamma-Risiko. Da der Volatilitätslevel-Koeffzient dritten Grades auf Einzelwert-Preisbewegungen und deren Korrelationen basiert, ist er ein geeignetes Tool für Gamma-Trades und damit für Positionierungen in Optionen mit kürzeren Restlaufzeiten, bei denen Gamma der dominierende Risikofaktor darstellt.

Der Aktien-Index-Dispersions-Handel strebt an, aus relativen Preisveränderungen in der Volatilität eines Index und in der Volatilität der durch den Index repräsentierten Einzelwerte Gewinne zu erwirtschaften. Wie zu Beginn dieses Abschnitts bereits aufgeführt, ist die realisierte Volatilität eines Index über einen bestimmten Zeitraum eine Funktion von zwei Variablen, der realisierten Volatilität der Einzelwerte und der Korrelation dieser Einzelwerte miteinander. Es ist zu jedem Zeitpunkt möglich, die implizite Volatilität der Einzelwerte und diejenige des Index aus den Marktpreisen abzulesen und aus diesen Werten die erwartete implizite Korrelation zu errechnen. Wenn diese implizite Korrelation einen Wert erreicht, der sowohl in absoluten Werten als auch im historischen Kontext als hoch bezeichnet werden kann, bietet sich eine Opportunität, um eine entsprechende Aktien-Index-Dispersions-Position aufzubauen. Eine Analyse von Goldman Sachs hat gezeigt, dass zwischen 1996 und 2006 die durchschnittliche implizite Korrelation des S&P500 42 Prozent betrug, wohingegen die realisierte Korrelation mit 29 Prozent deutlich hiervon abwich.[11] Diese Ergebnisse wurden von Driessen *et al.* bestätigt.[12]

Entsprechende Diskrepanzen existieren aber auch in anderen Indizes und lassen sich dadurch erklären, dass Käufer und Verkäufer von Aktien-Volatilität und Index-Volatilität oftmals nicht die gleichen Marktteilnehmer sind und unterschiedliche Ziele verfolgen. Dieses strukturelle Ungleichgewicht im Angebot und der Nachfrage nach entsprechenden Optionen führt dazu,

---

[11]   Vgl. Grant *et al.* (2007), S. 19.
[12]   Vgl. Driessen *et al.* (2005), S. 12.

dass die Volatilität in Index-Optionen zumeist relativ hoch im Vergleich zu der impliziten Volatilität von Optionen auf die Einzelwerte eingepreist ist.

Der Nachfrageüberhang bei Index-Optionen erfolgt zumeist aufgrund folgender Faktoren:

■ Institutionelle Investoren, wie beispielsweise Pensionsfonds, tendieren dazu, temporäre Absicherungen ihrer Portfolios über den Kauf von Put-Index-Optionen umzusetzen;

■ Strukturierte Produkte auf einen Index tendieren dazu long Volatilität zu sein;

■ Mangel an Arbitrageuren um die andere Seite des Marktes abzubilden;

■ Market Maker stellen daher im Wesentlichen die andere Seite des Marktes und lassen sich hierfür entsprechend vergüten.

Der Angebotsüberhang bei Aktienoptionen lässt sich im Wesentlichen auf folgende Faktoren zurückführen:

■ Covered Call Writing von Portfoliomanagern, um Zusatzeinnahmen zu generieren;

■ Strukturierte Produkte auf Einzelwerte sind meistens short Aktienvolatilität.

Die Anzahl der Marktteilnehmer, die in diesem Markt mit Bezug auf den Handel von Korrelationsrisiken agiert ist sehr begrenzt. Aus diesem Grund ist die Bepreisung von Korrelationsrisiken zumeist ein Residuum weniger ein aktiv gepreistes Risiko. Dies eröffnet Opportunitäten für Index-Dispersion-Händler, die auf diese Weise zu einem Liquiditätsanbieter in diesem Ungleichgewicht werden. In der einfachsten Form einer Aktien-Index-Dispersion-Position wird Volatilität auf einen Index verkauft und die dazugehörige Volatilität auf die Einzelwerte gekauft. Zum Einsatz kommen hier zumeist Strangles, das heißt eine Position bestehend aus dem Verkauf einer Call- und einer Put-Option auf einen Index, wobei der Call- und die Put-Option den gleichen Basispreis und Verfallsdatum aufweisen. Wenn sich in der Folge die Preise der Basiswerte verändern, werden die Positionen deltagehedged, um sie entsprechend deltaneutral zu stellen.

Ein Aktien-Index-Dispersion-Händler möchte im Idealfall gerne für seine existierende Position im Buch folgendes Szenario am Markt vorfinden:

■ Keine Volatilität beim Index;

■ Eine hohe Volatilität bei den Einzelwerten.

Abbildung 2-17 soll dieses vorteilhafte Szenario für einen gleichgewichteten Index – bestehend aus sechs Einzelwerten (dargestellt in Großbuchstaben von A bis F), die gering korreliert sind – aufzeigen. Drei von den sechs Einzelwerten weisen eine negative Wertentwicklung auf (A, C und E) und die anderen drei Einzelwerte (B, D und E) eine positive Wertentwicklung. Dies kann insgesamt als geringe Korrelation der sechs Einzelwerte zueinander ausgelegt werden.

Im Gegenzug ist ein Anstieg der Korrelation, wie in Abbildung 2-18 illustriert, nach Initiierung einer derartigen Handelsposition negativ für die Gewinn- und Verlustrechnung eines Aktien-Index-Dispersion-Händlers.

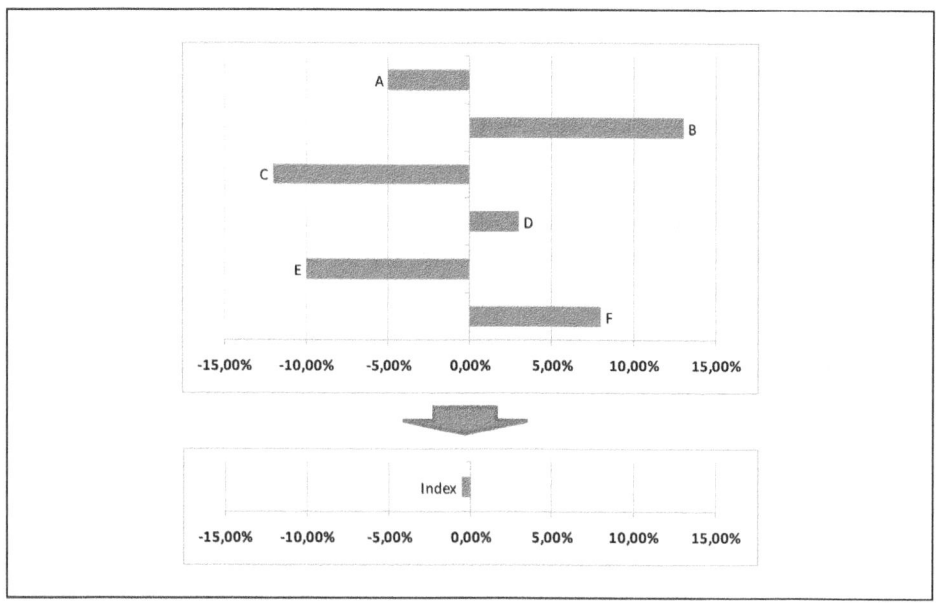

Quelle: MM Capital LLC (2009).
Abbildung 2-17: Geringe Korrelation nach Initiierung einer Position

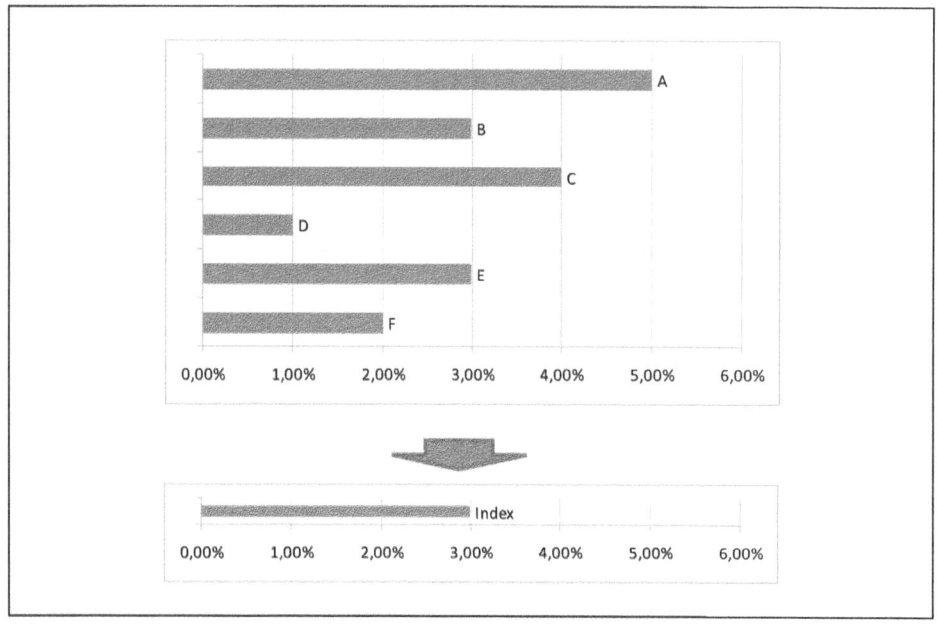

Quelle: MM Capital LLC (2009).
Abbildung 2-18: Hohe Korrelation nach Initiierung einer Position

In einer Welt ohne Transaktionskosten würde ein Investor Strangles auf jeden Einzelwert des Index mit einer Gewichtung kaufen, die der im Index entspricht. In der realen Welt existieren jedoch Transaktionskosten, so dass ein Aktien-Dispersions-Händler einen Basket zu kreieren hat, der mit möglichst wenigen Einzelwerten den größtmöglichen Anteil dieser Fehlbewertung hinsichtlich der Korrelation erfasst und zugleich das Tracking-Risiko minimiert. Genau dieser Punkt stellt die größte Herausforderung und gleichzeitig den Wettbewerbsvorteil derer dar, die in diesem Handelsstrategiebereich erfolgreich sind. Risiken, denen Aktien-Dispersions-Händler ausgesetzt sind, lassen sich demnach wie folgt beschreiben:

- *Korrelationsrisiko*: Das Hauptrisiko, für welches Aktien-Dispersions-Händler kompensiert werden. Sollten die Korrelationen zwischen den Einzelwerten ansteigen erleidet der Aktien-Dispersions-Händler Bewertungsverluste (Mark-to-Market). Sollte die realisierte Korrelation während der Dauer der Handelsposition die bei Initiierung der Position implizite Korrelation übersteigen, erleidet der Aktien-Dispersions-Händler einen endgültigen Verlust. Das Worst Case stellt in diesem Zusammenhang in der Folge eine Korrelation von 1,0 dar, was bedeutet, dass sich alle Einzelwerte in exakt gleichem Ausmaß in gleicher Richtung bewegen. Um dieses Risiko zu minimieren ist es wichtig, dass nur Positionen aufgebaut werden, bei denen die Korrelation bereits bei historisch hohen Werten handelt. Für korrekt konstruierte Baskets ist die mathematische Grenze für die am Ende der Position realisierte Korrelation von Eins. Folglich reduziert sich das Korrelationsrisiko, je näher bei Eins eine Position initiiert wird.

- *Basket-Konstruktionsrisiko / Basisrisiko*: Durch den Umstand, dass keine Long-Volatilitäts-Position auf alle Einzelwerte eines Index, sondern nur ein möglichst repräsentatives Sub-Set an Einzelwerten in einem Basket aufgebaut wird, entsteht ein Basis-Risiko. Wenn eine Aktie, die im Index repräsentiert aber nicht Teil des Baskets ist, sich plötzlich in völlig unkorrelierter Art und Weise zu den anderen Werten verhält, so hat dies einen negativen Einfluss auf die Gewinn- und Verlustrechnung des Aktien-Dispersions-Händlers. Je genauer der ausgewählte Basket den Index repliziert umso geringer das Basis-Risiko. Das Basis-Risiko ist immer auch ein Kompromiss und muss daher sorgfältig den Vorteilen eines überschaubaren Baskets gegenübergestellt werden (größere Fehlbepreisungen, geringere Transaktionskosten, besser handelbare und deltahedgebare Positionen).

- *Execution-Risiko*: Index-Dispersion-Positionen bestehen per Definition aus einer Vielzahl an Einzelpositionen. Es ist nicht ausreichend für einen Dispersionshändler gute Opportunitäten, meist unter Einsatz aufwändiger quantitativer und technischer Maßnahmen, herauszufiltern, er muss auch sicherstellen, dass er die entsprechenden Positionen bei den entsprechenden Preisen handeln kann, um diese Opportunitäten zu monetarisieren.

Die folgenden Faktoren können demnach als wesentlich für den Erfolg- oder Misserfolg in diesem speziellen Strategiebereich angesehen werden:

- *Basket-Konstruktion*: Die Herausforderung besteht darin, optimale Baskets zu konstruieren, die auf der einen Seite die zu arbitrierenden fehlbewerteten Opportunitäten maximieren, auf der anderen Seite jedoch das Basis-Risiko und die Transaktionskosten minimieren. Hier kommen meist eigen entwickelte Computerprogramme zum Einsatz, die in der

Lage sind, eine große Menge an Daten und möglichen Kombinationsmöglichkeiten effizient zu verarbeiten und zu filtern.

- *Systeme*: Die Anzahl möglicher Basket-Konstruktionen für eine jede Position ist immens und insofern kommt den Systemen und der Software eine Schlüsselfunktion zu, um die besten Opportunitäten zeitnah ausfindig zu machen. Das Gleiche gilt für entsprechende Positionen, die einmal initiiert sind. Diese müssen in Echtzeit überwacht und entsprechend angepasst (deltahedged) oder für den Fall, dass sich im Investment-Universum bessere Opportunitäten für den Einsatz des zur Verfügung stehenden Kapitals ergeben, wieder aufgelöst werden.

- *Disziplin*: Das Aufrechterhalten eines hohen Standards bei der Initiierung von Index-Dispersions-Positionen ist ein integraler Bestandteil des Risikomanagements im Index-Dispersions-Handel und erhöht damit die Erfolgswahrscheinlichkeit.[13]

2.3 Handelsbeispiel

Das nachfolgend skizzierte Handelsbeispiel illustriert die Index-Dispersion-Trading Strategie in vereinfachter Form. Es handelt sich um eine real umgesetzte Handelsposition, welche am 15. Februar 2008 aufgebaut und am 20. März 2008 erfolgreich geschlossen wurde. Die Index-Dispersion-Opportunität ergab sich hierbei bei den gehandelten Optionen auf den SMH US ETF, einem Exchange Traded Fund auf den S&P Semiconductor (Halbleiter) Index und den gehandelten Optionen auf die 18 Einzelwerte, welche durch diesen Index/ETF repräsentiert werden. Das Universum möglicher ETFs, welche für den Aufbau derartiger Positionen in den U.S.A. verfügbar ist umfasst heute mehr als zwanzig mit wachsender Tendenz. Das Beispiel ist ferner insofern vereinfacht dargestellt, da das tägliche Deltahedging um die Gesamtposition deltaneutral zu halten außer acht gelassen wird. Ein Index-Dispersion-Trader würde in der Regel zwischen 6 und 12 derartige Positionen wie sie in Tabelle 2-7 für den SMH dargestellt ist auf dem Buch halten. Die Position in Tabelle 2-8 ist ferner nicht so umfangreich, da der SMH nur aus 18 Einzelwerten besteht, wohingegen verschiedene andere Sektorindizes/ETFs aus deutlich mehr Einzelwerten bestehen können. Unsere Position besteht demnach aus einem verkauften Straddle auf den SMH ETF (Call und Put mit gleichem Verfall – März 2008 - und gleichem Basispreis – USD 27,50). Der SMH schloss an diesem Tag bei einem Preis von USD 28,58. Anstatt nun Straddles auf alle 18 Einzelwerte zu kaufen wurde ein repräsentativer Basket aus 4 Einzelwerten gebildet und Straddles auf diese 4 Werte gekauft. Im Einzelnen sind dies die in Tabelle 2-7 aufgeführten 4 Einzelwerte, womit diese Position in vier Titeln 40,3 Prozent des Index/ETF repräsentiert.

---

13 Vgl. Kogler *et al.* (2009), S. 2.

Tabelle 2-7: Index-Dispersion-Positions Titel

Bloomberg Kürzel	Titel	Gewichtung im Index/ETF
SMH Equity	Semiconductor Holdrs Trust	100%
TXN Equity	Texas Instuments Inc.	21,13%
KLAC Equity	KLA - Tencor Corp.	4,13%
NVLS Equity	Novellus Systems Inc.	1,71%
AMAT Equity	Applied Materials Inc.	13,31%
Summe		40,28%

Quelle: Eigene Darstellung. Daten: Bloomberg, MMC Capital LLC

Insgesamt besteht diese Position demnach aus 10 Einzelpositionen. Auf täglicher Basis oder bei entsprechend starken Bewegungen mehrmals täglich würde das sich verändernde Delta durch entsprechende Deltahedges auf den ETF und die Einzelwerte angepasst, womit sich diese Gesamtposition im maximalen Falle aus 15 Einzelpositionen (4 Aktien-Calls, 4 Aktien-Puts, 1 Index-Call, 1 Index-Put, 4 Aktien Long- oder Short-Positionen und 1 ETF Long oder Short-Position) zusammensetzen würde. Ein aus 8 Index-Dispersion-Positionen bestehendes diversifiziertes Portfolio besteht somit nicht selten aus mehr als 120 (8 x 15) Einzelpositionen. Insgesamt wurden bei dieser Position durch den Verkauf des Index-Straddles Optionsprämien in Höhe von USD 157.500 (88.500 + 69.000) eingenommen. Für den Kauf der vier Einzelwerte-Straddles wurden Optionsprämien in Höhe von USD 174.200 aufgewendet, womit ein Eigenkapital in Höhe von USD 16.700 zum Einsatz kam. Für die zu hinterlegende Margin wurden ca. USD 120.000 benötigt. Die implizite Korrelation zwischen den Einzelwerten betrug zum Zeitpunkt des Positionsaufbaus 0.87. Dieser Wert war zum einen sehr hoch im historischen Kontext und wies auch ein attraktives Chance- und Risikoprofil auf, da der maximale Verlust bei einem repräsentativen Basket demnach auf 0.13 Korrelationspunkte (maximale Korrelation von 1 im Worst-Case) begrenzt war. Die vom System antizipierte durchschnittliche Gewinnerwartung war zwischen 0.15 und 0.30 Korrelationspunkte und hätte auf einer deltagedgten Basis einem Ertrag von ca. 15.000 USD entsprochen.

Tabelle 2-8: Aufbau der Index-Dispersion-Position am 15. Februar 2008

Trade	Security Name	Bberg Ticker	Underly	Quantity	Last Price	Premium	Delta		Vega	
SMH Dspn March 3										
SMH		SMH Equity	SMH Equity		28,58					
	SMH US 03/08 C27.50	SMH+CY Equity	SMH Equity	(500)	1,77	88.500	58%	(969.788)	3.14	(1.567,71)
	SMH US 03/08 P27.50	SMH+OY Equity	SMH Equity	(1.000)	0,69	69.000	-33%	941.824	3.14	(3.139,80)
TXN		TXN Equity	TXN Equity		30,13					-
	TXN US 03/08 C30.00	TXN+CF Equity	TXN Equity	150	1,24	(18.600)	55%	247.588	3.53	529,24
	TXN US 03/08 P30.00	TXN+OF Equity	TXN Equity	150	1,04	(15.600)	-45%	(205.559)	3.51	529,18
KLAC		KLAC Equity	KLAC Equity		40,89					-
	KCQ US 03/08 C42.50	KCQ+CV Equity	KLAC Equity	150	1,15	(17.250)	39%	233.998	4.68	702,05
	KCQ US 03/08 P42.50	KCQ+OV Equity	KLAC Equity	100	2,80	(28.000)	-62%	(251.984)	4.68	467,74
NVLS		NVLS Equity	NVLS Equity		23,12					-
	NLQ US 03/08 P25.00	NLQ+OE Equity	NVLS Equity	150	2,25	(33.750)	-73%	(253.579)	2.23	334,96
	NLQ US 03/08 C25.00	NLQ+CE Equity	NVLS Equity	400	0,45	(18.000)	28%	259.770	2.25	910,02
AMAT		AMAT Equity	AMAT Equity		19,04					-
	ANQ US 03/08 C20.00	ANQ+CD Equity	AMAT Equity	400	0,40	(16.000)	34%	256.428	2.06	821,07
	ANQ US 03/08 P20.00	ANQ+OD Equity	AMAT Equity	200	1,35	(27.000)	-66%	(250.818)	2.05	469,19
Total						(16.700)		9.876		(11)

Quelle: Eigene Darstellung. Daten: Bloomberg, MM Capital LLC

Wie der Tabelle 2-8 ferner zu entnehmen ist verfügte die Gesamtposition über ein geringfügiges Net-Delta in Höhe von +9.876 USD. Dies bedeutet, dass die Gesamtposition bei einem parallelen Rückgang der Kurse der fünf involvierten Basiswerte ceteris paribus Geld verlieren würde. Insgesamt bewegt die Gesamtposition ein Brutto-Delta[14] in Höhe von USD 3.873.331 Beim Aufbau der Gesamtposition wird darauf geachtet, dass die fünf Straddles jeweils in etwa Deltaneutral gestaltet sind. Ferner wird darauf geachtet, dass das Vega der Gesamtposition möglichst gering ist. In unserem Fall beträgt das Vega – 11 USD, was bedeutet, dass bei einem Anstieg der Volatilität um 1 Prozent unsere Gesamtposition einen Verlust von 11 USD erleidet. Tatsächlich wurde die Position am 20. März 2008 bei einer realisierten Korrelation von 0.62 geschlossen, womit 0.25 Korrelationspunkte (0.87 – 0.62) monetarisiert werden konnten was im deltagehdgten und tatsächlich durchgeführten Handelsbeispiel einem Ertrag von 17.188 USD nach Kosten entsprach. In unserem Beispiel, bei welchem die täglichen Deltahedges aus Vereinfachungsgründen außer Acht gelassen worden sind betrug der Gewinn am 20. März 2008, wie aus nachfolgender Tabelle 2-9 zu entnehmen ist, USD 93.750 (Nettobetrag erzielte Optionsprämien USD 110.450 – Nettobetrag aufgewendete Optionsprämien USD 16.700). Bezogen auf das eingesetzte Kapital von USD 16.700 betrug der Profit in Höhe von USD 93.750 einem Gewinn von 461 Prozent in einem Zeitraum von 34 Kalendertagen. Bezogen auf die zu hinterlegende Margin in Höhe von USD 120.000 entspricht dieser 78 Prozent. Generell lässt sich sagen das die Entwicklung der Gewinn-und Verlustrechnung einer Index-Dispersion-Position umso volatiler verläuft je weniger häufig Deltahedging-Anpassungen vorgenommen werden. Das es, wie in unserem Beispiel am Ende zu einem höheren Gewinn geführt hat (USD 93.750 anstatt USD 17.188) ist hierbei zufälliger (pfadabhängiger) Natur.

Tabelle 2-9:   Schließen der Index-Dispersion-Position am 20. März 2008

Trade	Security Name	Bberg Ticker	Underly	Quantity	Last Price	Premium	P/L
SMH Dspn March 3							
	SMH	SMH Equity	SMH Equity		29,09		
	SMH US 03/08 C27.50	SMH+CY Equity	SMH Equity	500	1,59	(79.500)	9.000
	SMH US 03/08 P27.50	SMH+OY Equity	SMH Equity	1.000	-	-	69.000
	TXN	TXN Equity	TXN Equity	-	28,28		
	TXN US 03/08 C30.00	TXN+CF Equity	TXN Equity	(150)	-	-	(18.600)
	TXN US 03/08 P30.00	TXN+OF Equity	TXN Equity	(150)	1,72	25.800	10.200
	KLAC	KLAC Equity	KLAC Equity	-	35,84		
	KCQ US 03/08 C42.50	KCQ+CV Equity	KLAC Equity	(150)	-	-	(17.250)
	KCQ US 03/08 P42.50	KCQ+OV Equity	KLAC Equity	(100)	6,66	66.600	38.600
	NVLS	NVLS Equity	NVLS Equity	-	21,43		
	NLQ US 03/08 P25.00	NLQ+OE Equity	NVLS Equity	(150)	3,57	53.550	19.800
	NLQ US 03/08 C25.00	NLQ+CE Equity	NVLS Equity	(400)	-	-	(18.000)
	AMAT	AMAT Equity	AMAT Equity	-	21,10		
	ANQ US 03/08 C20.00	ANQ+CD Equity	AMAT Equity	(400)	1,10	44.000	28.000
	ANQ US 03/08 P20.00	ANQ+OD Equity	AMAT Equity	(200)	-	-	(27.000)
Total						110.450	93.750

Quelle: Eigene Darstellung. Daten: Bloomberg, MM Capital LLC

---

[14] Brutto-Delta im Sinne einer Addition aller Einzeldeltas ohne Beachtung der Vorzeichen.

2.4   Rendite- und Risikobetrachtung

In diesem Abschnitt werden die Rendite- und Risikoeigenschaften von Volatilitäts-Arbitrage-Fonds beschrieben. Als Benchmark für aktive Volatilitäts-Arbitrage-Fonds wird der Volatility Arbitrage Funds Index (VAFI) verwendet und mit einer Investition in US-Aktien, gemessen anhand des Standard & Poor's 500 (SP500) sowie in Staatsanleihen, gemessen anhand des JP Morgan Government Bond Index (JPMGBI), verglichen. Der VAFI ist ein eigens berechneter Index und stellt die durchschnittliche Wertentwicklung von 22 aktiven Volatilitäts-Arbitrage-Fonds, gleichgewichtet und monatlich rebalanciert dar. Der Untersuchungszeitraum erstreckt sich vom 31. Juli 2001 bis zum 30. Juni 2009. Die Auswertungen in diesem Abschnitt erfolgen auf Basis von Monatsdaten und basieren entsprechend auf 95 Datenpunkten. Die Berechnung eines eigenen Index für diese Strategie ist erforderlich, da in der Praxis keine repräsentative Benchmark für diese Strategie existiert. Beispielsweise bildet der Newedge Volatility Trading Index (VTI) lediglich die Wertentwicklung von acht aktiven Volatilitäts-Arbitrage-Fonds ab. Bei anderen Indizes hingegen handelt es sich nicht um reine Volatilitäts-Fonds-Indizes, da diese auch die Wertentwicklung einzelner Wandelanleihenfonds berücksichtigen.

2.4.1   Wertentwicklung

Die durchschnittliche jährliche Wertentwicklung des VAFI betrug während der Untersuchungsperiode 10,8 Prozent und lag damit deutlich über den Werten für Aktien und Anleihen (siehe Tabelle 2-10). Diese Rendite wurde erzielt mit einer niedrigeren Standardabweichung (4,0 Prozent) als bei Aktien (15,8 Prozent) und war nur leicht höher als bei Staatsanleihen (3,3 Prozent). Die risikoadjustierten Performancemaße (Sharpe Ratio, Omega) zeigen sehr interessante Werte für den VAFI.

Tabelle 2-10: Historische Wertentwicklung des Volatility Arbitrage Funds Index

	VAFI	SP500	JPMGBI
Annualisierte Rendite	10,8%	-3,4%	5,0%
Volatilität	4,0%	15,8%	3,3%
Positive Monate in %	81,1%	58,9%	69,5%
Sharpe Ratio (RFR)	1,92	-0,32	0,65
Omega (RFR)	4,84	0,78	1,59
Bester Monat	4,6%	9,4%	3,0%
Schlechtester Monat	-2,6%	-16,9%	-2,0%
Maximum Drawdown	-3,7%	-52,6%	-2,9%
Annualisiertes Alpha (VAFI)		10,4%	9,9%
Beta (VAFI)		-0,02	0,11
Downside Beta (VAFI)		-0,01	0,07

Quelle: Eigene Darstellung. Daten: Bloomberg, Harcourt, POLARIS.

Hervorzuheben bei der in Abbildung 2-19 dargestellten Renditeverteilung des VAFI ist dessen Steilgipfligkeit.

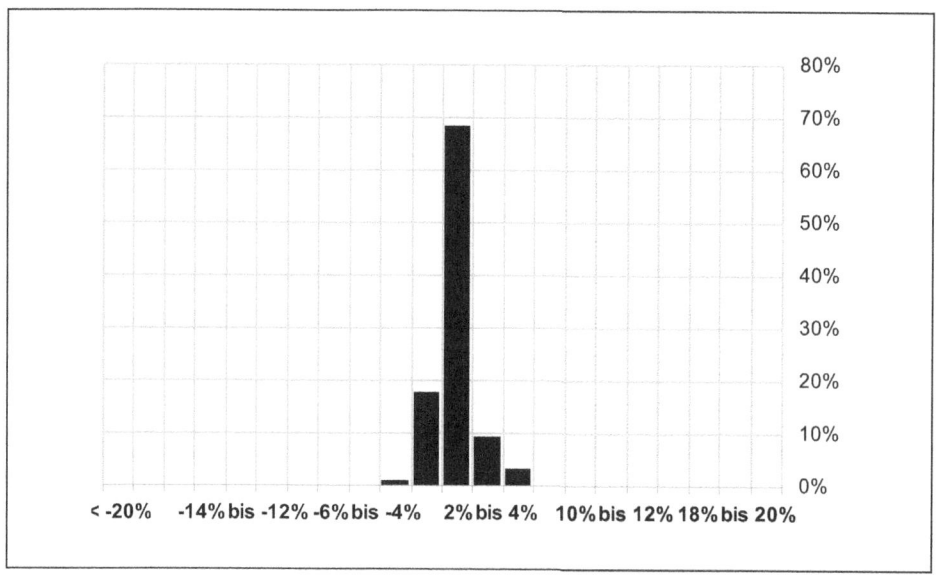

Quelle: Eigene Darstellung. Daten: Bloomberg, Harcourt, POLARIS.
Abbildung 2-19: *Häufigkeitsverteilung der monatlichen Renditen des Volatility Arbitrage Funds Index*

Die rollierenden Zwölfmonats-Renditen bewegen sich für den VAFI in einer Bandbreite von -3,7 bis +21,5 Prozent. Abbildung 2-20 zeigt die Bandbreite möglicher Renditen über einen rollierenden Zwölfmonats-Zeitraum, die in der Mehrzahl positiv sind. Entsprechend scheint sich diese Investmentstrategie auch für kurzfristige Anlagehorizonte zu eignen.

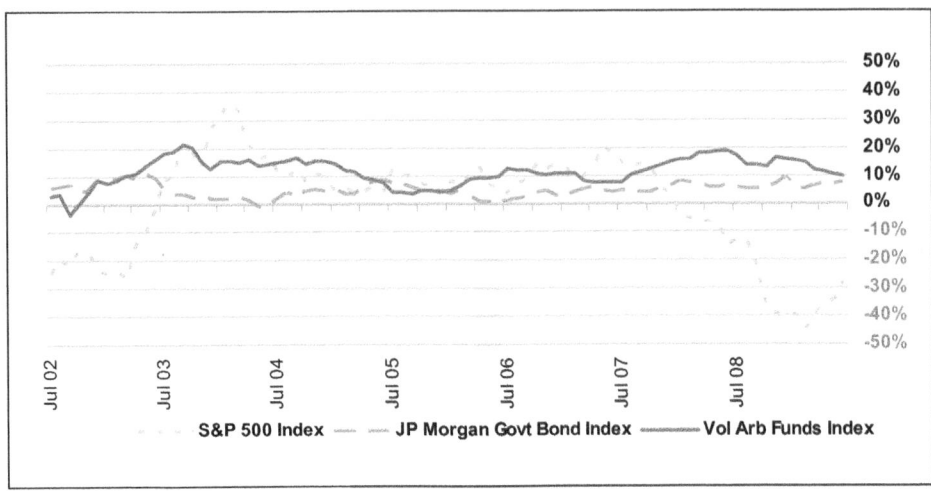

Quelle: Eigene Darstellung. Daten: Bloomberg, Harcourt, POLARIS.
Abbildung 2-20: *Rollierende Zwölfmonats-Renditen des Volatility Arbitrage Funds Index*

Die rollierenden Zwölfmonats-Sharpe-Ratios bewegen sich für den VAFI in einer Bandbreite von -1,55 bis +5,29. Abbildung 2-21 zeigt die Bandbreite möglicher Sharpe Ratios über einen rollierenden Zwölfmonats-Zeitraum, die in der Mehrzahl positiv sind.

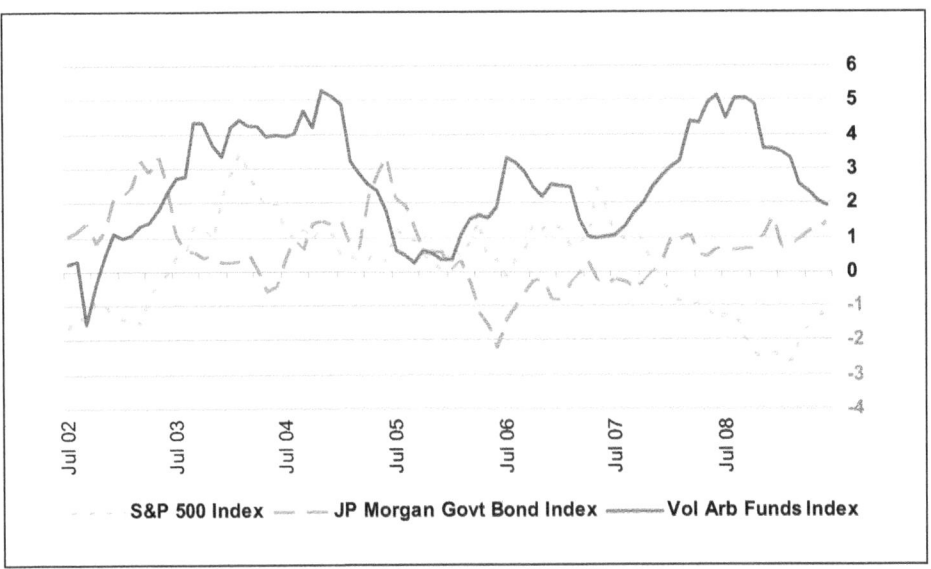

Quelle: Eigene Darstellung. Daten: Bloomberg, Harcourt, POLARIS.
Abbildung 2-21: *Rollierende Zwölfmonats-Sharpe-Ratios des Volatility Arbitrage Funds Index*

2.4.2 Risikobetrachtung

Wie aus Tabelle 2-11 deutlich wird, erzielt der VAFI in einem negativen Monat einen durchschnittlichen Verlust von -0,6 Prozent sowie einen durchschnittlichen Monatsgewinn von 1,2 Prozent in einem positiven Monat. Diese Werte sind besser als bei Aktien (-4,3 und 2,7 Prozent) aber auch attraktiver als bei Anleihen (-0,7 und +0,9%). Hinsichtlich des dritten und vierten Moments der Renditeverteilung ist festzuhalten, dass der VAFI über die interessante Eigenschaft einer rechtsschiefen Verteilung (Schiefe +0,55) verfügt, die Überschuss-Wölbung ist nur leicht über Null.

Tabelle 2-11: Historisches Risikoprofil des Volatility Arbitrage Funds Index

	VAFI	SP500	JPMGBI
Durchschnittlicher Monatsverlust	-0,6%	-4,3%	-0,7%
Durchschnittlicher Monatsgewinn	1,2%	2,7%	0,9%
Semi-Standardabweichung (RFR)	1,6%	13,0%	2,0%
Sortino Ratio (RFR)	4,83	-0,38	1,04
Downside Correlation (VAFI)		-0,03	0,03
Upside Correlation (VAFI)		0,01	0,19
Schiefe	0,55	-0,80	-0,07
Überschuss-Wölbung	0,17	1,57	0,01

Quelle: Eigene Darstellung. Daten: Bloomberg, Harcourt, POLARIS.

Die durchschnittliche Volatilität des VAFI über den gesamten Untersuchungszeitraum beträgt 4,0 Prozent. Dabei reicht die Bandbreite zu verschiedenen Betrachtungsstichtagen von 1,8 bis 6,2 Prozent, wie anhand von Abbildung 2-22 zu sehen ist.

Mit einer Korrelation von -0,1 zum SP500 und von +0,1 zum JPMGBI über die gesamte Untersuchungsperiode vom August 1995 bis einschließlich 30. Juni 2009 weist der VAFI keinerlei langfristige Abhängigkeiten zu diesen beiden Anlageklassen auf.

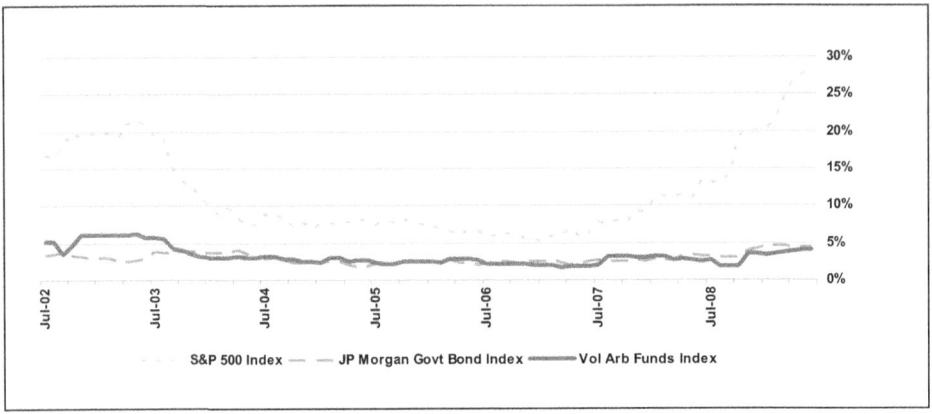

Quelle: Eigene Darstellung. Daten: Bloomberg, Harcourt, POLARIS.
Abbildung 2-22: *Rollierende Zwölfmonats-Volatilitäten des Volatility Arbitrage Funds Index*

	S&P 500 Index	DAX Index	Swiss Market Index	S&P 500 Vol. Arbitrage Index	JP Morgan Govt Bond Index	Vol Arb Funds Index	REX Performance	VIX Index CBOE
S&P 500 Index	1,0	0,9	0,8	0,4	-0,3	-0,1	-0,4	-0,7
DAX Index	0,9	1,0	0,9	0,3	-0,4	0,0	-0,5	-0,6
Swiss Market Index	0,8	0,9	1,0	0,3	-0,4	-0,1	-0,4	-0,6
S&P 500 Vol. Arbitrage Index	0,4	0,3	0,3	1,0	0,0	-0,1	-0,1	-0,6
JP Morgan Govt Bond Index	-0,3	-0,4	-0,4	0,0	1,0	0,1	0,9	0,2
Vol Arb Funds Index	-0,1	0,0	-0,1	-0,1	0,1	1,0	0,1	0,0
REX Performance	-0,4	-0,5	-0,4	-0,1	0,9	0,1	1,0	0,3
VIX Index CBOE	-0,7	-0,6	-0,6	-0,6	0,2	0,0	0,3	1,0

Quelle: Eigene Darstellung. Daten: Bloomberg, Harcourt, POLARIS.
Abbildung 2-23: *Korrelations-Matrix des Volatility Arbitrage Funds Index*

Auf einer rollierenden Zwölfmonats-Basis hingegen bewegt sich die Korrelation des VAFI zu Aktien zwischen -0,70 bis 0,76 sowie zu Anleihen zwischen -0,67 bis 0,82 (siehe Abbildung 2-24).

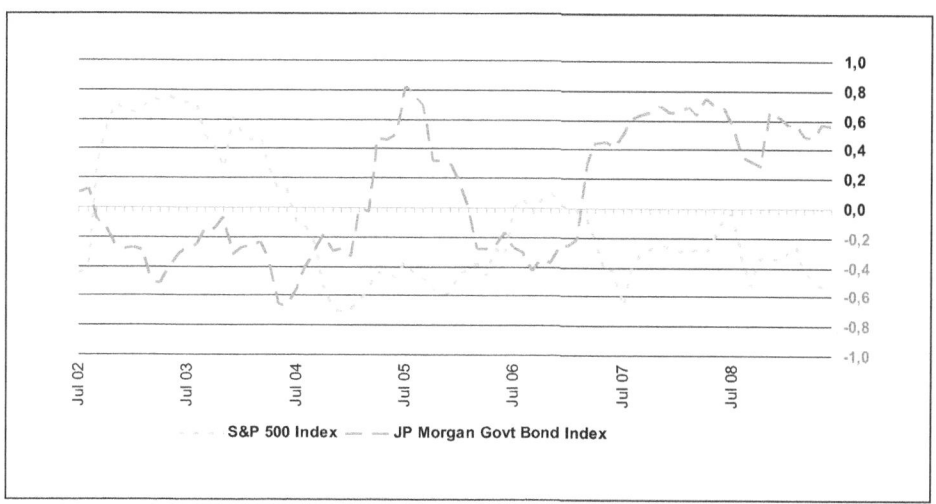

Quelle: Eigene Darstellung. Daten: Bloomberg, Harcourt, POLARIS.
Abbildung 2-24: *Rollierende Zwölfmonats-Korrelationen des Volatility Arbitrage Funds*
                 Index

Anhand von Abbldung 2-25 ist ersichtlich, dass sich die Unterwasser-Zeiten des VAFI sehr viel kürzer und weniger ausgeprägt sind als bei Aktien. Sie sind mit Staatsanleihen vergleichbar.

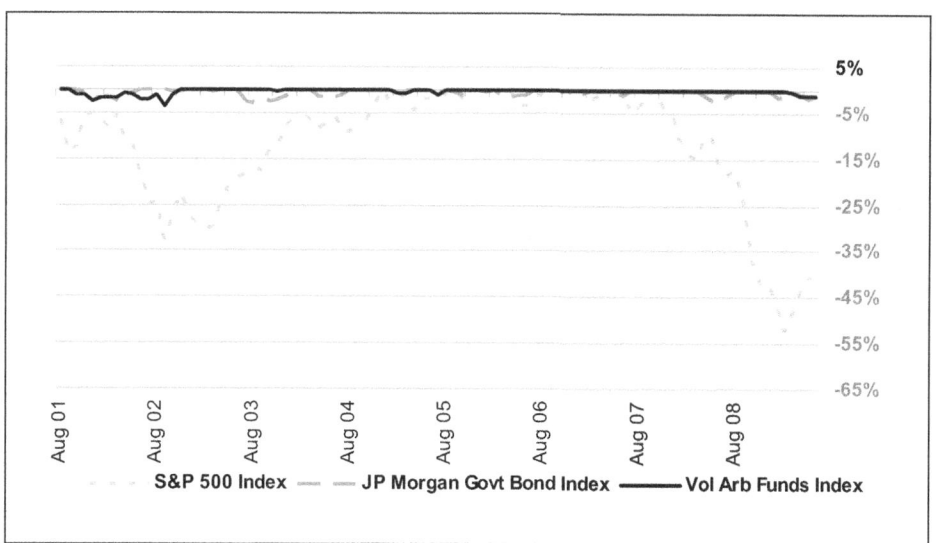

Quelle: Eigene Darstellung. Daten: Bloomberg, Harcourt, POLARIS.
Abbildung 2-25: *Unterwasser-Chart des Volatility Arbitrage Funds Index*

Mithilfe von Tabelle 2-12 können diese Verlustphasen im Rahmen einer Drawdown-Analyse noch detaillierter betrachtet werden. Entsprechend sollten Investoren in VAFI eine Wertaufholungsphase auf Basis der Daten der Vergangenheit in Höhe von 14 Monaten (12+2) einkalkulieren.

Tabelle 2-12: Drawdown-Analyse des Volatility Arbitrage Funds Index

	Drawdown	Length	Recovery	Start	Valley
1	-3.69%	12	2	Oct-01	Sep-02
2	-1.19%	3	2	Mar-09	May-09
3	-0.94%	2	1	Jun-05	Jul-05
4	-0.85%	1	3	Feb-05	Feb-05
5	-0.52%	1	2	Nov-03	Nov-03
6	-0.19%	1	2	Mar-07	Mar-07
7	-0.18%	1	1	Sep-03	Sep-03
8	-0.15%	1	1	Jan-03	Jan-03

Quelle: Eigene Darstellung. Daten: Bloomberg, Harcourt, POLARIS.

3. Long/Short Rohstoffe

3.1 Deskription

In diesem Abschnitt werden die wesentlichen Grundzüge des Rohstoffmarktes, die handelnden Akteure und die Rendite- und Risikoeigenschaften einzelner Rohstoffe sowie der Anlageklasse als solches beschrieben. Der Handel von Rohstoffen findet zumeist an spezialisierten Rohstoffbörsen statt, an denen Rohstofftermingeschäfte abgewickelt werden. Sie bieten einen organisierten Marktplatz mit einheitlichen Regeln und standardisierten Kontrakten. Rohstoffbörsen sind zumeist in Form von Vereinen strukturiert und operieren im Interesse ihrer Mitglieder. Transaktionen erfolgen durch Broker, die ihrerseits Mitglieder sind. Die erste Rohstoffbörse, die Dōjima Rice Exchange, wurde von japanischen Farmern in Osaka im Jahr 1697 gegründet um Reis-Futures-Kontrakte zu handeln. In den USA war mit der Gründung der Chicago Board of Trade (CBOT) im Jahre 1848 die erste amerikanische Rohstoffbörse entstanden, die britische London Metal Exchange folgte 1877. Energie-Futures-Kontrakte wurden mit der Gründung der International Petroleum Exchange (IPE) der heutigen Intercontinental Exchange in London im Jahre 1980 erstmals gehandelt. West Texas Intermediate (WTI) Erdöl Futures wurden im Jahre 1983 an der New York Mercantile Exchange (NYMEX) zum ersten Mal gehandelt. Gemessen am gehandelten Volumen ist die 1998 gegründete Chicago Mercantile Exchange (CME) die weltweit bedeutendste Rohstoff-Futures-Börse. Es gibt etwa dreißig Rohstoffbörsen weltweit, die wichtigsten hiervon sind in Tabelle 3-1 aufgeführt.[1]

Tabelle 3-1: Auswahl bedeutender Rohstoffbörsen

Name der Börse	Abkürzung	Land	Gehandelte Kontrakte	Web Site
Chicago Board of Trade	CBOT	USA	Landwirtschaftliche Erzeugnisse und Erdöl	www.cbot.com
Chicago Mercantile Exchange	CME	USA	Landwirtschaftliche Erzeugnisse und Lebendvieh	www.cme.com
New York Mercantile Exchange	NYMEX	USA	Energie und Metalle	www.nymex.com
Intercontinental Exchange	ICE	UK	Energie	www.theice.com
London Metal Exchange	LME	UK	Metalle	www.lme.co.uk

---

[1] Vgl. Fabozzi *et al.* (2008), S. 17ff.

Name der Börse	Abkürzung	Land	Gehandelte Kontrakte	Web Site
London International Financial Futures	LIFFE	UK	Landwirtschaftliche Erzeugnisse	www.euronext.com
Winnipeg Commodity Exchange	WCE	Kanada	Landwirtschaftliche Erzeugnisse	www.wce.ca
Tokyo Commodity Exchange	TOCOM	Japan	Energie und Metalle	www.tocom.or.jp
Shanghai Metal Exchange	SHME	China	Metalle	www.shme.com
Dalian Commodity Exchange	DCE	China	Landwirtschaftliche Erzeugnisse und Erdöl	www.dce.com.cn
Brazilian Mercantile and Future Exchange	BM&F	Brasilien	Landwirtschaftliche Erzeugnisse und Lebendvieh	www.bmf.com.br
Risk Management Exchange	RMX	Deutschland	Landwirtschaftliche Erzeugnisse und Lebendvieh	www.wtb-hannover.de
National Commodity and Derivatives Exchange	NCDEX	Indien	Landwirtschaftliche Erzeugnisse und Metalle	www.ncdex.com

Quelle: Fabozzi et al. (2008), S. 19.

Rohstoffe sind natürliche Ressourcen, die bis auf die Loslösung aus ihrer natürlichen Quelle noch keine Bearbeitung erfahren haben. Sie werden aufgrund ihres Gebrauchswertes aus der Natur gewonnen und entweder direkt konsumiert oder sie finden als Arbeitsmittel und Ausgangsmaterialien für weitere Verarbeitungsstufen in der Produktion Verwendung. Für die Klassifikation von Rohstoffen gibt es unterschiedliche Systeme. Häufig genutzte Kriterien zur systematischen Einteilung sind ihre natürlichen Eigenschaften, der Grad der Regenerierbarkeit, die Herkunft und der Verwendungszweck. Abbildung 3-1 stellt eine Möglichkeit der Klassifikation in Sektoren dar. Diese unterteilt die Rohstoffe in die Sektoren Energie, landwirtschaftliche Erzeugnisse mit den Unterrubriken Weichwaren und Getreide und Saatgut, die Metalle mit der Untergruppierung in Industriemetalle und Edelmetalle sowie Zuchtvieh.

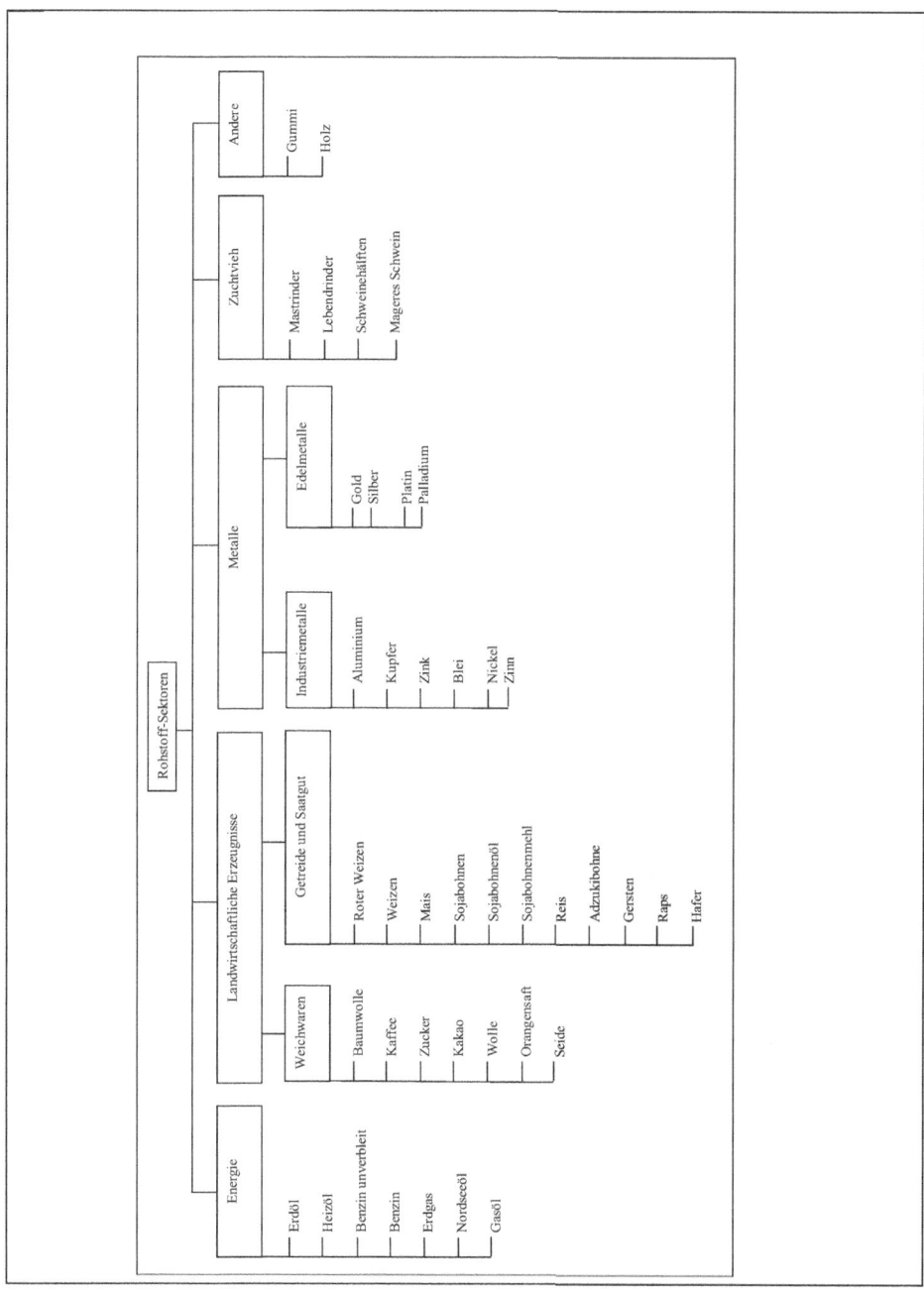

Quelle: Erweiterte Darstellung in Anlehnung an Fabozzi et al. (2008), S. 8.

Abbildung 3-1: *Klassifikation von Rohstoff-Sektoren*

Bedeutende Rohstoffe

Erdöl hat mit circa 45 Prozent den größten Anteil bei der Nutzung fossiler Brennstoffe zur Energiegewinnung gefolgt von Kohle und Erdgas. Es gibt circa 250 verschiedene Sorten von Erdöl unterschiedlicher Qualität. Erdöl kann in seiner natürlichen Form nicht verwendet werden und muss daher durch Raffinerien in Produkte verarbeitet werden. Erdöl ist eine der jüngsten Rohstoffe in der menschlichen Verwendung und wurde 1855 mit der Herstellung von Petroleum erstmals eingesetzt. Weltweit gibt es etwa 43.000 Ölfelder. Die zehn größten Ölfelder enthalten circa zwölf Prozent des weltweiten Öls. Das größte Ölfeld, Ghawar, befindet sich in Saudi Arabien und produziert fünf Millionen Barrel Erdöl pro Tag.[2] Erdöl ist der am meisten gehandelte Rohstoff weltweit. Das in den verschiedenen Finanzderivaten auf Erdöl gehandelte Volumen übersteigt das physisch gehandelte Volumen häufig um mehr als das Hundertfache.[3]

Erdgas ist ein brennbares Naturgas, das in unterirdischen Lagerstätten vorkommt. Es tritt häufig zusammmen mit Erdöl auf, da es auf ähnliche Weise entsteht. Bei Erdgas handelt es sich um ein Gasgemisch, dessen chemische Zusammensetzung je nach Fundstätte beträchtlich schwankt. Der Hauptbestandteil ist immer Methan. Häufig enthält Erdgas auch größere Anteile höherer Kohlenwasserstoffe wie Ethan, Propan, Butan und Ethen. Diese Anteile werden nasses Erdgas genannt, was nichts mit dem meist auch vorhandenen Wasserdampfanteil zu tun hat, sondern die unter Druck leicht verflüssigbaren Gase meint. Erdgas bildet sich unter Luftabschluss, erhöhter Temperatur und hohem Druck aus abgestorbenen und abgesunkenen marinen Kleinstlebewesen (Mikroorganismen, Algen, Plankton). Erdgas kann durch technische Verfahren auch in andere Aggregatzustände versetzt werden, die einen Transport ohne Pipelines ermöglichen. Gemein ist allen Verfahren eine Verringerung des Volumens, wodurch sie sich unter anderem auch besser als Ersatz für Kraftstoff aus Mineralöl eignen.

Es gibt folgende Verfahren zur Erdgaskomprimierung:

- Komprimiertes Erdgas (CNG – Compressed Natural Gas) (Komprimierung, Druckbehälter);
- Verflüssigtes Erdgas (LNG – Liquefied Natural Gas) (Gasverflüssigung durch Kompression und/oder Kühlung);
- GtL – Gas-to-Liquid (Umwandlung in flüssige Kohlenwasserstoffe).

Bedeutende Pipelines in Europa, dessen Erdgas zum größten Teil aus Russland bezogen wird, sind die Erdgastrasse Urengoi–Uschhorod, die Transeuropäische Naturgas-Pipeline, Interconnector oder die Trans Austria Gasleitung. Die Netto-Weltförderung von Erdgas (Naturgas) einschließlich Erdölgas, abzüglich zurückgepresstes und abgefackeltes Gas und abzüglich Eigenverbrauch betrug im Jahr 2004 rund 2.689 Milliarden Kubikmeter. Davon waren Russland mit 22 Prozent und die USA mit 20 Prozent Weltanteil die Hauptförderländer. Damit deckt Erdgas etwa 24 Prozent des weltweiten Energieverbrauchs.

---

2   Ein Barrel entspricht 159 Liter, womit das Ghawar-Ölfed insgesamt 795 Millionen Liter Öl pro Tag fördert.
3   Vgl. Eller/Sagerer (2008), S. 682 ff.

Kaffee findet seinen Ursprung in Äthiopien in der Provinz Kaffa, wo Kaffeebohnen im vierzehnten Jahrhundert das erste Mal geröstet und Kaffee gebrüht wurde. Der Legende nach bemerkte dort ein Ziegenhirte, dass die Tiere nach dem Kauen der roten Frucht lebendiger wirkten. Weltweit gibt es zwei wesentliche Kaffeesorten, welche in neunzehn subtropischen und tropischen Gegenden auf über elf Millionen Hektar angebaut werden. *Arabica* ist die Sorte mit der höheren Qualität und wird in New York an der ICE gehandelt. Der dort gehandelte Coffee „C"-Kontrakt ist die weltweite Benchmark für die Preisfindung von Arabica-Kaffee. Kaffee der Sorte *Robusta* hat einen stärkeren Geschmack und einen höheren Koffeingehalt. Er wächst in den tropischen Gebieten von Asien und Afrika. Gehandelt wird Kaffee der Sorte Robusta in London an der London International Financial Futures Börse (LIFFE). Die historische Wertentwicklung zeigt einen sehr volatilen Verlauf. Dies liegt unter anderem darin begründet, dass beispielsweise ein kleiner Bodenfrost am Morgen Millionen von Kaffeepflanzen zerstören kann. Es dauert vier Jahre vom Anpflanzen der Kaffeepflanze bis zur ersten Ernte. Die weltweite Kaffeeproduktion beträgt etwa 115 Millionen Säcke (à 60 Kilogramm) wovon Brasilien einen Marktanteil von 35 Prozent einnimmt, gefolgt von Vietnam mit zehn Prozent.[4] Vor dem Zweiten Weltkrieg wurde Kaffee zumeist von Süd- und Zentralamerika importiert, mittlerweile gehören aber auch Länder des afrikanischen Kontinents zu wesentlichen Produzenten. Da der Fokus der brasilianischen Kaffeeindustrie jedoch zumeist auf Quantität statt auf Qualität ausgelegt ist, berechtigt deren Kaffee nicht für die physische Lieferungserfüllung bei ICE-Futures-Kontrakten. Nichtsdestotrotz hat eine derartig massive Produktion ihren Einfluss auf die Welthandelspreise. Interessant zu erwähnen ist in diesem Zusammenhang auch der Umstand, dass der ICE-Kaffee-Futures-Kontrakt einer der wenigen amerikanischen Rohstoff-Futures-Kontrakte ist, dessen Lieferorte zur Erfüllung des Futures-Kontraktes mit den Häfen in Antwerpen, Bremen und Hamburg auch Orte außerhalb amerikanischer Landesgrenzen vorsieht.[5]

Sojabohnen sind nach Weizen und Mais das wichtigste landwirtschaftliche Erzeugnis. Aufgrund seines 40-prozentigen Proteingehalts findet es in vielen Produkten Eingang wozu Babynahrung, Diätnahrung, Nudeln, Margarine, Tofu und Sojamilch zählen. Während 20 Prozent der Sojabohnenernte in der Nahrungsmittelindustrie Verwendung findet, wird der größte Teil mit 80 Prozent in Form von Sojabohnenmehl als Tierfutter verwendet. Sojabohnenerzeugnisse finden zunehmend Eingang auch in industrielle Produkte wie beispielsweise Farben oder Biotreibstoff. Die weltweite Produktion beträgt etwa 210 Millionen Tonnen wovon sich circa 90 Prozent auf die Länder U.S.A., Brasilien und Argentinien konzentriert.[6]

Kupfer ist eines der ältesten Metalle und findet schon seit dem Bronzezeitalter Verwendung. Kupfer kommt in der Natur bereits in sehr hoher Qualität vor und hat seinen lateinischen Namen cuprum von einer zypriotischen Insel. Kupfer ist als relativ weiches Metall gut formbar und zäh. Als hervorragender Wärme- und Stromleiter findet es vielseitige Verwendung. Darüber hinaus zählt es auch zur Gruppe der Münzmetalle. Die jährliche weltweite Produktion von Kupfer beträgt etwa 16 Millionen Tonnen, wovon circa 35 Prozent aus Chile stammen. Im Jahr 2003 hat China die U.S.A. als führenden Kupferkonsument abgelöst.

---

4   Vgl. Eller/Sagerer (2008), S. 708.
5   Vgl. Moore *et al.* (2006), S. 302.
6   Vgl. Eller/Sagerer (2008), S. 707.

Gold (von indogermanisch ghel: glänzend, gelb) ist ein chemisches Element und Edelmetall. Das Symbol Au für Gold leitet sich von der lateinischen Bezeichnung Aurum, das Gelbe, ab. Gold wird seit Jahrtausenden für rituelle Gegenstände und Schmuck sowie seit dem sechsten Jahrhundert v. Chr. in Form von Goldmünzen als Zahlungsmittel verwendet; es gehört somit zu den Münzmetallen. Die Vorkommen sind weltweit verstreut; zirka 40 Prozent des heute bergmännisch geförderten Goldes kommen aus Südafrika, den USA, Australien und Russland. In der gesamten Geschichte der Menschheit wurden bisher schätzungsweise 155.000 t Gold geschürft. Der weltweite Bestand (Dezember 2005) von 153.000 Tonnen entspricht einem Würfel mit fast 20 Metern Kantenlänge oder fast 8000 Kubikmetern reinem Gold (rund 25,5 g pro Kopf der Weltbevölkerung). Verwendung dieser Goldmenge (Schätzung 2007):

- *28.600 Tonnen (18 Prozent) sind die Goldreserven der Zentralbanken und anderer Währungsinstitutionen.* Die größten Goldbesitzer sind: USA 8.133 Tonnen , Deutschland 3.428 Tonnen, der Internationale Währungsfonds 3.217 Tonnen, Frankreich 2.892 Tonnen, Schweiz 1.040 Tonnen;

- *79.000 Tonnen (51 Prozent) Gold sind in Schmuck verarbeitet;*

- *18.000 Tonnent (12 Prozent) Gold sind in Kunstgegenständen verarbeitet;*

- *25.000 Tonnen (16 Prozent) Gold sind im Privatbesitz (Investoren)* – in Form von Barren und Münzen.

Die Reinheit von Gold wird historisch in Karat angegeben. 24 Karat entsprechen purem Gold (Feingold). Mit Einführung des metrischen Systems wurde die Umstellung auf Promille-Angaben vorgenommen. So bedeutet der Stempeleindruck „750" in Goldware, dass das Metall von 1000 Gewichtsanteilen 750 Anteile (das heißt 3/4) reines Gold enthält, entsprechend 18 Karat. Im östlichen Mittelmeerraum wird Schmuck auch oft als Gold mit 916,6 Anteil, also 22 Karat, verkauft. Goldmünzen haben entweder 916,6 Promille (Krugerrand, Britannia, American Eagle) oder 999,9 Promille Gold (Wiener Philharmoniker, Maple Leaf, Nugget, American Buffalo).

Mastrinderbestände (Feeder Cattle) ist die Bezeichnung für Tiere, zumeist kastrierte Bullen, welche für Schlachtzwecke aufgezogen werden und nach sechs bis acht Monaten ein Gewicht von 600 bis 800 Pfund erreicht haben. Ab diesem Moment werden sie als *Lebendrinder* (Live Cattle) klassifiziert. Lebendvieh beschreibt das Schlachtvieh, welches im Durchschnitt 1.200 Pfund wiegt. Wenn diese ihr Zielgewicht erreicht haben, werden sie an die Schlachthäuser verkauft. Die weltweite Jahresproduktion beträgt circa 50 Millionen Tonnen Rindfleisch, wovon circa 25 Prozent in den U.S.A. produziert wird, gefolgt von Brasilien mit 16 Prozent.[7]

---

[7]   Vgl. Eller/Sagerer (2008), S. 710.

3.1.1 Rohstoffe als Anlageklasse

Traditionelle Anlageklassen können auf Basis des Barwertes ihrer zukünftig zu erwartenden Zahlungsströme bewertet werden. Rohstoffe hingegen repräsentieren keinen Anspruch auf derartige zukünftige Zahlungsströme. Die meisten Rohstoffe eignen sich auch nicht in ihrer physischen Form als Anlageinstrument für Finanzinvestoren, weshalb Rohstoff-Exposure zumeist über Finanztermingeschäfte, wie beispielsweise Futures-Kontrakte, Forwards oder Swaps aufgebaut wird. Futures-Kontrakte zeichnen sich unter anderem dadurch aus, dass sie standardisierte und verpflichtende Liefer- und Zahlungsverpflichtungen mit einem fixen Fälligkeitsdatum darstellen. Um an diesem Fälligkeitsdatum nicht mit physischen Rohstoffen beliefert zu werden ist es erforderlich, dass der Futures-Kontrakt geschlossen und ein Kontrakt mit weiter in der Zukunft liegendem Fälligkeitsdatum eröffnet wird. Dieser Vorgang wird als „rollen" bezeichnet. In der Praxis führen weniger als ein Prozent aller Futures-Kontrakte zu einer physischen Lieferung und werden vielmehr vor Fälligkeit geschlossen. Nachfolgende Unterpunkte beleuchten einige Aspekte, die bei einer Investition in Rohstofffutures beachtet werden müssen.

Befindet sich die Forward-Kurve eines Rohstoffes in *Contango* (siehe Abbildung 3-2) bedeutet dies, dass die Preise von Futures-Kontrakten mit längeren Restlaufzeiten höher notieren als Futures-Kontrakte mit kürzeren Restlaufzeiten oder der aktuelle Spot-Preis.[8] Anders ausgedrückt ist die sogenannte Basis, das heißt, die Differenz von Futures-Preis abzüglich Spot-Preis, bei einem Rohstoff, dessen Terminkurve in Contango notiert, positiv.[9] Dies liegt darin begründet, dass die Marktteilnehmer glauben, dass der Spot-Preis in der Zukunft höher sein wird. Zum gegenwärtigen Zeitpunkt (Juli 2009) trifft dies beispielsweise auf den Preis für Erdöl zu, da die Marktteilnehmer davon ausgehen, dass die Nachfrage nach Erdöl zukünftig, in Erwartung eines nahen Endes der Rezession, wieder zunehmen wird. Für aktive Rohstoffhändler ist eine Terminkurve in Contango im Grunde ein bärisches Signal, da dies signalisiert, dass es heute ein Überangebot im speziellen Rohstoff gibt, welches zum gegenwärtigen Zeitpunkt dafür sorgt, dass der Kurs am Spotmarkt unter Druck ist. Das Ausmaß, in dem der zukünftige Preis oberhalb des aktuellen Preises notieren kann, ist jedoch durch die Möglichkeit von klassischen Arbitrage-Handelspositionen limitiert. Sollte der Preis für Erdöl, mit Lieferzeitpunkt in der Zukunft, einen zu hohen Aufschlag gegenüber dem aktuellen Spot-Preis aufweisen, so kann ein Investor physisch Erdöl einkaufen, dieses lagern und versichern und mittels dem Verkauf von Futures-Kontrakten in die Zukunft verkaufen. Dieser „Cash-und-Carry-Arbitrage-Trade" kann jedoch nicht mit jedem Rohstoff gleichermaßen umgesetzt werden. Verderblichkeit des Rohstoffes einerseits, aber auch Kapazitätsgrenzen andererseits, stellen Grenzen für diese Form des Carry-Arbitrages-Trades dar.

---

8   Beim Spot-Preis handelt es sich um den Preis, der für den physischen Rohstoff bezahlt wird.
9   Vgl. Gorton/Rouwenhorst (2006), S. 57.

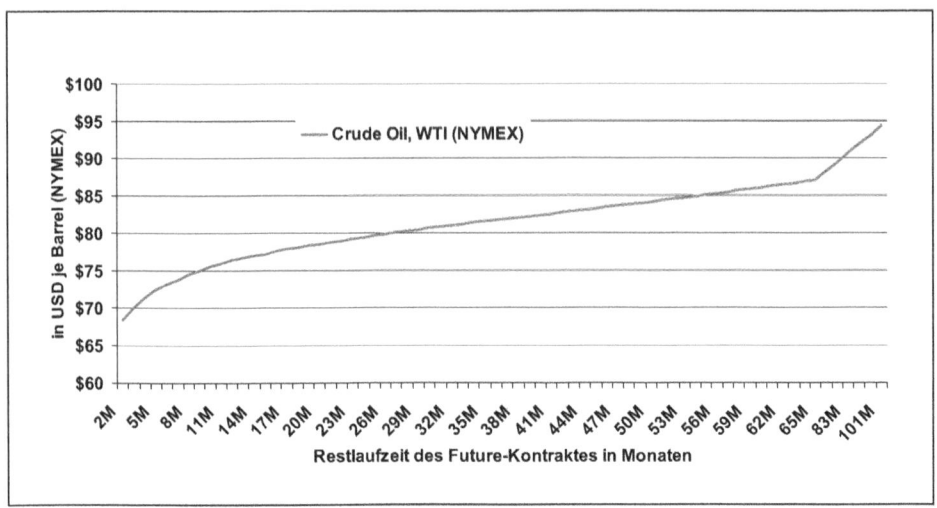

Quelle: Eigene Darstellung. Daten: Bloomberg.

Abbildung 3-2: *Forward-Kurve von WTI Crude Oil an der NYMEX am 27. Juli 2009*
            (Contango)

Auffallend bei der Beispiel-Forward-Kurve von WTI Crude Oil ist deren Steilheit, so beträgt der Aufschlag für die Restlaufzeit von einem Jahr 11,9 Prozent, bei fünf Jahren 25,9 Prozent und beim Kontrakt mit der längsten Restlaufzeit von 101 Monaten immer noch 38 Prozent.

Diesen Umstand nutzten im Juli 2009 verschiedene Rohstoffhändler und Investmenthäuser und mieten für Lagerkapazitäten unausgelastete Tankschiffe günstig an, kaufen das physische Erdöl und verkaufen dieses auf Termin. Dieser Cash-und-Carry-Arbitrage Trade ist dann interessant, wenn die Finanzierungskosten zum Kauf von Erdöl, die Mietkosten für den Tanker und die Versicherungskosten auf Sicht von einem Jahr weniger als 11,9 Prozent ausmachen.

Unter *Backwardation* wird das zum Contango umgekehrte Preisverhaltensmuster der Forward-Kurve verstanden. Weist der Futures-Kontrakt mit längerer Restlaufzeit einen geringeren Preis auf als die näher liegenden Kontrakte oder der Spot-Preis, folgt hieraus eine negative Basis. Diese Eigenschaft wurde bereits von John Maynard Keynes analysiert, der sie als „Normal Backwardation" bezeichnete.[10] Die Erklärung bestand darin, dass Rohstoffproduzenten ein elementares Interesse daran haben, ihre künftige Rohstoffproduktion auf Termin zu verkaufen, um das mit einem Rückgang der Rohstoffpreise verbundene Unternehmensrisiko abzusichern. Um Investoren (Spekulanten) zur Übernahme dieses Risikos zu bewegen ist es erforderlich, diese zukünftige Rohstoffproduktion mit einem entsprechenden Preisnachlass zu offerieren.[11] In der jüngeren Vergangenheiten haben jedoch eine Vielzahl von institutionel-

---

[10]   Vgl. Keynes (1930), S. 38.
[11]   Vgl. Layard-Liesching (2006), S. 323.

len Investoren Rohstoffe als Anlageklasse für sich entdeckt. Es ist zu erwarten, dass deren Eintritt in den Markt derartige Preisverhaltensmuster beeinflussen wird. Abbildung 3-3 zeigt den Preis für unterschiedliche Futures-Kontraktlaufzeiten für Zinn am 27. Juli 2009. Während der Preis für die Fälligkeit August 2009 (ein Monat Restlaufzeit) bei 14,885 US-Dollar je Tonne notiert, weist der Future mit Fälligkeit Oktober 2010 (15 Monate Restlaufzeit) einen Preis von 13,870 US-Dollar je Tonne auf, ein Abschlag von 6,8 Prozent. Rohstoffe, die verstärkt Veränderungen des Lagerbestandes aufgrund plötzlicher Angebots- oder Nachfrageschocks ausgesetzt sind, weisen in erhöhtem Maße Veränderungen bis hin zu Umkehrungen der Terminkurve auf. Die Steigung der Terminkurve kann somit auch als Indikator des Lagerbestandes eines Rohstoffs betrachtet werden und reflektiert die Markterwartungen über die zukünftige Verfügbarkeit der Rohstoffe.[12]

Während die Existenz einer Risikoprämie am Aktienmarkt unumstritten ist, gilt dies nicht in gleichem Ausmaß für eine Investition am Rohstoffmarkt. Die Frage, ob ein Investment in Rohstoffe zur Erwirtschaftung einer inhärenten Risikoprämie führt, wird kontrovers in der Wissenschaft und der Praxis geführt und kann bis ins Jahr 1930 zurückverfolgt werden.[13] Eine neuere und oftmals zitierte Studie von Erb und Harvey, die den strategischen und taktischen Mehrwert von Rohstoffen als Investment zum Gegenstand hat, kam zu dem Ergebnis, dass die geometrische Überrendite über den risikofreien Zins für die meisten Rohstoffe gegen Null tendiert. Dies impliziert, dass die meisten Einzelrohstoffe über einen längeren Zeitraum keinen Trend aufweisen und vielmehr einem Mean-Reversion-Prozess folgen.[14] Da jedoch sowohl Rohstoffportfolios, als auch Rohstoffindizes über einen längeren Zeitraum hinweg aktienähnliche Renditen aufweisen, muss es offensichtlich eine andere Renditequelle geben, als die der Einzelkomponenten für sich betrachtet. In Frage kommen hier die Effekte einer Diversifikation durch ein Portfolio unterschiedlicher Rohstoffe, die sowohl eine hohe Volatilität als auch eine geringe Korrelation zueinander aufweisen, nebst dem dazugehörigen Rebalancing. Ein weiterer Aspekt stellt die sogenannte Rollrendite dar, die entstehen kann, wenn sich Rohstoff-Futures über einen längeren Zeitraum in Backwardation befinden.

---

12 Vgl. Füss *et al.* (2006), S. 1215.
13 Vgl. Proelss/Schweizer (2008), S. 455 ff.
14 Vgl. Erb/Harvey (2006), S. 70 ff.

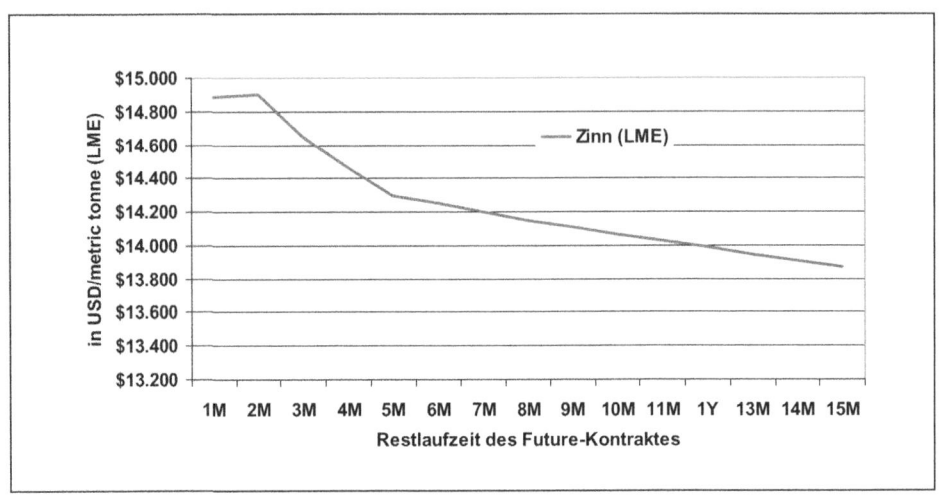

Quelle: Eigene Darstellung. Daten: Bloomberg.
Abbildung 3-3: *Forward-Kurve von Zinn an der LME am 27. Juli 2009 (Backwardation)*

Tabelle 3-2: Historische Wertentwicklung des DJUBS Commodity Index

	DJUBS	SP500	GSCI
Annualisierte Rendite	5,3%	5,7%	3,1%
Volatilität	14,6%	14,8%	21,4%
Positive Monate in %	58,6%	63,1%	55,4%
Sharpe Ratio (RFR)	14,4%	17,1%	5,6%
Omega (RFR)	1,12	1,14	1,04
Bester Monat	13,0%	11,2%	19,7%
Schlechtester Monat	-21,3%	-16,9%	-28,2%
Maximum Drawdown	-54,3%	-52,6%	-67,6%

Quelle: Eigene Darstellung. Daten: Bloomberg.

Tabelle 3-2 zeigt verschiedene Rendite- und Risikoeigenschaften der zwei bedeutendsten Long-only Rohstoff-Indizes im Vergleich mit dem Aktienmarkt. Über den Zeitraum vom 31. Januar 1991 bis zum 30. Juni 2009 zeigt der breiter gestreute DJ UBS Commodity TR Index (DJUBS) eine ähnliche annualisierte Rendite (5,3 versus 5,7 Prozent) bei vergleichbarer Volatilität (14,6 versus 14,8 Prozent) wie der amerikanische Aktienmarkt gemessen am S&P 500 Index (SP500). Der S&P GSCI Commodity TR Index (GSCI) weist bei einer höheren Volatilität (21,4 Prozent) eine geringere annualisierte Rendite (3,1 Prozent) auf. Die höhere Volatilität des GSCI ist dem hohen Energieanteil (Crude Oil, Brent Crude Oil, RBOB Gas, Heating Oil, Gas Oil und Natural Gas) im Index geschuldet, so weist dieser per 27. Juli 2009 einen Anteil von 70,68 Prozent aus.

Hervorzuheben bei der in Abbildung 3-4 dargestellten Renditeverteilung des DJUBS sind die
negativen Extremwerte, die einem Investor ein gewisses Maß an Risikotoleranz abverlangen.

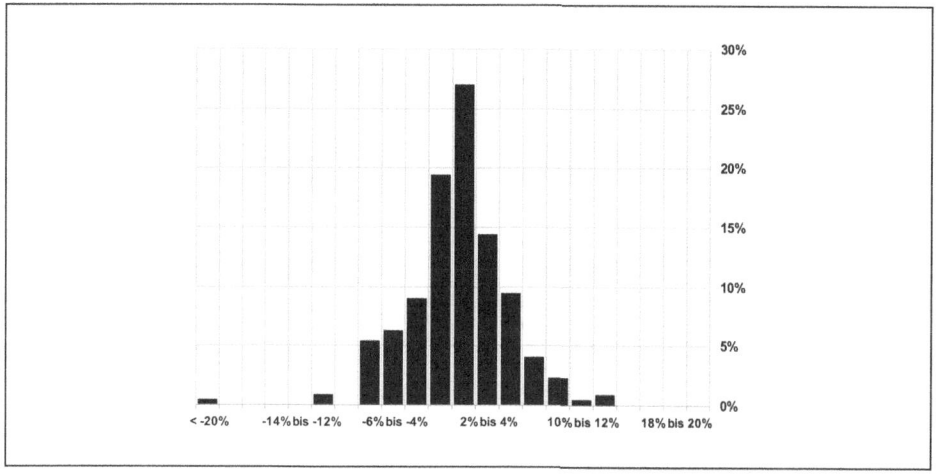

Quelle: Eigene Darstellung. Daten: Bloomberg.
Abbildung 3-4: *Häufigkeitsverteilung der monatlichen Renditen des DJUBS Commodity
Index*

Abbildung 3-5 zeigt die Bandbreite möglicher Renditen über einen rollierenden Zwölfmo-
nats-Zeitraum. Die rollierenden Zwölfmonats-Renditen bewegen sich für den DJUBS in einer
Bandbreite von -50,3 bis +41,6 Prozent. Für den GSCI ist die Streuung größer mit einer
Bandbreite von -60,1 bis + 76,0 Prozent.

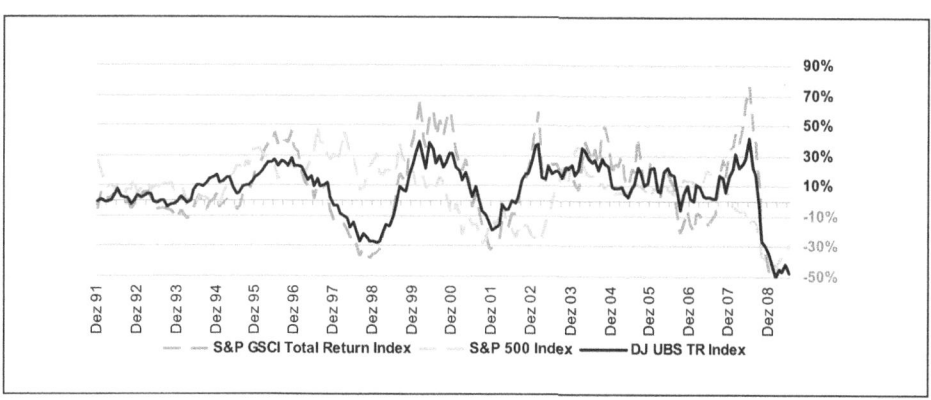

Quelle: Eigene Darstellung. Daten: Bloomberg.
Abbildung 3-5: *Rollierende Zwölfmonats-Renditen des DJ UBS Commodity Index*

Abbildung 3-6 zeigt die Bandbreite möglicher Sharpe Ratios über einen rollierenden Zwölfmonats-Zeitraum. Die rollierenden Zwölfmonats-Sharpe-Ratios bewegen sich für den DJUBS in
einer Bandbreite von -4,09 bis +2,87, für den GSCI reicht die Bandbreite von -3,82 bis +3,12.

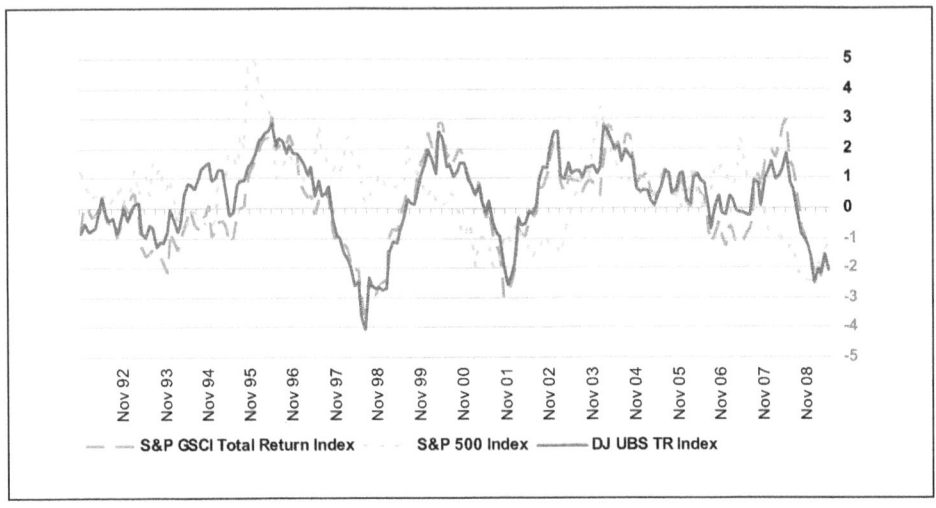

Quelle: Eigene Darstellung. Daten: Bloomberg.
Abbildung 3-6: *Rollierende Zwölfmonats-Sharpe-Ratios des DJUBS Commodity Index*

Wie aus Tabelle 3-3 deutlich wird, erzielte der DJUBS in einem negativen Monat einen
durchschnittlichen Verlust von -3,2 Prozent sowie einen durchschnittlichen Monatsgewinn
von +3,1 Prozent in einem positiven Monat. Diese Werte sind besser als bei Aktien (-3,7 und
+3,1 Prozent) und weniger ausgeprägt als beim GSCI (-4,7 und +4,6 Prozent).

Tabelle 3-3: Historisches Risikoprofil des DJ UBS Commodity Index

	DJUBS	SP500	GSCI
Durchschnittlicher Monatsverlust	-3,2%	-3,7%	-4,7%
Durchschnittlicher Monatsgewinn	3,1%	3,1%	4,6%
Semi-Standardabweichung	10,5%	11,0%	15,4%
Sortino Ratio (RFR)	0,20	0,23	0,08
Downside Correlation (DJUBS)		0,32	0,83
Upside Correlation (DJUBS)		0,07	0,81
Schiefe	-0,55	-0,71	-0,33
Überschuss-Wölbung	0,27	1,54	2,01

Quelle: Eigene Darstellung. Daten: Bloomberg.

Die monatlichen Renditen aller drei Indizes scheinen nicht normalverteilt zu sein, müssten sie doch in solch einem Falle eine Schiefe, als auch eine Überschuss-Wölbung von Null aufweisen. Die negative Schiefe der beiden Rohstoff-Indizes überrascht demnach ein wenig, denn die meisten Einzelrohstoffe zeichnen sich durch eine positive Schiefe aus. Die Begründung dürfte sich in dem Umstand finden, dass die geringe Korrelation der Rohstoffe zueinander im Index für eine signifikante Reduktion der Volatilität auf Indexebene führt und damit einen überkompensierenden Effekt bei der ansonsten positiven Schiefe der meisten Einzelrohstoffe hervorruft.

Die Volatilität der Preisentwicklung einzelner Rohstoffe ist im Wesentlichen mit derer einzelner Aktienwerte vergleichbar (siehe Abbildung 3-7). Der Energie-Sektor weist hierbei die höchste Volatilität auf, mit dem Rohstoff Erdgas an der Spitze (50,1 Prozent). Die geringste Volatilität in den monatlichen Renditen weist der Rohstoff Aluminium auf (16,9 Prozent). Insgesamt scheinen sich auch die verschiedenen Rohstoffe innerhalb der jeweiligen Sektoren sehr homogen in Bezug auf die Volatilität zu verhalten, von einzelnen Ausreißern abgesehen.

Energie	Rendite pa.	Volatilität	Schlechtester Monat	Bester Monat	MaxDD	Schiefe	Üb.Wölbung
Erdgas	-13,3%	50,1%	-35,1%	50,2%	-96,9%	0,47	0,67
Rohöl	6,3%	31,6%	-31,9%	35,2%	-76,1%	- 0,01	0,96
Heizöl	3,7%	31,4%	-29,0%	33,9%	-71,0%	0,19	1,00
Bleifreies Benzin	6,5%	33,4%	-38,9%	38,1%	-71,0%	- 0,05	1,91
Zuchtvieh							
Lebendrinder	-2,1%	13,6%	-20,7%	9,9%	-49,5%	- 0,62	2,96
Mageres Schwein	-12,2%	24,7%	-26,0%	21,6%	-92,6%	- 0,08	0,79
Landwirtschaftliche Erzeugnisse							
Weizen	-7,7%	25,4%	-21,1%	21,1%	-89,9%	0,20	0,33
Mais	-10,7%	24,6%	-20,4%	22,2%	-89,0%	0,01	0,68
Sojabohnen	2,3%	23,9%	-22,1%	20,5%	-51,1%	- 0,08	0,96
Sojabohnenöl	-2,7%	25,6%	-25,2%	26,5%	-69,3%	0,13	1,97
Zucker	2,5%	29,0%	-22,8%	22,8%	-64,7%	0,03	0,13
Baumwolle	-10,3%	25,9%	-22,6%	24,6%	-93,5%	0,29	0,70
Kaffee	-7,3%	40,2%	-31,2%	53,7%	-90,1%	1,10	2,69
Industriemetalle							
Aluminium	-4,4%	18,5%	-16,9%	14,4%	-65,1%	0,01	0,72
Kupfer	5,9%	26,1%	-36,5%	31,3%	-63,9%	- 0,03	3,24
Zink	-2,2%	24,5%	-33,8%	27,4%	-75,9%	0,09	3,02
Nickel	2,9%	34,4%	-27,8%	37,7%	-80,5%	0,32	1,04
Edelmetalle							
Gold	1,4%	14,8%	-18,5%	16,4%	-54,0%	0,28	2,23
Silber	2,8%	26,5%	-23,6%	26,7%	-52,1%	0,03	0,93

Quelle: Eigene Darstellung. Daten: Bloomberg; monatliche Zeitreihen von 19 DJUBS Commodity Spot Indizes; Zeitraum 31. Januar 1991 bis 30. Juni 2009 (221 Monate).
Abbildung 3-7: *Historisches Rendite-Risiko-Profil einzelner Rohstoffe*

Die Schiefe als drittes Moment der Renditeverteilung, gibt einen Eindruck über deren Symmetrie. Wenn eine Renditeverteilung dicke Enden am rechten Rand hat, so wird von einer positiven Schiefe gesprochen. Extremwerte in den Renditen sind häufiger auf der positiven Seite zu finden. Die Schiefe einer normalverteilten Renditeverteilung entspricht Null. Unterschiedliche Analyseergebnisse über sehr lange Zeiträume weisen für die meisten Rohstoffe eine positive Schiefe auf. Wie aus Abbildung 3-7 hervorgeht, weisen lediglich 6 von 19 Rohstoffen eine negative Schiefe auf. Dies steht im Unterschied zu traditionellen Anlageformen, bei welchen die Überraschungsereignisse meist mit negativen Ausreißern (Aktienmarkt-Crash / Bond-Crash) verbunden sind. Überraschungsereignisse im Rohstoffbereich sind jedoch zumeist durch Ereignisse zu erklären, die zu einem plötzlichen Rückgang im verfügbaren Angebot oder einem Nachfrageanstieg an Rohstoffen und damit zu steigenden Rohstoffpreisen führen. Beispiele hierfür sind Schlechtwetterereignisse, die eine Ernte vernichten, ein Hurrikan der die Erdölproduktion oder entsprechende Raffineriekapazitäten außer Betrieb setzt oder Dürreereignisse. Im Unterschied zu einer normalverteilten Renditeverteilung, bei welcher der Median, der Modus und der Mittelwert identisch sind, ist bei einer positiven Schiefe der Mittelwert größer als der Median und der Modus. Dies bedeutet für einen Investor mehr Monate, in denen er eine geringere Rendite erhält als der Mittelwert es erwarten lassen würde. Im Gegenzug wird er aber durch die extremen Ausreißer bei den Monatsrenditen entlohnt, die sich häufiger im positiven Bereich finden.[15]

Die Kennzahl für den Maximum Drawdown weist für die meisten Rohstoffe erschreckende Werte auf. Wie in Abbildung 3-7 dargestellt, reichen diese von -96,9 Prozent bei Erdgas bis zu -49,5 Prozent bei Lebendvieh. Die Werte für den schlechtesten und den besten Monat zeichnen ebenfalls eine hohe Bandbreite der möglichen Renditen. Bei diesen beiden Werten ist für die meisten Rohstoffe eine interessante Eigenschaft ersichtlich: So weist die monatliche Wertentwicklung der besten Monate in den meisten Fällen einen höheren Wert aus, als der Wert für den schlechtesten Monat. Am Beispiel von Erdgas war der schlechteste Monat -35,1 Prozent, der beste Monat hingegen +50,2 Prozent; ein Faktor von 1,4.

Rohstoffe, die in keinem fundamentalen Zusammenhang zueinander stehen, weisen in der Regel eine sehr niedrige Korrelation zueinander auf, wie aus Abbildung 3-8 ersichtlich wird. So beträgt beispielsweise die Korrelation zwischen Aluminium und Sojabohnen 0,19 (siehe markierter Wert). Bei Rohstoffen, die hingegen in einem fundamentalen Zusammenhang zueinander stehen, kann die Korrelation durchaus hohe Werte annehmen. Dies ist beispielsweise bei Erdöl und dessen Raffinerieprodukten Heizöl mit einem Wert von +0,91 und bleifreiem Benzin +0,87 gegeben.

---

15   Vgl. Proelss/Schweizer (2008), S. 459.

	Copper	Soybean	Crude Oil	Heating Oil	RBOB - Unleaded Gas	Soybean Oil	Aluminium	Zinc	Corn	Nickel	Wheat	Silver	Gold	Cotton	Natural Gas	Sugar	Coffee	Live Cattle	Lean Hogs
Copper	1,00																		
Soybean	0,20	1,00																	
Crude Oil	0,28	0,11	1,00																
Heating Oil	0,28	0,13	0,91	1,00															
RBOB - Unleaded Gas	0,30	0,09	0,87	0,87	1,00														
Soybean Oil	0,25	0,78	0,08	0,09	0,07	1,00													
Aluminium	0,64	0,19	0,24	0,22	0,18	0,23	1,00												
Zinc	0,58	0,09	0,13	0,08	0,14	0,14	0,48	1,00											
Corn	0,14	0,69	0,09	0,07	0,10	0,55	0,12	0,14	1,00										
Nickel	0,49	0,18	0,15	0,18	0,19	0,12	0,49	0,48	0,15	1,00									
Wheat	0,18	0,45	0,13	0,12	0,14	0,41	0,06	0,16	0,56	0,12	1,00								
Silver	0,32	0,17	0,13	0,10	0,12	0,16	0,15	0,33	0,18	0,25	0,15	1,00							
Gold	0,29	0,15	0,15	0,14	0,15	0,16	0,12	0,27	0,13	0,20	0,19	0,67	1,00						
Cotton	0,29	0,41	0,13	0,10	0,11	0,42	0,17	0,15	0,27	0,14	0,22	0,12	0,12	1,00					
Natural Gas	0,07	0,10	0,39	0,51	0,41	0,05	0,07	0,03	0,13	0,10	0,08	0,06	0,13	0,04	1,00				
Sugar	0,16	0,11	0,05	0,07	0,08	0,09	0,18	0,17	0,08	0,05	0,11	0,12	0,12	0,09	0,07	1,00			
Coffee	0,14	0,16	0,03	-0,03	0,02	0,12	0,08	0,14	0,11	0,11	0,09	0,16	0,10	0,11	-0,04	0,09	1,00		
Live Cattle	0,07	0,09	0,05	0,04	0,06	0,07	0,10	0,09	0,07	0,04	0,09	-0,05	-0,04	0,01	-0,02	0,09	-0,02	1,00	
Lean Hogs	0,06	0,02	0,07	0,09	0,05	0,05	0,05	0,00	0,12	0,02	-0,04	0,05	0,06	0,06	0,01	0,09	-0,09	-0,06	0,33	1,00

Quelle: Eigene Darstellung. Daten: Bloomberg; monatliche Zeitreihen von 19 DJ UBS Commodity Spot Indizes; Zeitraum 31. Januar 1991 bis 30. Juni 2009 (221 Monate).
Abbildung 3-8: *Korrelationsmatrix Rohstoffe*

Die Korrelation von Rohstoffen mit Aktien oder Anleihen ist häufig sehr niedrig und mitunter negativ. Eine fundamentale Begründung hierfür findet sich im unterschiedlichen Preisverhalten von Rohstoffen und traditionellen Investments innerhalb eines Konjunkturzyklus. Rohstoffpreise tendieren dazu, in der frühen Phase einer Rezession eine positive Rendite aufzuweisen; ein Zeitraum, in dem Aktienmärkte in der Regel negative Renditen ausweisen. In der Endphase der Rezession hingegen weisen Rohstoffpreise in der Regel negative Renditen auf. Dies ist ein Zeitpunkt, zu dem die Aktienmärkte bereits wieder deutlich positive Ergebnisse erzielen.[16] Wie aus der Abbildung 3-9 zu ersehen ist, weisen die meisten Rohstoffe (14 von 19) niedrige Korrelationen mit dem Aktienmarkt, gemessen am S&P 500 Index zwischen -0,05 und +0,20 aus. Bei der Korrelation der Einzelrohstoffe mit dem Rentenmarkt weisen 18 von 19 Einzelrohstoffen Werte in einer Bandbreite von +0,20 und -0,20 aus. Bei zwölf Rohstoffen ist dieser geringe Wert noch mit einem negativen Vorzeichen versehen. Die beiden Rohstoffindizes, DJUBS und GSCI zeigen jeweils eine leicht positive Korrelation zum Aktienmarkt mit +0,2 und gegenüber dem Rentenmarkt leicht negative Werte mit -0,1. Es bestätigen sich auch hier deutlich die positiven Diversifikationseigenschaften von Rohstoffen im Rahmen der Beimischung zu einem Portfolio bestehend aus Aktien und Renten.

---

[16] Vgl. Gorton/Rouwenhorst (2006), S. 56.

	Erdgas	Rohöl	Heizöl	Bleifreies Benzin	Lebendrinder	Mageres Schwein	Weizen	Mais	Sojabohnen	Sojabohnenöl	Zucker	Baumwolle	Kaffee	Aluminium	Kupfer	Zink	Nickel	Gold	Silber	DJ UBS Commodity TR Index	S&P GSCI Commodity TR Index
S&P 500 Index	0,04	0,11	0,10	0,10	0,05	0,02	0,17	0,20	0,21	0,21	0,04	0,20	0,15	0,23	0,30	0,21	0,32	-0,05	0,09	0,23	0,17
JP Morgan Global Gov Bond Index	0,14	-0,08	-0,11	-0,14	-0,10	0,08	0,05	0,02	-0,01	0,02	-0,08	0,00	-0,22	-0,15	-0,12	-0,04	-0,11	0,03	-0,12	-0,1	-0,1

Quelle: Eigene Darstellung. Daten: Bloomberg; monatliche Zeitreihen von 19 DJ UBS Commodity Spot Indizes; Zeitraum 31.01.1991 bis 30.06 2009 (221 Monate).
Abbildung 3-9: *Korrelation von Rohstoffen mit dem Aktien- und Rentenmarkt*

In der Regel weisen traditionelle Investments wie Aktien und Bonds eine negative Korrelation zur Inflationsrate auf, was die konventionellen Anlageklassen somit anfällig für Inflation macht. Rohstoffe hingegen weisen ein umgekehrtes Preisverhaltensmuster auf, das heißt, ihr Wert steigt mit einer hohen Inflationsrate und bietet auf diese Weise eine Absicherung im Portfoliokontext für Phasen hoher Inflationsraten (*Inflations-Hedge*). Dies gilt allerdings nicht für alle Rohstoffe in gleichem Ausmaß. Weizen und Silber beispielsweise weisen keine allzu hohen Renditen in Phasen hoher Inflation auf. Energie und Zuchtvieh hingegen zeigen auf Basis vergangener Preisverhaltensmuster das beste Absicherungspotenzial gegenüber Inflation.[17]

3.1.2 Investitionsmöglichkeiten

Für einen Investor der eine Exponierung in Rohstoffen erzielen möchte, bieten sich verschiedene Möglichkeiten eines Investments an. Jede dieser Varianten geht mit verschiedenen Eigenschaften einher, über die er sich im Vorfeld Klarheit verschaffen muss.

Eine denkbare Alternative um ein Investment in Rohstoffe zu tätigen könnte der Kauf von *Aktien* eines Rohstoffunternehmens darstellen. So sind beispielsweise drei Viertel der Umsatzerlöse von ExxonMobil durch die Exploration, Raffinerie und Vermarktung von Erdölprodukten verursacht und insofern liegt es nahe, ein derartiges Investment als ein reines Rohstoffinvestment zu betrachten. Diese Betrachtung lässt jedoch zwei Aspekte außer Acht. Zum einen ist ein Teil der Wertentwicklung der ExxonMobil-Aktie durch die allgemeine Wertentwicklung des Aktienmarktes verursacht (Aktienmarkt-Beta), zum anderen ist eine Investition in die Aktie eines Unternehmens auch immer dem idiosynkratischen Risiko dieses Unternehmens und dessen Managements ausgesetzt. Zu erwähnen sei hier das Beispiel von Texaco, welche sich in den Achtzigerjahren aufgrund eines unglücklichen Übernahmeversuchs der Getty Oil Company mit einer Reihe von Klagen konfrontiert sah, die schlussendlich zu einem milliardenschweren Schuldspruch führten. In einem Beispiel in seinem Handbuch für Alternative Investments veranschaulicht Mark Anson die Korrelationseigenschaften der Preisbe-

---

17 Vgl. Erb/Harvey (2006), S. 80ff.

wegung der ExxonMobil-Aktie im Vergleich zum Aktienmarkt und zur Preisentwicklung des Rohölpreises. Interessanterweise wies der Kursverlauf der ExxonMobil-Aktie im beobachteten Zeitraum eine Korrelation zum Aktienmarkt in Höhe von 0,86 auf, wohingegen die Korrelation zur Preisentwicklung des Erdöl-Preises sogar einen negativen Wert von -0,14 aufwies.[18] Entsprechend ist festzuhalten, dass es bei Rohstoffaktien neben Phasen, bei denen sich diese im Einklang mit der Entwicklung der Rohstoffpreisen bewegen, auch solche existieren, in denen das Aktienmarkt-Beta der dominierende Renditetreiber ist.

Ein Investment in einzelne *Rohstoff-Futures* ist eine weitere Möglichkeit. direktes Exposure zum Rohstoffmarkt zu erhalten. Aus regulatorischen Gründen ist es Versicherungen und Pensionskassen nicht erlaubt, derartige Direktinvestments zu tätigen. Die Möglichkeit, dass aus der unbedingten Verpflichtung zur Lieferabnahme bei Fälligkeit des Futures-Kontraktes eine physische Exponierung in Rohstoffen erfolgen kann, ist der wesentliche Grund hierfür. Für alle anderen Investoren ist dieser Aspekt aber insofern wichtig, als das entsprechende interne operationelle Vorkehrungen getroffen werden müssen, die sicherstellen, dass eine derartige Futures-Position vor Fälligkeit geschlossen (glattgestellt) respektive in einen Kontrakt mit längerer Restlaufzeit gerollt wird, um eine physische Belieferung zu vermeiden. Davon abgesehen gibt es zwei Herausforderungen die ein Direktinvestments in Rohstoffe mit sich bringt. Wie bereits ausgeführt fehlt es einzelnen Rohstoffen an einer inhärenten Risikoprämie (siehe Abbildung 3-7). Ferner weist die Kennzahl Maximum Drawdown für eine Vielzahl von einzelnen Rohstoffen Werte auf, die ein Direktinvestment als durchaus risikoreiches Unterfangen darstellen lassen. Es ist offensichtlich erforderlich, ein Direktinvestment in Rohstoff-Futures sehr aktiv zu verwalten. Hierzu sind entsprechende Ressourcen und Expertise unabdingbar.

Strukturierte Produkte mit Rohstoff-Futures als Referenzwert automatisieren nicht selten den Rollmechanismus und vermeiden auf diese Weise das Risiko einer physischen Lieferung. Strukturierte Produkte erlauben auch die Möglichkeit entsprechende Kapitalgarantien oder weitergehende sogenannte erweiterte Rollmechanismen systematisch anzuwenden. Sie ändern jedoch nichts an den Rendite- und Risikoeigenschaften einzelner Rohstoff-Futures und erfordern gleichermaßen ein aktives Management und das Vorhandensein entsprechender Expertise. Zusätzlich ist das Thema Gegenparteirisiko bei strukturierten Produkten zu beachten, werden diese doch in der Regel von Investmentbanken als Fremdkapitalinstrumente in Form von Schuldscheinen oder Zertifikaten emittiert.

Analog zu traditionellen Anlageklassen gibt es auch im Rohstoffbereich Indizes, welche regelgebunden das Universum der Rohstoffe abbilden. Die beiden wesentlichen Vertreter sind hierbei der S&P GSCI Commodity Index und der Dow Jones-UBS Commodity Index. Diese beiden Indizes vereinen mehr als 80 Prozent des in Rohstoffindizes investierten Kapitals. Die ersten Rohstoffindizes wurden entwickelt, um Preisänderungen im Rohstoffspot-Markt, also dem Markt für den physischen Handel von Rohstoffen mit sofortiger Lieferung und im Rohstoff-Futures-Markt zu reflektieren. Diese reflektierten jedoch nicht den gesamten Ertrag, den man mit einem Rohstoffinvestment verdienen kann. Daher waren diese Indizes nicht inves-

---

18   Vgl. Anson (2006), S. 280.

tierbar. Ein Bespiel hierfür ist der Commodity Research Bureau (CRB) Commodities Index.[19] Die investierbaren Indizes unterscheiden zur transparenten Darstellung der verschiedenen Renditequellen, die mit einem passiven Rohstoffindexinvestment einhergehen, die folgenden drei Komponenten:

▪ *Spot-Return-Index:* Dieser misst die Wertveränderung des physischen Rohstoffpreises, die durch die entsprechenden Angebots- und Nachfrageeinflüsse im jeweiligen Rohstoff bestimmt wird. Der Spot-Index ist ein nicht investierbarer Index.

▪ *Excess-Return-Index*: Dieser referenziert auf den Preis für den Futures-Kontrakt für den jeweiligen Rohstoff. Da Rohstoff-Futures-Kontrakte eine Fälligkeit aufweisen, muss, um eine Lieferung des physischen Rohstoffes zu vermeiden, vor Fälligkeit in den nächsten Futures-Kontrakt „gerollt" werden.

▪ *Total-Return-Index*: Dieser beinhaltet neben den Renditekomponenten der ersten beiden Indizes, Spotpreisveränderung und Rollrendite, noch die Verzinsung auf das als Sicherheit hinterlegte Kapital. Der Kauf eines Rohstoff-Futures-Kontraktes erfordert nur einen Bruchteil (2-5 Prozent) des gehandelten Nominalvolumens als Einsatz (Initial Margin). Zur Berechnung des Total-Return-Index wird das Nominalvolumen der Kontrakte rechnerisch zu 100 Prozent über eine Investition und US-Treasury-Bills besichert, deren Verzinsung somit Eingang in die Indexberechnung findet.

Roll-Beispiel anhand des DJUBS Commodity Index und des NYMEX Light Sweet Crude Oil Futures-Kontrakts

Zwischen dem 6. und 12. Februar 2009 wird aus dem Futures-Kontrakt mit Fälligkeit März 2009 „herausgerollt". Dies bedeutet an jedem Arbeitstag, beginnend mit dem 6. Februar und endend mit dem 12. Februar 2009, werden täglich 20 Prozent der Futures-Kontrakte „glattgestellt" , das heißt verkauft und Futures-Kontrakte mit Fälligkeit Mai 2009 gekauft. Zwischen dem 7. und 13. April werden diese Mai 2009-Kontrakte verkauft und Juli-2009-Kontrakte gekauft. Abhängig davon, ob sich die Terminkurve der Futures-Kontrakte für den jeweiligen Rohstoff in Backwardation oder in Contango befindet, führt dieses „rollen" zu einem Rollertrag oder einem Rollverlust. In der längerfristigen Historie vor dem Jahr 2006 befanden sich für den größten Teil der Zeit die Terminkurven für die Mehrzahl der Rohstoffe in Backwardation, womit ein nicht unerheblicher Teil der Gesamtrendite eines passiven Rohstoffindex-Investments auf die Rollrendite entfiel.

Der DJUBS sowie der GSCI unterscheiden sich im Wesentlichen durch ihre Zusammensetzung (19 Rohstoffe beim DJUBS versus 24 beim GSCI). Während der GSCI eine starke Gewichtung dem Energie-Sektor aufgrund des hohen Open Interest in Energiekontrakten beimisst, zeichnet sich der DJUBS durch einen höheren Diversifikationsgrad in Bezug auf die Gewichtungen aus. So ist das Gewicht eines jeden, im DJUBS repräsentierten, Rohstoff-

---

[19] Vgl. Anson (2006), S. 315.

Futures-Kontrakt mit mindestens zwei und maximal 15 Prozent eingegrenzt. Die maximale Obergrenze für jeden der sieben im DJUBS definierten Sektoren beträgt 33 Prozent zum Zeitpunkt der jährlichen Rebalancierung.

Während ein passives Investment in einen Index am Aktienmarkt berechtigt erscheint, darf die gleiche Vorgehensweise in herkömmliche Rohstoffindizes doch stark in Frage gestellt werden. Insbesondere der Umstand, dass die Terminkurven aus den unterschiedlichsten Gründen bei den verschiedenen Fälligkeitspunkten stark variieren können liefert das Risiko, durch Rollverluste systematisch Geld zu verlieren. Dies ist umso stärker gegeben je mehr Kapital in passive Rohstoffinvestments fließt und damit zu einer Versteilerung einer in Contango befindlichen Terminkurve führt. Mit der Einführung von sogenannten „Enhanced" oder optimierten Rohstoffindizes haben die gängigen Indexanbieter regelgebundene Verfahren implementiert, die genau diesen Schwachpunkt der Standardindizes-Varianten adressieren.[20] Da die Terminkurven jedoch sehr vielen Einflüssen und Veränderungen ausgesetzt sind, ist deren aktive Beobachtung und Implementierung bei der Investmententscheidung unabdingbar, um als Investor nachhaltig erfolgreich zu sein. Eine passive und regelgebundene Herangehensweise erscheint in diesem Sinne stets suboptimal.

Aktive Rohstofffonds handeln aufgrund fundamentaler oder systematisch gestützter Investmentprozesse im Rohstoffuniversum. Sie treffen hierbei Entscheidungen hinsichtlich der Auswahl der geeigneten Rohstoffe, ihrer Positionierung, des Gewichtes einer jeden Handelsposition, dem Einstiegs- und Ausstiegszeitpunkt und der geeigneten Kontraktlaufzeit. Ein integriertes Risikomanagement überwacht auch die jeweilige Liquidität in den zu wählenden Futures-Kontrakten (tägliches Handelsvolumen und Open-Interest) um sicherzustellen, dass der Aufbau und die Lösung aus dem jeweiligen Futures-Kontrakt möglich ist, ohne einen allzu großen preisbeeinflussenden Effekt (Slippage) nach sich zu ziehen. Während *Long-only Fonds* darauf beschränkt sind, nur von steigenden Rohstoffpreisen Nutzen ziehen zu können und häufig an eine Benchmark gebunden sind, eröffnet sich den *Rohstoff-Hedgefonds* in diesem Segment eine Vielzahl weiterer Opportunitäten von denen im nachfolgenden Abschnitt einige Handelsstrategien näher erläutert werden.

3.2   Investmentstrategien

Eine Möglichkeit der Klassifizierung der unterschiedlichen Handelsstrategien im Bereich des Rohstoffhandels zeigt Abbildung 3-10. Für gewöhnlich bezwecken Trading-Strategien im Bereich Relative Value aus Preisbewegungen zwischen miteinander korrelierten Produkten, Rohstoffen, Märkten und Kontraktlaufzeiten Nutzen zu ziehen. Dabei kann der Aufbau entsprechender Handelspositionen einem fundamentalen oder einem systematischen Ansatz folgen.[21]

---

[20] Weitere Informationen zu diesen rolloptimierten Indizes können dem Aufsatz von Haase/Markert (2009) entnommen werden.

[21] Vgl. Hilpold (2006), S. 400.

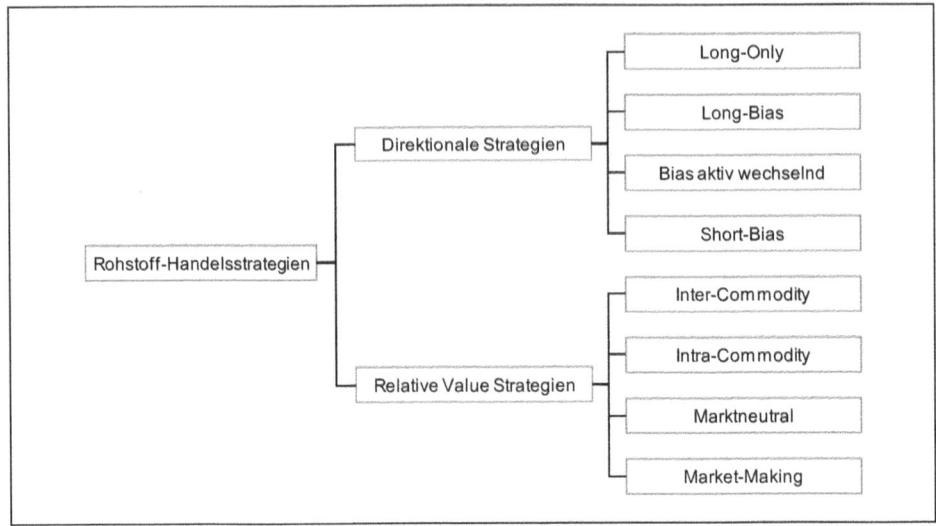

Quelle: Eigene Darstellung.
Abbildung 3-10: *Klassifizierung Rohstoff-Handelsstrategien*

3.2.1 Direktionale Handelsstrategien

Bei direktionalen Handelspositionen handelt es sich um Long- oder Short-Positionen in Rohstoff-Futures-Kontrakten in Erwartung steigender oder fallender Preise für den Futures-Kontrakt im jeweiligen Rohstoff. Die Basis für diese Erwartungshaltung kann auf fundamentalen Überlegungen beruhen, die verschiedene Faktoren einem diskretionären Entscheidungsprozess unterziehen. Derartige Faktoren können unter anderem sein:

▧ Angebots- und Nachfragesituation im jeweiligen Rohstoff;

▧ Konjunkturaussichten;

▧ Lagerbestände;

▧ Anzahl offener Kontrakte (Open Interest);

▧ Orderflow;

▧ Indikatoren der technischen Analyse;

▧ Terminkurve.

Eine andere Form von direktionalen Positionierungen in Rohstoffen kann in systematischen und damit modellgetriebenen Handelsansätzen ihre Basis finden. Hierzu zählen beispielsweise:

▧ Momentum (Trendfolgestrategien);

▧ Mean-Reversion;

▧ Volatitility Break-Out-Rules.

3.2.2 Relative-Value-Strategien

Inter-Commodity-Spreads

Bei Inter-Commodity-Spreads handelt es sich um Handelspositionen in mindestens zwei Rohstoff-Futures-Kontrakten unterschiedlicher Rohstoffe, welche jedoch in einem fundamentalen Zusammenhang zueinander stehen. Dieser Zusammenhang kann beispielsweise darin begründet sein, dass ein Rohstoff als Substitut eines anderen Rohstoffes betrachtet werden kann oder aber, dass die Nachfrage und das Angebot eines Rohstoffes in einem engen Zusammenhang zu einem anderen Rohstoff stehen. Ein Beispiel für einen Substitut-Zusammenhang wäre bei Erdgas und Heizöl zu sehen, der dazu führen könnte, dass der Betreiber einer Heizkraftanlage ab einer bestimmten nachhaltigen unterschiedlichen Preisentwicklung der beiden Rohstoffe deren Betrieb auf den relativ günstigeren Brennstoff umstellt. Ein Beispiel für einen komplementären Zusammenhang wäre zwischen Futtermittel und dem Preis für Mastrinder zu sehen. Steigt der Preis für Futtermittel, sollte mittelfristig auch der Preis für Lebendvieh steigen, da der Preis für die Futtermittel einen wesentlichen Kostenfaktor zur Herstellung von Mastrinder darstellt. Generell gibt es folgende Varianten von Inter-Commodity-Spreads:

- *Heat-Rates*: der Handel in normalerweise hoch korrelierten Elektrizitätsmärkten versus Erdgas in Regionen mit einem hohen Prozentsatz von Erdgas bei der Energieproduktion;

- *Crack-Spreads*: der Handel der Korrelation zwischen Rohöl, Heizöl und Benzin;

- *Spark-Spreads*: der Handel von Elektrizität versus Erdgas;

- *Frac-Spreads*: der Handel von Erdgas versus Propan;

- *Crush-Spreads*: der Handel von Sojabohnen in Relation zu den hieraus hergestellten Bestandteilen Sojabohnenöl und Sojabohnenmehl.

Intra-Commodity-Spreads

Bei Intra-Commodity-Spreads handelt es sich um Positionierungen im gleichen Rohstoff oder Rohstoffsektor (Intra-Market) aber an unterschiedlichen Märkten (Lokations-Spread) oder in unterschiedlichen Kontraktlaufzeiten (Time-Spread oder Kalender-Spreads). Intra-Commodity Spreads beinhalten:

- *Kalender-Spreads*: Aufbau von Futures-Kontrakt-Positionen in verschiedenen Fälligkeitsmonaten (zum Beispiel bei Erdgas Sommer- versus Winterfälligkeitsmonate);

- *Lokations-Spreads*: Aufbau von Futures-Kontrakt-Positionen desselben Rohstoffs an verschiedenen Erfüllungsorten (zum Beispiel bei Erdgas Chicago versus Henry Hub);

■ *Intra-Market-Spreads*: Aufbau von Futures-Kontrakt-Positionen in unterschiedlichen Qualitäten desselben Rohstoffs zum Beispiel bei Erdöl Brent versus WTI oder bei Kaffee Arabica (ICE) versus Robusta (LIFFE).

Market-Making-Strategien

Market-Making-Strategien werden oftmals von Investmentbanken oder sehr großen Handelsteilnehmern in speziellen Märkten umgesetzt. Diese verfügen aufgrund ihrer Größe und ihres Netzwerks über eine Position, welche es ihnen erlaubt die Gegenposition zu einer Vielzahl von nicht handelsorientierten Marktteilnehmern einzunehmen. Auf diese Weise führen sie dem Markt Liquidität zu und stellen oftmals erst sicher, dass ein entsprechender Handel stattfinden kann. Ihren Ertrag erwirtschaften diese Marktteilnehmer durch die Differenz zwischen An- und Verkaufskurs (Bid-Ask-Spread). Wichtig zu unterscheiden bei dieser Handelsstrategie von den anderen aufgeführten Handelsstrategien ist der Umstand, dass hier vornehmlich viele kleine und nahezu risikolose Erträge erwirtschaftet werden, da der Market Maker in seiner eigentlichen Funktion keine großen Positionen auf dem Buch hält, sondern nur Angebot und Nachfrage zusammenführt.

Marktneutrale Strategien

Bei marktneutralen Strategien werden in der Regel auf Basis von fundamentalen Einschätzungen direktionale Positionierungen in unterschiedlichen Rohstoffen vorgenommen. Der wesentliche Unterschied zu den direktionalen Strategien liegt in dem Umstand begründet, dass die Summe der Long-Positionen im Gesamtportfolio weitgehend der Summe der Short-Positionen entspricht, das Gesamtportfolio somit marktneutral ausgerichtet ist. Solche marktneutralen Strategien werden sowohl ausschließlich mit Aktien oder mit Futures sowie teilweise auch unter Mischung dieser Instrumentarten umgesetzt. Die Performance solcher marktneutraler Manager wird entsprechend vorwiegend durch die korrekte relative Bewertung der zukünftigen relativen Entwicklung von Einzelsektoren zueinander erzielt und ist hinsichtlich des Rohstoff-Markt- oder Aktienmarkt-Risikos abgesichert.

3.3   Handelsbeispiele

3.3.1   Crack-Spread

Eine Ölraffinerie ist, wie alle Unternehmen der produzierenden Industrie, bezüglich ihrer Rentabilität der Preisfluktuation an zwei Märkten ausgesetzt: dem Markt für das Rohmaterial

(Rohöl) als Inputfaktor und dem Preis an den Absatzmärkten für die verarbeiteten Produkte wie Heizöl, Diesel und Benzin. Die Preise an beiden Märkten können unabhängig voneinander preisbeeinflussenden Faktoren ausgesetzt sein, wie beispielsweise Veränderungen im Angebot, der Nachfrage, der Effizienz, welche ihre Ursache in wetterbedingten Einflüssen, regulatorischen Aspekten oder sonstigen Beweggründen finden können. Unabhängig von ihrer Ursache gefährden diese die ökonomische Existenz, wenn beispielweise der Preis für den Inputfaktor (Rohöl) steigt und der Preis für den Outputfaktor (Heizöl, Benzin) unverändert bleibt oder gar fällt. Dies führt zur Reduktion der Marge zwischen den beiden Produkten, dem Crack-Spread. Um sich gegen dieses Risiko abzusichern, ist es möglich, an der New York Mercantile Exchange (NYMEX) mittels Finanzterminkontrakten (Futures) auf Rohöl, Erdgas und Benzin entsprechende Absicherungsstrategien aufzubauen. Entsprechend existieren sogar Finanzprodukte, die als kombinierte Handelspositionen den gleichzeitigen Kauf- und Verkauf entsprechender Futures-Kontrakte als eine einzige Handelsposition abrechnen. Der Benzinoutput entspricht ungefähr dem doppelten des destillierten Rohöls, der Mischung, die Heizöl und Diesel ergibt. Es sind Produkte, die chemisch nahezu identisch sind. Dieses Ratio findet seinen Niederschlag in einem von vielen Marktteilnehmern beachteten 3:2:1 Crack-Spread – drei Rohöl-Futures-Kontrakte versus zwei Benzin-Futures-Kontrakte versus ein Heizöl-Futures-Kontrakt. Der 3:2:1 Crack-Spread – die theoretische Raffinerie-Marge – wird ausgedrückt in US-Dollar je Barrel. Da Rohöl in US-Dollar je Barrel, die nachgelagerten Produkte jedoch in Cents je Gallone berechnet werden, muss zuerst eine Umrechnung erfolgen, um die Werte von Benzin und Heizöl zu addieren und im Verhältnis zum Rohöl ausdrücken zu können.[22] Tabelle 3-4 verdeutlicht die Berechnung.

Tabelle 3-4: Ermittlung des 3:2:1 Crack-Spread

Annahmen	
Preis pro Gallone Benzin	0,575 US-Dollar
Preis pro Gallone Heizöl	0,545 US-Dollar
Preis pro Barrel Rohöl	18,50 US-Dollar
Berechnungen	
Benzin USD 0,5750 x 42[23] = USD 24,15 pro Barrel x 2 Barrel	48,30 US-Dollar
Heizöl USD 0,5450 x 42 =USD 23,89 pro Barrel x 1 Barrel	23,89 US-Dollar
Summe	71,19 US-Dollar
Rohöl USD 18,50 x 1 = USD 18,50 pro Barrel x 3 Barrel	55,50 US-Dollar
Bruttomarge (USD 71,19 – USD 55,50)	15,69 US-Dollar
3:2:1 Crack-Spread entspricht USD15,69 / 3 Barrel	5,23 US-Dollar pro Barrel

Quelle: New York Mercantile Exchange (2000), S. 2.

---

22 Vgl. New York Mercantile Exchange (2000), S. 2 ff.
23 Ein Barrel entspricht 42 Gallonen.

Abbildung 3-11 zeigt die Wertentwicklung des 3:2:1 Crack-Spreads. Wenn der Betreiber einer Öl-Raffinerie, der Hedger, steigende Rohölpreise und gleichbleibende Preise für raffinerierte Produkte erwartet – einen fallenden Crack-Spread – so würde er den Crack-Spread verkaufen, das heißt, Rohöl-Futures-Kontrakte kaufen und Benzin- sowie Heizöl-Futures-Kontrakte verkaufen.

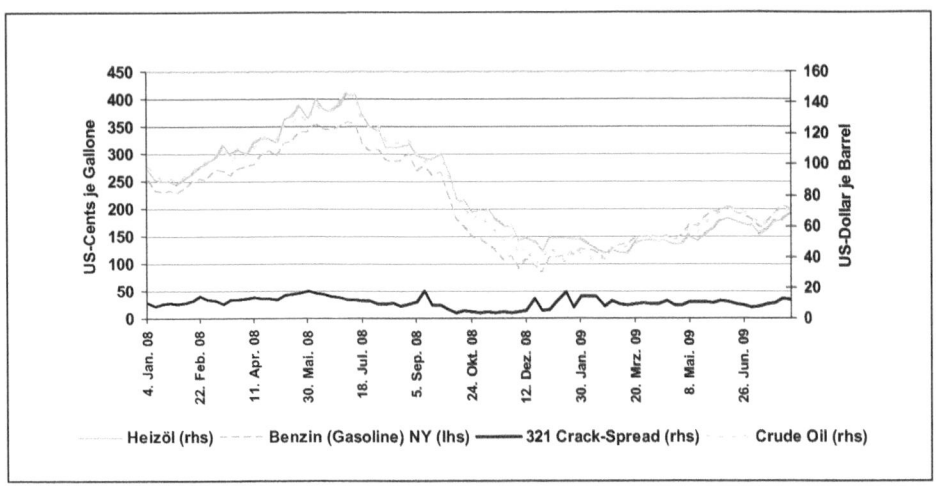

Quelle: Eigene Darstellung. Daten: Bloomberg.
Abbildung 3-11: *Historische Wertentwicklung des Crack-Spread und der drei Einzelprodukte*

Nachfolgendes Beispiel soll den Einsatz des Crack-Spreads aus Sicht eines unabhängigen Raffinerieunternehmens darstellen, also aus dem Blickwinkel eines Hedgers. Dieser verfolgt die Absicht das Risiko abzusichern, das steigende Rohölpreise und fallende Raffinerieproduktpreise auf seine Marge haben. Am 15. September geht das Raffinerieunternehmen eine Verpflichtung ein, 30.000 Barrel Rohöl am 16. Oktober am physischen Markt zu kaufen und ferner 420.000 Gallonen an Heizöl und 840.000 Gallonen Benzin seiner Produktion am 28. November zu verkaufen, jeweils zu den dann gültigen Marktpreisen. Am selben Tag initiiert das Raffinerieunternehmen eine Absicherungsposition über den Verkauf eines 3:2:1 Crack-Spread, um einen Großteil der Raffineriemarge zu fixieren.

Tabelle 3-5: Transaktionen zur Absicherung der Raffineriemarge (Crack-Spreads)

Datum	Cash-Markt	Aktion	Futures-Markt
15. Sep.	Erdöl notiert bei 18,90 US-Dollar je Barrel	Vereinbarung zum Kauf von 30.000 Barrel Erdöl mit Lieferdatum 16.Oktober zum dann vorherrschenden Marktpreis.	Kauf 30 November Erdöl Futures-Kontrakte bei 18,45 US-Dollar je Barrel
	Benzin: NY Harbor notiert bei 58,50 Cents je Gallone (24,57 US-Dollar je Barrel)	Verpflichtet sich zum Verkauf von 840.000 Gallonen (20.000 Barrel) NY Harbor Benzin mit Lieferzeitpunkt 28. November zum dann vorherrschenden Marktpreis	Verkauf 20 Dezember NY Harbor Benzin Futures-Kontrakte bei 52,57 Cents je Gallone (22,08 US-Dollar je Barrel)
	Heizöl: NY Harbor notiert bei 51,24 Cents je Gallone (21,52 US-Dollar je Barrel)	Verpflichtet sich zum Verkauf von 420.000 Gallonen (10.000 Barrel) NY Harbor Heizöl mit Lieferzeitpunkt 28. November zum dann vorherrschenden Marktpreis	Verkauf 10 Dezember NY Harbor Heizöl Futures-Kontrakte bei 52,55 Cents je Gallone (22,07 US-Dollar je Barrel)

Quelle: New York Mercantile Exchange (2000), S. 6.

Ergebnis am 15. September:

Future Crack Spread {[(20 x 22,08 USD) + (10 x 22,07 USD)] – (30 x 18,45 USD)} / 30 = 3,63 USD/Barrel

NY Harbor Cash Markt Marge {[(20 x 24,57 USD) + (10 x 21,52 USD)] – (30 x 18,90 USD)} / 30 = 4,65 USD/Barrel

3,63 US-Dollar je Barrel Crack-Spread stellt sicher, dass sich das Raffinieren von Erdöl für den Unternehmer im November zumindest gleich profitabel gestaltet wie es im September war unabhängig davon, ob die Marge am physischen Markt (Cash-Marge) steigt oder fällt. Ein Rückgang in der Cash-Marge hat einen Gewinn am Futures-Markt zur Folge. Umgekehrt führt eine Ausweitung der Cash-Marge zu einem Verlust in der Absicherungsposition am Futures-Markt. Während für den Betreiber einer Ölraffinerie, einem nicht handelsorientierten Marktteilnehmer, die Beweggründe für den Aufbau entsprechender Handelspositionen in Crack-Spreads vornehmlich in der Absicherung der entsprechenden Produktionsmarge liegen, existieren für die in diesem Segment engagierten aktiven Rohstoffhändler (Spekulanten) andere Beweggründe. Unvollkommenheiten und Informationsasymmetrien, sowie entsprechende langjährige Erfahrung der Rohstoffhändler mit diesen Marktbedingungen bieten die Basis, um erfolgreich Opportunitäten ausnutzen zu können. Wetterbedingte Ereignisse wie beispielsweise die Hurrikan-Saison 2005 können die relative Entwicklung der Preise dieser Rohstoffe und damit den Crack-Spread beeinflussen. So gibt es Rohstoffhändler, die mittels Modellen das Wetter und den Einfluss des Wetters auf den Crack-Spread bestimmen. Andere

Marktteilnehmer hingegen versuchen, entsprechende Preisverhaltensmuster im Zeitverlauf zu identifizieren.

3.3.2   Intra-Market und Kalender-Spread

Im Folgenden werden an einem Beispiel die Funktionsweise und Umsetzung, die mit derartigen Intra-Commodity-Handelsstrategien verbunden sind, näher erläutert. Das Beispiel gründet auf einer fundamental gestützten Analyse des Kaffeemarktes und dessen struktureller Anbau- und Nachfragesituation, die zu einer Intra-Market und einer Kalender-Spread Position führen. Bei Kaffee handelt es sich um einen der am meisten international gehandelten Rohstoffe. Dies liegt darin begründet, dass die Produktion zumeist in Regionen mit tropischen oder subtropischen Klima erfolgt, der Konsum jedoch im Wesentlichen in den U.S.A., Kanada und Europa stattfindet.

Kaffee der Sorte Robusta war in einem strukturellen Defizit betreffend der Anbaukapazität und dies für die meiste Zeit in der Anbausaison 2004/05 und 2005/06. Dieses strukturelle Defizit wurde ferner noch verstärkt durch eine absehbar geringe Ernte auf den vietnamesischen Kaffeefeldern. Die Ernte auf den vietnamesischen Kaffeefeldern beginnt im Oktober und aufgrund ausgiebiger Vor-Ort-Inspektionen war bereits Ende März 2005 die aufkommende Verknappung des Angebots absehbar. Eine Möglichkeit diese sich abzeichnende Knappheit zu lösen bestand darin, dass vornehmlich die amerikanischen Röstereien bei der Zusammensetzung ihrer Kaffeemischungen eine Veränderung vornehmen und mehr Kaffee der Sorte Arabica integrieren. Dieses hätte auch eine Veränderung in der Terminkurve für die Futures-Kontrakte der Kaffeesorten Robusta und Arabica zur Folge.

Abbildung 3-12 illustriert die Preisentwicklung der beiden Kaffeesorten ab dem Jahre 2004, gemessen anhand eines synthetisch rollierenden Futures-Kontraktes, der sich immer auf den zweiten Fälligkeitskontrakt bezieht. Arabica-Futures-Kontrakte werden an der Intercontinental Exchange (ICE) in den U.S.A. gehandelt. Ein Kontrakt berechtigt zum Kauf von 37.500 Pfund und notiert in US-Cents je Pfund. Robusta-Futures-Kontrakte werden an der London International Financial Futures Börse (LIFFE) gehandelt, berechtigen zum Bezug von fünf Tonnen je Kontrakt und handeln in US-Dollar je Tonne.

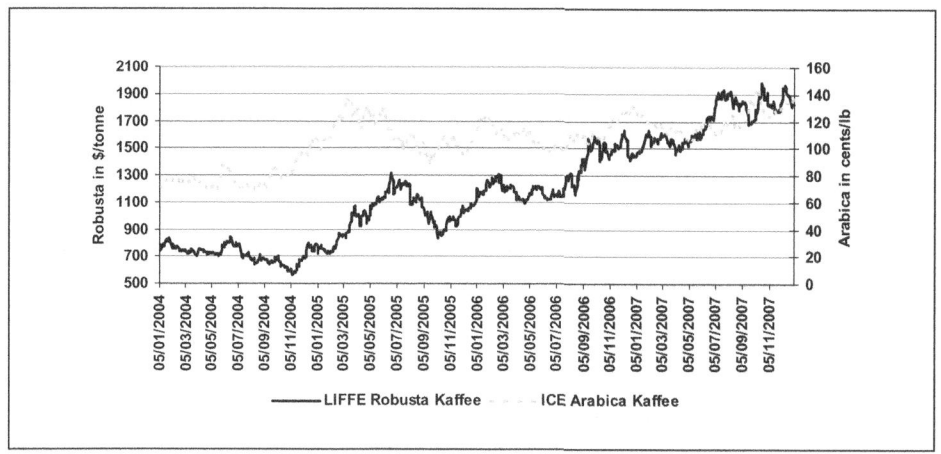

Quelle: Eigene Darstellung. Daten: Bloomberg, Louis Dreyfus Investment Group.
Abbildung 3-12: *Historische Wertentwicklung Arabica und Robusta-Futures-Kontrakte (rollierender zweiter Fälligkeitskontrakt)*

Gleichzeitig zeichnete sich zu diesem Zeitpunkt bereits ab, dass Kaffee der Sorte Arabica in einem mehrjährigen und strukturell bedingten Überangebotszustand sein wird. Das Verhältnis zwischen den Preisen für die Futures-Kontrakte auf Kaffee der Sorten Arabica und Robusta ist in Abbildung 3-13 dargestellt. Dieses stellt das Preisverhältnis von Arabica-Futures-Kontrakten umgerechnet in US-Dollar je Tonne dividiert durch Robusta-Futures-Kontrakte dar und hat sich von einem Verhältnis von 2,5x, dass heißt Arabica-Kaffee war 2,5 mal so teuer wie Robusta in Q1 2006 auf 1,3x in Q2 2007 genähert, eine Folge der relativen Knappheit von Robusta gegenüber Arabica.

Quelle: Eigene Darstellung. Daten: Bloomberg, Louis Dreyfus Investment Group.
Abbildung 3-13: *Preisverhältnis Arabica/Robusta-Futures-Kontrakt*

Der Rückgang des Arabica-Robusta-Preisverhältnisses erhöhte den Druck auf die Röstereien hinsichtlich einer Nachfrageumstellung in ihren gängigen Kaffeemischungen zu einem höheren Arabica-Anteil, um auf diese Weise auch gleich das sich anbahnende Defizit für das Anbaujahr 2006/07 zu lösen. Der Tiefpunkt dieses Verhältnisses wurde erreicht, als ein großer amerikanischer Röster eine Anpassung in der Zusammensetzung seiner Kaffeemischung aufgrund des oben beschriebenen Sachverhaltes, vollzog. Tabelle 3-6 stellt die Positionen in den Futures-Kontrakten mit deren damaligen Preisen dar, um den oben beschriebenen fundamentalen Sachverhalt in einer entsprechenden Marktmeinung an den Terminbörsen zum Ausdruck zu bringen.

Tabelle 3-6: Aufbau der Intra-Market-Position Arabica versus Robusta-Futures-Kontrakte

Datum	Kontrakte	Position	Kontrakt	Kontrakt in US-Dollar	Nominalvolumen in US-Dollar
01 April 2005	10	Verkauf	September 2005 Arabica	$1,292	-$484.500,00
01 April 2005	90	Kauf	September 2005 Robusta	$1.042,00	$468.900,00

Quelle: Eigene Darstellung. Daten: Louis Dreyfus Investment Group.[24]

Unterschiedliche Mengen an entsprechendem Kaffee, welche den beiden Futures-Kontrakten als Lieferverpflichtung zugrunde liegen, als auch das unterschiedlich gehandelte Preisniveau bedingen eine Umrechnung. Diese führt dazu, dass etwa das Neunfache an Robusta-Futures-Kontrakten je Arabica-Futures-Kontrakt gehandelt werden muss, um in etwa die Gesamtposition dollarneutral zu halten (-484.500 US-Dollar / +468.900 US-Dollar). Mit einer dollarneutralen Gesamtposition entspricht das Short-Volumen in US-Dollar betragsmäßig dem Long-Volumen.

Der erste Benachrichtigungstermin hinsichtlich einer Lieferung beim Arabica-Futures-Kontrakt ist sieben Arbeitstage vor dem ersten Arbeitstag des Fälligkeitsmonats: Dieser war in unserem Beispiel am 23. August 2005. Um die physische Lieferung zu vermeiden und die Position aufzulösen bot es sich an, am 16. August 2005 die Position zu schließen, das heißt, die Arabica-Futures-Kontrakte zurückzukaufen und die Robusta-Futures-Kontrakte zu verkaufen. Zu diesem Zeitpunkt notierten der Arabica-Futures-Kontrakt bei 0,969 Cents je Pfund und der Robusta-Futures-Kontrakt bei 1.090 US-Dollar je Tonne. Tabelle 3-7 führt die einzelnen Daten für die Schließung der Intra-Market-Position auf.

Tabelle 3-7: Schließen der Intra-Market-Position Arabica versus Robusta-Futures-Kontrakte

Datum	Kontrakte	Position	Kontrakt	Kontrakt in US-Dollar	Notional Amount in US-Dollar
16 August 2005	10	Kauf	September 2005 Arabica	$0,969	$363.375,00
16 August 2005	90	Verkauf	September 2005 Robusta	$1.090,00	$490.500,00

Quelle: Eigene Darstellung. Daten: Louis Dreyfus Investment Group.

---

24 Eine long ton entspricht 2.240 lb (britischen Pfund) entspricht 1,016047 Tonnen (t). Das Ratio beim Positionsaufbau entspricht 2,65 das bedeutet, das etwa das Neunfache an Kontrakten in Robusta Futures-Kontrakten gehandelt werden muss, um den Gegenwert von einem Arabica Futures-Kontrakt darzustellen.

Dies führte zu einem Gesamtgewinn von 142.725 US-Dollar vor Kosten wie in Tabelle 3-8 im Detail aufgeführt ist.

Tabelle 3-8: *Gewinn- und Verlustrechnung der Intra-Market-Position Arabica versus Ro-busta-Future-Kontrakte*

Datum	Kontrakte	Kontrakt	Gewinn- und Verlustrechnung je Kontrakt in US-Dollar	Total in US-Dollar
16 August 2005	10	September 2005 Arabica	$0,323	$121.125,00
16 August 2005	90	September 2005 Robusta	$48,00	$21.600,00
Total				$142.725,00

Quelle: Eigene Berechnungen.

Der fundamentale Sachverhalt beinhaltet auch, dass es in der zeitlichen Folge zu einer Veränderung der Terminstrukturkurve sowohl beim Robusta-, als auch beim Arabica-Futures-Kontrakt kommen müsste. In Abbildung 3-14 sind die Preise für die synthetisch berechneten rollierenden Futures-Terminkontrakte auf Robusta-Kaffee mit dem zweiten Fälligkeitstermin (September 2006) und dem fünften Fälligkeitstermin (März 2007) abgebildet. Auf der rechten Y-Achse ist die Differenz, der sogenannte Kalender-Spread in US-Dollar je Tonne und dessen Entwicklung im Zeitablauf anhand der gestrichelten Line abzulesen. Negative Werte entsprechen einer Terminkurve in Backwardation, wohingegen positive Werte einer Terminkurve in Contango entsprechen. Der Kalender-Spread bewegte sich von einem Wert von +40 US-Dollar (Contango) Anfang 2004 auf einen Wert von -210 US-Dollar (Backwardation) im August 2006.

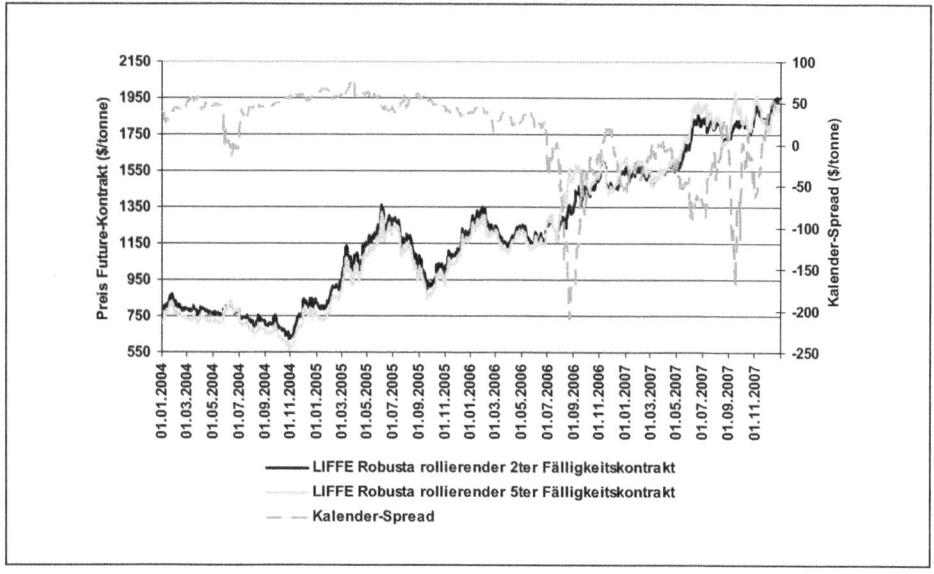

Quelle: Eigene Darstellung. Daten: Bloomberg, Louis Dreyfus Investment Group.
Abbildung 3-14: *Time-Spread zweiter und fünfter Fälligkeitskontrakt beim Robusta-Kaffee-Future*

Zusätzlich zum aufgeführten Intra-Market-Spread (Robusta versus Arabica) konnte mit der in Tabelle 3-9 aufgeführten Positionierung in der Folge auch ein sogenannter Kalender-Spread initiiert werden, welcher von der Veränderung der Terminstrukturkurve profitiert. Diese sollte sich aufgrund der Knappheit von Robusta-Kaffee und den dadurch erfolgenden Aufwärts-preisdruck auf den physischen Kaffeepreis im Laufe des Folgejahres manifestieren, bevor die nächste Ernte im Oktober 2006 ansteht.

Tabelle 3-9: Aufbau der Kalender-Spread Position in Robusta-Kaffee-Futures-Kontrakten

Datum	Kontrakte	Position	Kontrakt	Kontrakt in $	Nominalvolumen in US-Dollar
1. Jun. 06	10	Kauf	September 2006 Robusta (Zweiter Kontrakt)	$1.159,00	$57.950,00
1. Jun. 06	10	Verkauf	März 2007 Robusta (Fünfter Kontrakt)	$1.172,00	-$58.600,00

Quelle: Eigene Darstellung. Daten: Louis Dreyfus Investment Group.

Zum Zeitpunkt der Initiierung der Position am 1. Juni 2006 befand sich die Terminkurve des Robusta-Kaffees in einem Contango von +13 US-Dollar (1.172 – 1.159).

Da die Liquidität in Kontraktlaufzeiten länger als drei Fälligkeitstermine in der Zukunft deut-lich geringer wird reduziert dies die Anzahl der handelbaren Kontrakte und damit die Größe einer möglichen Gesamtposition. Tabelle 3-10 zeigt beispielhaft den täglichen Handelsreport in Kaffee-Futures-Kontrakten an der ICE Börse. Wie Tabelle 3-10 zu entnehmen ist, betrug die Anzahl gehandelter Kontrakte am 06. August 2009 im fünften Fälligkeitskontrakt (Juli 2010) gerade einmal 57 Kontrakte, also weniger als ein Prozent der Anzahl gehandelter Kon-trakte im nächstfälligen Kontrakt (September 2009).

Tabelle 3-10: Täglicher Handelsreport für den Arabica Coffee C Future-Kontrakt am 06. August 2009 an der ICE

Futures Daily Market Report for Coffee 'C'(KC)
06-Aug-09

Coffee (KC) - Quote: Cents/Pound- Contract Size: 37,500 Lbs. (Approximately 250 Bags)

Commodity Name	Contract Month	Electronic Daily Price Range				Settle		Total Volume	OI	Current Volume Report Totals					Spread Volume	Contract	
		Open#	High	Low	Close#	Price	Change			Change	ADJ**	EFP	EFS	Block Trades		High	Low
KC	SEP09	13220	13475	13150	13455	13470	320	10,203	48,183	-412	0	255	110	0	3,804	18330	10900
KC	DEC09	13440	13780	13440	13775	13780	330	4,457	35,817	1,976	0	158	0	0	2,973	18900	11200
KC	MAR10	13740	14055	13740	14060	14055	315	722	13,673	222	0	34	0	0	377	18865	11500
KC	MAY10	14000	14225	14000	14220	14225	305	136	4,264	28	0	18	0	0	74	19040	11830
KC	JUL10	14255	14305	14255	14300	14390	280	57	1,496	-28	0	0	0	0	55	18000	12010
KC	SEP10	14355	14560	14355	14560	14565	275	58	1,579	-6	0	0	0	0	56	18095	12175
KC	DEC10	14600	14795	14600	14795	14845	270	37	1,150	22	0	0	0	0	15	18455	12395
KC	MAR11	14990	15000	14990	15000	15080	270	51	140	-12	0	0	0	0	39	17055	13140
KC	MAY11	15110	15110	15110	15110	15225	270	1	53	0	0	0	0	0	1	15640	13375
KC	JUL11	15200	15200	15200	15200	15355	270	1	31	0	0	0	0	0	0	15460	13800
KC	SEP11	0	0	0	0	15460	270	0	0	0	0	0	0	0	0	15485	13970
KC	DEC11	0	0	0	0	15600	270	0	3	0	0	0	0	0	0	15490	15015
KC	MAR12	0	0	0	0	15725	275	0	1	1	0	0	0	0	0	15480	15020
KC	MAY12	0	0	0	0	15755	230	0	2	0	0	0	0	0	0	15000	15000
KC	JUL12	0	0	0	0	15830	230	0	0	0	0	0	0	0	0	0	0
Totals for KC :								15,723	106,417	1,790	0	465	110	0	7,394		

NOTE: The information contained in this report is compiled for the convenience of subscribers and is furnished without responsibility for accuracy and is accepted by the subscriber on the condition that errors or omissions shall not be made the basis for any claim, demand or cause of action.

NOTE: Volume and OI information is not available until 10am EST the next business day.

* Includes adjustment(s) by reporting firm(s), notices and/or explt transfers.

** The number shown represents the sum total of adjustments made to Open Interest by clearing member firms; data is shown only when the total of such adjustments exceeds 5% of the prior day open interest for that contract month. "B" indicates a bid price, "A" indicates an offer price, "N" indicates a nominal price

Open and Close prices reflect the first and last trade in the market and do not correlate to any opening or closing periods.

Quelle: ICE (2009).

Um die physische Lieferung zu vermeiden wird diese Position am 17. August 2006 geschlossen. Die Preise an diesem Tag sind der Tabelle 3-11 zu entnehmen. Wie der Tabelle auch zu entnehmen ist, hat sich die Terminkurve in diesem Zeitraum von einer Terminkurve in Contango (+13 US-Dollar am 01. Juni 2006) zu einer Terminkurve in Backwardation (-207 US-Dollar (1.305 US-Dollar – 1.512 US-Dollar) verändert.

Tabelle 3-11: Schließen der Kalender-Spread-Position in Robusta-Kaffee-Futures-Kontrakten

Datum	Kontrakte	Position	Kontrakt	Kontrakt in $	Nominalvolumen in US-Dollar
17. Aug. 06	10	Verkauf	September 2006 Robusta (Zweiter Kontrakt)	$1.512,00	-$75.600,00
17. Aug. 06	10	Kauf	März 2007 Robusta (Fünfter Kontrakt)	$1.305,00	$65.250,00

Quelle: Eigene Darstellung. Daten: Louis Dreyfus Investment Group.

Dies führte in der Folge zu einem Gesamtgewinn von 11.000 US-Dollar vor Kosten, wie in Tabelle 3-12 im Detail aufgeführt ist.

Tabelle 3-12: Gewinn und Verlustrechnung der Time-Spread Position in Robusta-Kaffee-Futures-Kontrakten September 2005 versus März 2007

Datum	Kontrakte	Kontrakt	Gewinn- und Verlustrechnung je Kontrakt in US-Dollar	Total in US-Dollar
17. Aug. 06	10	September 2006 Robusta (Zweiter Kontrakt)	$353,00	$17.650,00
17. Aug. 06	10	März 2007 Robusta (Fünfter Kontrakt)	-$133,00	-$6.650,00
Total			$220,00	$11.000,00

Quelle: Eigene Berechnungen.

3.4 Rendite- und Risikobetrachtung

In diesem Abschnitt werden die Rendite- und Risikoeigenschaften von aktiven Rohstoff-Hedgefonds beschrieben. Als Benchmark für Rohstoff-Hedgefonds wird der Commodity Funds Index (CFI) verwendet und mit einer Investition in US-Aktien, gemessen anhand des S&P 500 Index (SP500) sowie in einen Long-only Rohstoff-Futures-Index, gemessen anhand des DJUBS, verglichen. Der CFI stellt die durchschnittliche Wertentwicklung von 54 aktiven Rohstoffmanagern, gleichgewichtet und monatlich rebalanciert dar. Die Auswertungen in diesem Abschnitt erfolgen auf Basis von Monatsdaten und basieren entsprechend auf 53 Datenpunkten. Der Untersuchungszeitraum erstreckt sich vom 28. Februar 2005 bis zum 30. Juni 2009. Bei dem CFI handelt es sich um einen eigens berechneten Index, da die vorhandenen Rohstoffindizes der gängigen Indexprovider aufgrund eines starken Bias zu aktienlastigen oder long-only dominierten Rohstoffmanagern kein adäquates Bild der aktiven Rohstofffonds-Industrie abbilden.

3.4.1 Wertentwicklung

Die durchschnittliche jährliche Wertentwicklung des CFI betrug im Untersuchungszeitraum 6,9 Prozent und lag damit deutlich über den Werten für den SP500 und dem DJUBS (siehe auch Tabelle 3-13). Diese überlegene Rendite wurde erzielt mit einer niedrigeren Standard-abweichung (7,8 Prozent) als bei Aktien (16,0 Prozent) oder bei einem Long-only Investment in einen passiven Rohstoffindex (21,3 Prozent). Die risikoadjustierten Performancemaße (Sharpe Ratio, Omega) zeigen sehr interessante Werte für den CFI, sowohl im Vergleich zum SP500 als auch relativ zum DJUBS. Der maximale Kursverlust (schlechtester Monat von -6,5 Prozent und Maximum-Drawdown von -18,0 Prozent) weist ebenfalls deutlich attraktivere Werte aus als die beiden anderen Indizes.

Tabelle 3-13: Historische Wertentwicklung des Commodity Funds Index

	CFI	SP500	DJUBS
Annualisierte Rendite	6,9%	-5,5%	-0,9%
Volatilität	7,8%	16,0%	21,3%
Positive Monate in %	66,0%	58,5%	60,4%
Sharpe Ratio (RFR)	0,42	-0,50	-0,11
Omega (RFR)	1,39	0,66	0,92
Bester Monat	6,0%	9,4%	13,0%
Schlechtester Monat	-6,5%	-16,9%	-21,3%
Maximum Drawdown	-18,0%	-52,6%	-54,3%
Annualisiertes Alpha (CFI)		7,7%	6,6%
Beta (CFI)		0,16	0,29
Downside Beta (CFI)		0,16	0,28

Quelle: Eigene Darstellung. Daten: Bloomberg, Harcourt Investment Consulting AG.

Hervorzuheben bei der in Abbildung 3-15 dargestellten Renditeverteilung des CFI ist, dass die Extremwerte im negativen Randbereich liegen und die Verteilung nicht normalverteilt ist.

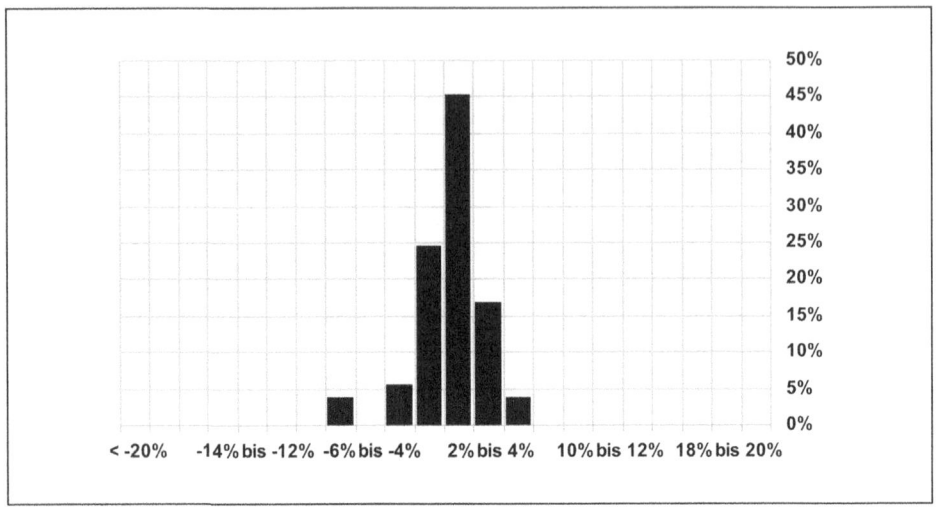

Quelle: Eigene Darstellung. Daten: Bloomberg, Harcourt Investment Consulting AG.
Abbildung 3-15: *Häufigkeitsverteilung der monatlichen Renditen des Commodity Funds*
Index

Die rollierenden Zwölfmonats-Renditen bewegen sich für den CFI in einer Bandbreite von
-12,2 bis +21,5 Prozent. Abbildung 3-16 zeigt die Bandbreite möglicher Renditen über einen
rollierenden Zwölfmonats-Zeitraum, welche in der Mehrzahl positiv sind.

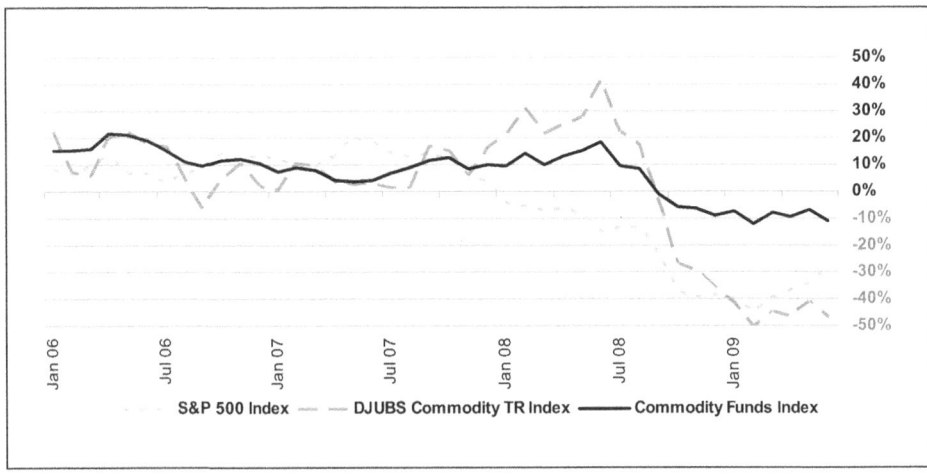

Quelle: Eigene Darstellung. Daten: Bloomberg, Harcourt Investment Consulting AG.
Abbildung 3-16: *Rollierende Zwölfmonats-Renditen des Commodity Funds Index*

Die rollierenden Zwölfmonats-Sharpe-Ratios bewegen sich für den CFI in einer Bandbreite von -1,32 bis +3,99. Abbildung 3-17 zeigt die Bandbreite möglicher Sharpe Ratios über einen rollierenden Zwölfmonats-Zeitraum, die lediglich am aktuellen Rand negativ sind.

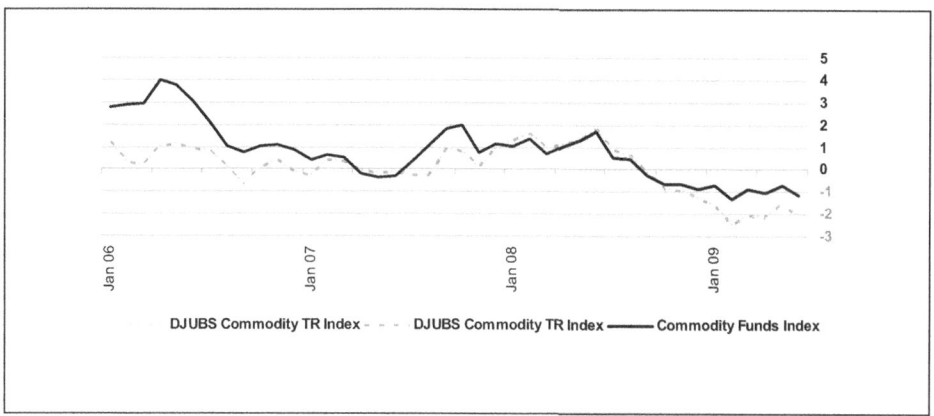

Quelle: Eigene Darstellung. Daten: Bloomberg, Harcourt Investment Consulting AG.
Abbildung 3-17: *Rollierende Zwölfmonats-Sharpe-Ratios des Commodity Funds Index*

3.4.2   Risikobetrachtung

Wie aus Tabelle 3-14 deutlich wird, erzielt der CFI in einem negativen Monat einen durchschnittlichen Verlust von -1,8 Prozent sowie einen durchschnittlichen Monatsgewinn von +1,8 Prozent in einem positiven Monat. Diese Werte sind in ihrer Relation besser als bei Aktien (-4,3 und +2,5 Prozent) und deutlich weniger ausgeprägt als beim DJUBS (-5,9 und +4,1 Prozent). Hinsichtlich des dritten und vierten Moments der Renditeverteilung ist festzuhalten, dass der CFI eine negative Schiefe (-0,83) und eine Überschuss-Wölbung (+0,21) aufweist.

Tabelle 3-14: Historisches Risikoprofil des Commodity Funds Index

	CFI	SP500	DJUBS
Durchschnittlicher Monatsverlust	-1,8%	-4,3%	-5,9%
Durchschnittlicher Monatsgewinn	1,8%	2,5%	4,1%
Semi-Standardabweichung	5,6%	14,0%	16,7%
Sortino Ratio (RFR)	0,59	-0,57	-0,14
Downside Correlation (CFI)		0,24	0,61
Upside Correlation (CFI)		0,39	0,63
Schiefe	-0,83	-1,13	-0,72
Überschuss-Wölbung	0,21	2,78	1,85

Quelle: Eigene Darstellung. Daten: Bloomberg, Harcourt Investment Consulting AG.

Die durchschnittliche Volatilität des CFI über den gesamten Untersuchungszeitraum beträgt 7,8 Prozent. Dabei reicht die Bandbreite zu verschiedenen Betrachtungsstichtagen von 2,9 bis 13,0 Prozent, wie aus Abbildung 3-18 zu sehen ist.

Der Grund für die geringe Volatilität, auch im Vergleich zum SP500 oder dem DJUBS, liegt in dem sehr heterogenen Universum der verschiedenen Rohstoffmanager begründet. So umfasst das Universum der abgebildeten 54 Rohstoffmanager Spezialisten, welche sich beispielsweise nur auf bestimmte Sektoren (zum Beispiel Energie, Metalle, landwirtschaftliche Güter) spezialisiert haben, als auch diejenigen Manager, die das ganze Rohstoffuniversum handeln. Einzelne Rohstoffmanager handeln nur die Aktien von Rohstoffunternehmen auf der Long- und auch der Short-Seite, andere sind nur in Futures-Kontrakten und/oder in Options-Strategien investiert. Manche tendieren dazu, für die meiste Zeit eine marktneutrale Positionierung inne zu haben, andere wiederum haben einen inhärenten Bias auf der Long oder der Short-Seite. Gesamthaft führt dies zu einer geringen Korrelation der meisten Rohstoffmanager zueinander und damit über den Diversifikationseffekt zu dieser geringen Volatilität des Index.

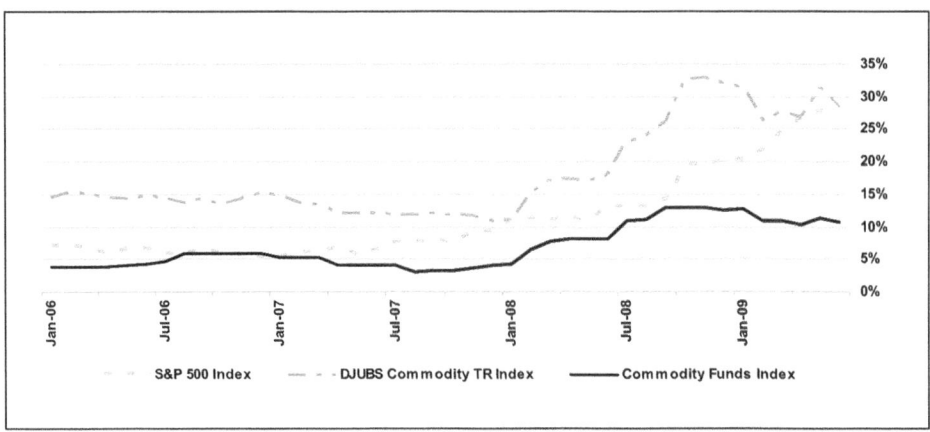

Quelle: Eigene Darstellung. Daten: Bloomberg, Harcourt Investment Consulting AG.
Abbildung 3-18: *Rollierende Zwölfmonats-Volatilitäten des Commodity Funds Index*

Die Korrelationsmatrix in Abbildung 3-19 zeigt geringe Werte einer positiven Korrelation für den CFI zu den beiden Aktien-Indizes (S&P 500 +0,3 / DAX +0,3) und leicht negative Werte zu den beiden Renten-Indizes (JPM -0,3 / REXP -0,4) auf. Die Korrelation zu den Long-only Rohstoff-Indizes ist hingegen deutlich positiv (DJ UBS +0,8 / GSCI +0,7).

	S&P 500 Index	DJUBS Commodity TR Index	DAX Index	S&P GSCI TR Index	Swiss Market Index	Commodity Funds Index	JP Morgan Govt Bond Index	REX Performance
S&P 500 Index	1,0	0,4	0,9	0,4	0,8	0,3	-0,2	-0,4
DJUBS Commodity TR Index	0,4	1,0	0,3	0,9	0,2	0,8	-0,2	-0,3
DAX Index	0,9	0,3	1,0	0,3	0,9	0,3	-0,3	-0,5
S&P GSCI TR Index	0,4	0,9	0,3	1,0	0,2	0,7	-0,3	-0,4
Swiss Market Index	0,8	0,2	0,9	0,2	1,0	0,2	-0,3	-0,4
Commodity Funds Index	0,3	0,8	0,3	0,7	0,2	1,0	-0,3	-0,4
JP Morgan Govt Bond Index	-0,2	-0,2	-0,3	-0,3	-0,3	-0,3	1,0	0,8
REX Performance	-0,4	-0,3	-0,5	-0,4	-0,4	-0,4	0,8	1,0

Quelle: Eigene Darstellung. Daten: Bloomberg, Harcourt Investment Consulting AG.
Abbildung 3-19: *Korrelationsmatrix des Commodity Funds Index*

Die rollierenden Zwölfmonats-Korrelationen mit dem Aktienmarkt variieren in einer Bandbreite von -0,37 bis +0,66 sind jedoch für die meiste Zeit leicht positiv (siehe Abbildung
3-20). Die rollierenden Zwölfmonats-Korrelationen mit dem DJUBS sind stets positiv und
variieren in einer Banbreite von +0,45 bis +0,95. Sie zeigen deutlich eine Abhängigkeit der
Renditen des CFI mit der Entwicklung des Rohstoffmarktes.

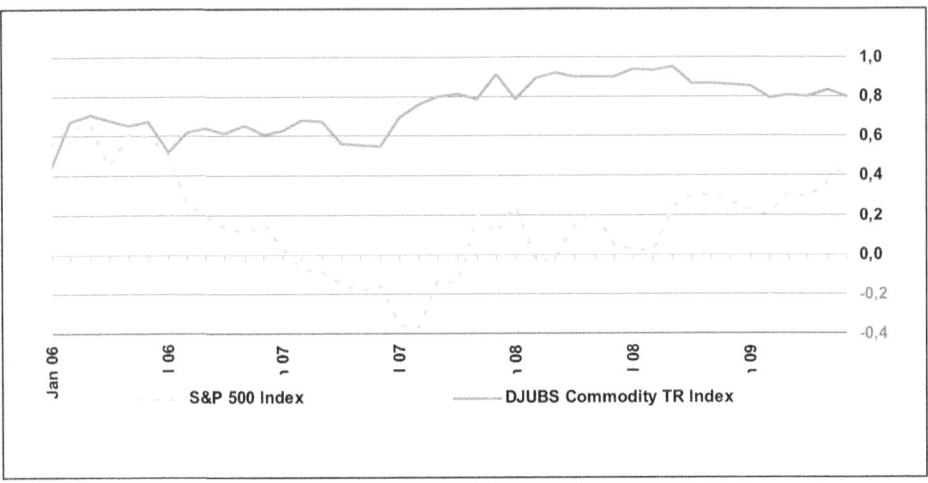

Quelle: Eigene Darstellung. Daten: Bloomberg, Harcourt Investment Consulting AG.
Abbildung 3-20: *Rollierende Zwölfmonats-Korrelationen des Commodity Funds Index*

Wirft man einen Blick auf den sogenannten Unterwasser-Chart in Abbildung 3-21, so über-
zeugt der CFI durch tendenziell kürzere und weniger ausgeprägte Drawdown-Phasen im
Vergleich zum SP500 oder zum DJUBS. Die Drawdown-Analyse in Abbildung 3-22 zerglie-
dert diese Phasen ins Detail und gibt deren Dauer in Monaten, das Ausmaß des Drawdowns,
die Erholungsphase und den Zeitpunkt an.

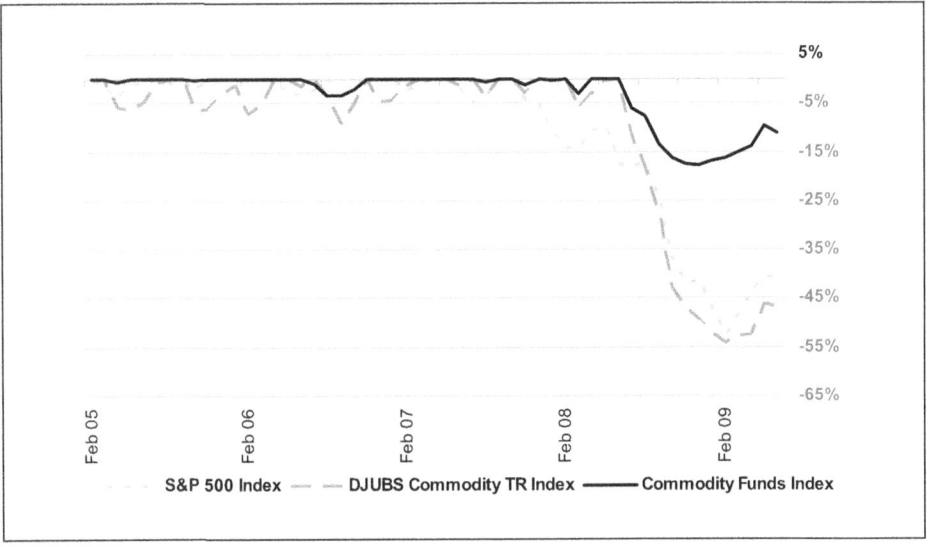

Quelle: Eigene Darstellung. Daten: Bloomberg, Harcourt Investment Consulting AG.
Abbildung 3-21: *Unterwasser-Chart des Commodity Funds Index*

	Drawdown	Length	Recovery	Start	Valley
1	-17.97%	6	7	Jul-08	Dec-08
2	-3.43%	4	2	Jun-06	Sep-06
3	-3.14%	1	1	Mar-08	Mar-08
4	-1.40%	1	1	Nov-07	Nov-07
5	-0.81%	1	1	Apr-05	Apr-05
6	-0.58%	1	1	Aug-07	Aug-07
7	-0.32%	1	1	Oct-05	Oct-05
8	-0.29%	1	1	Jan-08	Jan-08
9	0.00%	1	1	Feb-05	Feb-05

Quelle: Eigene Darstellung. Daten: Bloomberg, Harcourt Investment Consulting AG.
Abbildung 3-22:   *Drawdown-Analyse des Commodity Funds Index*

4.　Stromhandel

4.1　Strom und seine Herstellung

Bei der Investition in Strom ist es für das Verständnis hilfreich, sich einleitend mit den verschiedenen Herstellungsmöglichkeiten von Elektrizität auseinanderzusetzen.

Wasserkraft (auch Hydroenergie) bezeichnet die Strömungsenergie von fließendem Wasser, die über geeignete Maschinen in mechanische Energie umgesetzt wird. In früheren Zeiten wurde diese mechanische Energie in Mühlen direkt genutzt, heute überwiegt die weitere Umwandlung zu elektrischer Energie in Wasserkraftwerken. Das Nutzen der Wasserkraft ist das Ausnutzen der potenziellen Energie des Wassers im Schwerefeld der Erde, die beim Nach-unten-Fließen in kinetische Energie umgewandelt wird. Das Wasser wird durch die Natur mittels Verdunstung, den Wind und schließlich den Regen in eine Hochlage gebracht, aus der es abfließt und dabei eine Nutzung durch den Menschen mittels Wasserkraftmaschinen erlaubt. Die Wasserkraft gehört damit zu den regenerativen oder erneuerbaren Energiequellen, mit welcher 16 Prozent der weltweit erzeugten elektrischen Energie gewonnen wird. Durch Wasserkraft wird weltweit mehr elektrische Energie gewonnen als durch Kernenergie (15,2 Prozent) oder Erdöl (6,6 Prozent).[1] Wasserkraft ist derzeit die wichtigste erneuerbare Energiequelle, die zur Stromversorgung der Erdbevölkerung beiträgt. Die anderen erneuerbaren Energieformen wie Sonne, Wind, Erdwärme und Biomasse tragen zusammen rund 2,1 Prozent bei. In Deutschland wird circa fünf Prozent der erzeugten elektrischen Energie aus Wasserkraft gewonnen, in der Schweiz circa 60 Prozent und in Österreich circa 66 Prozent. Eine sehr hohe Bedeutung hat die Wasserkraft in Norwegen. Dort wird circa 99 Prozent der Elektrizität aus Wasserkraft gewonnen.[2]

Bei der *Kernenergie* sind Atome die Basis für die Stromproduktion in Kernkraftwerken (KKW). Kernkraftwerke erzeugen Bandenenergie, das heißt, sie werden rund um die Uhr mit der gleichen Leistung betrieben und decken so den Grundbedarf an Strom. Das Kernkraftwerk ist eine weiterentwickelte Form des thermischen Kraftwerks.[3] Die Erzeugung elektrischer Energie geschieht indirekt: Die Wärme, die bei der Kernspaltung entsteht, wird auf ein Kühlmedium – etwa Wasser – übertragen, wodurch dieses erwärmt wird. Direkt im Reaktor oder indirekt in einem Dampferzeuger entsteht Wasserdampf, der wiederum eine Dampfturbine antreibt. In Kernkraftwerken werden unterschiedliche Reaktortypen eingesetzt, welche sich im Wesentlichen durch die verwendeten Kernbrennstoffe, Kühlkreisläufe und Moderatoren unterscheiden.

1　Quelle: International Energy Agency; Key World Energy Statistics [2007].
2　http://www.nordpoolspot.com/reports/Production_split/ [14. August 2008].
3　Quelle: http://www.poweron.ch/de/stromprod/kernenergie_content---1--1238.html [06.März 2009].

Im Jahr 2008 haben die 17 in Deutschland in Betrieb befindlichen Kernkraftwerke ihre Bruttostromerzeugung um 5,9 Prozent auf 148,8 Milliarden Kilowattstunden (KWh) erhöht. Dabei verfügen die zuletzt in Betrieb genommenen Anlagen über Produktionskapazitäten von
1.400 – 1.500 Megawatt (MW). GKN2 in Neckarwestheim zum Beispiel verfügt über eine
Bruttostromerzeugungskapazität in Höhe von 1.400 MW und hat in 2008 11,4 Gigawattstun-
den (GWh) Strom erzeugt, was einer Zeitverfügbarkeit von 91,3 Prozent entspricht. Der
Anteil der Kernenergie an der Bruttostromerzeugung in Deutschland von rund 639,1 Milliarden KWh in 2008 betrug somit 23,3 Prozent. Weltweit waren im Jahre 2008 insgesamt 439
Kernkraftwerke in Betrieb. Fünf der zehn weltweit besten Produktionsergebnisse wurden im
Jahr 2008 von deutschen Kernkraftwerken erzielt.[4]

Konventionell-thermische Energie ist die Kraft der Wärme. Um aus Wärme Elektrizität zu
gewinnen bedarf es brennbaren Materialien wie beispielsweise fossilen Brennstoffen. Diese
Stoffe beinhalten sogenannte „chemische Energie" welche bei der Verbrennung freigesetzt
wird. Diese chemische Energie ist die Wärme, welche eine Dampf- oder Gasturbine antreibt
und dabei mechanische Energie erzeugt. Die mechanische Energie treibt den Generator an,
der Elektrizität produziert.[5] Ein Gas-und-Dampf-Kombikraftwerk ist ein Kraftwerk, in dem
die Prinzipien eines Gasturbinenkraftwerkes und eines Dampfkraftwerkes kombiniert werden. Eine Gasturbine dient dabei als Wärmequelle für einen nachgeschalteten Abhitzekessel,
der wiederum als Dampferzeuger für die Dampfturbine wirkt. Mit dieser kombinierten Fahr-
weise wird ein höherer Wirkungsgrad erreicht als mit Gasturbinen im sogenannten Thermo-
dynamischen Kreisprozess oder in konventionell befeuerten Gaskraftwerken. Kombikraftwerke gehören mit Wirkungsgraden von bis zu circa 60 Prozent zu den effizientesten konventionellen Kraftwerken. Kombikraftwerke sind im Kraftwerksmanagement sehr flexibel
einsetzbar. Dank kurzer Startzeiten sind sie ideal geeignet, um für die Lieferung von Spitzen-
strom (Peakload) zum Einsatz zu kommen. Die Kurzbezeichnung GuD- oder GUD-
Kraftwerk ist eine geschützte Bezeichnung der Firma Siemens. Die Leistungen von GuD-
Anlagen liegen im Bereich zwischen 80 und 830 Megawatt pro Einheit Gasturbi-
ne/Dampfturbine, wobei eine Kraftwerksanlage aus mehreren Einheiten bestehen kann.

Solarkraftwerke lassen sich in zwei Klassen einteilen. Während Photovoltaikanlagen mithilfe
von Solarzellen direkt Sonnenlicht in elektrischen Strom umwandeln, erzeugen thermische
Solarkraftwerke indirekt Strom aus dem Licht der Sonne. Das Wort *Photovoltaik* ist eine
Zusammensetzung aus dem griechischen Wort für Licht und dem Namen des Physikers Ales-
sandro Volta. Es bezeichnet die direkte Umwandlung von Sonnenlicht in elektrische Energie.
Die Photovoltaik – besser bekannt unter dem Namen *Solarenergie* – hat den Vorteil einer
sauberen und ökologischen Stromerzeugung. In den dünnen Siliziumscheibchen einer Solarzelle werden durch das Licht positive und negative Ladungsträger freigesetzt, das heißt, die
Solarzelle erzeugt Gleichstrom aus dem Sonnenlicht.[6] In Deutschland besteht eine Dominanz
der Photovoltaikkraftwerke, was sich damit erklärt, dass thermische Solarkraftwerke sich nur

---

4   Vgl. Weßelmann (2008), S.2.
5   Quelle: http://www.poweron.ch/de/stromprod/konventionell-thermische_energie_content---1--1239.html
     [06.März 2009].
6   Quelle: http://www.poweron.ch/de/stromprod/solarenergie_content---1--1242.html [06.März 2009].

in extrem sonnenreichen Gebieten wirtschaftlich rechnen. Dafür erreichen sie jedoch höhere Wirkungsgrade als Photovoltaikanlagen, verursachen aber auch höhere Kosten in Betrieb und Wartung. Bei den thermischen Solarkraftwerken existieren wiederum unterschiedliche Methoden der Stromgewinnung, wobei drei davon mit konzentrierenden Spiegelflächen arbeiten. Die Stromerzeugung aus Photovoltaikanlagen wird in Deutschland dank dem Erneuerbare-Energien-Gesetz derzeit stark gefördert und dementsprechend hoch sind auch die Zuwachsraten der installierten Solaranlagen. 2006 wurden Anlagen mit einer Leistung von circa 800 Megawatt in Betrieb genommen, 2008 geht man bereits von einer Leistung von mindestens 2.000 Megawatt aus. Deutschland ist führend auf dem Gebiet der Stromgewinnung aus Photovoltaik, sowohl auf dem Gebiet der Produktion und Forschung als auch bei der Nachfrage. In den letzten Jahren mussten noch zusätzliche Anlagen aus anderen Ländern importiert werden, weil die inländische Produktion bei weitem nicht ausreichte, um den Bedarf zu decken. Interessanterweise sind die Deutschen zwar Weltmeister bei der Installation, die meisten Solarmodule produziert allerdings Japan.

Bei der *Windenergie* handelt es sich um kinetische Energie, die aus den bewegten Luftmassen der Atmosphäre gewonnen wird. Sie ist eine indirekte Form der Sonnenenergie und zählt deshalb zu den erneuerbaren Energien. Die Windenergienutzung ist eine seit dem Altertum bekannte Möglichkeit, um Energie aus der Umwelt zu schöpfen. Windenergieanlagen können in allen Klimazonen, auf See und in allen Landformen (Küste, Binnenland, Gebirge) zur Gewinnung elektrischen Stroms eingesetzt werden. Aufgrund der Unstetigkeit des Windes kann die mit Windenergieanlagen gewonnene elektrische Energie nur im Verbund mit anderen Energiequellen oder in sehr kleinen Stromnetzen mit Speichern für eine kontinuierliche Energiebereitstellung genutzt werden. Aufgrund der Sonneneinstrahlung weht der Wind tagsüber meist stärker als nachts und passt sich somit auf natürliche Weise dem am Tag höheren Energiebedarf an. In ähnlicher Weise ist oft die Erzeugung im Winter größer als im Sommer, was ebenfalls günstig ist. Die Höhe der vorzuhaltenden Reserveleistung (Regelenergie) hängt auch erheblich von der Vorhersagegenauigkeit des Windes, der Regelungsfähigkeit des Netzes sowie dem zeitlichen Verlauf des Stromverbrauchs ab. Eine deutliche Verminderung des Bedarfs an Regelenergie entsteht durch Kombination von Windenergieanlagen an verschiedenen Standorten, da sich die Schwankungen der dortigen Windgeschwindigkeiten teilweise gegenseitig ausmitteln. Moderne Windenergieanlagen besitzen eine kurze energetische Amortisationszeit von nur wenigen Monaten.

International gehört die USA vor Deutschland, Spanien und China zu den größten Nutzern von Windenergie zur Erzeugung von elektrischem Strom. Dänemark verzeichnet mit etwa 20 Prozent weltweit den größten Anteil der Windenergie an der Stromerzeugung. In Deutschland, Dänemark und Spanien gab es über Jahre eine durch den politischen Willen getragene gleichmäßige Entwicklung der Windenergie. Dies hat zur Entwicklung eines neuen Industriezweiges in diesen drei Ländern geführt. Deutsche Technologien (neben dänischen und spanischen Entwicklungen) wurden daher in den letzten Jahren auch verstärkt in anderen Märkten eingesetzt. Im Jahr 2008 wurden weltweit 27.056 MW neu installiert, davon 8.358 MW in den Vereinigten Staaten, 6.300 MW in China, 1.800 MW in Indien, 1.665 MW in Deutschland und 1.609 MW in Spanien. Insgesamt sind Ende 2008 weltweit über 120.000 MW in-

stalliert, die etwa 240 Milliarden KWh Strom pro Jahr erzeugen. Dabei ist zu berücksichtigen, dass durch das unterschiedliche und jährlich schwankende Windpotenzial die Windstro-
merzeugung in den verschiedenen Ländern andere Relationen haben kann, als die insgesamt
installierte Leistung der Windenergieanlagen. Die bereits eingetretenen Steigerungen der
internationalen Windkrafterzeugung sind weitaus höher als zum Beispiel noch 1998 im World
Energy Outlook der IEA (Internationale Energieagentur) prognostiziert.

In Deutschland waren per Ende 2008 insgesamt 20.301 Windenergieanlagen installiert, welche insgesamt eine Leistungskapazität von 23.903 MW aufwiesen. Dies entspricht etwa einem achtprozentigen Anteil am Nettostromverbrauch von Deutschland. Eine Windenergiean-
lage verfügt demnach im Durchschnitt über eine Kapazität von 1,18 MW. Um es in Relation
zur Kernenergie zu setzen benötigt es circa 1.200 Windenergieanlagen, um die gleiche
Strommenge herzustellen, die ein Kernkraftwerk produziert.[7]

4.1.1   Eigenheiten beim Handel in Strom

Großhandelspreise für Strom werden ausgedrückt in US-Dollar respektive Euro je Megawatt-
stunde (MWh). Die Herstellung von Strom ist eine der kapitalintensivsten Industrien weltweit. Die Herstellungskosten eines großen kohlebetriebenen Kraftwerks betragen etwa zwei
Milliarden US-Dollar, für eine große erdgasbetriebene Anlage muss mit etwa 500 Millionen
US-Dollar gerechnet werden.[8] Einmal investiert haben diese Kosten jedoch kaum mehr Einfluss auf die Großhandelspreise von Strom. Diese werden im Wesentlichen durch die variablen Kosten bestimmt, welche sich aus den Kosten für den Brennstoff (Kohle, Erdgas oder Öl)
und den variablen Kosten für den Betrieb und den Erhalt der Anlage zusammensetzen. Im
Allgemeinen wird ein Betreiber einer Kraftwerkanlage nur dann Strom produzieren, wenn er
zumindest die Grenzkosten mit dem Verkauf des Stroms erwirtschaften kann. Liegen die
Preise über den Grenzkosten, kann er mit der Differenz einen Teil seiner zu Beginn investierten Herstellungskosten amortisieren. Abbildung 4-1 stellt den Anteil der Fix- und variablen
Kosten für die verschiedenen Stromerzeugungsarten je Megawattstunde gegenüber.

---

[7]   Gemessen am Beispiel vom GKN2 Neckarwestheim.
[8]   Das 2008 zu bauen begonnene 750-Megawatt-Kohlekraftwerk Trianel kostet 1,4 Milliarden Euro und
      damit 1.867 Euro pro Kilowatt.

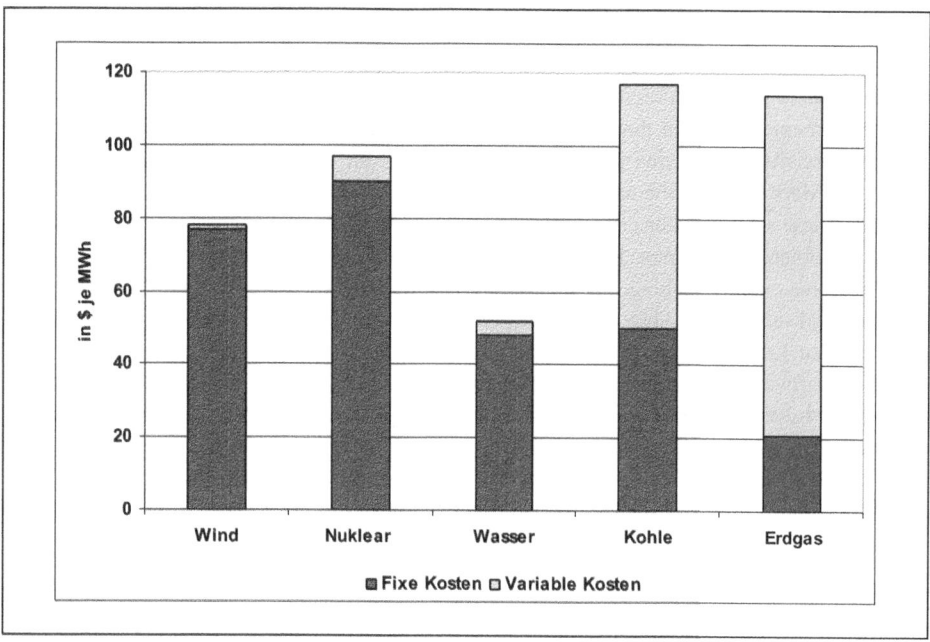

Quelle: Barclays Capital (2009).

Abbildung 4-1: *Fix- und variabler Kostenanteil verschiedener Stromerzeugungsarten in den USA in US-Dollar je MWh*

Der Umfang an Brennstoffen, der zur Produktion einer Megawattstunde aufgewendet werden muss, bezeichnet die Effizienz der Anlage und wird ausgedrückt in *British Terminal Units* (Btus), einer britischen Wärmeeinheit, die in etwa 1.055 Joule entspricht.[9] Eine moderne erdgasbetriebene Kraftwerksanlage produziert eine Megawattstunde Elektrizität durch das Verbrennen von 7,5 Millionen Btus Erdgas, was einer Effizienz von 7,5 Millionen Btus je MWh entspricht. Ältere Anlagen aus den Sechzigerjahren brauchen nicht selten das Doppelte an Brennstoff je Megawattstunde. Stößt die Elektrizitätsnachfrage an die Produktionskapazität, so müssen selbst die teuersten Kraftwerke zur Produktion hinzugeschaltet werden. Da der Strompreis durch die teuerste Kraftwerksanlage bestimmt wird, die nötig ist um die aktuelle Nachfrage zu befriedigen, ergeben sich in einer solchen Situation für die anderen Kraftwerksbetreiber Gelegenheiten, Deckungsbeiträge zu erwirtschaften, die ihnen dabei helfen, die Herstellungskosten zu amortisieren. Eine derartige Situation kann sich beispielsweise wetterbedingt einstellen, wenn eine Hitzewelle im Sommer dafür sorgt, dass viele Klimaanlagen in Betrieb genommen werden oder aber wenn der Ausfall von ein oder zwei Kraftwerken oder Hochspannungsleitungen zu einer Reduktion im Angebot führt. Regionale Versor-

---

9   Die British Thermal Unit ist eine Einheit der Energie. Ihr Einheitenzeichen ist Btu oder BTU, ihr Formelzeichen W. Die Btu ist definiert als die Wärmeenergie, die benötigt wird, um ein britisches Pfund Wasser von 63 Grad Fahrenheit auf 64 Grad Fahrenheit zu erwärmen.1 Btu = 252 cal = 1055 J; 1 MBtu = 1.000 Btu; 1 MMBtu = 1.000.000 Btu = 1055 MJ = 293,06 KWh.

gungswerke, deren Auftrag es ist, den privaten Endkunden mit Strom zu versorgen, decken ihren Strombedarf nur teilweise über den volatilen Spot-Markt ab.[10] Vielmehr verfügen sie über ein ganzes Portfolio unterschiedlicher Kontrakte (Tages-, Monats- oder Jahrestermingeschäfte), um einen Großteil ihres erwarteten Bedarfes im Vorfeld preislich abzusichern.[11] Für die Strompreisfindung an den nationalen Börsen findet die sogenannte *Merit-Order* Anwendung. Als Merit-Order wird an der Strombörse die Einsatzreihenfolge der Kraftwerke bezeichnet. Diese setzt sich aus den am Vortag abgegebenen stündlichen Preis-Mengen-Geboten der Stromanbieter zusammen. Die Kraftwerke erhalten beginnend mit dem niedrigsten Preis von der Börse einen Zuschlag, bis die prognostizierte Nachfrage gedeckt ist. Das letzte Gebot, das noch einen Zuschlag erhält, bestimmt den Strompreis, der dann für alle zustande gekommenen Lieferverträge bezahlt wird. Der Preis für Strom wird also durch das jeweils teuerste Kraftwerk bestimmt, das noch benötigt wird, um die Stromnachfrage zu decken. Abbildung 4-2 zeigt hierbei die Stromproduktion in Deutschland am 9. April 2008, welche durch eine geringe Windproduktion (drei Prozent) gekennzeichnet war. Hierdurch mussten noch die teureren erdgas- und erdölbetriebenen Anlagen hinzugeschaltet werden, was zu einem Strompreis je MWh in Höhe von 132,70 Euro führte.

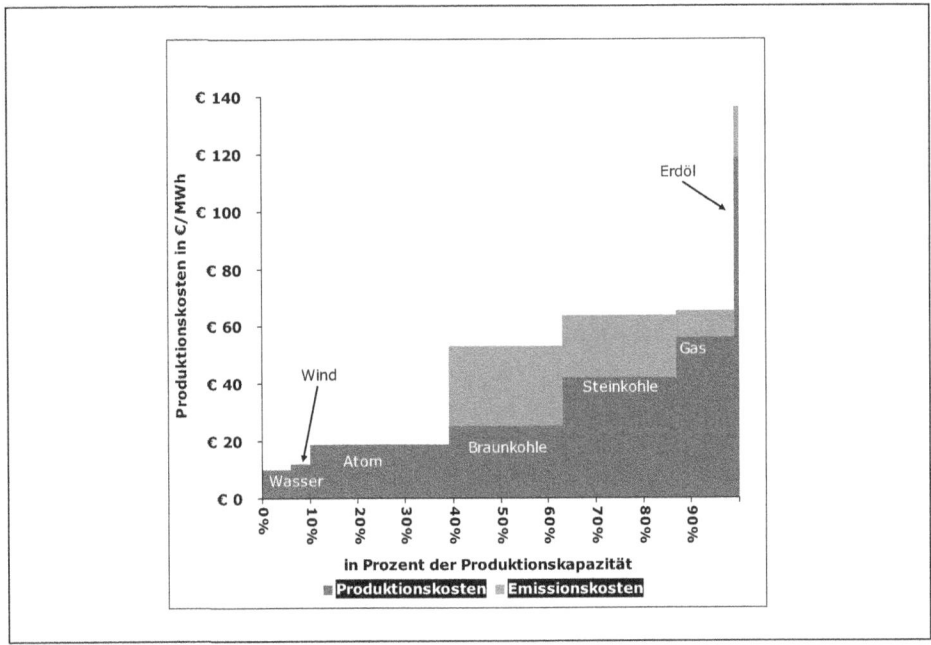

Quelle: Energy Capital Management B.V.
Abbildung 4-2: *Grenzkosten bei der deutschen Stromproduktion (Merit-Order) am 9. April 2008*

---

10 Als Spot-Markt wird der Handel im physischen Strom bezeichnet.
11 Vgl. Zenker/Hopley (2008), S. 16ff.

Der 22. April 2008 hingegen zeichnete sich durch eine relativ hohe Windproduktion von 20 Prozent aus, womit weniger gasbetriebene und keine erdölbetriebenen Produktionsanlagen aufgeschaltet werden mussten (siehe Abbildung 4-3) und resultierte in einem Strompreis von 61,90 Euro je MWh an diesem Tag. In Deutschland kann die Windenergie in der Spitze bis zu 25 Prozent der gesamten Stromproduktion ausmachen, was zu einer hohen wetterbedingten Volatilität der Preise am Spotmarkt führt. Strom ist nicht speicherfähig und muss deshalb sofort verbraucht oder ins Ausland verkauft werden. Ferner variiert der Verbrauch je nach Tages- und Jahreszeit, weshalb der Preis von Strom am Spotmarkt und im jeweiligen Liefer-monat am Terminmarkt oftmals mit einer sehr hohen Volatilität verbunden ist. Ein unerwartet starker Anstieg in der Stromnachfrage, beispielsweise wetterbedingt durch außergewöhnlich kalte Temperaturen im Winter (zusätzliche Heizaggregate werden von den Konsumenten hinzugeschaltet) oder überproportional heiße Temperaturen im Sommer (zusätzlicher Betrieb von Klimaanlagen) kann beispielsweise zu einer erhöhten Stromnachfrage und einem damit verbundenen Strompreisanstieg führen.

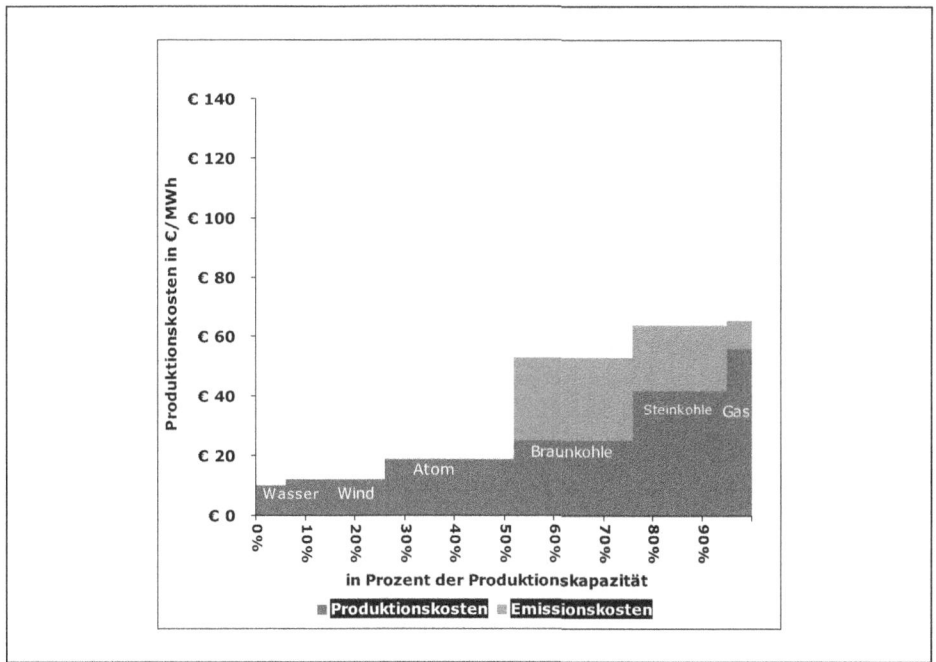

Quelle: Energy Capital Management BV.
Abbildung 4-3: *Grenzkosten bei der deutschen Stromproduktion (Merit-Order) am 22. April 2008*

4.1.2   Der amerikanische Strommarkt

Der Ölmarkt ist global, der Markt für Erdgas kontinental und der Strommarkt ist regional. Dies liegt in erster Linie darin begründet, dass die Übertragungsnetze nicht dazu geschaffen wurden um große Mengen an Strom quer durch das ganze Land zu transportieren. In der Folge haben sich in den USA verschiedene regionale Märkte gebildet.

Die Stromproduktion in den USA betrug im Jahr 2008 insgesamt 4,2 Milliarden MWh. Dies entspricht in etwa 24 Prozent der Weltproduktion. Mit rund 72 Prozent stellt hierbei der unter Einsatz von fossilen Brennstoffen hergestellte Strom den größten Anteil dar, gefolgt von Nuklearenergie mit einem Anteil von 19,3 Prozent. Der durch Wasserkraft hergestellte Strom erreichte einen Anteil von 7,2 Prozent.[12]

4.1.3   Der europäische Strommarkt

Durch die Liberalisierung der europäischen Elektrizitätsmärkte hat das Thema Stromhandel für die Energieversorger in Europa stark an Bedeutung gewonnen. Vor der Liberalisierung im Jahr 1999 wurde der Strom zumeist bei einigen wenigen Lieferanten bezogen und zu den Kunden in den jeweiligen Versorgungsgebieten weiterverkauft. Diese langfristigen Lieferverträge weichen immer mehr Verträgen mit kurzfristiger Laufzeit. Strom- und Stromterminbörsen sind dadurch ein wichtiger Aspekt der veränderten Wettbewerbssituation geworden da sie, wie andere Börsen auch, den Abschluss von Verträgen zu marktgerechten Preisen ermöglichen. Die Vorreiterrolle in diesem Bereich der europäischen Strombranche hat die skandinavische Strombörse Nord Pool übernommen, die durch die frühe Liberalisierung des Strommarktes in Skandinavien im Jahr 1993 entstanden ist. In Amsterdam wurde 1999 die Amsterdam Power Exchange (APX) gegründet, 2000 die Energiebörse European Energy Exchange (EEX) in Frankfurt am Main und die Leipzig Power Exchange (LPX), die im Jahr 2002 zur EEX mit Sitz in Leipzig fusionierten. Seit der Liberalisierung des österreichischen Marktes im Jahr 2001 gibt es auch in Österreich eine Strombörse, die Energy Exchange Austria (EXAA). Tabelle 4-1 ermöglicht einen Überblick über die 13 Strombörsen in Europa.

Tabelle 4-1:   Strombörsen in Europa

	Name der Strombörse	Internetadresse	Land
1	EEX	www.eex.com	Deutschland
2	Powernext	www.powernext.fr	Frankreich
3	Belpex	www.belpex.be	Belgien
4	IPEX	www.mercatoelettrico.org	Italien
5	APX-ENDEX	www.apxendex.com	Niederlande, Großbritannien
6	EXAA	www.exaa.at	Österreich
7	PolPX	www.polpx.pl	Polen
8	Nord Pool	www.nordpool.com	Norwegen

---

12   Quelle: International Energy Agency (2009) http://www.iea.org/

	Name der Strombörse	Internetadresse	Land
9	Borzen	www.borzen.si	Slowenien
10	OMEL	www.omel.es	Spanien
11	OMIP	www.omip.pt	Portugal
12	Opcom	www.opcom.ro	Rumänien
13	OTE	www.ote-cr.cz	Tschechien

Quelle: Eigene Darstellung.

Wie in Tabelle 4-2 dargestellt, haben sich die Strombörsen Nord Pool in Norwegen und die EEX in Deutschland gemessen am Handelsvolumen eine Vormachtsstellung aufgebaut.

Tabelle 4-2:   Handelsumsätze in TWh in 2008

Strombörse	Land	Spot-Markt	Termin-Markt	Total
Nordpool	Norwegen, Schweden, Finnland, Dänemark	297,6	1.436,6	1.734,2
EEX	Deutschland	154,4	1.165,0	1.319,4
OMEL	Spanien, Portugal	290,8	n/a	290,8
Powernext	Frankreich	51,6	87,0	138,6
Belpex	Belgien	11,1	n/a	11,1
IPEX	Italien	27,5	309,5	337,0
APX-ENDEX	Niederlande, Grossbritannien	36,6	170,0	206,6
EXAA	Österreich	2,5	n/a	2,5
PolPX	Polen	2,1		2,1
BSP South Pool	Slowenien	0,001		0,0
OMIP	Portugal	*siehe OMEL*	9,2	9,2
Opcom	Rumänien	5,2		5,2
OTE	Tschechien	1,4	n/a	1,4
Total		880,8	3.177,2	4.058,0

Quelle: Eigene Darstellung. Daten: Informationen der einzelnen Strombörsen

4.1.4   Der Stromhandel am Beispiel der EEX

Die European Energy Exchange AG (EEX) hat sich seit ihrer Gründung im Jahr 2002 als führender Energiehandelsplatz in Europa positioniert. Die Preise, die Tag für Tag an der EEX ermittelt werden, dienen europaweit als Referenzpreise. Mit 235 Handelsteilnehmern aus 21 Ländern ist die EEX heute die teilnehmer- und umsatzstärkste Energiebörse in Kontinentaleuropa.[13] Die EEX bietet einen Marktplatz für ein breites Spektrum an Energie und energienahen Produkten wie Strom, Erdgas und CO_2-Emissionsrechten. Diese werden sowohl kurzfristig am Spotmarkt als auch langfristig am Terminmarkt bis zu sechs Jahre in die Zukunft gehandelt. Die Nachfrage im Strommarkt ist vor allem durch zeitlich differenziertes Verbraucherverhalten gekennzeichnet (Lastprofil). Um diesem Umstand gerecht zu werden, unterscheiden sich auch die angebotenen Produkte an einer Strombörse vor allem durch die zeitliche Dauer der Lieferung.

Am *Spotmarkt* werden Stromprodukte für die Lieferung von Strom am Folgetag gehandelt. Die Spotkontrakte an der EEX werden nach der Lieferdauer des Stromes in Stunden- und Blockkontrakte unterschieden. Bei *Stundenkontrakten* wird die Lieferung von Strom mit konstanter Leistung über eine vorgegebene Lieferstunde gehandelt. Bei *Blockkontrakten* wird die Lieferung von Strom mit konstanter Lieferleistung über mehrere Lieferstunden gehandelt. Es werden Blockkontrakte einer Tages-Grundlastlieferung (*Baseload-Kontrakt*) für jeden Tag (Montag bis Sonntag), einer Tages-Spitzenlastlieferung (*Peakload-Kontrakt*) für jeden Wochentag (Montag bis Freitag) und eine Wochenend-Grundlastlieferung (*Weekend-Baseload-Kontrakt*) für jedes Wochenende (Samstag bis Sonntag) gehandelt. Tages-Spitzenlastlieferungen umfassen die zwölf Stunden von 8:00 Uhr bis 20:00 Uhr eines Tages.[14]

Die Statistiken zu den Preisschwankungen von Strom-Futures an der EEX in Tabelle 4-3 basieren auf täglichen Daten und zeigen die wesentlich höhere Volatilität des Spot-Futures-Kontraktes mit Fälligkeit am Folgetag im Vergleich zu dem in einem Monat fälligen Kontrakt auf. Die historische Volatilität betrug in diesem Zeitraum für den Kontrakt mit Fälligkeit am Folgetag 456,3 Prozent und war damit 3,6 mal höher als die Volatilität des Strom-Futures-Kontraktes mit Fälligkeit in einem Monat. Dieser wies eine Volatilität der täglichen Preisveränderungsraten in Höhe von 125,6 Prozent aus. Auch für die maximale Tagesveränderung weist der Kontrakt mit Fälligkeit am Folgetag einen signifikant höheren Wert von 220 Prozent aus.

---

13   Vgl. Pressemitteilung EEX 05. August 2009.
14   Vgl. http://www.eex.com/de/document/4429/Konzept_Strom_Release_01C.pdf [10.März 2009].

Tabelle 4-3:   Statistiken Preisschwankungen der Strom-Futures an der EEX

	Min	Max	Volatilität	Schiefe	Überschuss-Wölbung
Day Ahead Baseload Electricity Spot Price/Germany	-54,5%	220,0%	456,3%	2,09	7,57
First Month Generic Baseload Electricity Spot Price/Germany	-57,5%	134,1%	125,6%	9,69	173,68

Quelle: Eigene Darstellung. Daten: Bloomberg, Zeitraum 01.01.2006 bis 19.08.2009.

Die hohe Volatilität der Strompreise sowohl in physischem Strom als auch am Spotmarkt lässt sich durch folgendes Beispiel verdeutlichen.

Der Juli 2006 war ein außerordentlich heißer und trockener Monat. Dies führte einerseits zu einem Anstieg der Nachfrage (Klimaanlagen) und andererseits zu einer Einschränkung der Produktion (Kühlungsprobleme bei AKWs, fehlender Antrieb für Windkraftanlagen). Die Folge waren Rekordpreise an den europäischen Strombörsen. Am 25. Juli 2006 erreichte der Preis für eine MWh mit 2.000 Euro einen Höchststand, zum Vergleich: Am 4. September 2006 betrug der Preis je MWh 57 Euro.[15]

Analog wie am Spotmarkt können auch am *Terminmarkt* Base- und Peakload-Produkte gehandelt werden. Hierbei sind die folgenden *Strom-Futures-Kontrakte* verfügbar:

- Phelix-Base-Futures (Barausgleich);

- Phelix-Peak-Futures (Barausgleich);

- German-Baseload-Futures (physische Erfüllung);

- German-Peakload-Futures (physische Erfüllung);

- French-Baseload-Futures (physische Erfüllung);

- French-Peakload-Futures (physische Erfüllung).

Bei Futures mit physischer Erfüllung kommen Käufer und Verkäufer bei Geschäftsabschluss überein, Strom zu einem in der Zukunft liegenden bestimmten Lieferzeitraum mit bestimmter Menge, Lastprofil und Lieferort zum vereinbarten Preis zu liefern bzw. zu bezahlen. Bei Futures mit finanzieller Erfüllung (Barausgleich) kommen Käufer und Verkäufer bei Geschäftsabschluss überein, die Preisdifferenz zwischen vereinbartem Preis und zukünftigem Marktpreis in bar auszugleichen. Es sind Future-Kontrakte verfügbar mit Fälligkeit in den nächsten zehn Monaten, den nächsten elf Quartalen und den nächsten sechs Jahren. Üblicherweise sind die Kontrakte mit der kürzesten Laufzeit diejenigen mit der höchsten Liquidität. Ferner wird in der Regel im Baseload-Kontrakt mehr gehandelt als in Peakload-

---

15   Hünerwadel (2008), S. 5.

Kontrakten. Der Benchmark-Kontrakt für die Preisfindung in Over-the-Counter (OTC) Preis-
vereinbarungen ist der Future-Kontrakt mit der Fälligkeit im Folgejahr. Am 20. August 2009
sind somit die in der Tabelle 4-4 aufgeführten Kontraktfälligkeiten handelbar. Wenn die Kontraktlaufzeiten bei quartärlichen und jährlichen Kontrakten kürzer werden, werden die Kontrakte kaskadiert, das heißt, ein Kontrakt mit quartärlicher Liefermenge wird aufgeteilt in drei
Monatskontrakte und ein Kontrakt mit jährlicher Liefermenge wird aufgeteilt in drei Quar-
talskontrakte und drei Monatskontrakte. Der Tag der Kaskadierung für den Phelix Baseload
Year Futures Cal-10 ist demnach der 28. Dezember 2009. Der Tag der Kaskadierung für den
Phelix Baseload Quarter Futures 4/09 ist der 28. September 2009.

Tabelle 4-4:   Gehandelte Future-Kontrakte am EEX-Terminmarkt am 21. August 2009

	Grundlast (Baseload)	Spitzenlast (Peakload)
Monat	August 09	August 09
	September 09	September 09
	Oktober 09	Oktobert 09
	November 09	November 09
	Dezember 09	Dezember 09
	Januar 10	Januar 10
	Februar 10	Februar 10
	März 10	März 10
	April 10	April 10
	Mai 10	Mai 10
Quartal	Viertes Quartal 2009	Viertes Quartal 2009
	Erstes Quartal 2010	Erstes Quartal 2010
	Zweites Quartal 2010	Zweites Quartal 2010
	Drittes Quartal 2010	Drittes Quartal 2010
	Viertes Quartal 2010	Viertes Quartal 2010
	Erstes Quartal 2011	Erstes Quartal 2011
	Zweites Quartal 2011	Zweites Quartal 2011
	Drittes Quartal 2011	Drittes Quartal 2011
	Viertes Quartal 2011	Viertes Quartal 2011
	Erstes Quartal 2012	Erstes Quartal 2012
	Zweites Quartal 2012	Zweites Quartal 2012
Jahr	2010	2010

Grundlast (Baseload)	Spitzenlast (Peakload)
2011	2011
2012	2012
2013	2013
2014	2014
2015	2015

Quelle: Eigene Darstellung.

In nachfolgender Tabelle 4-5 sind für drei Kontrakte beispielhaft die den Kontrakten zugrunde liegenden Liefermengen und deren Berechnung dargestellt.

Tabelle 4-5: Kontraktvolumen verschiedener Phelix Baseload Futures

Kontrakt	Anzahl Tage	x	Anzahl Stunden	=		Korrektur Zeitumstellung	=	Kontraktvolumen in MWh
Phelix Baseload Month Futures, Mar-10	31		24		744	-1		743
Phelix Baseload Quarter Futures, 4/09	92		24		2208	1		2209
Phelix Baseload Year Futures, Cal-10	365		24		8760	0		8760

Quelle: Eigene Darstellung, EEX.

Der Phelix Baseload Year Futures Cal-10 beendete den Handel am 21. August 2009 mit einem Preis von 50,75 Euro, womit das einem Kontrakt zugrundeliegende Nominalvolumen an diesem Tag 444.700 Euro (8.760 x 50,75 Euro) betrug. Für den Aufbau von Handelsposition, wie in den nachfolgenden Handelsstrategien erläutert, ist die Liquidität in den einzelnen Futures-Kontrakten zu beachten. Ein Blick auf das gehandelte tägliche Handelsvolumen, als auch die Anzahl der offen Kontrakte gibt einen Eindruck, inwiefern Positionen zum jeweiligen Preis eröffnet und später wieder geschlossen werden können ohne selbst einen signifikanten Einfluss auf den Abrechnungspreis zu haben (*Slippage*). Wie aus der Tabelle 4-6 ersichtlich, fällt die Anzahl der offenen Kontrakte sowohl in den Jahres-, den Quartals- als auch den Monatskontrakten nach der zweiten Fälligkeit signifikant. Auch die Anzahl der täglich gehandelten Kontrakte konzentriert sich im Wesentlichen auf die ersten Fälligkeitskontrakte in jeder der drei Gruppen. Dieser Umstand begrenzt sowohl die Möglichkeiten verschiedener Handelsstrategien als auch das Volumen, das durch einzelne Marktteilnehmer in einer jeweiligen Handelsstrategie umgesetzt werden kann.

Tabelle 4-6: *Liquidität in den einzelnen EEX Phelix-Baseload-Futures-Kontrakten am 14. Mai 2009*

	Anzahl Kontrakte	Abrechnungspreis	Letzte Zeit	Volumen	Volumen OTC Clearing	Offene Kontrakte
Phelix Baseload Year Futures						
Cal-10	416	52,10	15:59	3.644.160	2.601.720	17.134
Cal-11	89	57,70	15:52	779.640	420.480	6.830
Cal-12	5	61,68		43.920	43.920	1.862
Cal-13	5	68,85		43.800	43.800	787
Cal-14	0	70,50				9
Cal-15	0	71,00				5
Phelix Baseload Quarter Futures						
03/09	106	36,91	12:39	234.048	176.640	19.811
04/09	1	48,18	15:32	2.209	-	20.206
01/10	7	54,88	10:54	15.113	10.795	1.903
02/10	10	44,58	09:27	21.840	-	929
03/10	8	48,28	10:07	17.664	-	705
04/10	7	60,65		15.463	-	867
01/11		63,90			-	493
02/11		49,50			-	155
03/11		53,28			-	25
04/11		64,15			-	35
01/12		69,72			-	40
Phelix Baseload Month Futures						
Mai 09	20	30,91		-	-	23.733
Jun 09	-	34,61	12:16	14.400	-	23.837
Jul 09	25	37,04		-	-	882
Aug 09	-	33,70		18.600	18.600	932
Sep 09	-	40,10		-	-	442
Okt 09	-	43,75		-	-	60
Nov 09	-	52,25		-	-	
Dez 09	-	n.a.		-	-	
Jan 10	-	n.a.		-	-	
Feb 10	-	n.a.		-	-	

Quelle: Eigene Darstellung. Daten: EEX.

Beispiel: Funktionsweise eines Absicherungsgeschäftes unter Anwendung eines Phelix-Baseload-Month-Futures

Ein Stomproduzent plant, 30 MW seiner Stromproduktion im Monat September 2009 vollständig (24 Stunden, 30 Tage) am EEX-Spotmarkt über Stundenkontrakte zu verkaufen. Er kalkuliert mit einem Preis von durchschnittlich 29 Euro/MWh. Da der Strommarktpreis nicht sicher vorhersehbar ist, tätigt er im Februar 2009 ein Preisabsicherungsgeschäft, indem er 30 Kontrakte des Phelix-Baseload-Month-Futures für September 2009 zu 29 Euro/MWh verkauft. Der geplante Erlös aus der Stromlieferung beträgt

30 MW x 24 Stunden x 30 Tage x 29 Euro MWh = 626.400 Euro.[16]

Wie geplant veräußert der Stromproduzent 30 MW pro Stunde, beginnend am 29. August 2009 für den ersten Liefertag (1. September 2009) und endend am 29. September 2009 für den letzten Liefertag (30. September 2009). Er gibt dabei für jede der 24 Stunden eines jeden Liefertag im September preisunabhängige Gebote mit der Folge ab, dass er die 30 MW in jeder Stunde zum jeweils gültigen Spotmarktpreis verkauft. Somit realisiert er in Monatsbe-

---

16 Vgl. http://www.eex.com/de/document/4429/Konzept_Strom_Release_01C.pdf [10.März 2009].

trachtung genau den Durchschnitt der täglichen Spotmarktindizes Phelix Base als Preis. Jedoch ist dieser Durchschnitt in dem Beispiel unter den geplanten Wert von 29 Euro/MWh gefallen. Der Stromproduzent erlöst am Spotmarkt im Durchschnitt nur 26,70 Euro/MWh und bleibt damit 49.680 Euro unter dem geplanten Erlös. Durch die Gewinne (Variation Margin) aus dem Future-Kontrakt in Höhe von 49.680 Euro wird genau dieser Mindererlös am Spotmarkt ausgeglichen.

Eine *Option* auf einen Future ist ein Vertrag zwischen zwei Parteien, bei dem der Käufer gegen Zahlung des Optionspreises (Prämie) das Recht erhält, einen bestimmten Futures-Kontrakt (Basiswert) in festgelegter Menge an einem festgelegten Zeitpunkt zu einem im Voraus bestimmten Preis (Basispreis) zu kaufen (Call) oder zu verkaufen (Put). Der Verkäufer (Stillhalter) übernimmt die Verpflichtung, den Basiswert zum festgelegten Basispreis zu verkaufen (Call) bzw. zu kaufen (Put), sofern der Käufer sein Recht in Anspruch nimmt. Als Gegenleistung erhält er den vom Optionskäufer bezahlten Optionspreis. Am EEX-Terminmarkt kann die Phelix-Base-Option auf Strom gehandelt werden.

Beispiel: Einsatz von Strom-Optionen aus der Sicht eines Industrieunternehmens

Ein Industrieunternehmen mit hohem Verbrauch von 25 MW Grundlast, aber ohne eigene Erzeugungsmöglichkeiten, möchte zu jedem Zeitpunkt den günstigsten Preis für seine Strombeschaffung erzielen. Für den Monat Mai hat das Industrieunternehmen seinen Strombedarf noch nicht eingedeckt. Damit das Unternehmen wirtschaftlich produzieren kann, muss es in jedem Falle einen Strompreis von unter 31 Euro/MWh realisieren. Der Futures-Preis für den Phelix-Base-Month-Future für den Monat Mai liegt am 10. März mit 25 Euro/MWh klar unterhalb der Vorgabe. Die Risikorichtlinie des Unternehmens erlaubt es nicht, den Strombezug für Mai offen zu halten. Durch den Kauf von Calls sichert sich das Industrieunternehmen einen maximalen Einkaufspreis, der dem Ausübungspreis der Option zuzüglich der gezahlten Optionsprämie entspricht. Das Industrieunternehmen entscheidet sich, 25 Calls auf den Phelix-Base-Month-Future für den Monat Mai mit einem Ausübungspreis von 30 Euro/MWh gegen Zahlung einer Prämie von 0,90 Euro/MWh je Call zu kaufen. Insgesamt zahlt das Unternehmen eine Prämie von

5 MW x 0,90 Euro/MWh x 24 Stunden x 31 Tage = 16.740 Euro.

Liegt der Futures-Preis am Ausübungstag über dem Ausübungspreis von 30 Euro/MWh, so wird das Unternehmen als Käufer der Option diese ausüben und dadurch eine Kaufposition in Phelix-Base-Month-Futures für den Monat Mai zum günstigeren Ausübungspreis zugeteilt bekommen. Da das Unternehmen den Strom benötigt, wird es die Futures-Position im Mai am Spotmarkt physisch erfüllen. Insgesamt ergibt sich dann der Strompreis aus 30 Euro/MWh über den physisch erfüllten Futures-Kontrakt und zusätzlich aus 0,90 Euro/MWh für die gezahlte Optionsprämie. Auch im eigentlich nicht erwarteten Fall steigender Futures-Preise zahlt das Unternehmen mit 30,90 Euro/MWh nicht mehr als die wirtschaftlich verkraftbaren 31 Euro/MWh. Liegen die Marktpreise der Futures am Ausübungstag jedoch unter dem Ausübungspreis lohnt sich die Ausübung nicht. Stattdessen wird es den Strombedarf nun über eine Futures-Position zum jeweiligen Marktpreis absichern.[17]

4.2   Handelsstrategien

4.2.1   Spark-Spread

Mit Spark-Spreads wird der Spread (die Produktionsmarge) bei der Herstellung von Elektrizität aus Erdgas definiert. Der *Clean-Spark-Spread* stellt hierbei die Differenz aus dem Preis für Elektrizität abzüglich den notwendigen Kosten in Form von Erdgas zusätzlich der entsprechend notwendigen Menge an Emissionsrechten dar. Beim Handel in (Clean) Spark-Spreads werden Verwerfungen in der Preiskorrelation zwischen Elektrizität und Erdgas (plus Emissionsrechten) ausgenutzt. Vornehmlich im Nord- und Südwesten der USA sowie in Texas, wo ein Großteil der Elektrizität mithilfe von Erdgasverbrennung produziert wird, ist eine Korrelation der Renditen der beiden Produkte gegeben. In anderen Regionen, in denen vornehmlich Kohle, Öl oder nukleare Brennstoffe zur Gewinnung von Elektrizität verwendet werden, ist die Korrelation der Renditen von Erdgas und Elektrizität hingegen weniger signifikant. Der Spark-Spread wird in US-Dollar je Megawatt-Stunde (US-Dollar/MWh) zum Ausdruck gebracht und ist die Differenz zwischen dem Preis von Elektrizität je Megawatt-Stunde und dem Preis für den Brennstoff, der zur Herstellung eben dieser Energiemenge benötigt wird. Da Erdgas in British Thermal Units gehandelt wird ist es erforderlich, diese Mengenangabe unter zur Hilfenahme eines Konversionsfaktors umzurechnen. Zur Errechnung dieses Konversionsfaktors wird die Heizrate der jeweiligen Elektrizitätsgewinnungsanlage benötigt. Angenommen ein Betreiber einer Elektrizitätsgewinnungsanlage weiß, dass seine Anlage mit einer Effizienzrate von 10.000 Btu je Kilowatt-Stunde arbeitet und die Kosten für Erdgas 1,45 US-Dollar/MMBtu betragen, so ergibt sich hieraus folgende Heizkostenrate:

$$\frac{10.000\,Btu}{1\,KWh}\,x\,\frac{1,000}{1,000}=\frac{10\,MMBtu}{1\,Mwh}\,x\,\frac{1,45\,USD}{MMBtu}=14,50\,USD/\,MWh$$

Die Berechnung des Spark-Spreads berücksichtigt ferner den Marktpreis für Elektrizität und somit Angebot- und Nachfragebedingungen sowie auch die Frage der Effizienz. Das nachfolgende Beispiel einer Spark-Spread-Berechnung zeigt deren Elemente auf Basis von Erdgas im Südosten der USA.

---

[17]   Vgl. http://www.eex.com/de/document/4429/Konzept_Strom_Release_01C.pdf [10.März 2009].

Tabelle 4-7: Ermittlung der Stromherstellungskosten

	US-Dollar
Netznutzungsentgelt je Megawatt-Stunde	2,50
Einspeisungskosten ins Netz	1,50
Summe Netznutzungsentgelt und Einspeisungskosten je MWh	4,00
Erdgas Preis (Henry Hub) per MMBtu	1,45
Erdgas Transportkosten per MMBtu	0,18
Summe Preis pro MMBtu	1,63
Heizrate: 10.000 Btu/KWh (USD 1,45 + USD 0,18) x 10	16,30
Gesamtkosten Elektrizität pro MWh USD 4,00 + USD 16,30	20,30

Quelle: New York Mercantile Exchange (2006).

Nachdem auf diese Weise der Kostenfaktor ermittelt wurde, kann der Spark-Spread als Differenz zum Marktpreis ermittelt werden.[18]

Tabelle 4-8: Ermittlung des Spark-Spreads

	US-Dollar/MWh
Marktpreis für Elektrizität (Beispiel)	20,30
Herstellungskosten je Megawatt-Stunde	- 16,30
Spark-Spread	4,00

Quelle: New York Mercantile Exchange (2006).

Aufgrund der unterschiedlichen Maßeinheiten für Elektrizitäts- und Erdgas-Futures-Kontrakte ist es notwendig, die Heizrate der Kraftwerksanlage zu kennen, um das *Hedge Ratio* für Erdgas und Elektrizität zu ermitteln. Der Entergy Elektrizitäts-Futures-Kontrakt an der NYMEX bezieht sich auf eine Elektrizitätsmenge von 736 MWh, wohingegen der Erdgas-Futures-Kontrakt ein Volumen von 10.000 MMBtu umfasst. Ein Elektrizitäts-Futures-Kontrakt übersetzt sich demnach in 7.360 MMBtus oder 0,736 Erdgas-Futures-Kontrakte oder anders ausgedrückt in ein Verhältnis von 4 (Elektrizitäts-Kontrakte) zu 3 (Erdgas-Kontrakte). Bei einer Heizrate von 8.000 verändert sich das Verhältnis in 5 zu 3 und bei einer Heizrate von 13.500 entspricht der Spark-Spread in etwa einem Verhältnis von 1 zu 1.

Beispiel: Einsatz von Spark-Spreads aus Sicht eines Elektrizitätsproduzenten

Im April beträgt der Preis für Erdgas-Futures mit Lieferung im Juli (Henry Hub) 1,45 US-Dollar je MMBtu und Juli Entergy Elektrizitäts-Futures handeln bei 20 US-Dollar je MWh.

---

18 Vgl. New York Mercantile Exchange (2006), S. 18 ff.

Der Stromproduzent eröffnet eine Spark-Spread-Position um seine Marge zu sichern. Die Heizrate seiner Anlage beträgt etwa 8.000 das heißt, es erfordert 8.000 Btu, um eine MWh Elektrizität zu produzieren. Da sich die beiden Kontrakte auf unterschiedliche Einheiten beziehen, ist es zuerst notwendig, das entsprechende Hedge Ratio zu ermitteln:

8 x 736 = 5,888 / 10,000 = 0,59 was sich in etwa in ein Hedge Ratio von 5 zu 3 übersetzt.

Verkauf der Spark-Spread Position als Hedge am 25. April 2006 durch folgende Futures-Kontrakt-Transaktionen:

▨ Verkauf 5 Juli Entergy Elektrizitäts-Futures-Kontrakte bei 20 US-Dollar/MWh

▨ Kauf 3 Juli Henry Hub Erdgas-Futures-Kontrakte bei 1,45 US-Dollar/MMBtu, da [(5 x 736 MWh x 20 US-Dollar/MWh) – (3 x 10,000 MMBtu x 1.45 US-Dollar/MMBtu)] / (5 x 736 MWh) = Spark-Spread von 8,18 US-Dollar/MWh

Am 26. Juni 2006 löst der Stromproduzent seine Hedge-Position auf, indem er den Spark-Spread zurückkauft mittels folgender Futures-Kontrakt-Transaktionen:

▨ Kauf 5 Juli Entergy Elektrizitäts-Futures-Kontrakte bei 16 US-Dollar/MWh

▨ Verkauf 3 Juli Henry Hub Erdgas-Futures-Kontrakte bei 1,60 US-Dollar/MMBtu, da [(3 x 10.000 MMBtu x 1,60 US-Dollar/MMBtu) – (5 x 736 MWh x 16 US-Dollar/MWh)] / (5 x 736 MWh) = Spark-Spread von – 2,96 US-Dollar/MWh

Ergebnis der Hedge-Position:

▨ 8,18 US-Dollar – 2,96 US-Dollar = 5,22 US-Dollar Nettoergebnis

▨ 5,22 US-Dollar/MWh x (5 x 736 MWh) = 19,210 US-Dollar

Der Spark-Spread kann durch den zeitgleichen Kauf von Elektrizitäts-Futures-Kontrakten und dem Verkauf von Erdgas-Futures-Kontrakten synthetisch aufgebaut werden. Diente er anfangs den Stromerzeugern zu Absicherungszwecken, ist er zwischenzeitlich auch Bestandteil einer Vielzahl von Handelsstrategien entsprechend spezialisierter Hedgefonds geworden. Dabei wird das Ziel verfolgt, die den Preis beeinflussenden Faktoren entsprechend richtig abschätzen zu können, um von der relativen Preisänderung zwischen Erdgas und Elektrizität zu profitieren. Abbildung 4-4 zeigt zur Veranschaulichung die Entwicklung des Clean-Spark-Spreads für in Deutschland produzierten Strom.

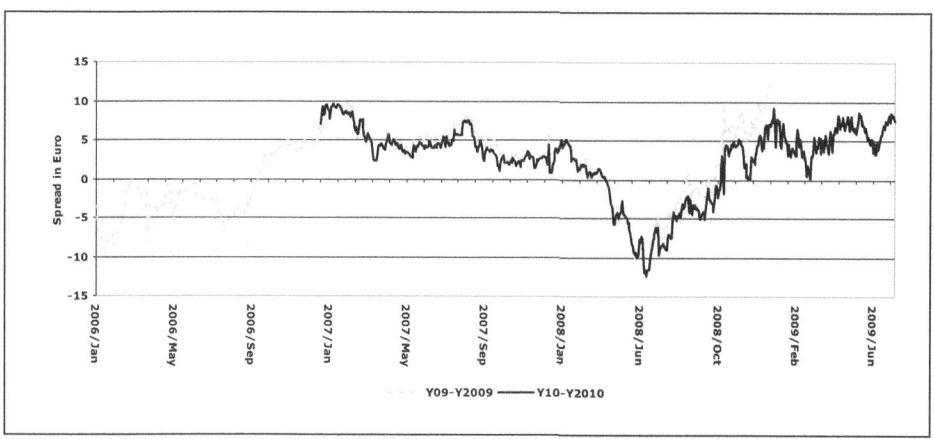

Quelle: Eigene Darstellung. Daten: Bloomberg, Energy Capital Management BV.
Abbildung 4-4: *Clean-Spark-Spreads Deutschland*

4.2.2 Kalender-Spread

Die Rationale für Kalender-Spreads ergibt sich aus dem Umstand, dass der Preis für Winter-strom in Deutschland in der Regel deutlich höher notiert als derjenige für Sommerstrom. In der Regel liegt der Stromverbrauch in Deutschland im Winter höher als im Sommer, womit aufgrund des *Merit-Order-Effekts* kostenintensivere Produktionskapazitäten in Betrieb ge-nommen werden müssen. Dies bedeutet, dass der Preis für den Futures-Kontrakt mit Fällig-keit im vierten Quartal über demjenigen Futures-Kontrakt, der zur Lieferung über das Ge-samtjahr verpflichtet, handeln sollte. Neben der Stromnachfrage und dem Merit-Order-Effekt ist ferner auch noch die Terminkurve für die einzelnen Rohstoffe, die als Brennstoff dienen können, ein Faktor, der den Preis beeinflusst. Verschiedene Rohstoffe, wozu unter anderem die Brennstoffe Erdöl, Erdgas und Kohle zählen, handeln aufgrund des rezessionären Um-felds und dem damit verbundenen Angebotsüberhang zur Drucklegung dieses Buches in Contango. In Abbildung 4-5 und Abbildung 4-6 sind beispielhaft die Terminkurven für Erdöl und Erdgas, wie sie am 27. Juli 2009 an der NYMEX notierten, abgebildet. Von Zeit zu Zeit ergeben sich Opportunitäten, durch entsprechende Handelspositionen von temporären Ver-werfungen zu profitieren. Die Contango-Situation in verschiedenen Brennstoffen hat jüngst dazu geführt, dass dieser Kalender-Spread einen negativen Wert ausweist, eine temporäre Verwerfung, die interessante Investmentopportunitäten verspricht (siehe Abbildung 4-5 für Erdöl und Abbildung 4-6 für Erdgas).

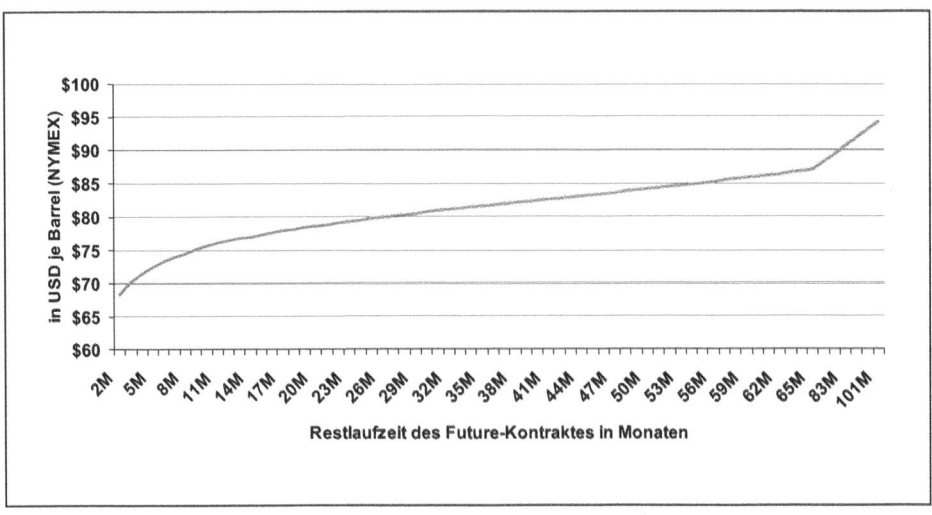

Quelle: Eigene Darstellung. Daten: Bloomberg.
Abbildung 4-5: *Forward-Kurve von WTI Crude Oil an der NYMEX am 27. Juli 2009*
(Contango)

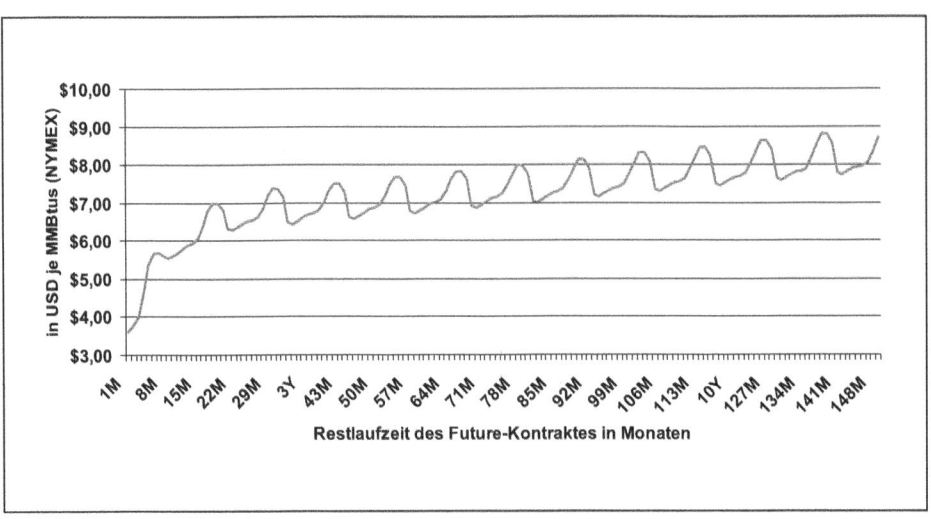

Quelle: Eigene Darstellung. Daten: Bloomberg.
Abbildung 4-6: *Forward-Kurve von Natural Gas an der NYMEX am 27. Juli 2009*
(Contango)

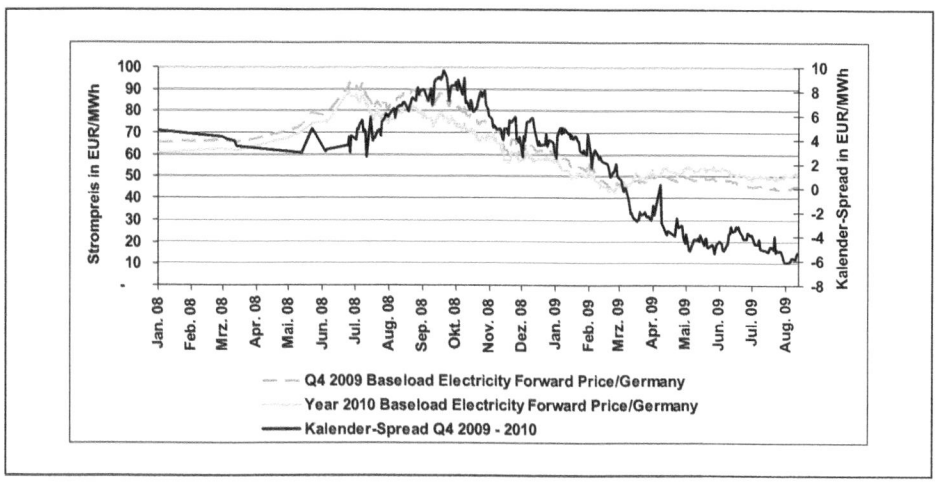

Quelle: Eigene Darstellung: Daten: Bloomberg, Energy Capital Management BV.

Abbildung 4-7: *Kalender-Spread Deutschland Strom-Futures Q4-2009 versus Kalenderjahr 2010*

Das Handelsbeispiel bringt eine Marktmeinung zum Kalender-Spread zwischen dem Preis für deutschen Winterstrom (Q4 2009) und dem durchschnittlichen Strompreis für das gesamte Kalenderjahr (2010) zum Ausdruck. Der zum Zeitpunkt des Positionsaufbaus vorherrschende Kalender-Spread in Höhe von -5,05 Euro/MWh (43,90 – 48,95 Euro/MWh) ist zu gering vor dem Hintergrund, dass der Preis für Winterstrom historisch immer über dem Durchschnittspreis für das Gesamtjahr gehandelt hat. Der Kalender-Spread handelt in der Regel in einer Bandbreite von 0 bis 10 Euro/MWh. Die Risiken in diesem Handelsbeispiel sind kalkulierbar und im Wesentlichen auf temporäre Bewertungsverluste (Mark-to-Market) begrenzt. In diesem Handelsbeispiel vom Juli 2009 wird der Kalender-Spread, wie in Tabelle 4-9 dargestellt, aufgebaut. Der Kalender-Spread beträgt in diesem Beispiel -5,05 Euro/MWh, was sowohl in einem historischen als auch in einem fundamentalen Sachverhalt als temporäre Verwerfung betrachtet werden kann.

Tabelle 4-9: Aufbau der Kalender-Spread-Position Q4 2009 – 2010 Deutschland Strom

Datum	Kontrakte	Position	Futures-Kontrakt	Kontrakt in Euro/MWh	Nominalvolumen in Euro
30. Jul. 09	100	Kauf	Q4 2009 Baseload Electricity Forward Price/Germany	€ 43,90	€ 9.697.510,00
30. Jul. 09	25	Verkauf	Year 2010 Baseload Electricity Forward Price/Germany	€ 48,95	-€ 10.720.050,00
			Kalender-Spread	-€ 5,05	

Quelle: Eigene Darstellung. Daten: Bloomberg, Energy Capital Management BV.

Einem Baseload-Futures-Kontrakt für das Kalenderjahr 2010 liegt ein Kontraktvolumen von 8.760 MWh zugrunde. Einem Baseload-Futures-Kontrakt für Q4 2009 liegt ein Kontraktvolumen von 2.209 MWh zugrunde, womit die Position in Q4 Kontrakten etwa vier mal größer sein muss als die Position für das Kalenderjahr 2010, um die Gesamtposition in etwa neutral gegenüber parallelen und damit direktionalen Preisveränderungen zu gestalten.

Die zu hinterlegende Initial-Margin für die mit der in Tabelle 4-9 aufgeführte Kalender-Spread-Position in Strom-Futures-Kontrakten beträgt 1,2 Millionen Euro und würde sich demnach wie in Tabelle 4-10 dargestellt berechnen.

Tabelle 4-10: Berechnung der Initial-Marin für die Kalender-Spread Position

Kontrakte	Futures-Kontrakt	Anzahl Stunden	Initial Margin pro Stunde	Initial Margin
100	Q4 2009 Baseload Electricity Forward Price/Germany	100 x 2.209 = 220.900	€ 5,40	€ 1.192.860,00
25	Year 2010 Baseload Electricity Forward Price/Germany	25 x 8.760 = 219.000	€ 4,80	€ 1.051.200,00
		Initial Margin		€ 1.192.860,00

Quelle: Eigene Darstellung. Daten: Energy Capital Management BV

Bei der Berechnung der zu hinterlegenden Initial-Margin ist zu beachten, dass es sogenannte Netting-Effekte gibt. Da die Margin-Anforderungsregeln der Börse vorsehen, dass sowohl die Position in Futures-Kontrakten mit quartalsweiser Lieferverpflichtung als auch diejenige mit jährlicher Lieferverpflichtung in die gleiche Margin-Anforderungskategorie fällt, ist einzig die größere der beiden Initial Margin-Anforderungen zu hinterlegen.

Wenn der Spread auf +5 Euro/MWh steigt, wie in Tabelle 4-11 dargestellt, würde sich ein Gewinn in Höhe von 2.208.740 Euro ergeben.

Tabelle 4-11: Bewertung der Position des Kalender-Spread bei einem Spread von +5 Euro/MWh

Datum	Kontrakte	Position	Futures-Kontrakt	Kontrakt in Euro/MWh	Nominalvolumen in Euro
	100	Verkauf	Q4 2009 Baseload Electricity Forward Price/Germany	€ 48,00	€ 10.603.200,00
	25	Kauf	Year 2010 Baseload Electricity Forward Price/Germany	€ 43,00	€ 9.417.000,00
			Kalender-Spread	€ 5,00	

Quelle: Eigene Berechnungen.

Tabelle 4-12: Szenario 1 Gewinn- und Verlustrechnung Kalender-Spread

Datum	Kontrakte	Kontrakt	Gewinn- und Verlustrechnung je Kontrakt in Euro/MWh	Total in Euro
	100	Q4 2009 Baseload Electricity Forward Price/Germany	€ 4,10	€ 905.690,00
	25	Year 2010 Baseload Electricity Forward Price/Germany	€ 5,95	€ 1.303.050,00
Total			€ 10,05	€ 2.208.740,00

Quelle: Eigene Berechnungen

Fällt der Spread hingegen auf -8 Euro/MWh, wie in Tabelle 4-13 dargestellt, würde sich ein Verlust in Höhe von -662.960 Euro ergeben.

Tabelle 4-13: Szenario 2 Bewertung der Position des Kalender-Spread bei einem Spread von -8 Euro/MWh

Datum	Kontrakte	Position	Futures-Kontrakt	Kontrakt in Euro/MWh	Nominalvolumen in Euro
	100	Verkauf	Q4 2009 Baseload Electricity Forward Price/Germany	€ 35,00	€ 7.731.500,00
	25	Kauf	Year 2010 Baseload Electricity Forward Price/Germany	€ 43,00	€ 9.417.000,00
			Kalender-Spread	-€ 8,00	

Quelle: Eigene Berechnungen.

Tabelle 4-14: Szenario 2 Gewinn- und Verlustrechnung Kalender-Spread

Datum	Kontrakte	Kontrakt	Gewinn- und Verlustrechnung je Kontrakt in Euro/MWh	Total in Euro
	100	Q4 2009 Baseload Electricity Forward Price/Germany	-€ 8,90	-€ 1.966.010,00
	25	Year 2010 Baseload Electricity Forward Price/Germany	€ 5,95	€ 1.303.050,00
Total			-€ 2,95	-€ 662.960,00

Quelle: Eigene Berechnungen.

4.2.3 Lokations-Spread

Der unterschiedliche Produktionsmix von Strom in den verschiedenen Ländern Europas ist unter anderem ein Grund dafür, dass Strom an den verschiedenen Börsen in Europa zu unterschiedlichen Preisen je MWh gehandelt wird. Abbildung 4-8 gibt einen Überblick über die Bedeutung der verschiedenen Energieträger bei der Herstellung von Elektrizität in ausgewählten Ländern Europas. So sind beispielsweise die variablen Kosten zur Produktion von Strom in den Niederlanden signifikant höher als in Deutschland. Dies liegt darin begründet, dass in den Niederlanden circa 84 Prozent der Stromproduktion durch relativ teure erdgas- und erdölbetriebene Anlagen erfolgt, wohingegen in Deutschland Kohle und Kernenergie einen Anteil von 66,5 Prozent bei den Energieträgern abdeckt.[19]

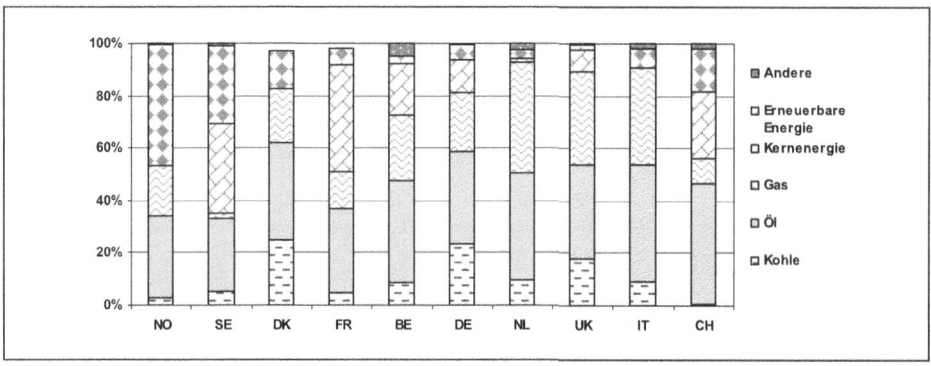

Quelle: Eigene Darstellung. Daten: Europäische Kommission.
Abbildung 4-8: *Produktion von Elektrizität nach jeweiligen Energiequellen in unterschiedlichen Ländern Europas (2005)*

Die installierte Produktionskapazität für Elektrizität in Deutschland beträgt circa 111.600 MW im Vergleich zu circa 18.700 MW in den Niederlanden. Dies erklärt auch, dass die Niederlande die meiste Zeit des Jahres als Importeur von Elektrizität aus Deutschland auftritt. Derartige Ineffizienzen eröffnen Opportunitäten, von welchen aktive Händler in Elektrizität profitieren können.

---

19   Quelle: http://www.ag-energiebilanzen.de/viewpage.php?idpage=65 [17. März 2009].

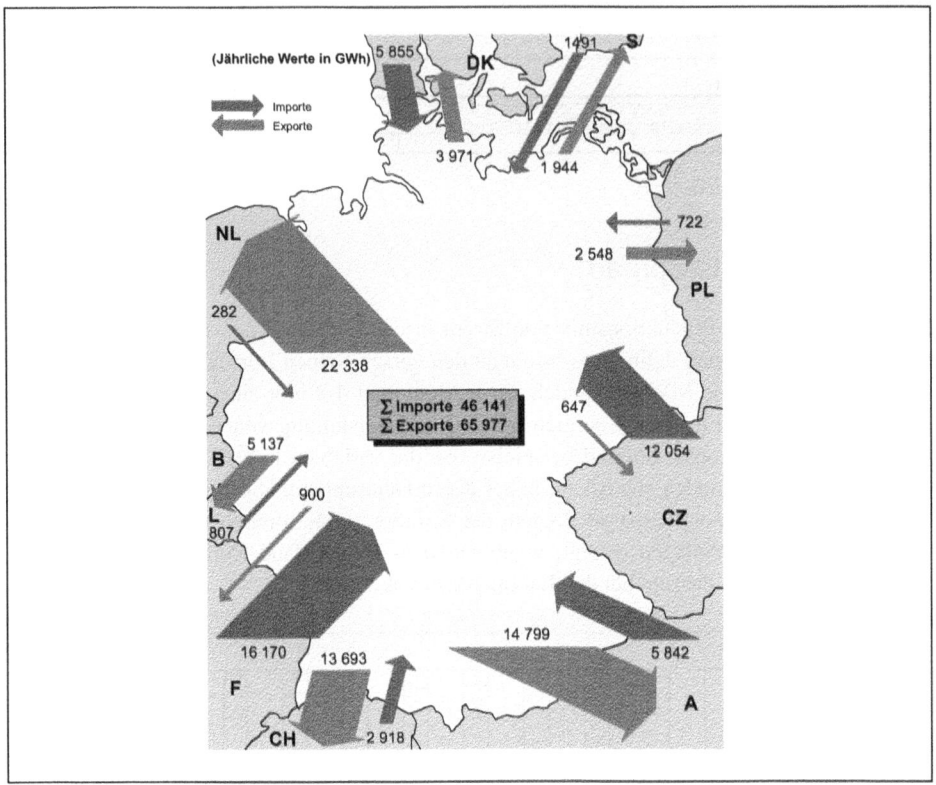

Quelle: BDEW (2009).

Abbildung 4-9: *Physischer Stromaustausch Deutschland in die angrenzenden Länder im Jahre 2007*

In den vergangenen zehn Jahren notierte der Preis für niederländischen Strom nahezu ausschließich über dem Preis für deutschen Strom. Abbildung 4-10 zeigt den Preisverlauf des Lokations-Spread zwischen dem niederländischen und dem deutschen Baseload-Futures-Kontrakt mit Fälligkeit in 2010.

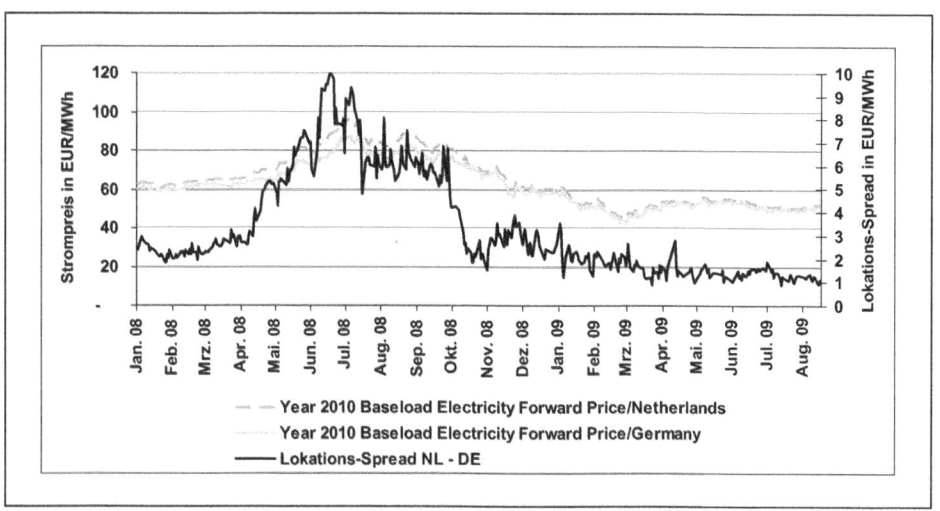

Quelle: *Energy Capital Management BV (2009)*.
Abbildung 4-10: *Lokations-Spread zwischen den Niederlanden und Deutschland*

Im Vergleich zur Produktionskapazität in den Niederlanden (18.700 MW) ist dort auch die Netztransportkapazität relativ gering (2.500 MW) und vor dem Jahr 2013 ist auch keine Ausweitung zu erwarten. Dadurch ist die Netztransportkapazität zu gering, als das sich die Preise von niederländischem und deutschem Strom annähern sollten. Bei beiden Märkten handelt es sich somit um autarke Märkte. Aus diesem Grund bestimmen die Fundamentalfaktoren der jeweiligen Märkte deren Preis. Im Falle dieser beiden Märkte ist dies im Wesentlichen der Produktionsmix zur Herstellung von Elektrizität. Sowohl der deutsche als auch der niederländische Markt für Elektrizität sind verhältnismäßig wettbewerbsstarke Märkte mit einer Vielzahl von Marktteilnehmern. Gehandeltes Volumen im deutschen Elektrizitätsmarkt ist etwa um ein Neunfaches höher als das gehandelte Volumen im niederländischen Markt. Im niederländischen Markt entspricht dies 400 TWh, also das Vierfache der Produktion und im deutschen 3.500 TWh oder das Sechseinhalbfache der Produktion. Industriekunden hedgen, das heißt kaufen ihren Bedarf an Elektrizität zumeist im Jahr vor der Lieferung: Sie kaufen ihren Bedarf für das Kalenderjahr 2009 bereits in 2008. Produzenten von Elektrizität hingegen hedgen ihre Produktion in der Regel zwei bis drei Jahre im Voraus. Dies bedeutet, sie verkaufen Elektrizität auf Termin und kaufen zum selben Zeitpunkt die Emissionsrechte und den Brennstoff (Kohle, Erdgas und Erdöl), ebenfalls auf Termin.

Das Handelsbeispiel bringt eine Marktmeinung zum Forward-Spread zwischen dem Preis für niederländische und deutsche Elektrizität für das Kalenderjahr 2010 zum Ausdruck. Der zum Zeitpunkt des Positionsaufbaus vorherrschende Lokations-Spread in Höhe von +0,95 Euro/MWh ist zu gering vor dem Hintergrund der jeweiligen Grenzkosten bei der Stromproduktion. Der Spread handelte in der Regel in einer Bandbreite von 0 bis 16 Euro/MWh. Aufgrund verschiedener Projekte, die in den nächsten Jahren zu einer Ausweitung der Stromproduktionskapazitäten in den Niederlanden führen sollten, ist in der Zukunft jedoch mit einer tendenziell geringeren Obergrenze zu rechnen.[20] Die Risiken erscheinen entsprechend kalkulierbar und im Wesentlichen auf temporäre Bewertungsverluste (Mark-to-Market) begrenzt. In diesem Handelsbeispiel vom Juli 2009 wird der Lokations-Spread wie in Tabelle 4-15 aufgebaut. Der Lokations-Spread beträgt in diesem Beispiel +0,95 Euro/MWh, was sowohl in einem historischen als auch in einem fundamentalen Sachverhalt als äußerst niedrig angesehen werden kann. Die Wahrscheinlichkeit, dass dieser Spread dauerhaft in den negativen Bereich fällt, ist sehr gering, da die Produktion von Strom in den Niederlanden überwiegend auf relativ teuren Gaskraftwerksanlagen beruht.

Tabelle 4-15: Aufbau der Lokations-Spread Position Long Niederlande – Short Deutschland Strom 2010

Datum	Kontrakte	Position	Kontrakt	Kontrakt in Euro/MWh	Nominalvolumen in Euro
27. Jul. 09	100	Kauf	Year 2010 Baseload Electricity Forward Price/Netherlands	€ 50,50	€ 44.238.000,00
27. Jul. 09	100	Verkauf	Year 2010 Baseload Electricity Forward Price/Germany	€ 49,55	-€ 43.405.800,00
			Lokations-Spread	€ 0,95	

Quelle: Eigene Darstellung. Daten: Bloomberg, Energy Capital Management BV.

Einem Baseload-Futures-Kontrakt für das Kalenderjahr 2010 liegt ein Kontraktvolumen von 8.760 MWh zugrunde, also 365 Tage à 24 Stunden.

Die zu hinterlegende Initial Margin für die mit der in Tabelle 4-15 aufgeführte Lokations-Spread-Position in Strom-Futures-Kontrakten beträgt 4,2 Millionen Euro und würde sich demnach wie in Tabelle 4-16 aufgeführt berechnen.

Tabelle 4-16: Berechnung der Initial Margin für die Lokations-Spread Position

Kontrakte	Kontrakt	Anzahl Stunden	Initial Margin pro Stunde	Initial Margin
100	Year 2010 Baseload Electricity Forward Price/Netherlands	100 x 8.760 = 876.000	€ 4,50	€ 3.942.000,00
100	Year 2010 Baseload Electricity Forward Price/Germany	100 x 8.760 = 876.000	€ 4,80	€ 4.204.800,00
			Initial Margin	€ 4.204.800,00

Quelle: Eigene Darstellung. Daten: Energy Capital Management BV, EEX, ECC.

Bei der Berechnung der zu hinterlegenden Initial-Margin ist zu beachten, dass es sogenannte Netting-Effekte gibt. Da die Margin-Anforderungsregeln der Börsen vorsehen, dass sowohl die Position in Future-Kontrakten mit Lieferverpflichtung für niederländischen Strom, als auch diejenige mit Lieferverpflichtung für deutschen Strom in die gleiche Margin-Anforderungskategorie fällt, ist einzig die größere der beiden Initial-Margin-Anforderungen zu hinterlegen.

Wenn der Spread auf +5 Euro/MWh steigt, wie in Tabelle Tabelle 4-17 dargestellt, würde sich ein Gewinn in Höhe von 3.547.800 Euro ergeben.

---

20 So werden 2,3 GW Produktionskapazitäten im Jahr 2010 fertig gestellt, gefolgt von 8,3 GW zwischen 2011 bis 2013 und 7,7 GW zwischen 2014 und 2016.

Tabelle 4-17: Szenario 1- Bewertung der Position des Lokations-Spread bei einem Spread von +5 Euro/MWh

Datum	Kontrakte	Position	Kontrakt	Kontrakt in Euro/MWh	Nominalvolumen in Euro
	100	Verkauf	Year 2010 Baseload Electricity Forward Price/Netherlands	€ 55,00	€ 48.180.000,00
	100	Kauf	Year 2010 Baseload Electricity Forward Price/Germany	€ 50,00	€ 43.800.000,00
			Lokations-Spread	€ 5,00	

Quelle: Eigene Berechnungen.

Tabelle 4-18: Szenario 1 – Gewinn- und Verlustrechnung Lokations-Spread

Datum	Kontrakte	Kontrakt	Gewinn- und Verlustrechnung je Kontrakt in Euro/MWh	Total in Euro
	100	Year 2010 Baseload Electricity Forward Price/Netherlands	€ 4,50	€ 3.942.000,00
	100	Year 2010 Baseload Electricity Forward Price/Germany	-€ 0,45	-€ 394.200,00
Total			€ 4,05	€ 3.547.800,00

Quelle: Eigene Berechnungen.

Fällt der Spread hingegen auf -2 Euro/MWh, wie in Tabelle 4-19 dargestellt, würde sich ein Verlust in Höhe von -2.584.200 Euro ergeben.

Tabelle 4-19: Szenario 2 – Bewertung der Position des Lokations-Spread bei einem Spread von -2 Euro/MWh

Datum	Kontrakte	Position	Kontrakt	Kontrakt in Euro/MWh	Nominalvolumen in Euro
	100	Verkauf	Year 2010 Baseload Electricity Forward Price/Netherlands	€ 48,00	€ 42.048.000,00
	100	Kauf	Year 2010 Baseload Electricity Forward Price/Germany	€ 50,00	€ 43.800.000,00
			Lokations-Spread	-€ 2,00	

Quelle: Eigene Berechnungen

Tabelle 4-20: Szenario 2 – Gewinn- und Verlustrechnung Lokations-Spread

Datum	Kontrakte	Kontrakt	Gewinn- und Verlustrechnung je Kontrakt in Euro/MWh	Total in Euro
	100	Year 2010 Baseload Electricity Forward Price/Netherlands	-€ 2,50	-€ 2.190.000,00
	100	Year 2010 Baseload Electricity Forward Price/Germany	-€ 0,45	-€ 394.200,00
Total			-€ 2,95	-€ 2.584.200,00

Quelle: Eigene Berechnungen.

4.3   Rendite- und Risikobetrachtung

In diesem Abschnitt werden die Rendite- und Risikoeigenschaften von Power Trading Fonds beschrieben. Als Benchmark für aktive Power-Trading-Fonds wird der Power Trading Funds Index (PTFI) verwendet und mit einer Investition in US-Aktien, gemessen anhand des S&P 500 Index (SP500) sowie in Staatsanleihen, gemessen anhand des JP Morgan Government Bond Index (JPMGBI), verglichen. Der PTFI ist ein eigens berechneter Index und stellt die durchschnittliche Wertentwicklung von neun aktiven Power-Trading-Fonds, gleichgewichtet und monatlich rebalanciert, dar. Der Untersuchungszeitraum erstreckt sich vom 1. Dezember 2005 bis zum 30. Juni 2009. Die Auswertungen in diesem Abschnitt erfolgen auf Basis von Monatsdaten und basieren entsprechend auf 43 Datenpunkten. Die Berechnung eines eigenen Index für diese Strategie ist erforderlich, da in der Praxis keine Benchmark für diese sehr spezialisierte und junge Investmentstrategie existiert.

4.3.1   Wertentwicklung

Die durchschnittliche jährliche Wertentwicklung des PTFI betrug während der Untersuchungsperiode 8,5 Prozent und lag damit deutlich über den Werten für Aktien und Anleihen (siehe Tabelle 4-21). Diese Rendite wurde erzielt mit einer niedrigeren Volatilität (5,6 Prozent) als bei Aktien (17,3 Prozent) und war nur leicht höher als bei Staatsanleihen (3,4 Prozent). Die risikoadjustierten Performancemaße (Sharpe Ratio, Omega) zeigen vergleichsweise interessante Werte für den PTFI.

Tabelle 4-21: Historische Wertentwicklung des Power Trading Funds Index

	PTFI	SP500	JPMGBI
Annualisierte Rendite	8,5%	-8,2%	5,0%
Volatilität	5,6%	17,3%	3,4%
Positive Monate in %	67,4%	60,5%	69,8%
Sharpe Ratio (RFR)	0,82	-0,62	0,36
Omega (RFR)	1,85	0,59	1,31
Bester Monat	4,0%	9,4%	3,0%
Schlechtester Monat	-3,4%	-16,9%	-1,6%
Maximum Drawdown	-4,1%	-52,6%	-2,3%
Annualisiertes Alpha (PTFI)		8,0%	8,9%
Beta (PTFI)		-0,04	-0,12
Downside Beta (PTFI)		-0,08	0,21

Quelle: Eigene Darstellung. Daten: Bloomberg, POLARIS Investment Advisory AG.

Hervorzuheben bei der in Abbildung 4-11 dargestellten Renditeverteilung des PTFI ist das Fehlen von Extremwerten am positiven und negativen Rand. Dies ist allerdings recht erstaunlich, denn die Strategie an sich ist eigentlich prädestiniert für Extremwerte an den Rändern der Verteilung.

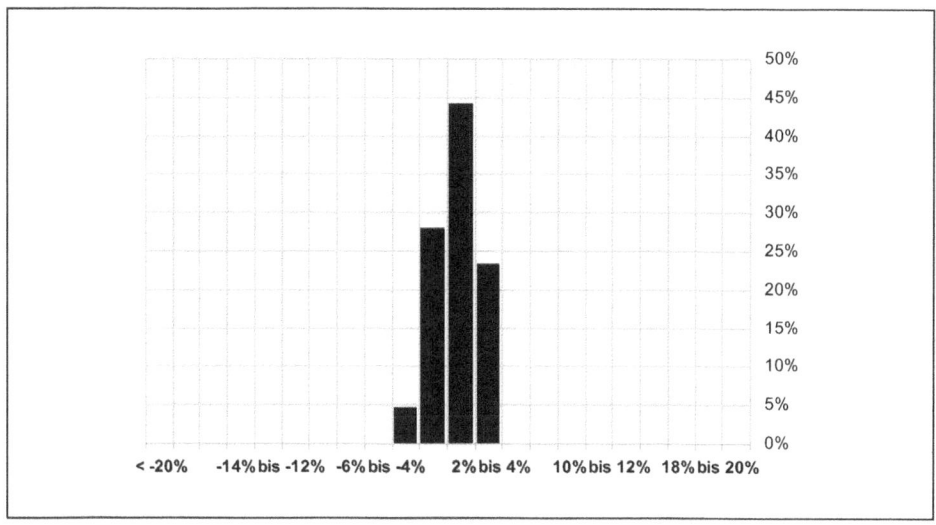

Quelle: Eigene Darstellung. Daten: POLARIS Investment Advisory AG.

Abbildung 4-11: *Häufigkeitsverteilung der monatlichen Renditen des Power Trading Funds Index*

Die rollierenden Zwölfmonats-Renditen bewegen sich für den PTFI in einer Bandbreite von +1,5 bis +13,8 Prozent. Abbildung 4-12 zeigt die Bandbreite möglicher Renditen über einen rollierenden Zwölfmonats-Zeitraum, die alle positiv sind.

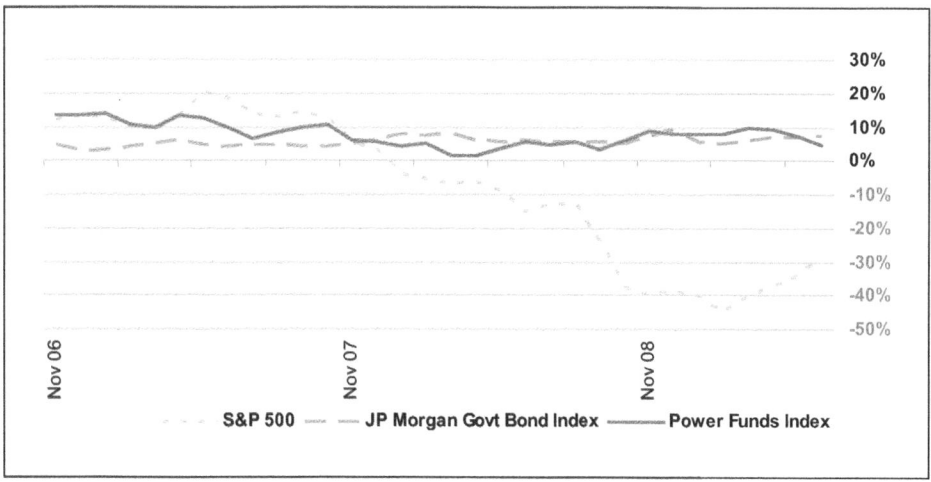

Quelle: Eigene Darstellung. Daten: Bloomberg, POLARIS Investment Advisory AG.

Abbildung 4-12: *Rollierende Zwölfmonats-Renditen des Power Trading Funds Index*

Die rollierenden Zwölfmonats-Sharpe-Ratios bewegen sich für den PTFI in einer Bandbreite von -0,88 bis +1,72. Abbildung 4-13 zeigt die Bandbreite möglicher Sharpe Ratios über einen rollierenden Zwölfmonats-Zeitraum.

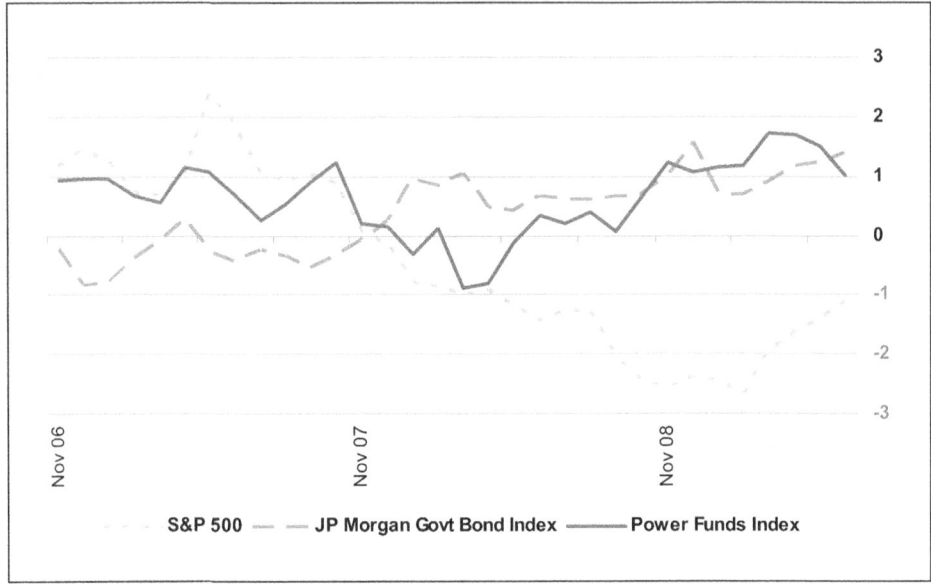

Quelle: Eigene Darstellung. Daten: Bloomberg, POLARIS Investment Advisory AG.
Abbildung 4-13: *Rollierende Zwölfmonats-Sharpe-Ratios des Power Trading Funds Index*

4.3.2   Risikobetrachtung

Wie aus Tabelle 4-22 deutlich wird, erzielt der PTFI in einem negativen Monat einen durchschnittlichen Verlust von -1,0 Prozent sowie einen durchschnittlichen Monatsgewinn von +1,5 Prozent in einem positiven Monat. Diese Werte streuen deutlich geringer als bei Aktien (-5,2 und 2,4 Prozent) und sind vergleichbar mit Anleihen (-0,7 und +0,9 Prozent). Hinsichtlich des dritten und vierten Moments der Renditeverteilung weist der PTFI nahezu eine Normalverteilung aus mit einer Schiefe von -0,03 und einer Überschuss-Wölbung, die nur leicht über Null ist.

Tabelle 4-22: Historisches Risikoprofil des Power Trading Funds Index

	PTFI	SP500	JPMGBI
Durchschnittlicher Monatsverlust	-1,0%	-5,2%	-0,7%
Durchschnittlicher Monatsgewinn	1,5%	2,4%	0,9%
Semi-Standardabweichung	3,2%	15,4%	2,1%
Sortino Ratio (RFR)	1,42	-0,70	0,58
Downside Correlation (PTFI)		-0,31	0,06
Upside Correlation (PTFI)		-0,33	-0,09
Schiefe	-0,03	-1,00	0,25
Überschuss-Wölbung	0,01	2,07	0,46

Quelle: Eigene Darstellung. Daten: Bloomberg, POLARIS Investment Advisory AG.

Die durchschnittliche Volatilität des PTFI über den gesamten Untersuchungszeitraum beträgt 5,6 Prozent. Dabei reicht die Bandbreite zu verschiedenen Betrachtungsstichtagen von 3,1 bis 8,4 Prozent (siehe Abbildung 4-14).

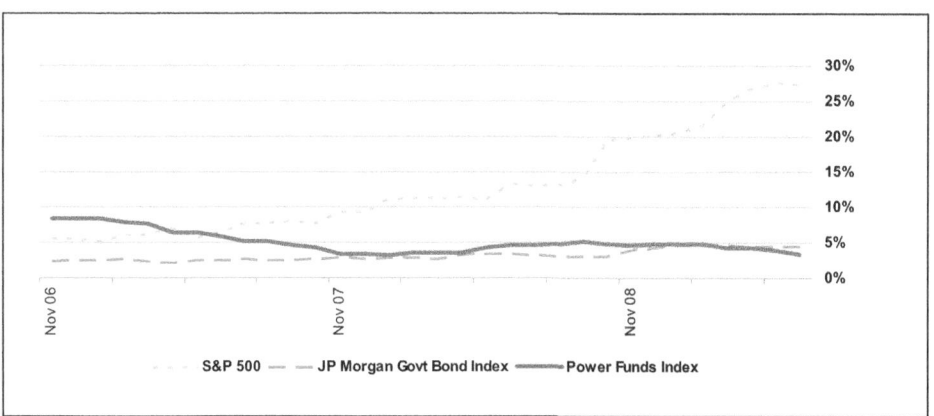

Quelle: Eigene Darstellung. Daten: Bloomberg, POLARIS Investment Advisory AG.
Abbildung 4-14: *Rollierende Zwölfmonats-Volatilitäten des Power Trading Funds Index*

Mit einer Korrelation von -0,1 zum SP500 und von -0,1 zum JPMGBI über die gesamte Untersuchungsperiode weist der PTFI keinerlei Abhängigkeiten zu diesen beiden Anlageklassen auf.

	Swiss Market Index	S&P 500 Index	DAX Index	JP Morgan Govt Bond Index	Power Trading Funds Index	REX Performance
Swiss Market Index	1,0	0,8	0,9	-0,3	0,0	-0,4
S&P 500 Index	0,8	1,0	0,9	-0,2	-0,1	-0,4
DAX Index	0,9	0,9	1,0	-0,3	-0,1	-0,5
JP Morgan Govt Bond Index	-0,3	-0,2	-0,3	1,0	-0,1	0,8
Power Trading Funds Index	0,0	-0,1	-0,1	-0,1	1,0	-0,1
REX Performance	-0,4	-0,4	-0,5	0,8	-0,1	1,0

Quelle: Eigene Darstellung. Daten: Bloomberg, POLARIS Investment Advisory AG.
Abbildung 4-15: *Korrelationsmatrix*

In einer rollierenden Zwölfmonats-Betrachtung bewegt sich die Korrelation des PTFI zu Aktien zwischen -0,53 bis +0,08, sowie zu Anleihen zwischen -0,32 bis +0,14 (siehe Abbildung 4-16).

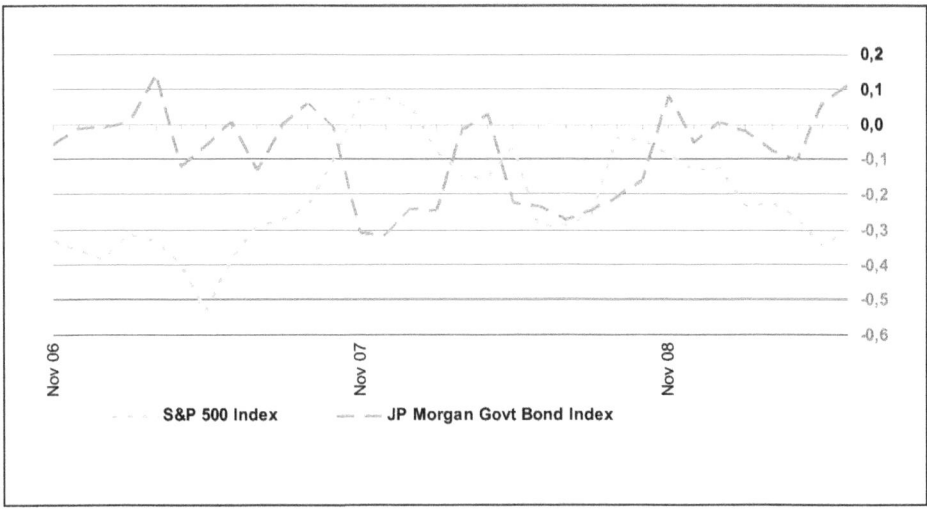

Quelle: Eigene Darstellung. Daten: Bloomberg, POLARIS Investment Advisory AG.
Abbildung 4-16: *Rollierende Zwölfmonats-Korrelationen des Power Trading Funds Index*

Aus Abbildung 4-17 ist ersichtlich, dass sich die Unterwasser-Zeiten des PTFI als sehr viel kürzer und weniger ausgeprägt abzeichnen als bei Aktien. Sie gleichen derer von Staatsanleihen in der allerdings recht kurzen Kurshistorie des PTFI.

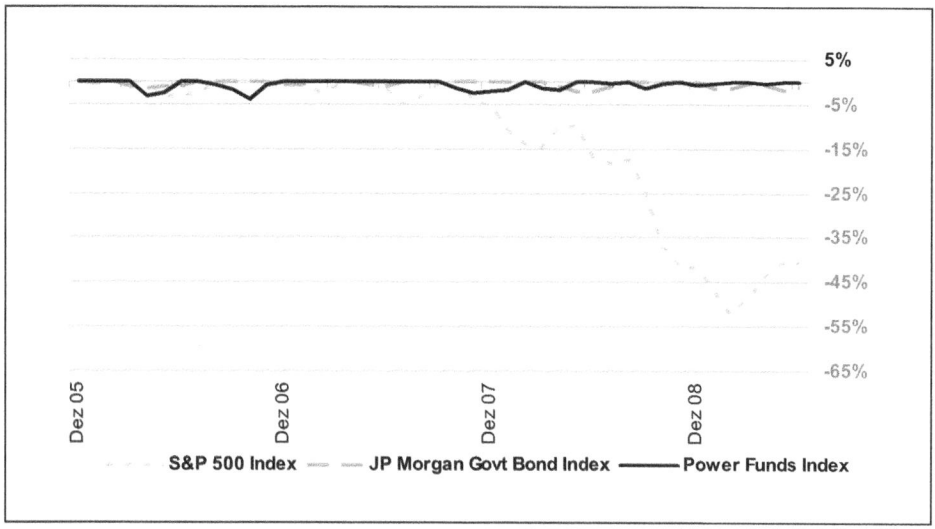

Quelle: Eigene Darstellung. Daten: Bloomberg, POLARIS Investment Advisory AG.
Abbildung 4-17: *Unterwasser-Chart des Power Trading Funds Index*

In Tabelle 4-23 können diese Verlustphasen im Rahmen einer Drawdown-Analyse noch detaillierter betrachtet werden. Entsprechend sollten Investoren in PTFI eine Wertaufholungsphase auf Basis der Daten der Vergangenheit in Höhe von sechs Monaten (3+3) einkalkulieren.

Tabelle 4-23: Drawdown-Analyse des Power Trading Funds Index

	Drawdown	Length	Recovery	Start	Valley
1	-4.10%	3	3	Aug-06	Oct-06
2	-3.42%	1	2	Apr-06	Apr-06
3	-2.37%	2	3	Oct-07	Nov-07
4	-1.66%	2	1	Mar-08	Apr-08
5	-1.40%	1	2	Sep-08	Sep-08
6	-0.59%	1	2	Dec-08	Dec-08
7	-0.41%	1	1	Apr-09	Apr-09
8	-0.25%	1	1	Jul-08	Jul-08
9	-0.20%	1	1	Apr-07	Apr-07
10	-0.08%	1	1	Jun-09	Jun-09

Quelle: Eigene Darstellung. Daten: Bloomberg, POLARIS Investment Advisory AG.

5. Distressed Securities

5.1 Deskription

Fonds der Distressed-Securities-Strategie investieren in Wertpapiere jener Unternehmen, die sich in einer wirtschaftlichen, finanziellen oder organisatorischen Notlage befinden. Diese Strategie wird daher auch häufig als eine ereignisorientierte Handelsstrategie bezeichnet. Die gängigen Strukturen, mit welcher Investoren an der Wertaufholung von Not leidenden Unternehmen partizipieren können, sind entweder Hedgefonds oder Private-Equity-Fonds. Die Distressed-Securities-Strategie kann je nach der Art der Einflussnahme durch die jeweiligen Investoren in aktive und passive Teilbereiche unterteilt werden. Bei der aktiven Strategieklasse (*Distressed for Control*) versuchen die Investoren, die Kontrolle über das Unternehmen (zum Beispiel über einen Sitz im Gläubigerkomitee), in das investiert wird, zu übernehmen bzw. auszuüben, während bei der passiven Rolle eine nicht kontrollorientierte Handelsposition aufgebaut wird. Durch die Teilnahme eines Fonds in einem Gläubigerkomitee kann der Manager seine Interessen direkt vertreten und erlangt außerdem Informationsvorteile. Gleichzeitig ist diese Teilnahme allerdings auch mit einem Handelsverbot in dieser Position bis zum Ende des Restrukturierungsprozesses verbunden. Hedgefonds sind deswegen im Unterschied zu ihren Kollegen aus dem Private-Equity-Bereich weniger häufig in den Gläubigerkomitees anzutreffen. Verfolgt ein Hedgefonds eine aktive Strategie, so ist eine gewisse Nähe zum Private-Equity-Bereich nicht mehr zu leugnen. Gerade bei ereignisorientierten Strategien ist ein Zusammenwachsen des Hedgefonds- mit dem Private-Equity-Bereich zu beobachten.[1]

Eine „*Distressed-Situation*" entsteht,

(1) wenn sich die Finanzsituation einer Firma signifikant verschlechtert,

(2) wenn ein Unternehmen nicht in der Lage ist, seine Schulden zu bedienen, oder

(3) wenn aufgrund sonstiger Einflüsse eine Insolvenz angemeldet werden muss.[2]

Distressed Securities oder Not leidende Wertpapiere werden normalerweise mit hohen Abschlägen zu deren Nennwerten oder zu früheren Preisniveaus gehandelt. Hierbei investieren Distressed-Fonds sowohl in Wertpapiere, die noch immer Zinszahlungen leisten (*Performing Loans*), als auch in solche, die keine Zinsleistungen mehr tätigen (*Defaulted Loans*). Das Ziel der Manager ist hierbei, diese Wertpapiere mit einem deutlichen Preisabschlag zu ihrem intrinsischen Wert zu kaufen und die Papiere so lange zu halten, bis die jeweiligen Unternehmen ihre operativen Schwierigkeiten überwunden haben. Distressed-Securities-Fonds

---

1 Vgl. Liebler *et al.* (2004), S. 651, sowie Achleitner/Kaserer (2005), S. 11.
2 Vgl. Kirschner *et al.* (2006), S. 117.

investieren häufig vorwiegend in stark besicherte Schuldtitel (*Senior Secured*) oder solche Wertpapiere, die im Falle eines Konkurses Vorrang vor anderen Wertpapieren haben (*Senior Unsecured*). Manche Distressed-Hedgefonds halten außerdem die Aktien von restrukturierten Unternehmen („restrukturierte Schuldtitel") weiterhin in ihrem Portfolio oder investieren auch direkt in Aktien.[3] Sterling *et al.* [4] konnten in diesem Kontext empirisch belegen, dass Distressed-Anleihen mit einem BB-Rating statistisch gesehen die niedrigsten Ausfallraten und höhere Renditen in Bärenmärkten erzielen als B- oder CCC-Anleihen. Die Autoren finden ferner keine renditetechnischen Vorteile für Anleihen, die von öffentlichen Unternehmen emittiert wurden im Vergleich zu Emissionen von privaten Gesellschaften. Fridson *et al.* [5] belegen ferner, dass zum einen die höchsten Renditen mit den Distressed-Anleihen, die zu den niedrigsten Kursen gehandelt waren, erzielt wurden und zum anderen, dass der Verlust bei der Selektion der falschen Emission sehr hoch ist. Ein Beispiel für das Kapitalstruktur-Exposure eines Distressed-Hedgefonds im Zeitablauf zeigt Abbildung 5-1.

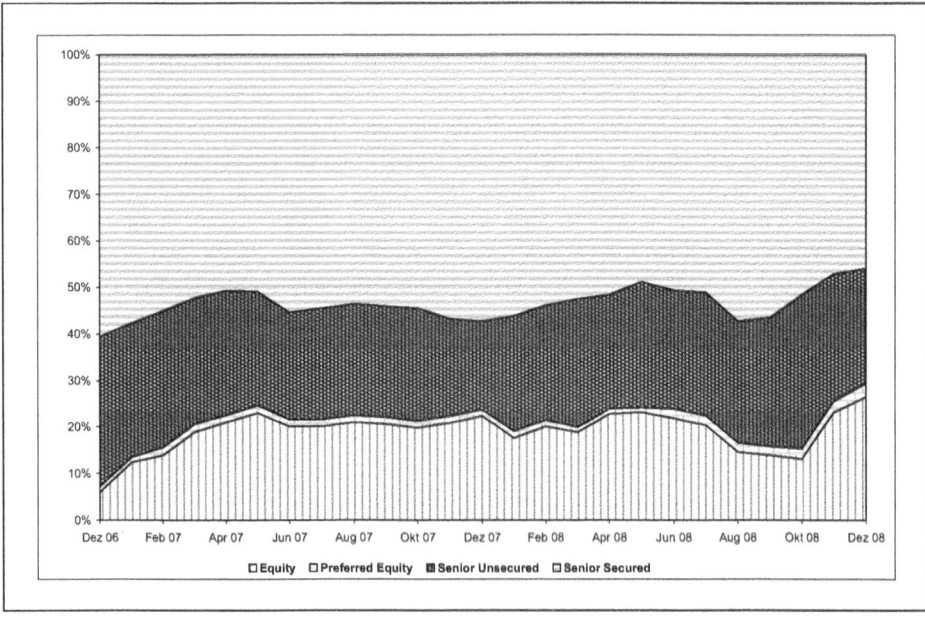

Quelle: Eigene Darstellung.
Abbildung 5-1: *Beispielhafte Variation des Kapitalstruktur-Exposures eines Distressed-Securities-Hedgefonds*

---

3   Vgl. Kaiser (2009), S. 92.
4   Vgl. Sterling *et al.* (2009).
5   Vgl. Fridson *et al.* (2009).

Dabei kaufen Distressed-Securities-Hedgefonds nicht nur börsengehandelte Titel. Es ist durchaus gängig, dass Hedgefonds von Banken direkt Kredite (*Bank Loans*) bzw. ganze Kreditpakete abkaufen und damit der Hedgefonds zum Gläubiger wird. Auch kommt es vor, dass Distressed-Hedgefonds Forderungen (*Trade Claims*) an Unternehmen kaufen, die sich in Schwierigkeiten befinden. Diese nicht-börsennotierten Wertpapiere machen allerdings eine effiziente und unabhängige Bewertung von vielen Distressed-Securities-Portfolios sehr schwierig. In der Praxis wird die Portfoliobewertung von Distressed-Securities-Portfolios immer noch häufig von den Fonds selbst durchgeführt, da viele Administratoren für diese Aufgabe nicht ausgerüstet sind. Die Hedgefonds behelfen sich so weit es geht durch das Anfragen von Brokerkursen bei den großen Investmentbanken und bilden meist den Mittelwert von mehreren Kursen (aufgrund des hohen Preisunterschieds zwischen Geld- und Briefkurs wird häufig der Preis dazwischen, der Mid Market Price, genommen). Sollten keine Brokerkurse vorhanden sein, werden die Positionen auf Basis von Bewertungsmodellen nach bestem Wissen und Gewissen durch die Fondsmanager selbst bewertet und der monatliche Nettoinventarwert des Fonds durch den Administrator lediglich veröffentlicht.[6]

Ausgehend von ihren Analysen und Erfahrungen investieren die Manager von Distressed Securities in Wertpapiere der Unternehmen, von denen sie eine Werterholung erwarten und bei denen somit das Ertragspotenzial die augenscheinlichen Risiken relativiert.[7] Die Distressed Securities-Manager richten ihren Fokus insbesondere auf Unternehmen, die vorübergehend finanzielle Probleme haben und aufgrund ihres Tätigkeitsfeldes gute Aussichten versprechen. Die Manager von Distressed Securities sind der Überzeugung, dass die aktuell noch als Not leidend eingestuften Unternehmen sich zum Beispiel aufgrund von Umstrukturierungen, neuen Finanzierungspartnern oder einem neuen Management aus ihrer problematischen Lage wieder herausmanövrieren und das historische Ertragsniveau wieder erreichen können. Inhaber von Not leidend gewordenen Wertpapieren sind häufig bereit, diese Positionen auch unter Inkaufnahme von hohen Abschlägen zu veräußern. Die hohen Preisabschläge resultieren aus einer Fehleinschätzung des jeweiligen Werts der Not leidend gewordenen Wertpapiere durch den überwiegenden Teil der Marktteilnehmer. Der Verkaufsdruck beruht auch darauf, dass einige Investorengruppen (zum Beispiel Versicherungen) nicht in Not leidende Wertpapiere investieren können. Ein Hedgefonds hingegen unterliegt keiner Beschränkung seiner Investments in Unternehmen, weder bei Insolvenz (zum Beispiel Chapter 11 des US-Insolvenzrechts), Liquidation (zum Beispiel Chapter 7 des US-Insolvenzrechts) noch bei Ratingherabstufungen.[8] Das Angebot von Distressed Debt unterliegt meistens einem auf einer Vielzahl an ökonomischen, unternehmensspezifischen und technischen Faktoren basierendem Zyklus. Nach Hilpold und Kaiser[9] sind die Renditen, die mit Distressed Securities erzielt werden können, meistens insbesondere nach Phasen mit sehr hohen Unternehmens-Ausfallraten sehr hoch.

---

6   Vgl. Kaiser (2009), S. 93.
7   Vgl. Füss *et al.* (2009), S. 332.
8   Vgl. Hoppe (2005), S. 56.
9   Vgl. Hilpold/Kaiser (2005).

Die Markteffizienzen im Bereich Distressed Securities können absolut oder relativ sein. *Absolute Ineffizienzen* beziehen sich auf Unterschiede zwischen dem Marktpreis und dem inneren Wert des Not leidenden Wertpapiers. *Relative Ineffizienzen* stellen Preisunterschiede zwischen Wertpapieren desselben Emittenten dar. Beide Ineffizienzen finden ihren Ursprung nach Lhabitant[10] in verschiedenen Ursachen:

▣ *Irrationalität der Investoren:* Viele Investoren reagieren sehr emotional und präferieren den Verkauf von Not leidenden Wertpapieren zu niedrigen Kursen, anstatt in solchen Unternehmen weiterhin investiert zu bleiben.

▣ *Risikoaversion:* Häufig bevorzugen dies Handelspartner, die aus dem Verkauf der Papiere erzielten Barmittel in ihre eigenen Firmen zu investieren anstatt auf einen positiven Ausgang der Restrukturierung zu hoffen.

▣ *Rechtliche Restriktionen:* Viele Institutionelle Investoren sind aufsichtsrechtlich dazu angehalten, Positionen in Unternehmen, die nicht mehr als Investmentgrade einzustufen sind, glattzustellen.

▣ *Mangelndes Wissen:* Die Bewertung von Ansprüchen gegenüber Not leidenden Firmen ist ein sehr intensiver Prozess. Gläubiger treten ihre Ansprüche oft unterhalb des tatsächlichen Preisniveaus ab, da sie nicht das Wissen, die Fähigkeit oder die Zeit haben, eine entsprechende Unternehmensanalyse durchzuführen.

▣ *Geringe Analystenabdeckung:* Die Analystenabdeckung bei Unternehmen, die sich in Zahlungsschwierigkeiten befinden, ist sehr gering und bei Unternehmen, über die bereits ein Konkursverfahren eröffnet wurde, überhaupt nicht mehr existent.

In Folge dieser Markteffizienzen im Markt für Not leidende Wertpapiere ist dieser genauso illiquide wie intransparent. Distressed-Investoren sind meist auch die einzigen Liquiditätsanbieter in diesem Segment und versuchen, die temporären Ineffizienzen zu ihrem Vorteil zu nutzen. Diese Illiquidität der einzelnen Instrumente führt dazu, dass auch die Fonds, in die Endinvestoren investieren, häufig sehr lange Kapitalbindungs-, Kapitalsperr- und Kündigungsfristen aufweisen. Häufige auftretende Liquiditätsfenster stehen demnach im Gegensatz zur Natur dieser Strategie.[11] Aus diesem Grund suchen Distressed-Fondsmanager nach Investoren mit einem sehr langfristigen Anlagehorizont. Die Investition in Distressed Securities kann während verschiedener Phasen des Konkurszyklus erfolgen. Dabei wird nach Matos[12] dieser Zyklus häufig in vier Phasen eingeteilt:

1. Pre-bankruptcy (vor der Eröffnung eines Konkursverfahrens):

– Firmen in der Vorkonkursphase bestätigen ihre eingeschränkte Zahlungsfähigkeit.
– Gläubiger-Komitees werden gebildet und informelle Diskussionen bezüglich der Restrukturierungsoptionen werden abgehalten.

---

10   Vgl. Lhabitant (2002).
11   Vgl. Ineichen (2003), S. 271.
12   Vgl. Matos (2000).

– Während dieser Phase nehmen die Investoren die drohende Zahlungsunfähigkeit des Unternehmens wahr und ein Untersuchungsprozess beginnt.

2. *Early-stage bankruptcy* (bis zu einem Jahr):

– Unternehmen leitet das Konkursverfahren ein.
– Rechtliche Berater, Gläubigergruppen und Consultants werden aktiv.

3. *Middle-stage bankruptcy* (bis zu zwei Jahre nach Eröffnung des Konkursverfahrens):

– Beginn einer finanziellen Due Dilligence zwischen den rechtlichen und finanziellen Beratern sowie den Gläubigergruppen.
– Zahlungsschwierigkeiten sollten sich stabilisieren.

4. *Late-stage bankruptcy* (ein bis zwei Jahre nach der Verfahrenseröffnung):

– Dispute mit den Gläubigern werden ausgeräumt.
– Es wird ein neuer Firmenwert festgelegt, und die neuen Wertpapiere werden an die Anspruchsbesitzer verteilt.

Die verschiedenen Phasen des Distressed-Zyklus variieren in der Länge der damit assoziierten Investmentperiode, dem potenziellen Einfluss eines aktiven oder passiven Investmentansatzes, dem Detailgrad der fundamentalen Due Dilligence und dem Kursniveau, auf dem die Wertpapiere gehandelt werden. Je früher während eines Konkurszyklus Wertpapiere gekauft werden, desto billiger sollten diese aufgrund der Ereignisunsicherheit sowie des Zeitwertes gehandelt werden.[13] Ein Distressed-Fondsmanager muss bei seinem Investmentprozess eine Vielzahl an Faktoren beachten. Hierzu zählen der Grund der drohenden Zahlungsunfähigkeit, die Unternehmensergebnisse, die Aussichten des jeweiligen Sektors, die zur Verfügung stehenden Restrukturierungsoptionen, die Ebene der Kapitalstruktur, in welche investiert werden soll, die Zusammensetzung des Gläubigerkomitees sowie die Zeitplanung der Investition inklusive einer Austrittsstrategie.

Die Unternehmensbewertung ist beim Distressed Securities Investing ein kritischer Erfolgsfaktor. Die Analysten werden vergleichbare Aktienmarktbewertungen der einzelnen Unternehmensbestandteile heranziehen, um einen Näherungswert für die Bewertung des Anlagevermögens zu erlangen. Ein weiterer wichtiger Aspekt findet sich in der Determinierung des Unternehmenswertes, den die Gläubiger nach der Reorganisation unter sich aufteilen werden. Hierfür zieht man in der Regel entweder den Vergleich mit der Bewertung von vergleichbaren am Markt befindlichen Unternehmen oder aber die Discounted Cashflow-Methode heran. Der idealtypische Investmentprozess eines Distressed-Securities-Hedgefonds folgt einem Drei-Stufen-Modell. Zuerst erfolgt eine tiefgehende Analyse der Fundamentaldaten des Not leidenden Unternehmens, die Wahrscheinlichkeit einer erfolgreichen Restrukturierung unter Einbezug der Gläubigerstruktur sowie das Timing der Investition. Beispielsweise haben Erfahrungen aus der Praxis gezeigt, dass eine zu frühe Investition in Not leidende Wertpapiere

---

13 Vgl. Matos (2000), S. 10.

das Risiko dieser Position signifikant erhöht.[14] Im zweiten Schritt werden die Not leidenden Wertpapiere mit einem signifikanten Abschlag auf ihren durch Analyse ermittelten Fundamentalwert gekauft. Im dritten Schritt erfolgt eine längere Halteperiode der Wertpapiere und zu einem späteren Zeitpunkt die Auflösung der Position – im Idealfall einhergehend mit einer Gewinnerzielung.

Generell existieren im Distressed-Securities-Bereich aktive und passive Handelsansätze. Im aktiven Fall versuchen die Investoren den aktuellen Firmenwert durch eine effizientere Ressourcennutzung zu erhöhen. Hierfür können die Fondsmanager bei den Gläubigern auch eigene Reorganisationspläne einbringen oder auch ausstehende Forderungen bedienen, um diese anschließend in stimmberechtigte Aktien zu wandeln. Eine weitere aktive Strategie zielt darauf ab, die Firmenanteile durch die Akquisition eines großen Teils einer ausstehenden Anleiheemission soweit zu erhöhen, dass der Manager Umstrukturierungspläne, die seinen eigenen Interessen nicht entsprechen würden, blockieren kann. Anleiheemissionen werden in verschiedene Anspruchsklassen kategorisiert – von *Senior Secured* bis *Junior Subordinated*. Jede dieser Klassen entscheidet separat, ob der Sanierungsplan akzeptiert werden soll. Für die Annahme werden unter anderem mehr als die Hälfte aller Stimmen sowie eine wertmäßige Zwei-Drittel-Mehrheit benötigt. Ein Investor, der beispielsweise ein Drittel einer Anleiheklasse kontrolliert, könnte dadurch einen Restrukturierungsprozess so lange aufhalten, bis er auf Kosten der anderen Klassen eine höhere Quote für seinen Anteil durchgesetzt bekommt. Der passive Investmentansatz beschreibt eine einfache Buy-and-Hold-Strategie, bei der Kaufpositionen in unterbewertete Wertpapiere, die auf Not leidendem Niveau gehandelt werden, eingegangen werden. Im Allgemeinen gilt der Markt für öffentlich gehandelte Not leidende Forderungen durch die im Vergleich zum aktiven Ansatz gestiegene Zahl der Marktteilnehmer als effizient, was der Erzielung von überproportionalen Renditen entgegenwirkt. Diesem können Fondsmanager durch eine gründliche und umfassende Analyse der jeweiligen Situationen einzelner Unternehmen vorbeugen. Diversifikation bei Distressed-Securities-Fonds erfolgt meist über verschiedene Beteiligungsinstrumente wie Forderungen, Gesellschaftsbeteiligungen oder Anleihen- und Aktienwerte. Eine weitere Risikostreuung kann durch eine weit reichende Duration- oder Industriediversifikation erfolgen. **Abbildung 5-2** zeigt eine beispielhafte Asset Allocation eines Distressed Securities-Hedgefonds.

---

[14] Vgl. Murray (2000), S. 231.

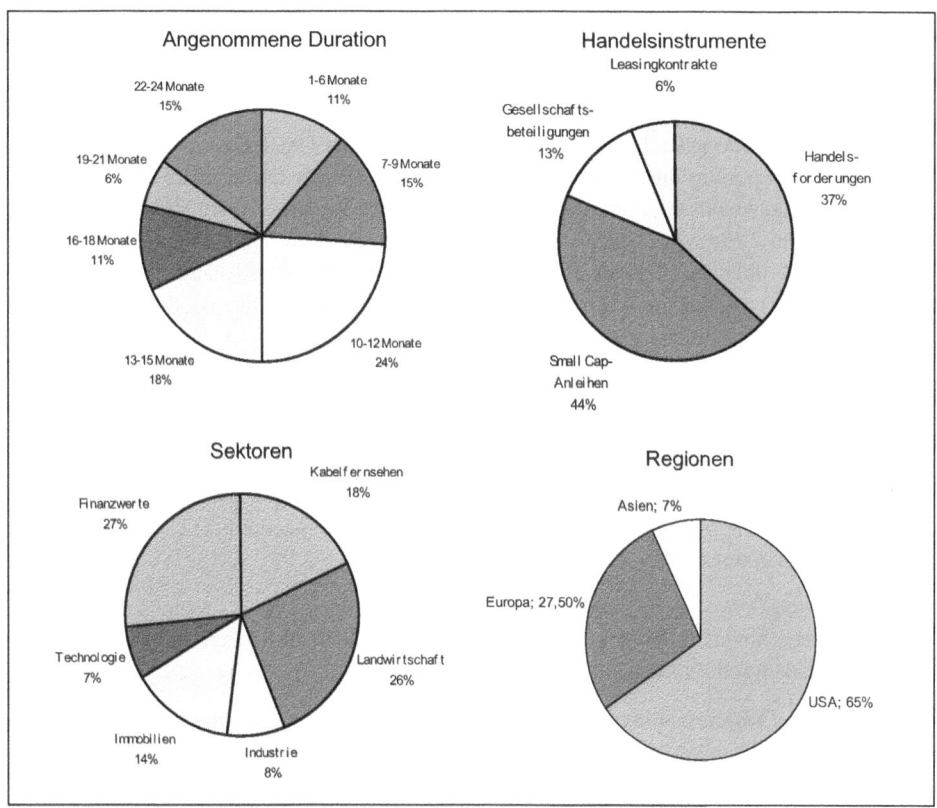

Quelle: Eigene Darstellung.
Abbildung 5-2: *Beispielportfolio eines Distressed- Securities-Fonds*

Zu den Risikoquellen, die bei einer Investition in Distressed Securities berücksichtigt werden müssen, gehört beispielsweise das *Haltedauerrisiko*, das den Zeiteffekt der annualisierten Renditen berücksichtigt. Eine längere als antizipierte Halteperiode zieht demnach auch höhere administrative und rechtliche Kosten nach sich. Zusätzlich kann das Haltedauerrisiko auch für die Portfoliomanager zu negativen Auswirkungen führen, wenn diese ihre Investitionen zu aktuellen Marktpreisen bewerten und schließlich Kapital aufnehmen müssen, um Kündigungen von der Investorenseite zu bedienen. Eine weitere Hauptrisikoquelle ist das sogenannte *Liquiditätsrisiko*. Ein schwaches Bewertungsumfeld bietet vielfältige Einstiegsmöglichkeiten zu günstigen Konditionen aber meistens weniger Ausstiegsmöglichkeiten. Können Positionen nicht zum aktuellen Kurs, sondern nur unter Inkaufnahme von Abschlägen veräußert werden, führt dies zu Verlusten auf der Portfolioebene. Da viele Fondsmanager bei der Bewertung ihrer Positionen mit Modellen arbeiten, unterliegen Distressed-Fonds auch dem sogenannten *Modellrisiko*, also der Gefahr, dass die von dem Modell errechneten Werte aufgrund von Unzulänglichkeiten der Eingabevariablen oder Berechnungsroutinen nicht den Fundamentalwerten entsprechen. Zusätzlich werden diese Modelle häufig auch zur Bewertung einzelner Portfoliopositionen sowie zur Kumulation des Nettoinventarwertes des Gesamtportfolios herangezogen. Dies kann dazu führen, dass die Risikokennziffern des Portfolios niedriger ausgewiesen werden, als dies tatsächlich der Fall ist.

Bedingt durch die Tatsache, dass die finale Entscheidung über Umstrukturierungsmaßnahmen häufig einer Validierung durch ein Gericht obliegt, unterliegen Distressed-Securities-Fonds auch zu einem gewissen Grad einem *Rechtsrisiko*. Dieses Risiko wird im Besonderen durch den sogenannten *J-Faktor* (J=Judge) bestimmt; denn in letzter Instanz können es auch Richter sein, welche über die Stimmrechte der Beteiligten und die Tauglichkeit der vorgelegten Sanierungspläne entscheiden. Auch spielen Kreditinstrumente bei Distressed-Portfolios häufig eine nicht unwesentliche Rolle, sodass sich diese auch dem inhärenten *Kreditrisiko* bewusst sein müssen. Da die von den Fondsmanagern antizipierten Renditen häufig auf einen sehr langfristigen Anlagehorizont aufbauen, kann ein Anstieg des Zinsniveaus den aktuellen Wert der erwarteten Renditen nachhaltig schmälern. Dieses *Zinsrisiko* kann sogar soweit reichen, dass es die Aussichten auf eine erfolgreiche Umstrukturierung beeinträchtigt.[15] Investoren im Bereich Distressed Securities unterliegen einem *Mängelrisiko* dahingehend, dass die erworbenen Unternehmensbeteiligungen nicht über die angenommene Güte verfügen. Formen hiervon können sein:

▓ Eine *betrügerische Übereignung*, die beispielsweise dann vorliegt, wenn das Eigentum eines Unternehmens für weniger als den äquivalenten Wert übertragen wird und das Unternehmen dadurch zahlungsunfähig wird;

▓ *Anfechtbare Präferenzen* stellen außergewöhnliche Zahlungen dar, die innerhalb von 90 Tagen vor einer Konkursanmeldung an einen Gläubiger geleistet werden;

▓ *Billigkeitsrechtliche Unterordnung*: Die Vorrangigkeit bevorrechtigter Schulden wird während des Restrukturierungsprozesses heruntergestuft.

Distressed-Investoren können dem Risiko solcher Haftungsverpflichtungen entgegenwirken, indem von den Verkäufern entsprechende Risikobeschreibungen, Gewährleistungen und Haftungsausschlüsse eingefordert werden. Dies stellt sich gerade in der Praxis allerdings als sehr schwierig dar, da die meisten Gläubiger, die sich von ihren Forderungen gegenüber einem Not leidenden Unternehmen trennen, sich damit in der Regel von allen Bindungen an das Unternehmen befreien wollen.[16]

Das *Ausfallrisiko* (Default Risk), dem die Distressed-Securities-Fonds besonders ausgesetzt sind, kann effizient nur über Credit Default Swaps (CDS) abgesichert werden, da aufgrund der fehlenden Handelspartner ein Leerverkauf von Distressed Securities schier unmöglich ist. Allerdings ist es auch sehr schwierig, für Single-Name CDS auf Distressed Securities einen Counterpart zu finden, der eine preiswerte Absicherung bietet. Daher entwickeln sich diese Fonds besonders gut, wenn sich die Credit Spreads einengen und vice versa.[17] Distressed-

---

15 Vgl. Lhabitant (2002), S. 104.
16 Vgl. Hedges (2003), S. 15.
17 Vgl. Stefanini (2006), S. 193.

Securities-Fonds hedgen sich gegenüber dem Marktrisiko häufig zu einem gewissen Teil über Short-Futures-Positionen in verschiedenen Zinsindizes (zum Beispiel iTraxx Crossover[18]) und teilweise auch mit Shorts in Aktienindizes. So gesehen ist das Netto Long Exposure von Distressed Securities häufig deutlich positiv (zwischen 50 bis 80 Prozent) während das Brutto Short Exposure meistens um die 10 bis 15 Prozent beträgt. Die Differenz zwischen diesen beiden Zahlen wird durch den bei Distressed-Fonds üblichen Cash-Anteil erklärt. Ein Beispiel für die Variation der Long, Short und Net Exposures eines typischen Distressed-Hedgefonds kann Abbildung 5-3 entnommen werden.

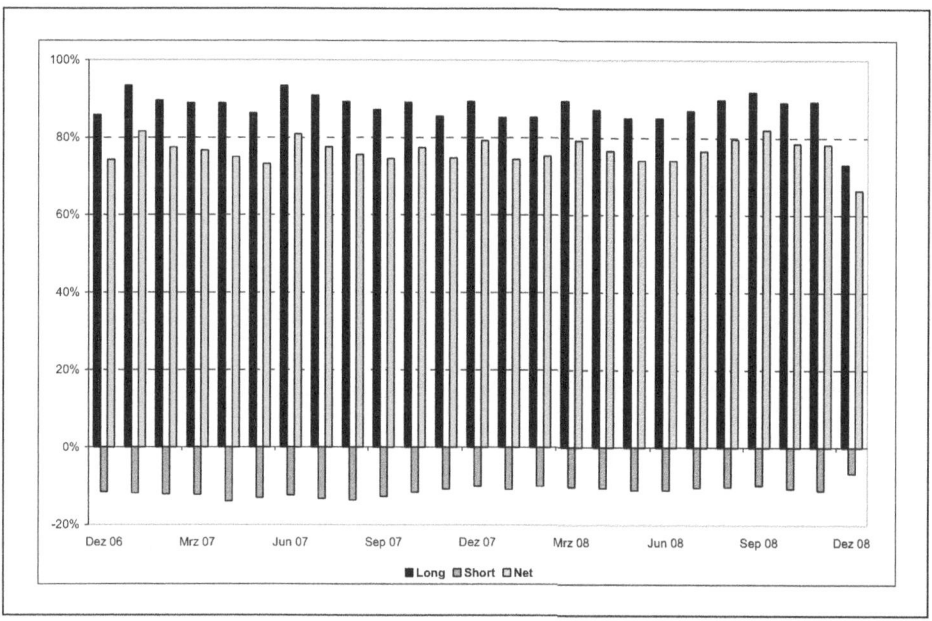

Quelle: Eigene Darstellung.
Abbildung 5-3: *Beispielhafte Variation des Long, Short und Net Exposures eines Distressed-Securities-Hedgefonds*

Distressed-Securities-Hedgefonds weisen häufig in Regionen und Sektoren diversifizierte Portfolios mit zwischen 20 bis 40 unterschiedlichen Positionen auf. Die Regionen sowie die Länderallokationen variieren hierbei normalerweise deutlich stärker als die Net Exposures oder auch die Kapitalstruktur-Exposures (siehe beispielhaft Abbildung 5-4).

---

18 Der iTraxx Crossover Index bündelt gleichgewichtet 45 europäische Referenzschuldner im Bereich Sub-Investment-Grade.

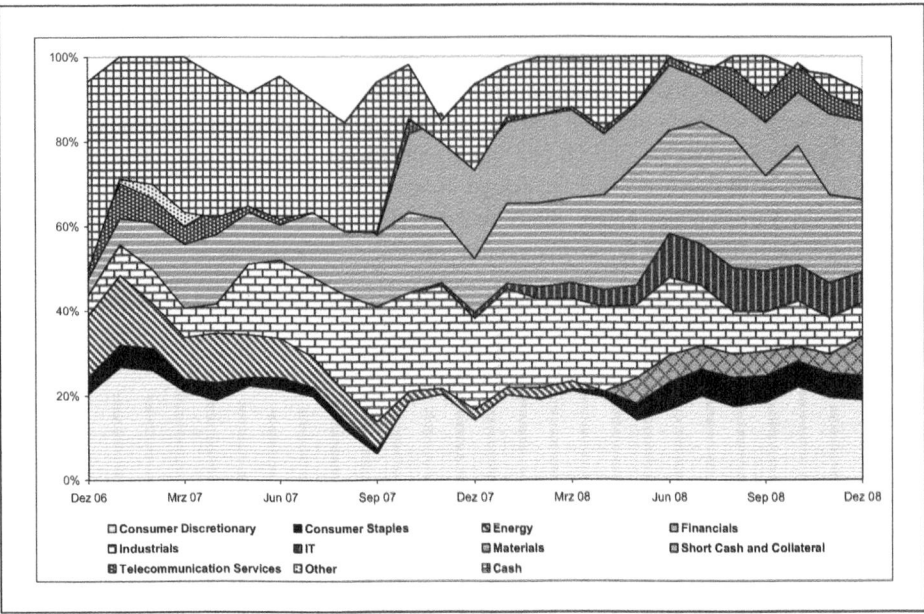

Quelle: Eigene Darstellung.
Abbildung 5-4: *Beispielhafte Variation des Sektor-Exposures eines Distressed-Securities-*
                  Hedgefonds

Die Unsicherheit bezüglich des Ausgangs einer Firmenumstrukturierung stellt einen bedeu-
tenden Nachteil dieser Strategie dar. Es gilt, dieses Risiko möglichst exakt zu bewerten. Hierbei ist es unumgänglich, dass die Hedgefonds-Manager über hervorragende Branchenkennt-
nisse verfügen und sehr gute Kontakte zum Management der betreffenden Firmen unterhal-
ten. Distressed Securities-Investments sind in der Regel langfristig orientiert und dauern oft
mehrere Jahre. Deswegen reagiert diese Strategie auch sehr empfindlich gegenüber Liquidi-
tätsdruck, und es werden daher von Investoren häufig längere Kapitalbindungsfristen gefor-
dert. Jaeger und Wagner zeigen, dass mit Werten zwischen drei und vier Prozent p. a. Distressed Securities das höchste Alpha innerhalb der Hedgefonds-Industrie erzielen.[19]

Für Unternehmen in finanziellen Nöten ist es schwierig bis unmöglich, von den Banken
Kredite zu normalen Konditionen zu bekommen, sodass sie sehr hohe Zinssätze akzeptieren
müssen. Auch eine psychologische Komponente spielt bei der Distressed Securities-Strategie
eine Rolle. Nachdem ein Wertpapier bereits stark an Wert verloren hat, erachten viele Marktteilnehmer die Wahrscheinlichkeit weiterer Kursverluste als besonders hoch. Aus Angst vor
weiteren Verlusten trennen sich viele Anleger unter der Inkaufnahme von Verlusten (*Stop-
Loss*) von ihren Anlagen. Im Allgemeinen fehlt es den Anlegern auch an dem nötigen Fach-
wissen, um die Situation des Unternehmens exakt einschätzen zu können.

---

19   Vgl. Jaeger/Wagner (2005), S. 15.

5.2 Handelsbeispiel

Da es sich bei Distressed Debt vorwiegend um eine Strategie handelt, bei der festverzinsliche Wertpapiere mit einem signifikanten Abschlag zu ihrem Nennwert gekauft und bei einer Annäherung an den Nennwert wieder verkauft werden, fokussiert sich dieses Handelsbeispiel auf Bewertungsaspekte.

Die Chemtura Corporation ist ein global agierendes, spezialisiertes Chemieunternehmen, das in vier Segmenten tätig ist:

1. Industrielle Fertigung: Herstellung von bromierten und flammenfesten Produkten;

2. Industrielle Arbeitsleistung: Fertigung von Mineralöl-Additive;

3. Getreide-Schutz: Produktion von Chemikalien, die den Anbauertrag erhöhen und die Ernte schützen, sowie

4. Konsumprodukte: Herstellung von Spa- und Swimming-Pool-Produkten.

Im Jahr 2008 erzielte das Unternehmen Umsatzerlöse von 3,5 Milliarden US-Dollar. Die Unternehmensgeschichte von Chemtura datiert über verschiedene Vorgängergesellschaften und verschiedene Unternehmenszusammenschlüsse bis ins Jahr 1900 zurück.[20] Am 18. März 2009 beantragten die Chemtura Corporation und 27 ihrer Tochtergesellschaften Chapter 11-Gläubigerschutz. Tabelle 5-1 stellt die Ergebnisrechnung der Chemtura Corporation der letzten Jahre sowie Tabelle 5-2 die Kurzbilanz des Unternehmens dar.

Tabelle 5-1: Ergebnisrechnung

	2006	2007	1Q08	2Q08	3Q08	4Q08	2008	1Q09	2Q09
Umsatz	3.458	3.747	909	1.023	924	690	3.546	517	687
Wachstum		*8,36%*	*2,25%*	*-1,45%*	*-0,54%*	*-22,56%*	*-5,36%*	*-43,12%*	*-32,84%*
Operatives Einkommen	306	295	56	115	80	0	251	4	52
Gewinnspanne		*7,87%*	*6,16%*	*11,24%*	*8,66%*	*0,00%*	*7,08%*	*0,77%*	*7,57%*
Wachstum		*-3,59%*	*-11,11%*	*5,50%*	*19,40%*	*-100,00%*	*-14,92%*	*-92,86%*	*-54,78%*
EBITDA	422	439	86	148	101	22	357	20	73
Gewinnspanne		*11,72%*	*9,46%*	*14,47%*	*10,93%*	*3,19%*	*10,07%*	*3,87%*	*10,63%*
Wachstum		*4,03%*	*-5,49%*	*8,82%*	*0,00%*	*-80,18%*	*-18,68%*	*-76,74%*	*-50,68%*

Quelle: Onex Credit Partners (2009).

---

[20] Einer der Rechtsvorfolger der Chemtura Corporation, die Crompton & Knowles Corporation wurde im Jahr 1900 gegründet. Im Jahr 1996 übernahm die Chemtura die Uniroyal Chemical Company und schloss sich 1999 mit der Witco Corporation sowie 2005 mit der Great Lakes Chemical Company zusammen.

Tabelle 5-2: Kurzbilanz

Bilanz-Bogen	31.12.2008	31.03.2009
Barmittel	68	135
Forderungen	392	442
Vorräte	611	530
Andere Aktiva	184	152
Total liquide Aktiva	1.255	1.259
Immobilien	862	820
Ideeller Firmenwert	265	260
Immaterielle Vermögenswerte	517	495
Andere immaterielle Aktiva	165	198
Total Aktiva	3.064	3.032
Kurzfristige Darlehen	3	169
Aktueller Anteil Langfristfinanzierungen	1.178	0
Verbindlichkeiten	243	76
Rückstellungen	361	167
Steuerrückstellungen	28	24
Total liquide Passiva	1.813	436
Langfristige Darlehen	23	2
Pensionsrückstellungen	508	156
Andere Verbindlichkeiten	245	126
Kompromiss-Verbindlichkeiten		1.974
Total Verbindlichkeiten	2.589	2.694
Aktionärskapital	475	338
Total Passiva	3.064	3.032

Quelle: Onex Credit Partners (2009).

Es waren verschiedene Ereignisse, welche die Chemtura zu diesem Schritt zwangen: die globale Rezession, restriktive Kreditvergabe der Banken sowie die Fälligkeit einer Unternehmensanleihe. Chemtura musste eine 370 Millionen US-Dollar-Anleihe mit einem 7%-Kupon refinanzieren, die zum 15. Juli 2009 auslief. Das Management von Chemtura begann die verschiedenen Optionen für das Unternehmen bereits im ersten Quartal 2008 im Rahmen von Investorenkonferenzen zu adressieren und war sogar im dritten Quartal 2008 noch der Überzeugung, dass dem Unternehmen weiterhin verschiedene Möglichkeiten der Refinanzierung offen standen. Allerdings basierte beispielsweise die revolvierende Kreditfazilität („Revolver") des Unternehmens sowohl auf einem Rating-Trigger als auch auf einer Klausel, die den maximalen Fremdfinanzierungsgrad regelte. Im Mai 2007 führte die Bonitätsherabstufung des Unternehmens zu der Genehmigung weiterer Sicherheiten (Rating Trigger) für die zuvor unbesicherte revolvierende Kreditfazilität. Die Sicherheit bestand in einer 100-prozentigen Bürgschaft in Form von US-domizilierten Aktien von direkten Tochterunternehmen und zu 66 Prozent in Form von ausländischen Tochtergesellschaften.

Die Fremdfinanzierungsklausel war bei einem 3,0-Fachen des Eigenkapitals festgelegt und dieses Verhältnis erreichte bereits Ende des dritten Quartals 2008 einen Wert des 2,7-Fachen, das heißt, die Verbindlichkeiten übertrafen das Eigenkapital um den Faktor 2,7. Als die operativen Ergebnisse im vierten Quartal drastisch einbrachen war das Unternehmen dazu gezwungen, die Gläubiger hinsichtlich einer Stundung zu kontaktieren. Eine Drei-Monats-Aussetzung wurde am 30. Dezember 2008 vereinbart, mit der auch eine Reduzierung der Revolver-Fazilität von 750 Millionen US-Dollar auf 500 Millionen US-Dollar einherging. Gleichzeitig wurde die Darlehensaufnahme auf die zu diesem Zeitpunkt ausstehenden 190 Millionen US-Dollar beschränkt. Entsprechend war die Liquidität der Chemtura Corporation zu diesem Zeitpunkt bereits stark eingeschränkt. Gleichzeitig wurden den Gläubigerbanken Pfandrechte für das Inventar des Unternehmens eingeräumt.

Die Liquidität der Chemtura Corporation wurde ferner noch durch zwei außerbilanzielle Forderungs-Verbriefungen (eine europäische und eine US-amerikanische Fazilität) eingeschränkt. Die Ratingherabstufung im vierten Quartal 2008 erhöhte die Reserveanforderungen für die US-Fazilität und durch die sinkende Kapazitätsauslastung war die europäische Fazilität nicht in der Lage, neue Forderungen einzuwerben. Dem Unternehmen gelang es schließlich, die US-Forderungs-Fazilität, nicht jedoch die europäische, zu refinanzieren, wodurch die Größe des Revolvers auf ein Gesamtvolumen von 350 Millionen US-Dollar reduziert und die mögliche Kreditaufnahme weiterhin auf das ausstehende Volumen begrenzt wurde.

Im ersten Quartal 2009 war das Marktumfeld weiterhin sehr schwierig, und die Nachfrage nach den von Chemtura hergestellten Produkten erreichte historische Tiefststände. Wie in solchen Situationen üblich, begannen die Handelspartner die Bedingungen für Handelskredite zu verschärfen, wodurch sich die Liquiditätslage der Chemtura weiter verschlechterte. Im März 2009 hatte das Unternehmen schließlich Probleme, die Werkstoffe für die Produktion zu erhalten, was wiederum zu Produktionsausfällen führte.

Zum Zeitpunkt der Eröffnung des Konkursverfahrens hatte Chemtura die folgenden Schuldtitel ausstehen:

- 350 Millionen US-Dollar revolvierende Kreditfazilität, davon waren bereits 189 Millionen in Anspruch genommen und 90 Millionen US-Dollar standen in einem Akkreditiv (Letter of Credit) aus.

- 500 Millionen US-Dollar-Anleihen mit einem 6,875%-Kupon und einer Fälligkeit in 2016, von Chemtura Corporation emittiert.

- 370 Millionen US-Dollar-Anleihen mit einem 7,00%-Kupon und einer Fälligkeit in 2009, von der Great Lakes Corporation, einer Tochtergesellschaft der Chemtura Corporation, emittiert.

- 150 Millionen US-Dollar-Anleihen mit einem 6,875%-Kupon und einer Fälligkeit in 2026, ursprünglich von der Witco Corporation emittiert. Im Rahmen der Firmenübernahme durch die Chemtura Corporation ist diese Verbindlichkeit auf die Chemtura Corporation übergegangen.

Exkurs: Detaillierte Informationen zu ausgesuchten Schuldtiteln

Der *Revolver* wurde ursprünglich zum Zeitpunkt der Fusion der Firmen Crompton und Great Lakes im Jahr 2005 vereinbart. Ursprünglich bedingte die Rating-Herabstufung im Mai 2007, dass das Unternehmen den Revolver mit den Anleihen von direkten Tochtergesellschaften besichern musste (100 Prozent durch Anleihen von US-domizilierten Tochtergesellschaften und zu 66 Prozent in Aktien von ausländischen Tochtergesellschaften). Um nicht den Anleihehaltern weitere Pfandrechte einräumen zu müssen, falls Pfandrechte eingeräumt würden, um andere Schuldtitel zu besichern (inklusive dem Revolver), wurde der Wert aller zur Verfügung gestellten Sicherheiten dem Darlehensgeber des Revolvers zur Verfügung gestellt und der Revolver auf 139 Millionen US-Dollar begrenzt. Dies war der maximal mögliche Betrag unter der restriktivsten Kreditvereinbarungsklausel (innerhalb der im Jahr 2026 fälligen Anleiheemission) und beschränkte die Kreditaufnahme des Unternehmens auf zehn Prozent des Eigenkapitals. Die Pfandrechte auf den Lagerbestand, die den Darlehensgebern des Revolvers im vierten Quartal 2008 eingeräumt wurden, und die Kalkulation des Besicherungsmaximums sind Teil der Rechtsstreitigkeiten innerhalb des Konkursverfahrens.

Die Kreditmärkte im vierten Quartal 2008 und im ersten Quartal 2009 erschwerten sogar die Durchführung einer *Debtor-in-Possession-Finanzierung* (*DIP Financing*), wobei solch ein Darlehen der höchstrangige Teil der Kapitalstruktur wird. Im US-amerikanischen Konkursgesetz nach Chapter 11 kann es einige Zeit dauern, bis das beantragende Unternehmen unter den Schutz eines Konkursrichters gestellt wird. Entsprechend benötigt ein Unternehmen bis dahin Überbrückungskredite, um die Geschäftätigkeit aufrechthalten zu können. Diese Finanzierungsform ist im US-Konkursverfahren bekannt als DIP-Finanzierung und stellt einen wesentlichen Bestandteil der meisten Vergleichsverfahren nach Chapter 11 dar, da einige Zeit benötigt wird, bis ein Reorganisationsplan von den Gläubigern und Konkursrichtern gebilligt wird. Eine DIP-Finanzierung wird Unternehmen gewährt, die entweder bereits in Konkurs gegangen sind oder die kurz vor dem Bankrott stehen. Eine DIP-Finanzierung hat generell Vorrang gegenüber den Ansprüchen anderer Gläubiger. Chemtura wandte sich an die bisherigen Darlehensgeber des Revolver. Es waren allerdings nur Halter im Gesamtwert von 86,5 Millionen US-Dollar an einer Teilnahme an der DIP-Finanzierung interessiert. Um diese Transaktion dennoch durchführen zu können, stimmte das Unternehmen zu, die 86,5 Millionen US-Dollar an besichertem Fremdkapital aufzuwerten und diesen Darlehensgebern nach einem Konkursantrag jeweils zu 2 US-Dollar für jede 1 US-Dollar-Forderung vor dem Konkursantrag, die sie hielten, zu unterlegen. Ein DIP wird normalerweise innerhalb der ersten Tage eines Konkurses vorläufig abgeschlossen und wird erst nach der ersten Zahlungsaufforderung durch einen Darlehensgeber endgültig. Die ursprüngliche Chemtura DIP-Finanzierung war ein 165 Millionen US-Dollar Langzeitkredit und ein 25 Millionen US-Dollar Revolver und wurde dazu verwendet, die US-Forderungs-Fazilität zu tilgen und dem Unternehmen Betriebskapital zuzuführen. Das endgültige DIP erhöhte das langfristige Darlehen auf 250 Millionen US-Dollar und wurde dazu verwendet, die 86,5 Millionen US-Dollar Aufwertung des Revolvers sowie einen neuen Revolver von 63,5 Millionen US-Dollar zu bezahlen. Das Unternehmen behielt sich das Recht vor, die 86,5 Millionen US-Dollar Aufwertung, erneut einzufordern. Entsprechend verfügte Chemtura noch über liquide Mittel in Höhe von 150 Millionen US-Dollar von einer 400 Millionen US-Dollar Fazilität. Das DIP beinhaltete einen Zinssatz-Aufschlag von 7,5 Prozent auf einem Drei-Prozent-Libor-Floor (der Libor zu diesem Zeitpunkt betrug 1,2875 Prozent), sodass der zu zahlende Zinssatz 10,5 Prozent entsprach. Im Darlehensvertrag wurden noch eine Bearbeitungsgebühr von drei Prozent und eine Ablösungsgebühr von drei Prozent verankert. Diese Gebühren sind ein Zeichen für die Kreditklemme, die zu dieser Zeit an den Finanzmärkten vorherrschte.

Die ausgegebenen *Anleihen* des Unternehmens waren zum einen höchstrangige unbesicherte Anleihen, die von der Chemtura Corporation im April 2006 mit einem 6,875%-Kupon emittiert wurden und im Jahr 2016 auslaufen. Diese Anleihen waren mit Garantien von den US-Tochterunternehmen der Chemtura Corproration unterlegt. Die 7%-Kupon-Emission aus dem Jahr 1999, die 2009 auslief, bestand ebenfalls aus höchstrangigen, unbesicherten Anleihen. Aufgrund der Übernahme der Great Lakes Corporation durch die Chemtura Corporation im Jahr 2005 waren diese Anleihen allerdings nicht von Tochtergesellschaften, sondern von der Muttergesellschaft garantiert. Im Rahmen des Konkursverfahrens wurde bekannt, dass die Great Lakes Corporation die Vorzugsaktien der Chemtura Holdings Company, Inc. hielt, der Muttergesellschaft für die meisten Europäischen Tochtergesellschaften. Dies bedeutete, dass die Anleihehalter der in 2009 fälligen Anleiheemission direkten Zugriff auf die ausländischen Tochtergesellschaften hatten. Die 6,875-Prozent-Emission, die im Jahr 2026 fällig wird, stellen unbesicherte Anleihen dar, die im Jahr 1996 von der Witco Corporation begeben wurden. Die Zahlungsverpflichtungen für diese Emission wurden im Zuge des Unternehmenszusammenschlusses im Jahr 1999 von der Chemtura Corporation übernommen und wurden so zur Verbindlichkeit der Muttergesellschaft. Diese Anleihen waren ohne Garantien von Tochtergesellschaften ausgestattet und haben denselben Rang wie alle anderen unbesicherten Forderungen gegenüber der Muttergesellschaft.[21]

---

[21] Die 2009er- und 2026er-Anleihen verfügten ursprünglich über Garantien von allen US-domizilierten Tochtergesellschaften. Diese Garantien wurden aber entsprechend der Anleihebedingungen im Zuge einer größeren vorzeitigen Teilrückzahlung dieser Emission Mitte 2006 wieder abgeschafft.

Die Tabelle 5-3 und Tabelle 5-4 stellen den fremdkapitalfinanzierten Teil der Kapitalstruktur der Chemtura Corporation zusammenfassend dar. In Tabelle 5-3 wird die Fremdkapitalausstattung vor der Konkurseröffnung dargestellt, während die Tabelle 5-4 die Fremdkapitalausstattung nach der Konkurseröffnung sowie nach der endgültigen DIP-Finanzierung wiedergibt (Angaben jeweils in US-Dollar).

Tabelle 5-3: Fremdkapitalausstattung I

Revolver – Besichert	139,0
Gesamte besicherte Schuldtitel	139,0
Revolver – Unbesichert	50,0
7% fällig am 15.07.2009	370,0
6.875% fällig in 2016	500,0
6.875% fällig in 2026	150,0
Andere Darlehen	26,0
Total	**1.235,0**

Quelle: Onex Credit Partners (2009).
Tabelle 5-4: Fremdkapitalausstattung II

DIP Revolver	0,0
DIP Term Loan	250,0
Roll up Revovler	0,0
Total	250,0
Non roll – Revolver – Besichert	52,7
Total besichert	302,7
Non roll – Revolver – Unbesichert	50,00
6.875% fällig in 2016	500,0
7% fällig am 15.07.2009	370,0
6.875% fällig in 2026	150,0
Andere Darlehen	26,0
Total unbesichert	1.096,0
Total	**1.398,7**

Quelle: Onex Credit Partners (2009).

Zusätzlich zu den in Anspruch genommen Darlehen verfügte die Chemtura Corporation zum Zeitpunkt der Eröffnung des Konkursverfahrens über weitere Verbindlichkeiten, die bei der Unternehmensbewertung berücksichtigt werden müssen. Hierzu zählten aufgrund der Kapitalmarktkrise in 2008 weitgehend ungedeckte Pensionszusagen für die US-Aktivitäten der Gesellschaft in Höhe von 196 Millionen US-Dollar sowie andere Pensionsrückstellung in Höhe von 135 Millionen US-Dollar. Die Chemtura Corporation verfügte außerdem über 70 Millionen US-Dollar an Verbindlichkeiten für ökologische Belange bei verschiedenen von ihr betriebenen Produktionsstätten. Gleichzeitig war das Unternehmen zum Zeitpunkt des Konkurses auch in verschiedene Schadenersatzverfahren involviert, hatte allerdings lediglich für einen Fall Rückstellungen in Höhe von 73 Millionen US-Dollar bilanziert.[22] Gleichzeitig verfügte die Chemtura Corporation zum Zeitpunkt des Konkurses über unbeglichene Verbindlichkeiten aus Werkstofflieferungen im Wert von 121 Millionen US-Dollar, insbesondere bei den US-Tochtergesellschaften. Nach Maßgabe des amerikanischen Konkursrechts müssen Waren, die innerhalb von 20 Tagen vor der Konkurseröffnung geliefert werden, von dem Kreditnehmer vollständig beglichen werden, bevor dieser das Chapter 11-Verfahren verlassen kann. Nach Angaben der Chemtura Corporation während des Konkursverfahrens konnte davon ausgegangen werden, dass 30 Prozent dieser Werkstoffverbindlichkeiten administrativer Natur war, während die restlichen 85 Millionen US-Dollar als generelle unbesicherte Darlehen angesehen wurden.

Wie zuvor erwähnt, verfügte eine Anleihen-Serie nicht über Garantien, und die anderen beiden Serien hatten unterschiedliche Garantiegeber. Entsprechend war die Bilanzanalyse jeder einzelnen Tochtergesellschaft für die Analyse der Anleihen essenziell. Zum Zeitpunkt des Konkurses war das aktuellste verfügbare Datenmaterial vom Dezember 2008. Diese Daten zeigten innergesellschaftliche Abrechnungsverbindlichkeiten in Höhe von 1,847 Milliarden US-Dollar (netto) auf Ebene der Muttergesellschaft. Dies bedeutete wiederum, dass die Chemtura Corporation in erheblichem Ausmaß Darlehen von ihren Tochtergesellschaften in Anspruch genommen hatte. Dies wiederum hatte zur Folge, dass die Anspruchssumme gegenüber der Muttergesellschaft signifikant ansteigen könnte, wodurch sich die Rückzahlungsaussicht auf die 2026er-Anleihen verschlechterte und sich die Aussichten auf die Verwertung der Ansprüche gegenüber den Tochtergesellschaften, die sich ausgleichende Forderungen hatten, verbesserte.

Zum Zeitpunkt des Konkurses im März 2009 wurden die verschiedenen Darlehensarten mit signifikanten Abschlägen zum Nennwert gehandelt. Der Revolver handelte beispielsweise bei 35 Cents (für eine Darlehenswert von einem US-Dollar), die 2016er Anleihen handelten bei 20 US-Cents, die 2009er bei 16 US-Cents und die 2026er um 10 US-Cents. Abbildung 5-5 zeigt die Kursentwicklung der Chemtura-Anleihen über den Zeitraum vom 16.10.2008 bis einschließlich 15.10.2009.

---

22 Hierbei ging es um die Chemikalie Diacetyl, welche dafür verwendet wird, Popkorn-Aroma herzustellen. Arbeiter, die in Fabriken die Mikrowellen-Popkorn verpackten, verklagten verschiedene Hersteller auf Schadenersatz aufgrund von schweren Atemwegserkrankungen.

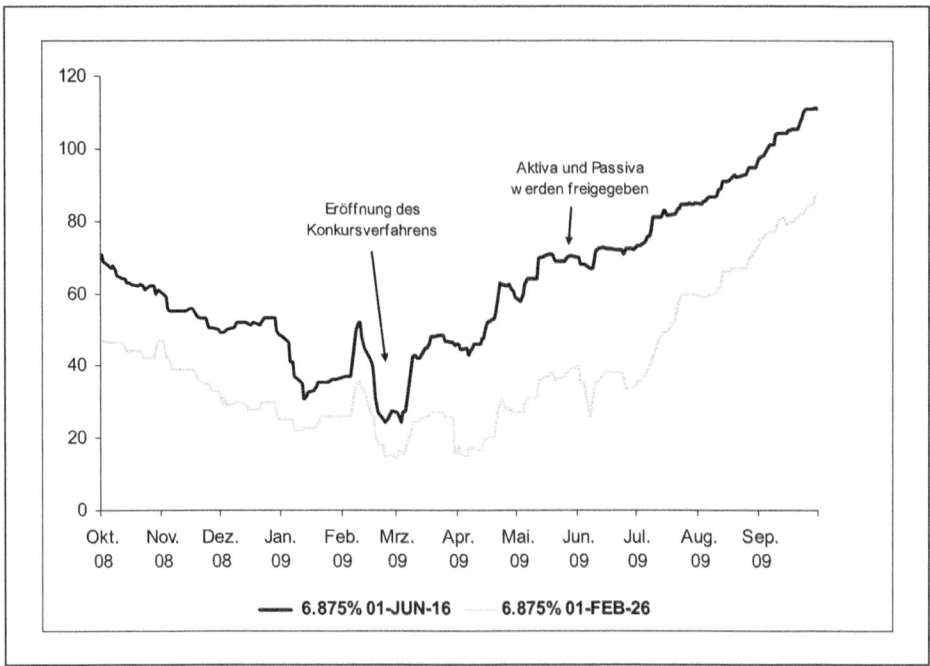

Quelle: Onex Credit Partners (2009).
Abbildung 5-5: *Kursentwicklung verschiedener Chemtura-Anleihen*

Nach anfänglichen Schwierigkeiten im Zusammenhang mit der Aufrechterhaltung der Geschäftstätigkeit begann sich die Geschäftsentwicklung wieder zu verbessern. Der Abbau der Lagerbestände in der Industrie, die im vierten Quartal 2008 und im ersten Quartal 2009 stattfand, begann sich anschließend langsam umzukehren. Ab Mai 2009 veröffentlichte das Unternehmen Finanzdaten für die Konkursperiode, die zeigten, dass das Unternehmen nach wie vor ein positives EBITDA erzielte und zusätzlich wieder Barmittel aufbaute. Zum Ende des zweiten Quartals 2009 hatte das gesamte Unternehmen Barmittel in Höhe von 144 Millionen US-Dollar akkumuliert.

Exkurs: EBITDA

Das EBITDA (Earnings Before Interest, Taxes, Depreciation and Amortization) ist eine betriebswirtschaftliche Kennzahl, die den erwirtschafteten Ertrag eines Unternehmens innerhalb eines bestimmten Zeitraums in Relation zu dem erzielten Cashflow setzt. Die englische Abkürzung kann im deutschen als Unternehmensertrag vor Zinsen, Steuern und Abschreibungen verstanden werden. Das EBITDA wird wie folgt berechnet:

Jahresüberschuss

+ Steueraufwand

- Steuererträge

+ Zinsaufwand

- Zinserträge

+/- Beteiligungsergebnis

+ außerordentlicher Aufwand

- außerordentliche Erträge

= EBIT

+ Abschreibungen auf das Anlagevermögen

- Zuschreibungen zum Anlagevermögen

= EBITDA

Abbildung 5-6 zeigt den monatlichen Aufbau der Barmittel sowie die Revolver-Verfügbarkeit der verschiedenen Chemtura-Tochtergesellschaften. Der Bargeldrückgang im April und Mai erklärt sich aufgrund von benötigtem saisonalen Arbeitskapital bei den Getreide-Schutz- und Konsum-Produkt-Sparten der Chemtura Corporation.

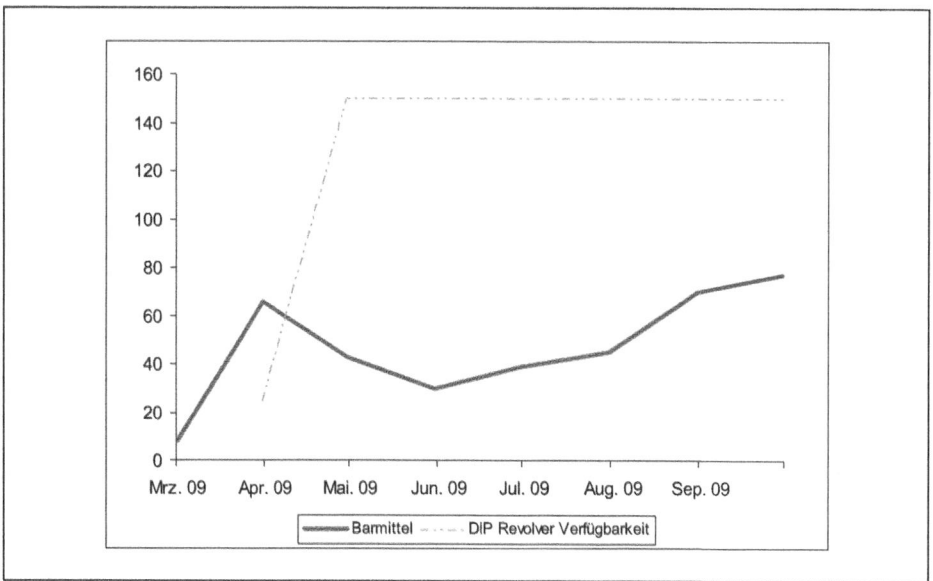

Quelle: Onex Credit Partners (2009).
Abbildung 5-6: *Barmittelaufbau bei der Chemtura Corporation*

Während des Konkursverfahrens reichte das Komittee der unbesicherten Gläubiger eine Klage gegen die Darlehensgeber des Revolvers vor der Eröffnung des Konkursverfahrens ein. Es sollte erreicht werden, dass die Pfandrechte auf das Inventar, die dem Komitee der unbesicherten Gläubiger im Dezember 2008 eingeräumt wurden, rückgängig gemacht würden. Die Chemtura Corporation erhielt außerdem eine einstweilige Verfügung gegen die Diacetyl-Kläger, die allerdings weiterhin gegen die Tochtergesellschaften, die sich nicht in Konkurs befanden, vorgehen wollten. Der Zeitpunkt des Konkurses markiert mit März 2009 interessanterweise auch den Tiefstpunkt der Aktienmarkt- und Chemiesektor-Bewertung, wie anhand von Abbildung 5-7 deutlich wird.

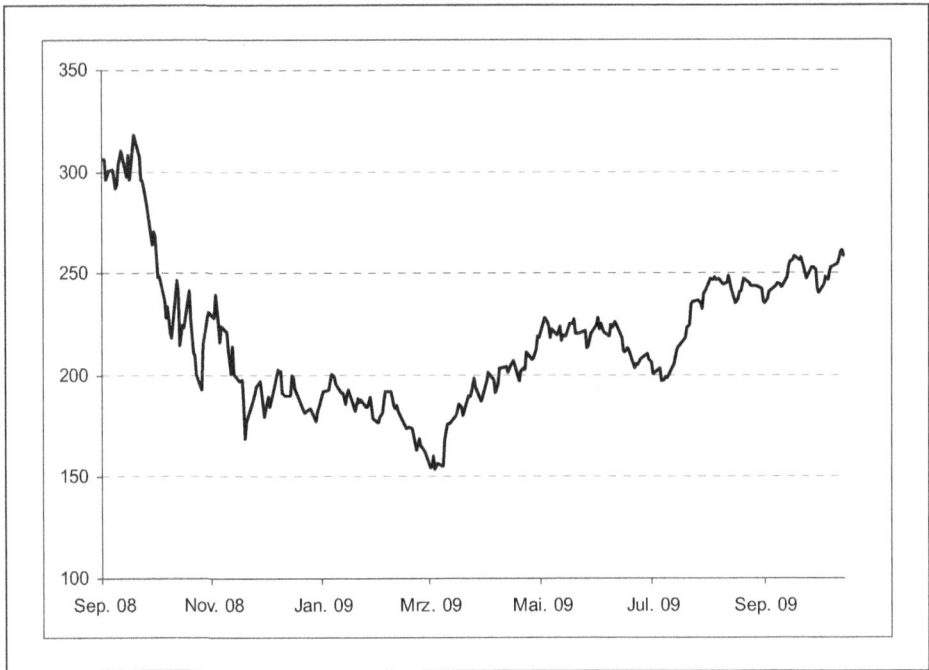

Quelle: Onex Credit Partners (2009).
Abbildung 5-7: *S&P 500 Sub Chemicals Index*

Am 11. Juni 2009 reichte die Chemtura Corporation Vermögensübersichten für alle sich im Chapter 11-Verfahren befindlichen Unternehmen ein. Diese Unterlagen boten genauen Einblick in die Forderungen jedes Tochterunternehmens (inklusive der innergesellschaftlichen Forderungen und Verbindlichkeiten). Die Vermögensübersichten bestätigten die Erwartungen dahingehend, dass ungefähr die Hälfte der innergesellschaftlichen Forderungen gegenüber Tochtergesellschaften bestanden, die keinerlei Anleihen garantiert hatten. Dies wiederum verbesserte die Rückzahlungsaussichten der 2026er-Anleihen.

Trotz der verschiedenen verbundenen Komplexitäten basiert Distressed Investing auf der fundamentalen Unternehmensbewertung. Viele Konkurse passieren an einem Wendepunkt der Geschäftstätigkeit eines Unternehmens. Dadurch ist die Bewertung erschwert, da dramatische Einbußen berücksichtigt werden müssen, bis sich das Einkommensumfeld normalisiert. Die Bewertung eines Unternehmens kann hierbei auch hinsichtlich des Liquidationserlöses oder hinsichtlich der Aufspaltung eines Unternehmens in Teilsegmente erfolgen. Aufgrund der erwarteten weiterhin erfolgreichen Geschäftstätigkeit der Chemtura erfolgt eine beispielhafte EBITA-Bewertung.

Zum Zeitpunkt des Konkurses verfügte die Chemtura Corporation über 1,4 Milliarden US-Dollar an Darlehen, und die Rückzahlung hängt insbesondere von der Bewertung der Firma und der relativen Bewertung der Garantiegeber ab. Die Eintreibung der Schulden ist auch von der Gesamtsumme der Forderungen gegenüber der Gesellschaft abhängig. Bei der Bewertung von Chemtura bietet es sich an, die historischen Unternehmensbewertungen, die aktuelle Bewertung sowie die aktuellen Bewertungen der wesentlichen Konkurrenten näher zu betrachten. In Abbildung 5-8 wird das EBITDA der Chemtura Corporation seit 1990 dargestellt. Es ist ersichtlich, dass das Unternehmen historisch meistens zwischen dem 6- bis 8-Fachen EBITDA bewertet wurde.

Quelle: Onex Credit Partners (2009).
Abbildung 5-8: *Historische Entwicklung des EBITDA-Vielfachen der Chemtura Corporation*

Aufgrund der schlechten Ergebnisse insbesondere des vierten Quartals 2008 und dem schwierigen volkswirtschaftlichen Ausblick zum Zeitpunkt der Konkurseröffnung reichten die EBITDA-Vorhersagen für 2010 von 150 bis 200 Millionen US-Dollar. Diese Werte entsprachen in etwa dem Wert einer restrukturierten Gesellschaft. Marktteilnehmer verwendeten auch sehr konservative EBITDA-Vielfache von 4 bis 5. Dies führt in etwa zu einem Unternehmenswert von 800 Millionen US-Dollar (200 * 4). Aufgrund der Unsicherheit hinsichtlich des Kapitalbedarfs des Unternehmens ging der Markt davon aus, dass die volle 400 Millionen US-Dollar DIP-Fazilität benötigt würde, um aus dem Konkursverfahren auszusteigen. Zu diesem Zeitpunkt war der Markt auch unwissend hinsichtlich der innergesellschaftlichen Verbindlichkeiten. Dies führte dazu, dass die Anleihen der Chemtura Corporation zwischen 10 und 25 Cents "auf den Dollar" handelten.

Über die nächsten Monate hinweg verbesserten sich die EBITDA-Vorhersagen, die Sektor-Bewertungen sowie die Barmittel der Chemtura Corporation. Entsprechend musste das Unternehmen nicht die verbliebenen 150 Millionen US-Dollar des Revolver ziehen, welcher nach der Konkurseröffnung errichtet worden war.

Am 17. Juli 2009 veröffentlichte das Unternehmen seinen Plan für die Bonuszahlungen für das Management, der einen Einblick in die internen Prognosen der Chemtura Corporation gab. Dieser Plan sah vor, dass das Management 100 Prozent der zustehenden Bonuszahlungen erhalten sollte, falls das Unternehmen in 2009 ein EBITDA von zumindest 250 Millionen US-Dollar erreichen würde. Dies wurde vom Markt als ein Zeichen für einen Tiefstand des Unternehmens bei den Einnahmen sowie als Indiz für eine langsame Erholung gewertet.

Im September 2009 stellte das Unternehmen den Gläubigern einen Fünf-Jahres-Geschäftsplan vor. Am 29. September 2009 berichtete eine Zeitung von den EBITDA-Prognosen der Gesellschaft: 220 Millionen US-Dollar für 2009, 300 Millionen US-Dollar für 2010 und sogar 550 Millionen US-Dollar für 2014. Wie in den meisten Fällen sollte bei der Bewertung eines Unternehmens eine komfortable Bandbreite betrachtet werden. Im Fall der Chemtura fokussierten sich die meisten Marktteilnehmer nunmehr auf ein EBITDA-Vielfaches zwischen 5,5 und 7,0. Tabelle 5-5 zeigt die Bewertungsmatrix für Chemtura. Hinsichtlich der innergesellschaftlichen Verbindlichkeiten sei angemerkt, dass diese, so lange ein ausreichender Wert für das gesamte Unternehmen besteht, kein Gewicht haben, da sie sich von einem zum anderen Tochterunternehmen wiederum ausgleichen.

Tabelle 5-5: Bewertungsmatrix

		Prognostiziertes EBITDA						
		200	**225**	**250**	**275**	**300**	**325**	**350**
Vielfaches	**4,5**	900	1.013	1.125	1.238	1.350	1.463	1.575
	5,0	1.000	1.125	1.250	1.375	1.500	1.625	1.750
	5,5	1.100	1.238	1.375	1.513	1.650	1.788	1.925
	6,0	1.200	1.350	1.500	1.650	1.800	1.950	2.100
	6,5	1.300	1.463	1.625	1.788	1.950	2.113	2.275
	7,0	1.400	1.575	1.750	1.925	2.100	2.275	2.450
	7,5	1.500	1.688	1.875	2.063	2.250	2.438	2.625
	8,0	1.600	1.800	2.000	2.200	2.400	2.600	2.800

Quelle: Onex Credit Partners (2009).

Die Bewertung der wesentlichen Konkurrenten in den jeweiligen Segmenten von Chemtura befindet sich in Tabelle 5-6.

Tabelle 5-6: Bewertung der Konkurrenten von Chemtura

		Unternehmenswert basierend auf:		
Unternehmen	**Segment**	**Trailing EBITDA**	**2009E**	**2010E**
Albemarle	Bromierte Produkte	12,9x	12,4x	10,1x
Lubrizol	Mineralöl-Additive	8,3x	6,6x	6,5x
Arch Chemical	Spa- und Pool-Chemikalien	8,5x	7,8x	7,1x
FMC	Getreide-Schutz	7,4x	7,9x	7,2x

Quelle: Onex Credit Partners (2009).

Im Laufe der Zeit wurde es für immer mehr Marktteilnehmer offensichtlich, dass die konservative Bewertung von Chemtura bereits völlig die ausstehenden Darlehen sowohl vor als auch nach der Eröffnung des Konkursverfahrens abdeckte, wenn man unterstellte, dass keine weiteren bisher unbekannten außergewöhnlich hohen Forderungen gegenüber dem Unternehmen bestanden.

Die amerikanische Insolvenzordnung nach Chapter 11 schreibt eine Zeitspanne von 120 Tagen vor, in welcher ein Reorganisationsplan aufgestellt werden muss. Zusätzlich muss eine Erklärung eingereicht werden, die den Geschäftsplan, die Bewertung und die Kapitalstruktur des reorganisierten Unternehmens sowie Details zur Rückerstattung der Darlehen, die vor der Eröffnung des Konkursverfahrens bestanden, beinhaltet. Bevor Chemtura ihren Restrukturierungsplan einreichte, beantragte das Unternehmen zweimal eine Verlängerung der Abgabefrist. In der ersten Phase des Konkurses gingen viele Anleihehalter entsprechend davon aus, dass sie Aktien an der restrukturierten Gesellschaft erhalten würden und dass diese nach der Seniorität der jeweiligen Anleiheemission erfolgen würde. Entsprechend verkauften viele Investoren die Anleihen und sorgten so für den in Abbildung 5-5 dargestellten drastischen Preisverfall.

Ein Hedgefonds würde in dem geschilderten Fallbeispiel im Anschluss an den Analyseprozess häufig erste Investitionen in hochrangigen Schuldtiteln der Chemtura Corporation tätigen und bei einer steigenden Wahrscheinlichkeit auf eine positive Beendigung des Konkursverfahrens später auch unbesicherte Darlehen erwerben. Eine typische Ersttransaktion wäre entsprechend eine Long-Position in der Revolver-Fazilität von vor dem Konkursverfahren bei der Eröffnung desselben. Der Manager würde entsprechend für Darlehen mit einem Nennwert von zehn Millionen US-Dollar im März 2009 lediglich 3,5 Millionen US-Dollar bezahlen müssen (wenn man einen Durchschnittspreis von 35 US-Cents unterstellt). Diese Revolver-Fazilität war besichert, enthielt eine unbesicherte revolvierende Kreditzusage und unbenutzte Kreditbriefe. Die Besicherung war sicherlich durch die verschiedenen besicherten und unbesicherten Anteile komplex, doch selbst der unbesicherte Teil hatte aufgrund der Garantien der Tochtergesellschaften strukturelle Vorteile gegenüber einem Großteil der unbesicherten Anleihen der Chemtura Corporation. Viele Hedgefonds partizipieren außerdem an DIP-Finanzierungen, da diese wie auch im Chemtura-Fall mit Sicherheiten ausgestattet sowie durch Cashflows besichert sind und gleichzeitig eine attraktive risikoadjustierte Verzinsung boten (weitere Informationen im Exkurs: Detaillierte Informationen zu ausgesuchten Schuldtiteln). Als operationelle Verbesserungen bei der Chemtura Corporation offensichtlich wurden und weitere Informationen hinsichtlich der Forderungen und Verbindlichkeiten der Tochtergesellschaften bekannt wurden, würde ein Distressed Debt-Manager auch Positionen in anderen Teilen der Kapitalstruktur aufbauen. Aufgrund der Garantien durch bestimmte Tochtergesellschaften der Chemtura Corporation, die zu diesem Zeitpunkt noch nicht von den Marktteilnehmern in Relation zu anderen komplett unbesicherten Chemtura-Anleihen akkurat bewertet wurden, kauft der Hedgefonds entsprechend die unbesicherten 2009er-Anleihen mit dem 7%-Kupon. Auch hier baut der Fondsmanager eine Position im Nennwert von zehn Millionen US-Dollar auf, für die er im April 2009 5,4 Millionen US-Dollar bezahlt (wenn man einen Durchschnittspreis von 54 US-Cents unterstellt). Als sich die Umsatzprognosen verbesserten und die Sektorbewertungen stiegen, würde ein Hedgefonds auch Positionen in unbesicherten Anleihen eingehen. Entsprechend kauft der Fondsmanager in einem Nennwert von 20 Millionen US-Dollar die 2026er-Anleihen mit dem 6,875%-Kupon Mitte Mai für 6,2 Millionen US-Dollar (wenn man einen Durchschnittspreis von 31 US-Cents unterstellt). Diese Anleihen waren unbesichert und ohne jegliche Garantien von Tochtergesellschaften. Die Chemtura Corporation ist zur Drucklegung dieses Buches auf dem besten Weg, das Konkursverfahren Mitte 2010 abzuschließen. Aufgrund der nach wie vor attraktiven risikoadjustierten Verzinsungen würden die meisten Hedgefonds nach wie vor ihre Long-Positionen in dem DIP und den 2026er-Anleihen halten. Aufgrund eines limitierten Ertragspotenzials bei den 2009er-Anleihen wurden diese allerdings bei einem Durchschnittspreis von 102 Cents im August 2009 veräußert. Dadurch erzielte der Manager auf diese Position bereits einen Gewinn von 4,8 Millionen US-Dollar (10,2 Millionen US-Dollar abzüglich 5,4 Millionen US-Dollar) bzw. eine Rendite von 88 Prozent über einen Vier-Monats-Zeitraum.

5.3 Rendite- und Risikobetrachtung

In diesem Abschnitt werden die Rendite- und Risikoeigenschaften von Distressed Securities-Hedgefonds beschrieben. Als Benchmark für Distressed Securities wird der HFRI ED Distressed/Restructuring Index (HDS) verwendet und mit einer Investition in US-Aktien, gemessen anhand des Standard & Poor's 500 (SP500) sowie in Staatsanleihen, gemessen anhand des JP Morgan Government Bond Index (JPMGBI), verglichen. Der HFRI ED Distressed/Restructuring Index stellt die durchschnittliche Wertentwicklung von 80 verschiedenen Distressed Securities-Hedgefonds dar.[23] Der Untersuchungszeitraum erstreckt sich vom 31. Dezember 1997 bis zum 30. Juni 2009. Die Auswertungen in diesem Abschnitt erfolgen auf Basis von Monatsdaten und basieren entsprechend auf 139 Datenpunkten.

5.3.1 Wertentwicklung

Die durchschnittliche jährliche Wertentwicklung der Strategie Distressed Securities betrug 3,8 Prozent in diesem Zeitraum und lag damit deutlich über dem Wert für Aktien (-0,3 Prozent), und unter dem für Anleihen (siehe auch Tabelle 5-7). Diese Rendite wurde erzielt mit einer niedrigeren Volatilität (7,5 Prozent) als bei Aktien (16,4 Prozent), aber einer deutlich höheren als bei Anleihen (3,1 Prozent). Während die Sharpe Ratio lediglich für Anleihen einen signifikant positiven Wert liefert, zeigt die Omega Ratio für alle drei verwendeten Anlagemöglichkeiten vergleichbar gute Werte. Allerdings müssen sich Investoren in Distressed Securities deutlich mehr Gedanken hinsichtlich der Tolerierbarkeit der damit einhergehenden maximalen Kursverluste (schlechtester Monat von -11,7 Prozent und Maximum Drawdown von -37,7 Prozent) machen als bei einer Investition in Anleihen.

---

23   Weitere Informationen zum HFRI ED Distressed/Restructuring Index können der Internetseite des Index-sponsors unter www.hedgefundresearch.com entnommen werden.

Tabelle 5-7: Historische Wertentwicklung des HFRI Distressed Index

	HDS	SP 500	JPMGBI
Annualisierte Rendite	3,8%	-0,3%	5,8%
Volatilität	7,5%	16,4%	3,1%
Positive Monate in %	63,3%	57,6%	74,8%
Sharpe Ratio (RFR)	0,05	-0,16	0,66
Omega (RFR)	1,04	0,88	1,61
Bester Monat	6,1%	9,7%	3,0%
Schlechtester Monat	-11,7%	-16,9%	-2,0%
Maximum Drawdown	-37,7%	-52,6%	-2,9%
Annualisiertes Alpha (HDS)		3,8%	7,3%
Beta (HDS)		0,19	-0,57
Downside Beta (HDS)		0,43	0,40

Quelle: Eigene Darstellung. Daten: Bloomberg.

Hervorzuheben ist bei der in Abbildung 5-9 dargestellten Renditeverteilung des HDS deren Linksschiefe sowie dass die Extremwerte im negativen Randbereich zahlreicher sind als die im positiven Randbereich.

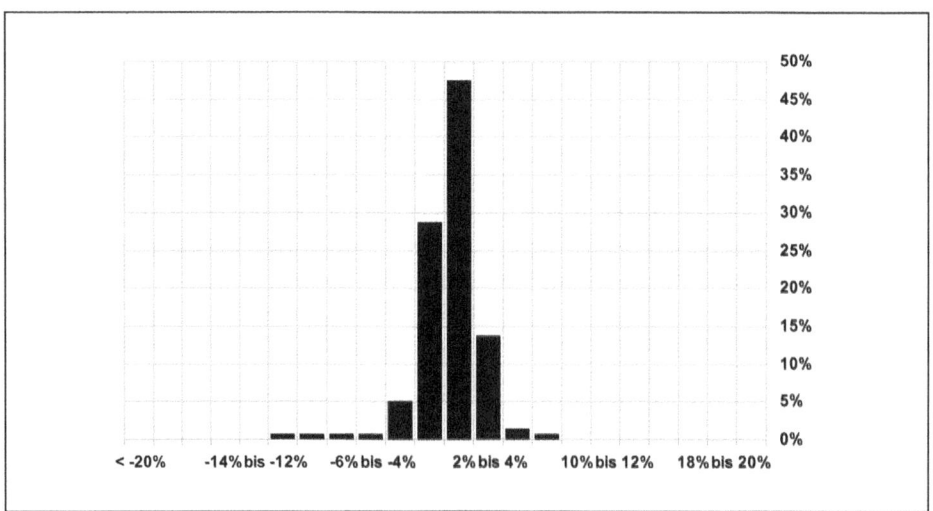

Quelle: Eigene Darstellung. Daten: Bloomberg.
Abbildung 5-9: *Häufigkeitsverteilung der monatlichen Renditen des HFRI Distressed Index*

Die rollierenden Zwölfmonats-Renditen bewegen sich für den HDS in einer Bandbreite von -34,50 bis +25,70 Prozent. Abbildung 5-10 zeigt die Bandbreite möglicher Renditen über einen rollierenden Zwölfmonats-Zeitraum, welche bis zu Beginn der Finanzkrise im Jahr 2007 fast ausschließlich positiv waren. Seit dem Ausbruch der Finanzkrise befindet sich die rollierende Zwölfmonats-Rendite auf Talfahrt und die Untersuchungsperiode endet mit -34,50 Prozent sogar im Tiefpunkt des Untersuchungszeitraumes. Entsprechend sollten Investoren bei der Allokation in Distressed Securities einen langen Investitionshorizont von mindestens fünf Jahren einplanen.

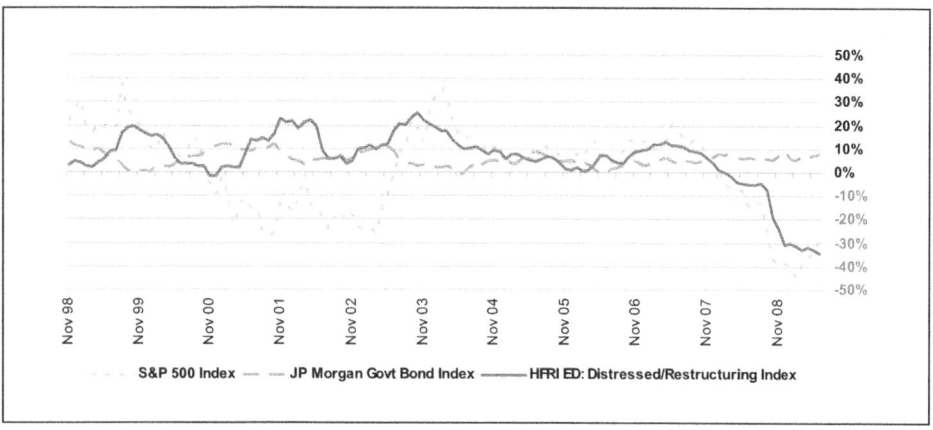

Quelle: Eigene Darstellung. Daten: Bloomberg.
Abbildung 5-10: *Rollierende Zwölfmonats-Renditen des HFRI Distressed Index*

Die rollierenden Zwölfmonats-Sharpe Ratios bewegen sich für den HDS in einer Bandbreite von -3,73 bis +4,36. Abbildung 5-11 zeigt die Bandbreite möglicher Sharpe Ratios über einen rollierenden Zwölfmonats-Zeitraum, die in der Mehrzahl positiv sind.

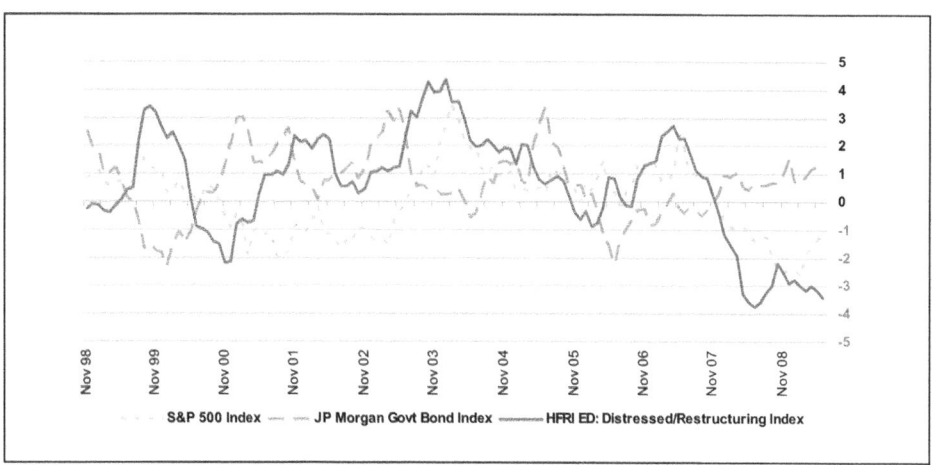

Quelle: Eigene Darstellung. Daten: Bloomberg.
Abbildung 5-11: *Rollierende Zwölfmonats-Sharpe Ratios des HFRI Distressed Index*

5.3.2 Risikobetrachtung

Wie aus Tabelle 5-8 deutlich wird, erzielt der HDS in einem negativen Monat einen durchschnittlichen Verlust von -1,6 Prozent sowie einen durchschnittlichen Monatsgewinn von
+1,4 Prozent in einem positiven Monat. Diese Werte sind unter Aktien (-4,1 Prozent und 3,2
Prozent), aber über Anleihen-Niveau (-0,7 Prozent und +0,9 Prozent). Die Semi-Standardabweichung des HDS ist bei den hier verglichenen Investitionsalternativen mit 6,1 Prozent
deutlich unter dem Aktienniveau (13,0 Prozent), und Anleihen bilden erneut die konservativste Alternative (2,0 Prozent). Hinsichtlich des Sortino Ratios sind die Ergebnisse von Distressed Securities und Aktien vergleichbar schlecht, lediglich Anleihen erscheinen nach diesem
Risikomaß attraktiv. Die niedrigen Korrelationen von Distressed Securities in Aufwärts-
sowie Abwärtsphasen des HDS zu Anleihen sowie die niedrige Korrelation zu Aktien-Bullen-
märkten unterstreichen die Möglichkeit zur Optimierung von klassischen Aktien-Renten-
Portfolios durch die Hinzunahme einer Distressed Securities-Allokation. Allerdings gibt es
eine Korrelation von Distressed Securities zu einem fallenden Aktienmarkt. Hinsichtlich des
dritten und vierten Moments der Renditeverteilung ist festzuhalten, dass über den Untersuchungszeitraum alle Indizes eine Linksschiefe und hinsichtlich der Wölbung moderate Werte
ausweisen. Allerdings ist wie zu erwarten, die Linksschiefe bei Distressed Securities am
ausgeprägtesten.

Tabelle 5-8: Historisches Risikoprofil des HFRI Distressed Index

	HDS	SP 500	JPMGBI
Durchschnittlicher Monatsverlust	-1,6%	-4,1%	-0,7%
Durchschnittlicher Monatsgewinn	1,4%	3,2%	0,9%
Semi-Standardabweichung	6,1%	13,0%	2,0%
Sortino Ratio (RFR)	0,06	-0,20	1,04
Downside Correlation (HDS)		0,62	0,16
Upside Correlation (HDS)		0,13	-0,32
Schiefe	-1,93	-0,68	-0,14
Überschuss-Wölbung	0,77	1,06	0,19

Quelle: Eigene Darstellung. Daten: Bloomberg.

Die durchschnittliche Volatilität des HDS beträgt über den gesamten Untersuchungszeitraum
7,5 Prozent. Dabei reicht die Bandbreite zu verschiedenen Betrachtungsstichtagen von unter
4 bis knapp 14 Prozent (siehe Abbildung 5-12).

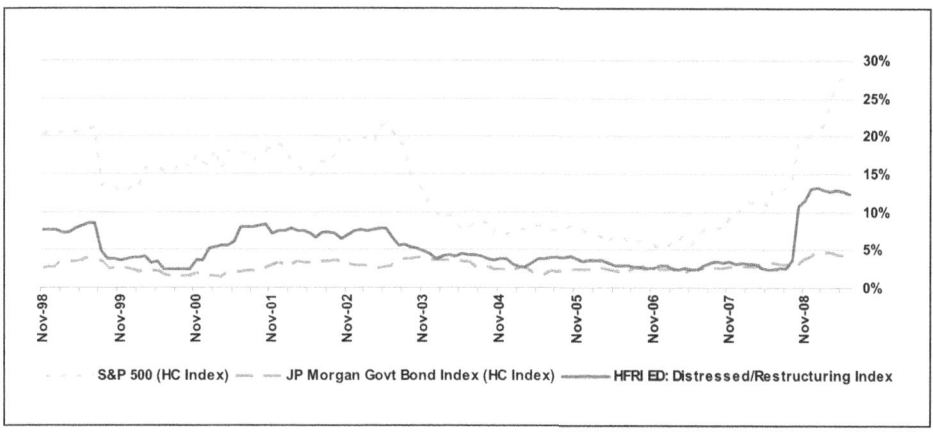

Quelle: Eigene Darstellung. Daten: Bloomberg.
Abbildung 5-12:   *Rollierende Zwölfmonats-Volatilitäten des HFRI Distressed Index*

Mit einer Korrelation von +0,42 zum SP500 und von -0,24 zum JPMGBI über die gesamte Untersuchungsperiode vom weist die Strategie Distressed Securities lediglich eine moderate langfristige Abhängigkeit zu Aktien aus. Auf einer rollierenden Zwölfmonats-Basis hingegen, bewegt sich die Korrelation des HDS zu Aktien zwischen -0,27 und +0,92 sowie zu Anleihen zwischen -0,81 und +0,80 (siehe Abbildung 5-13).

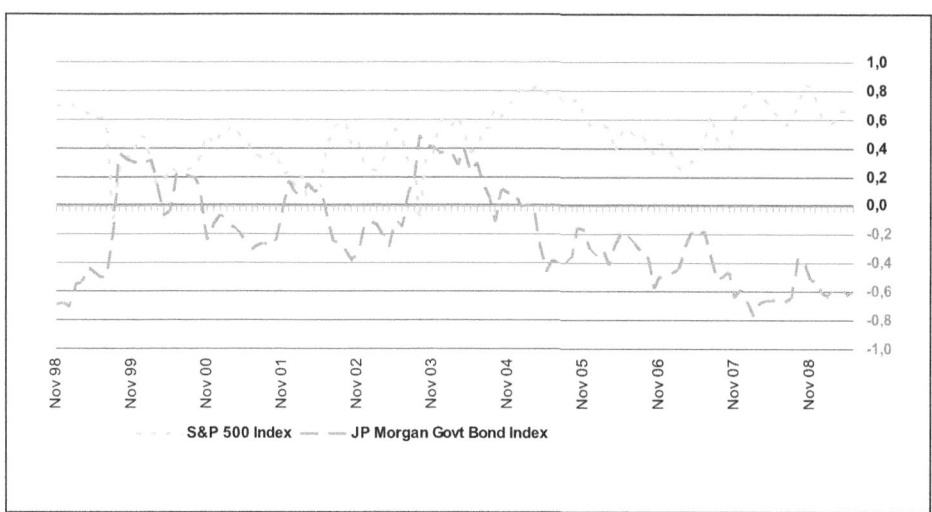

Quelle: Eigene Darstellung. Daten: Bloomberg.
Abbildung 5-13:   *Rollierende Zwölfmonats-Korrelationen des HFRI Distressed Index*

Anhand von Abbildung 5-14 ist ersichtlich, dass die Unterwasser-Zeiten von Distressed Securities im historischen Kontext tendenziell kürzer und weniger ausgeprägt waren als bei Aktien. Allerdings ist dieses Muster seit dem Beginn der Finanzkrise im Jahr 2007 nicht mehr zu beobachten.

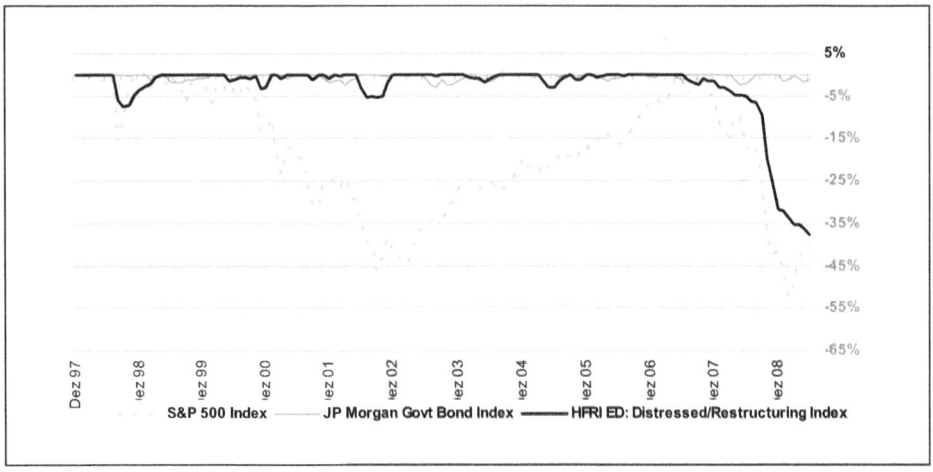

Quelle: Eigene Darstellung. Daten: Bloomberg.
Abbildung 5-14:   *Unterwasser-Chart des HFRI Distressed Index*

Eine genauere Betrachtung der Kursverluste bietet die sogenannte Drawdown-Analyse (siehe Tabelle 5-9). Entsprechend sollten Investoren in Distressed Securities eine Verlusttoleranz von bisher im schlimmsten Fall 38 Prozent einkalkulieren sowie eine Wertaufholungsphase von mehreren Jahren.

Tabelle 5-9:   *Drawdown-Analyse des HFRI Distressed Index*

	Drawdown	Length	Recovery	Start	Valley
1	-37,73%	24	1	Jul 07	Jun 09
2	-7,59%	3	7	Jul 98	Sep 98
3	-5,39%	2	5	Jun 02	Jul 02
4	-3,30%	7	2	Mai 00	Nov 00
5	-3,15%	3	7	Mrz 05	Mai 05
6	-1,69%	4	4	Feb 04	Mai 04
7	-1,17%	1	1	Sep 01	Sep 01
8	-0,99%	1	1	Dez 01	Dez 01
9	-0,85%	1	2	Mrz 01	Mrz 01
10	-0,68%	1	2	Feb 06	Feb 06
11	-0,45%	1	2	Jul 06	Jul 06
12	-0,44%	1	1	Feb 02	Feb 02

Quelle: Eigene Darstellung. Daten: Bloomberg.

6.   Währungshandel

6.1   Deskription

Der Währungsmarkt gilt gemeinhin als der liquideste und transparenteste Markt überhaupt. Die Bank für internationalen Zahlungsverkehr (BIZ) führt im dreijährigen Turnus mit ihrer „Triennial Central Bank Survey" eine umfangreiche Analyse zu den Währungs- und Derivatemärkten durch. Diese gibt Einblick in die gehandelten Volumina aufgeschlüsselt nach verschiedenen Kriterien. In ihrer letzten Studie vom April 2007 haben Zentralbanken und Regulierungsbehörden von 54 Nationen mit umfangreichen Datenmaterialen zur Transparenz beigetragen.[1] Wie in Tabelle 6-1 ersichtlich, betrug das tägliche gehandelte Volumen im Währungsmarkt im April 2007 3,2 Billionen US-Dollar, was gegenüber der letzten Erhebung vom April 2004 einem Anstieg in Höhe von 69 Prozent entsprach.

Tabelle 6-1:   Tägliche Umsätze an den globalen Währungsmärkten

Devisenhandelsumsätze Tägliche Durchschnittswerte im April, in Mrd. USD	1992	1995	1998	2001	2004	2007
Spot Transaktionen	394	494	568	387	631	1.005
Forwards	58	97	128	131	209	362
bis zu 7 Tagen	...	50	65	51	92	154
über 7 Tage	...	46	62	80	116	208
Devisen SWAPS	324	546	734	656	954	1.714
bis zu 7 Tage	...	382	528	451	700	1.329
über 7 Tage	...	162	202	204	252	382
geschätzte Differenzen im Reporting	44	53	60	26	106	129
Gesamthandelsumsätze	820	1.190	1.490	1.200	1.900	3.210

Quelle: Bank for International Settlements (2007).

Das gehandelte Volumen in FX-Swaps (1,7 Billionen US-Dollar) dominiert die Spot-Transaktionen (1,0 Billionen US-Dollar) und die Forward-Kontrakte (0,4 Billionen US-Dollar). Wirft man einen Blick auf die regionale Verteilung der Währungstransaktionen in Tabelle 6-2, so dominiert mit 34,1 Prozent der gehandelten Volumina Großbritannien vor den USA mit 16,6 Prozent, der Schweiz mit 6,1 Prozent, Japan mit 6,0 Prozent und Singapur mit 5,8 Prozent. Gemeinsam vereinen die Top 5 rund zwei Drittel der täglichen Handelsvolumina an den internationalen Währungsmärkten und die Top 10 erreichen 84,3 Prozent.

---

[1]   Vgl. Bank for International Settlements (2007).

*Tabelle 6-2:   Geografische Verteilung der täglichen Handelsvolumina an den Währungs-
märkten in 2007*

Geographische Verteilung der Währungsumsätze Tägliche Durchschnittswerte im April, in Mrd. USD und prozentualer Anteil							
	1998		**2001**		**2004**		**2007**
	Volumen	Anteil	Volumen	Anteil	Volumen	Anteil	Volumen	Anteil
Großbritannien	637	32,5	504	31,2	753	31,0	1.359	34,1
U.S.A.	351	17,9	254	15,7	461	19,2	664	16,6
Schweiz	82	4,2	71	4,4	79	3,3	242	6,1
Japan	136	6,9	147	9,1	199	8,2	238	6,0
Singapur	139	7,1	101	6,2	125	5,2	231	5,8
Australien	47	2,4	52	3,2	102	4,2	170	4,3
Hong Kong	79	4,0	67	4,1	102	4,2	175	4,4
Frankreich	72	3,7	48	3,0	64	2,6	120	3,0
Deutschland	94	4,8	88	5,5	118	4,8	99	2,5
Kanada	37	1,9	42	2,6	54	2,2	60	1,5
Zwischensumme	1.674	85,4	1.374	85,0	2.057	84,9	3.358	84,3
Differenz andere Länder	295	14,6	242	15,0	372	15,1	630	15,7
Gesamt	*1.969*	*100*	*1.616*	*100*	*2.429*	*100*	*3.988*	*100*

Quelle: Bank for International Settlements (2007).

Wie aus Tabelle 6-3 ersichtlich, sind die mit Abstand bedeutendsten Währungen gemessen am Handelsvolumen: US-Dollar, Euro und japanischer Yen. Auch wenn deren gemeinsamer Anteil in den letzten drei Jahren um sechs Prozentpunkte auf 69,9 Prozent gefallen ist.

Tabelle 6-3:   Aufteilung des Handelsvolumens nach Währungen

Aufteilung der Handelsumsätze auf die einzelnen Währungen Prozentualer Anteil der täglichen Handelsvolumina im Arpil			
	2001	2004	2007
USD	90,3	88,7	86,3
Euro	37,6	36,9	37,0
Japanischer Yen	22,7	20,2	16,5
Britisches Pfund	13,2	16,9	15,0
Schweizer Franken	6,1	6,0	6,8
Australischer Dollar	4,2	5,9	6,7
Kanadischer Dollar	4,5	4,2	4,2
Schwedische Krone	2,6	2,3	2,8
Hong Kong Dollar	2,3	1,9	2,8
Norwegische Krone	1,5	1,4	2,2
Neuseeland Dollar	0,6	1,0	1,9
Mexikanischer Peso	0,9	1,1	1,3
Singapur Dollar	1,1	1,0	1,2
Won	0,7	1,2	1,1
Rand	1,0	0,8	0,9
Dänische Krone	1,2	0,9	0,9
Rubel	0,4	0,7	0,8
Zloty	0,5	0,4	0,8
Indische Rupie	0,2	0,3	0,7
Renminbi	0,0	0,1	0,5
New Taiwan Dollar	0,3	0,4	0,4
Brasilianischer Real	0,4	0,2	0,4
Alle Währungen	*200,0*	*200,0*	*200,0*
Schwellenländer Währungen	*16,9*	*15,4*	*19,8*

Quelle: Bank for International Settlements (2007).

Das bedeutendste Währungspaar gemessen am täglichen Handelsumsatz ist US-Dollar/Euro mit einem Anteil am Gesamtumsatz von 27 Prozent, gefolgt von US-Dollar/Yen mit einem Anteil von 13 Prozent. Wie aus Tabelle 6-4 ersichtlich, vereinen die drei umsatzstärksten Währungspaare rund 52 Prozent des Gesamthandelsumsatzes an den internationalen Währungsmärkten auf sich.

Tabelle 6-4: Verteilung der Handelsvolumina auf die verschiedenen Währungspaare

Aufteilung der Handelsumsätze auf die verschiedenen Währungspaare Tägliche Durchschnittswerte im April, in Mrd. USD						
	2001		**2004**		**2007**	
	Volumen	Anteil	Volumen	Anteil	Volumen	Anteil
USD/Euro	354	30	503	28	840	27
USD/Yen	231	20	298	17	397	13
USD/GBP	125	11	248	14	361	12
USD/Australischer Dollar	47	4	98	5	175	6
USD/Schweizer Franken	57	5	78	4	143	5
USD/Kanadischer Dollar	50	4	71	4	115	4
USD/Schwedische Krone	...	...	...	...	56	2
USD/andere	195	17	295	16	572	19
Euro/Yen	30	3	51	3	70	2
Euro/GBP	24	2	43	2	64	2
Euro/Schweizer Franken	12	1	26	1	54	2
Euro/andere	21	2	39	2	112	4
Andere Währungspaare	26	2	42	2	122	4
Alle Währungspaare	1.173	100	1.794	100	3.081	100

Quelle: Bank for International Settlements (2007).

Gemäß einer neueren Studie von Greenwich Associates nahm das Handelsvolumen von Hedgefonds und Währungs-Overlay-Aktivitäten in 2008 im Vergleich zu 2007 um 28 Prozent ab. Dies steht im diametralen Gegensatz zum Vorjahreszeitraum 2006/2007: Dort trug das durch Hedgefonds verursachte Volumen mit einem Anstieg von 180 Prozent zum Wachstum bei und zeichnete für insgesamt 20 Prozent des gesamten globalen Handelsvolumens im Währungsmarkt verantwortlich. Seither hat sich dieser Anteil auf 14 Prozent reduziert. Trotz dieser Reduktion der von den Hedgefonds verursachten Handelsvolumina erhöhte sich das gesamte globale Handelsvolumen im Währungsmarkt 2007/2008 um 15 Prozent. Dies stellt eine Verlangsamung der Wachstumsrate im Vergleich zur Vorperiode 2006/2007 dar. Dominierende Marktteilnehmer im globalen Währungshandel sind die Deutsche Bank und die UBS mit einem Marktanteil von 10,8 und 10,0 Prozent, gefolgt von Citigroup, Royal Bank of Scotland und Barclays Capital.[2]

Die relevanten Finanzinstrumente für den Währungshandel sind:

---

2   Quelle: Greenwich Associates, Umfrage unter 1.440 institutionellen Marktteilnehmern im Zeitraum September bis November 2008, Presseerklärung 15. April 2009.

▦ *Spot-Transaktionen (Kassamarkt):* Bei einer Spot-Transaktion handelt es sich um den Austausch zweier Währungen zu einem Wechselkurs, der zum Zeitpunkt der Vereinbarung fixiert wurde mit einer Verpflichtung zur Lieferung innerhalb von zwei Arbeitstagen. Wie in Tabelle 6-1 ersichtlich sind Spot-Transaktionen mit einem durchschnittlichen täglichen Handelsvolumen von einer Billion US-Dollar das zweitbedeutendste Finanzinstrument an den internationalen Währungsmärkten.

▦ *Währungsforwards:* Bei Währungsforwards (Foreign Exchange- oder FX-Forwards) handelt es sich um eine Währungstransaktion zum Austausch zweier Währungen zu einem Umtauschverhältnis, das zum Zeitpunkt des Vertragsabschlusses festgelegt wird. Es gilt die Verpflichtung zur Lieferung und Bezahlung an einem festgelegten Tag, der mehr als zwei Arbeitstage in der Zukunft liegt. Mit einem täglichen Handelsvolumen von 362 Milliarden US-Dollar nimmt diese Form der Finanzmarktinstrumente den dritten Rang ein. Im Unterschied zu FX-Futures werden die verschiedenen kontraktspezifischen Details bei FX-Forwards zwischen den beiden Kontraktpartnern individuell ausgehandelt.

▦ *FX-Futures:* Ein FX-Future, (Devisen-Future, Währungs-Future) ist ein standardisierter Kontrakt zum Austausch einer Währung gegen eine andere zu einem in der Zukunft festgelegten Zeitpunkt und Austauschkurs. FX-Futures werden über eine Börse abgewickelt, womit sich die beiden Vertragspartner den Abwicklungs- und Margin-Regelungen der Börse unterwerfen müssen. Dies hat unter anderem zur Folge, dass in Bezug auf das Kreditrisiko der beiden Kontrahenten das Abwicklungssystem der Börse als Mittler fungiert, d.h. dieses durch die Margin-Anforderung der Börse ersetzt wird. FX-Futures wurden erstmals 1972 an der Chicago Mercantile Exchange (CME) eingeführt. Heute werden an der CME 43 Futures und 32 Optionskontrakte auf 20 Währungen gehandelt. Neben den G10-Währungen (AUD, CAD, CHF, EUR, GBP, JPY, NOK, NZD, SEK, USD) gehören hierzu auch einige Emerging Market Währungen (BRL, CZK, HUF, ILS, KRW, MXN, PLN, RMB, RUB, ZAR, TRY).[3] Die CME ist hierbei der dominierende globale Marktplatz für FX-Futures mit einem Marktanteil von ca. 90 Prozent und einem täglichen Nominalkontraktvolumen von über 80 Milliarden US-Dollar.[4] Im Vergleich zum gehandelten Kontraktvolumen in FX-Forwards haben die standardisierten Futures jedoch noch eine untergeordnete Bedeutung. Auch an der Euronext Börse in Amsterdam werden US-Dollar/Euro und Euro/US-Dollar-Währungs-Futures gehandelt.[5] Da in den Futures-Märkten die bei Positionseröffnung zu hinterlegende Initial-Margin nur einen Bruchteil des Nominalsvolumens ausmacht, in der Regel fünf Prozent oder weniger, ergibt sich beim Einsatz von Währungsfutures oftmals ein Leverage-Faktor von 20 und mehr. Im Over-the-Counter (OTC) Handel wird oftmals mit noch höheren Leveragefaktoren gehandelt, die nicht selten 200:1 erreichen können. Die minimale Preisbewegung, die bei einem FX-Future möglich ist, ist ebenfalls standardisiert und variiert bei den unterschiedlichen Währungen. Diese wird ausgedrückt in so genannten Pips (Percentage in Points). Für den

---

3   http://www.cmegroup.com/trading/fx/files/FX197_2009_FX_Product_Guide_x_Calendar.pdf [08. Juni 2009].

4   http://www.cmegroup.com/trading/fx/files/FX-160_2008_Sales_Brochure.pdf [08. Juni 2009].

5   http://www.euronext.com/landing/landingInfo-2123-EN.html [08.Juni 2009].

Euro beträgt 1 Pip US-Dollar 12,50 womit beispielsweise eine Preisbewegung beim US-Dollar/Euro Wechselkurs von US-Dollar 1,2960 auf US-Dollar 1,2961 einen Gewinn/Verlust je FX-Kontrakt in Höhe von US-Dollar 12,50 verursacht.[6]

▨ *Devisenswaps*: Ein Devisenswap (FX-Swap) ist ein Finanzmarktgeschäft, das aus einem Devisen-Kassageschäft (FX-Spot) und einem Devisentermingeschäft (FX-Forward) besteht. Dabei werden zwei Währungen in einer Spot-Transaktion gegeneinander getauscht und zu einem späteren Zeitpunkt wieder zurückgetauscht. Je nachdem, ob das Zinsniveau in der fremden Währung höher notiert oder niedriger, ist der Rücktauschkurs (Forward-Kurs) mit einem Deport (Abschlag) oder einem Report (Aufschlag) versehen, der rechnerisch diese Zinsdifferenz kompensiert. Wird der Report prozentual und auf ein Jahr bezogen als Bruchteil des Kassakurses ausgewiesen, spricht man vom Swapsatz. Beide Transaktionen eines Devisenswaps werden gleichzeitig und mit derselben Gegenpartei abgeschlossen. Im Unterschied dazu ist ein Währungsswap ein Austausch von Kapitalbeträgen in unterschiedlichen Währungen, einschließlich der damit verbundenen Zinszahlungen.

▨ *Währungsswaps*: Ein Währungsswap (Cross Currency Swap oder Currency Swap) ist ein Finanzderivat, bei dem zwei Vertragsparteien Zins- und Kapitalzahlungen in unterschiedlichen Währungen austauschen. Eine klassische Anwendung eines Währungsswaps ist, dass zwei Parteien die aus Kreditaufnahmen stammenden Beträge in zwei verschiedenen Währungen sowie die während der Kreditlaufzeit zu leistenden Zinsen (und gegebenenfalls Amortisationsbeträge) untereinander austauschen. Der Entstehungsgrund liegt hierbei in komparativen Zinsvorteilen, die eine oder auch beide Parteien in der jeweils von dem Partner gesuchten Währung haben. Währungsswaps sind im Vergleich zu Devisenswaps gemessen am gehandelten Volumen von untergeordneter Bedeutung.

▨ *Währungsoptionen*: Eine Währungsoption (Devisenoption) ist ein Kontrakt, der dem Halter das Recht gibt, eine angegebene Währung während eines spezifischen Zeitabschnitts zu kaufen bzw. zu verkaufen. Ein Zwang dieses Recht auszuüben besteht nicht. Der klassische Währungshandel (FOREX) unterscheidet sich deutlich vom Devisenoptionshandel. Währungsoptionen werden häufig zu Absicherungszwecken benutzt, während Trader den Währungshandel bevorzugen. Verbreitet sind auch Devisenoptionsscheine die im Aufbau Ähnlichkeiten zu den Optionen haben. Es gibt zwei Optionstypen: Kaufoptionen (Calls) und Verkaufsoptionen (Puts). Eine Kaufoption gibt dem Halter das Recht, eine Währung zu kaufen während eine Verkaufsoption dem Halter das Recht gibt, diese zu verkaufen.

▨ *Währungsswaptions*: Swaptions sind Optionen, die es dem Käufer gegen die Zahlung einer einmaligen Prämie erlauben, zu einem bestimmten Zeitpunkt (europäische Swaption), bis zu einem bestimmten Zeitpunkt (amerikanische Swaption, extrem selten) oder zu festgelegten aufeinanderfolgenden Zeitpunkten (Bermuda-Swaption) in einen Währungsswap einzutreten. Gemessen an den offenen Positionen dominieren bei den Finanzterminmarktinstrumenten im Währungsmarkt die Forward- und Swap-Kontrakte im Vergleich zu den Options-Kontrakten (Tabelle 6-5).

---

6   Vgl. Luca (2007), S. 5 ff.

Tabelle 6-5:   Globale Positionen in Währungs-OTC-Terminkontrakten

Globale Positionen in OTC Währungsmärkten
Ausstehende Beträge in Mrd. USD

	Total			davon					
				Forwards und Swaps			Optionen		
	April 2001	April 2004	April 2007	April 2001	April 2004	April 2007	April 2001	April 2004	April 2007
Total	20.435	31.500	57.597	17.577	24.702	43.898	2.824	6.789	13.662
nach Währungen									
USD	18.341	28.402	47.793	15.977	22.024	37.418	2.364	6.378	10.376
Euro	7.325	11.726	21.355	6.181	9.248	16.204	1.144	2.478	5.151
Yen	4.888	7.265	12.155	3.918	5.178	7.106	970	2.088	5.048
GBP	2.912	5.078	8.931	2.553	4.013	7.700	359	1.065	1.232
Schweizer Franken	996	1.590	3.451	869	1.276	2.424	127	313	1.027
Kanadischer Dollar	885	1.261	2.604	789	1.044	2.183	96	217	421
Australischer Dollar	762	1.583	3.056	588	1.169	2.344	174	414	712
Schwedische Krone	561	877	1.601	533	790	1.434	29	88	167
andere	4.199	5.216	14.246	3.746	4.663	10.984	386	538	3.189
nach Fälligkeiten									
< 1 Jahr	15.906	24.706	43.838	10.848	18.618	33.233	2.456	6.089	10.605
> 1 Jahr < 5 Jahre	3.293	4.712	9.783	2.543	4.114	7.080	321	598	2.702
> 5 Jahre	1.206	2.067	4.216	1.022	1.966	3.842	47	101	375

Quelle: Bank for International Settlements (2007).

6.2   Handelsstrategien

Wurden Währungen in der Vergangenheit oftmals nur als potenzielle Risikoquelle angesehen, finden diese mittlerweile zunehmend auch Beachtung als mögliche Renditequelle. Wie in den nachfolgend skizzierten Handelsstrategien erläutert, existieren am Währungsmarkt Opportunitäten, welche eine systematische Vereinnahmung von Risikoprämien möglich erscheinen lassen. Ein wesentlicher Grund hierfür scheint in der Heterogenität der Marktteilnehmer zu liegen. Zwei der größten Marktteilnehmer – Zentralbanken und Unternehmen – verfolgen primär bei ihrer Marktteilnahme keine Profitziele. Zentralbanken benützen Währungen als Werkzeug ihrer ökonomischen Politik, und Unternehmen wandeln damit Einnahmen um oder sichern Positionen in ihren Bilanzen ab. Dies widerspricht eindeutig jeglicher Theorie zur Effizienz der Märkte, in der alle Marktteilnehmer über den gleichen Informationsstand verfügen, denselben Marktzugang haben und von denselben Beweggründen (Profit) motiviert sind. Wenn Währungsmärkte demnach also ineffizient sind, muss es möglich sein, daraus eine periodisch auftretende Renditequelle zu generieren, wie es von einer wachsenden Gruppe von aktiven Währungsmanagern auch bewerkstelligt wird. Bei den nachfolgend dargestellten Handelsstrategien handelt es sich um systematisch umsetzbare Investmentstrategien im Währungsmarkt. Sie stellen quasi das Grundsortiment an möglichen Renditequellen dar. Diese systematischen Risikoprämien könnte man auch als die Betafaktoren des Währungsmarktes bezeichnen. Aufbauend auf diesen Grundstrategien gibt es sowohl diskretionäre als auch systematisch orientierte Währungsmanager, die ihre eigenen weiterentwickelten Investmentansätze und Modelle zum Einsatz bringen, um Renditen für ihre Investoren zu generieren. Gelingt es ihnen hierbei mit ihren Ansätzen einen Mehrwert gegenüber den im nachfolgenden ausgeführten Basisstrategien zu erwirtschaften, kann in diesem Zusammenhang von Alpha gesprochen werden.

6.2.1 Value-Strategien

Value-Handelsstrategien verfolgen das Ziel, aufgrund von fundamentaler Analyse oder fundamental begründeten Marktmeinungen entsprechende Positionierungen in Finanzinstrumenten aufzubauen, um aus entsprechenden Währungsbewegungen einen Profit zu erwirtschaften. Die Währungsmärkte sind seit jeher gut für Enttäuschungen und Frustration bei Ökonomen. Ins Bild der erhöhten Komplexität im Vergleich zu anderen Märkten passen auch die Aussagen des damaligen Vorsitzenden der US-Notenbank Alan Greenspan vor dem Senate Banking Comittee im Juli 2002: *„Wir von der Federal Reserve haben Unmengen an Zeit damit verbracht, Modelle zu finden, die erfolgreich unsere eigenen sowie die Wechselkurse aller anderen Länder prognostizieren können. Diese wertvolle Zeit hätten wir besser in andere Forschungsprojekte gesteckt."* Klar ist, dass sich Währungen im Vergleich zu anderen Anlageklassen komplett anders verhalten. Währungen folgen im Gegensatz zu anderen Anlageklassen wie Aktien und Renten nicht den gleichen Fundamentaldaten. Für diese Klassen existieren bewährte Bewertungsmodelle, für Währungen nicht. Modelle zur Bewertung von Währungen basieren im Allgemeinen stets auf einer Version der Kaufkraftparitätentheorie (Purchasing Power Parity, PPP) und sind für ihre notorische Ungenauigkeit in eben jenen Zeitspannen, die für Investoren interessant sind, berüchtigt.[7]

Die Kaufkraftparitätentheorie besagt, dass die Wechselkurse zwischen zwei Währungen hauptsächlich deshalb schwanken, um Preisniveauunterschiede auszugleichen. Sie basiert auf dem Grundsatz des Gesetzes vom einheitlichen Preis. Demnach müsste sich ein Gut überall auf der Welt zum gleichen Preis verkaufen. Andernfalls gäbe es Arbitrage-Möglichkeiten. Nach der Theorie muss eine Geldeinheit in allen Ländern die gleiche Kaufkraft bedingen, sie muss überall den gleichen realen Wert besitzen. Die Kaufkraftparitätentheorie stammt ursprünglich aus der monetären Außenwirtschaftstheorie. Es wird dabei berechnet, wie viel Einheiten der jeweiligen Währung notwendig sind, um den gleichen repräsentativen Warenkorb zu kaufen, den man für einen US-Dollar in den USA erhalten könnte. Kurzfristig kann der Wechselkurs von der Kaufkraftparität abweichen, insbesondere da monetäre Störungen schnelle Änderungen des Wechselkurses verursachen, während sich das Preisniveau nur relativ langsam ändert. Langfristig jedoch sollte er aber um diesen Wert schwanken. Als Wegbereiter der Kaufkraftparitätentheorie gilt Gustav Cassel, wenngleich Ansätze zu ihr sich schon im 17. Jahrhundert finden. Ausgehend von dieser Interpretation und der Zinsparitätentheorie entwickelte Rudiger Dornbusch die monetäre Wechselkurstheorie. Der vom Economist berechnete „Big Mac Index" ist ein populäres Beispiel dieser PPP-Theorie in der praktischen Anwendung, bei der der Preis eines Big Macs in den Ländern rund um den Globus in einer einheitlichen Währung verglichen wird, um zu sehen, welche

---

7 Vgl. Lequeux /Petej (2006), S. 457.

Währungen über- oder unterbewertet erscheinen. Selbstverständlich müssen bei einer derartigen Bewertung noch die Informations- und Transportkosten ins Kalkül gezogen werden und so ist es klar, dass die PPP-Theorie nicht zu jedem Zeitpunkt greift. Unterschiedliche akademische Studien kommen jedoch zu dem Schluss, dass die PPP-Theorie mittel- bis langfristig Erklärungsgehalt für Währungskursentwicklungen aufweist.[8] Die Deutsche Bank hat mit dem DB G10 Valuation Index (DBG10VI) einen Index entwickelt, der in einfacher und regelbasierter Form die Rendite einer derartigen Value-Strategie nachvollzieht, die auf der Kaufkraftparitätentheorie basiert. Hierzu werden die G10-Währungen herangezogen. Für diese wird auf Basis eines Warenkorbes ausgerechnet, wie stark über- oder unterbewertet die jeweilige Währung ist. Die drei unterbewertesten Währungen werden gekauft und die drei überbewertesten Währungen verkauft. Alle drei Monate wird der Index wieder neu zusammengesetzt.

Im Folgenden werden die Rendite- und Risikoeigenschaften des DBG10VI beschrieben und mit einer Investition in US-Aktien, gemessen anhand des S&P 500 Index (SP500) sowie in Staatsanleihen, gemessen anhand des JP Morgan Government Bond Index (JPMGBI), verglichen. Die Auswertungen in diesem Abschnitt erfolgen auf Basis von Monatsdaten und basieren entsprechend auf 240 Datenpunkten. Der Untersuchungszeitraum erstreckt sich vom 30. Juni 1989 bis zum 30. Juni 2009. Tabelle 6-6 zeigt, dass es über diesen Zeitraum mit dieser regelbasierten Strategie möglich war, eine positive Risikoprämie zu erwirtschaften. Die durchschnittliche jährliche Wertentwicklung des DBG10VI betrug 7,0 Prozent und lag damit über dem Wert für Aktien (5,5 Prozent), war jedoch geringer als bei Anleihen (7,4 Prozent). Diese Rendite wurde mit einer Volatilität von 9,3 Prozent erzielt. Das risikoadjustierte Performancemaße Omega zeigt einen interessanten Wert gleichermaßen für die Currency Valuation Strategie als auch für Staatsanleihen auf.

Tabelle 6-6:   Historische Wertentwicklung des DB G10 Currency Valuation Index

	DBG10VI	SP500	JPMGBI
Annualisierte Rendite	7,0%	5,5%	7,4%
Volatilität	9,3%	14,9%	4,1%
Positive Monate in %	62,5%	62,1%	74,2%
Sharpe Ratio (RFR)	0,29	0,13	0,68
Omega (RFR)	1,26	1,11	1,68
Bester Monat	14,8%	11,2%	5,1%
Schlechtester Monat	-8,7%	-16,9%	-3,1%
Maximum Drawdown	-20,0%	-52,6%	-5,3%

Quelle: Eigene Darstellung. Daten: Bloomberg.

Hervorzuheben bei der in Abbildung 6-1 dargestellten Renditeverteilung des DBG10VI sind die Extremwerte im positiven Randbereich.

---

8   Vgl. Saravelos (2007), S.34 f.

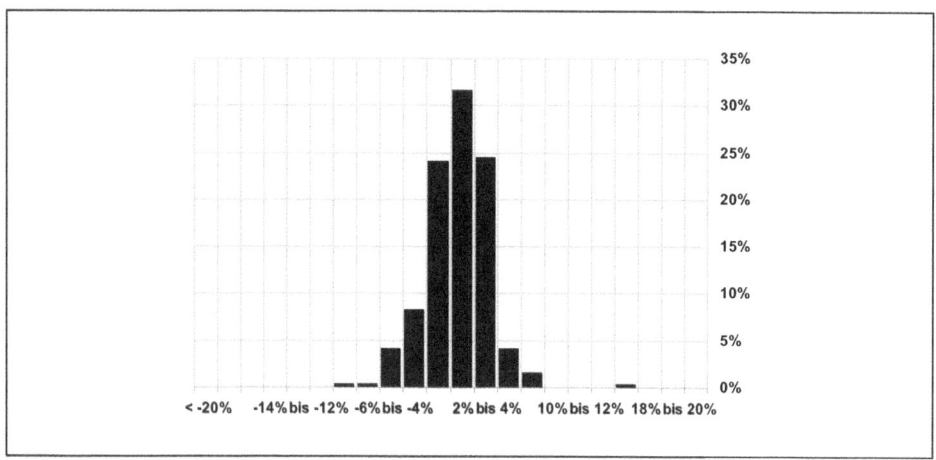

Quelle: Eigene Darstellung. Daten: Bloomberg
Abbildung 6-1: *Häufigkeitsverteilung der monatlichen Renditen des DB G10 Currency Valu-*
ation Index

Die rollierenden Zwölfmonats-Renditen bewegen sich für den DBG10VI in einer Bandbreite
von -19,0 Prozent bis +35,6 Prozent. Abbildung 6-2 zeigt die Bandbreite möglicher Renditen
über einen rollierenden Zwölfmonats-Zeitraum, welche in der Mehrzahl positiv sind.

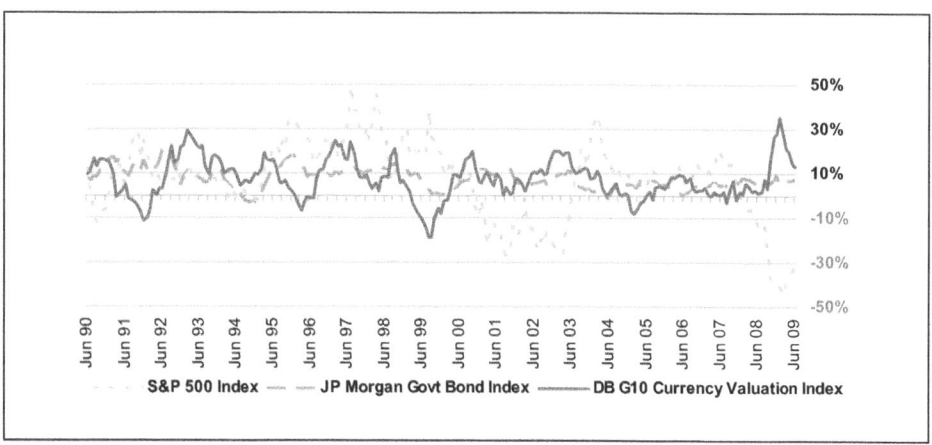

Quelle: Eigene Darstellung. Daten: Bloomberg.
Abbildung 6-2: *Rollierende Zwölfmonats-Renditen des DB G10 Currency Valuation Index*

Die rollierenden Zwölfmonats-Sharpe-Ratios bewegen sich für den DBG10VI in einer Bandbreite von -2,32 bis 2,90. Abbildung 6-3 zeigt die Bandbreite möglicher Sharpe Ratios über
einen rollierenden Zwölfmonats-Zeitraum.

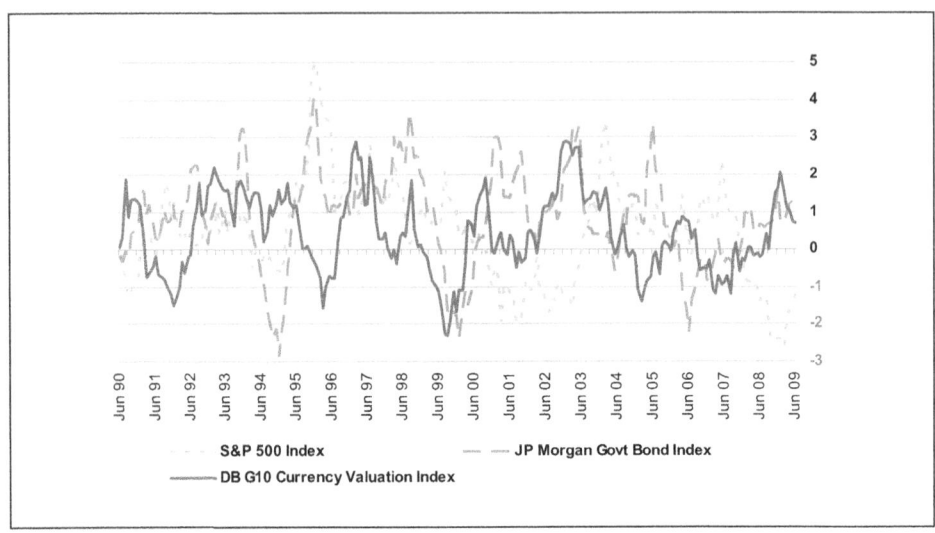

Quelle: Eigene Darstellung. Daten: Bloomberg.
Abbildung 6-3: *Rollierende Zwölfmonats-Sharpe-Ratios des DB G10 Currency Valuation Index*

Tabelle 6-7: Historisches Risikoprofil des DB G10 Currency Valuation Index

	DBG10VI	SP500	JPMGBI
Durchschnittlicher Monatsverlust	-2,0%	-3,7%	-0,9%
Durchschnittlicher Monatsgewinn	2,1%	3,1%	1,1%
Semi-Standardabweichung	6,2%	11,1%	2,5%
Sortino Ratio (RFR)	0,44	0,18	1,11
Downside Correlation (DBG10VI)		-0,33	0,28
Upside Correlation (DBG10VI)		-0,14	0,01
Schiefe	0,19	-0,64	0,07
Überschuss-Wölbung	0,28	1,36	1,30

Quelle: Eigene Darstellung. Daten: Bloomberg.

Wie aus Tabelle 6-7 deutlich wird, erzielt der DBG10VI Index in einem negativen Monat einen durchschnittlichen Verlust von -2,0 Prozent sowie einen durchschnittlichen Monatsgewinn von +2,1 Prozent in einem positiven Monat. Diese Werte streuen geringer als bei Aktien (-3,7 und +3,1 Prozent) und sind in etwa doppelt so hoch wie bei Anleihen (-0,9 und +1,1 Prozent). Interessanterweise scheinen die Auswertungen den Schluss nahezulegen, dass die Renditen nahezu normalverteilt sind. Der Index weist eine nur leicht positive Schiefe in Höhe von +0,19 und ebenso eine nur geringe Überschuss-Wölbung in Höhe von +0,28 aus.

Die durchschnittliche Volatilität des DBG10VI über den gesamten Untersuchungszeitraum betrug 9,3 Prozent. Dabei reicht die Bandbreite über verschiedene Zwölfmonats-Betrachtungszeiträume von 1,8 bis 18,1 Prozent (siehe Abbildung 6-4).

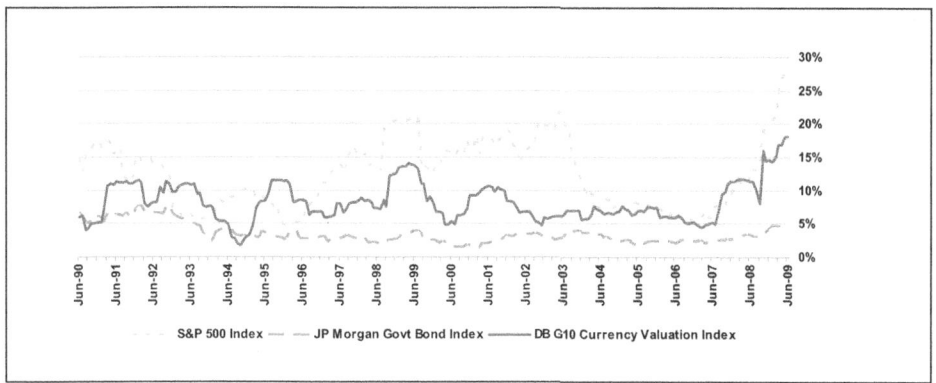

Quelle: Eigene Darstellung. Daten: Bloomberg.
Abbildung 6-4: *Rollierende Zwölfmonats-Volatilität des DB G10 Currency Valuation Index*

Mit einer Korrelation von -0,23 zum SP500 und von +0,17 zum JPMGBI über die gesamte Untersuchungsperiode weist der DBG10VI keinerlei langfristige Abhängigkeiten zu diesen beiden Anlageklassen aus. Auf einer rollierenden Zwölfmonats-Basis hingegen bewegt sich die Korrelation des DBG10VI zu Aktien zwischen -0,81 und +0,75 sowie zu Anleihen zwischen -0,82 und +0,88.

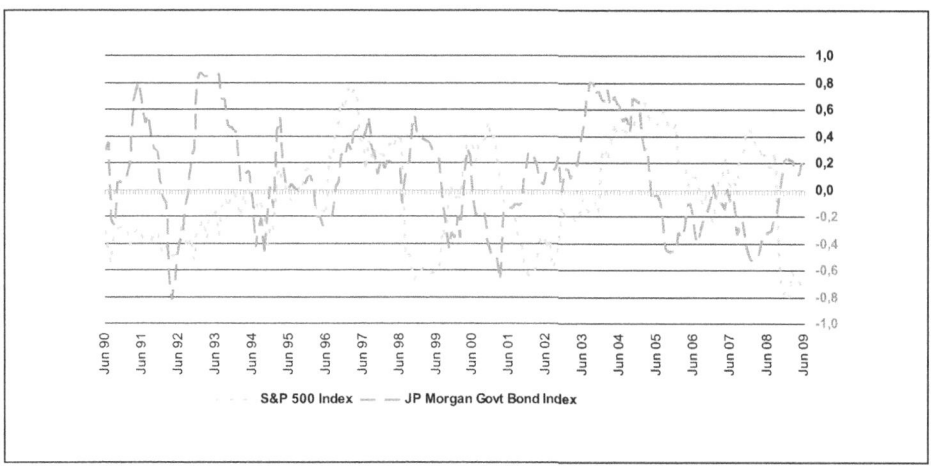

Quelle: Eigene Darstellung. Daten: Bloomberg.
Abbildung 6-5: *Rollierende Zwölfmonats-Korrelationen des DB G10 Currency Valuation*
             Index

Der Unterwasser-Chart in Abbildung 6-6 zeigt für den DBG10VI im Vergleich zum SP500 geringere Ausschläge.

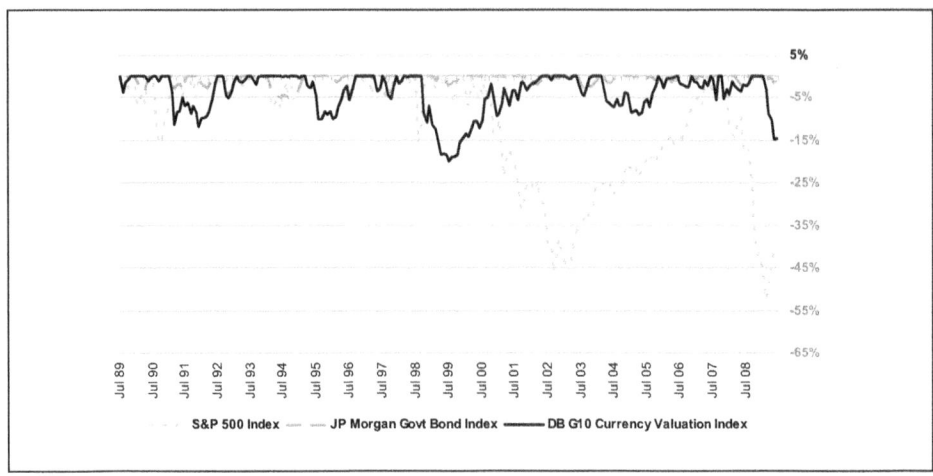

Quelle: Eigene Darstellung. Daten: Bloomberg.
Abbildung 6-6: *Unterwasser-Chart des DB G10 Currency Valuation Index*

Eine detaillierte Analyse der Drawdown-Phasen erlaubt die Tabelle 6-8. Es fällt auf, dass es durchaus lange Perioden geben kann, in welchen die Currency-Valuation-Strategie nicht zu funktionieren scheint. So hat sich der größte Drawdown im Oktober 1998 über zehn Monate hingezogen und im Anschluss hat es weitere 34 Monate gedauert, bis ein Investor nach insgesamt rund vier Jahren wieder bei seinem Ausgangsniveau von vor Beginn der Drawdown-Phase angelangt war.

Tabelle 6-8:   Drawdown-Analyse des DB G10 Currency Valuation Index

	Drawdown	Length	Recovery	Start	Valley
1	-19.97%	10	34	Oct-98	Jul-99
2	-14.88%	4	2	Feb-09	May-09
3	-11.88%	11	7	Feb-91	Dec-91
4	-10.22%	10	8	Apr-95	Jan-96
5	-9.13%	14	14	Mar-04	Apr-05
6	-5.66%	2	1	Jul-07	Aug-07
7	-5.53%	3	2	Aug-97	Oct-97
8	-5.53%	1	10	Nov-07	Nov-07
9	-5.04%	2	3	Oct-92	Nov-92
10	-4.50%	3	3	Jun-03	Aug-03
11	-3.80%	1	3	Aug-89	Aug-89
12	-3.64%	1	2	May-97	May-97

Quelle: Eigene Darstellung. Daten: Bloomberg.

6.2.2 Carry-Trade-Strategien

Carry-Trader nutzen Zinsdifferenzen zwischen Währungsräumen, indem sie sich in Tiefzinswährungen verschulden, um in Hochzinswährungen zu investieren. Die Carry-Trade-Strategie entspricht somit einer doppelten Wette gegen die ungedeckte Zinsparität, nämlich auf der Long- und auf der Short-Seite des Trades.

Der resultierende Gewinn wird durch folgende Komponenten beeinflusst:

▧ der Höhe der Zinsdifferenz zwischen Tief- und Hochzinsanlage;

▧ der Wechselkursbewegung während der Laufzeit der Anlage.

Die Höhe der Zinsdifferenz ist bei Vertragsabschluss bekannt. Über die Richtung und das Ausmaß von Wechselkursbewegungen können hingegen nur Annahmen getroffen werden. Die Herausforderung ist, dass Wechselkursbewegungen schwer prognostizierbar sind und zuweilen starken Schwankungen unterliegen. Der Gewinn aus dem relativ kleinen Zinsvorsprung kann durch ungünstige Währungsbewegungen abrupt eliminiert werden. Aus diesem Grund erleiden „naive" Carry-Trade-Strategien sporadisch erhebliche Rückschläge. Interessant bleibt die Erkenntnis, dass zahlreiche Studien belegen, dass Positionierungen gegen die ungedeckte Zinsparität im Durchschnitt und in der langen Frist profitabel genutzt werden können.[9] So könnte man annehmen, dass systematische Überrenditen Kapitalströme in Bewegung setzen, die die ungedeckte Zinsparität im Gleichgewicht halten würde. Diese eher volkswirtschaftliche Lehrbuchauffassung greift jedoch zu kurz, da sie auf der Annahme von Risikoneutralität beruht. In der Realität werden Anlageentscheidungen aber zweidimensional getroffen, also nach Rendite- und Risikogesichtspunkten. Investoren konsumieren vorwiegend in heimischer Währung. Fremdwährungspositionen führen daher zu einer Zunahme der Kaufkraftfluktuation und sind somit als riskanter einzustufen. Risikoaverse Investoren werden daher nicht um jeden Preis gegen die ungedeckte Zinsparität spekulieren, auch dann nicht, wenn Anlagen in fremder Währung Überschussrenditen erwarten lassen. Aus diesem Grund können sich strukturelle Renditedifferenzen zwischen Währungsräumen auch in der langen Frist halten und mit dem Grundsatz effizienter Märkte vereinbar sein.[10] Mit dem S&P Currency Arbitrage Index (SPCAI) gibt es einen Index, der in einer einfachen und regelbasierten Form eine naive Carry-Trade-Strategie nachbildet. Hierzu wird das G10 Währungsuniversum ex. US-Dollar herangezogen (Australischer Dollar, Britisches Pfund, Kanada Dollar, Euro, Japanischer Yen, Neuseeland Dollar, Norwegische Krone, Schwedische Krone und Schweizer Franken). Es wird eine Long-Position in Währungen aufgebaut, welche ein höheres Zinsniveau als der US-Dollar aufweisen. Diese Long-Position wird mit einer Short-Position in Währungen finanziert, welche ein geringeres Zinsniveau als der US-Dollar aufzuweisen haben. Das Gewicht jeder Währungsposition ist linear abhängig von der Höhe der Zinsdifferenz und steht im inversen Verhältnis zu dessen Volatilität, womit Währungen mit einer hohen Zinsdifferenz und einer geringen Volatilität das höchste Gewicht aufzuweisen

---

9   Vgl. Kritzman (1993), S. 94.
10 Vgl. Cettier et al. (2008), S. 44.

haben. Maßgeblicher Referenzzins für die Berechnung der Positionsgröße ist der Drei-Monats-Forward-Kontrakt. Positionen werden hingegen in Ein-Monats-Forward-Kontrakten aufgebaut und monatlich gerollt.[11]

In diesem Abschnitt werden die Rendite- und Risikoeigenschaften einer naiven Carry-Trade-Strategie anhand des S&P Currency Arbitrage Index (SPCAI) näher untersucht und mit einer Investition in US-Aktien, gemessen anhand des S&P 500 Index (SP500) sowie in Staatsanleihen, gemessen anhand des JP Morgan Government Bond Index (JPMGBI), verglichen. Die Auswertungen in diesem Abschnitt erfolgen auf Basis von Monatsdaten und basieren entsprechend auf 138 Datenpunkten. Der Untersuchungszeitraum erstreckt sich vom 01. Januar 1998 bis zum 30. Juni 2009.

Die durchschnittliche jährliche Wertentwicklung des SPCAI betrug 12,3 Prozent und lag damit deutlich über den Werten für Aktien (-0,5 Prozent) und Anleihen (+5,7 Prozent), wie in Tabelle 6-9 zu ersehen ist. Diese Rendite wurde mit einer Volatilität von 13,4 Prozent erzielt. Die risikoadjustierten Performancemaße (Sharpe Ratio, Omega) sind vergleichbar mit denen von Staatsanleihen, allerdings müssen sich Investoren in eine Carry-Trade-Strategie deutlich mehr Gedanken hinsichtlich der Tolerierbarkeit der damit einhergehenden maximalen Kursverluste (schlechtester Monat von -13,5 Prozent und Maximum Drawdown von -35,0 Prozent) machen, als dies bei einer Investition in Anleihen der Fall ist.

Tabelle 6-9: Historische Wertentwicklung des S&P Currency Arbitrage Index

	SPCAI	SP500	JPMGBI
Annualisierte Rendite	12,3%	-0,5%	5,7%
Volatilität	13,4%	16,5%	3,1%
Positive Monate in %	63,0%	57,2%	74,6%
Sharpe Ratio (RFR)	0,66	-0,17	0,64
Omega (RFR)	1,72	0,88	1,59
Bester Monat	16,2%	9,7%	3,0%
Schlechtester Monat	-13,5%	-16,9%	-2,0%
Maximum Drawdown	-35,0%	-52,6%	-2,9%
Annualisiertes Alpha (SPCAI)		12,5%	11,7%
Beta (SPCAI)		0,07	0,15
Downside Beta (SPCAI)		0,30	0,62

Quelle: Eigene Darstellung. Daten: Bloomberg.

Hervorzuheben bei der in Abbildung 6-7 dargestellten Renditeverteilung des SPCAI sind, die Ausreißer in den Randbereichen (Fat Tails).

---

11 Vgl. http://www2.standardandpoors.com/ [05. Juli 2009].

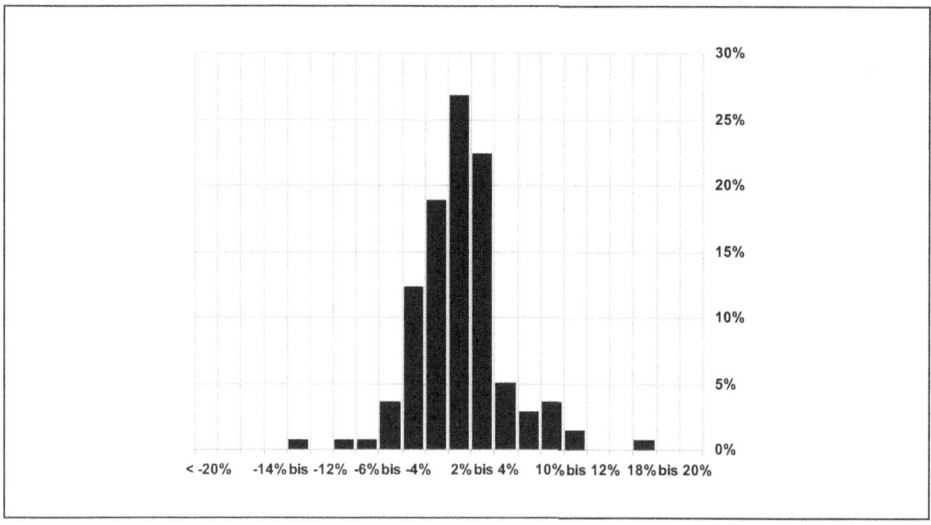

Quelle: Eigene Darstellung. Daten: Bloomberg.

Abbildung 6-7: *Häufigkeitsverteilung der monatlichen Renditen des S&P Currency Arbitrage Index*

Die rollierenden Zwölfmonats-Renditen bewegen sich für den SPCAI in einer Bandbreite von -30,80 bis +109,70 Prozent. Abbildung 6-8 zeigt die Bandbreite möglicher Renditen über einen rollierenden Zwölfmonats-Zeitraum, die in der Mehrzahl positiv sind, zuletzt im Kontext und im Vorfeld der Finanzkrise jedoch auch einbüßten.

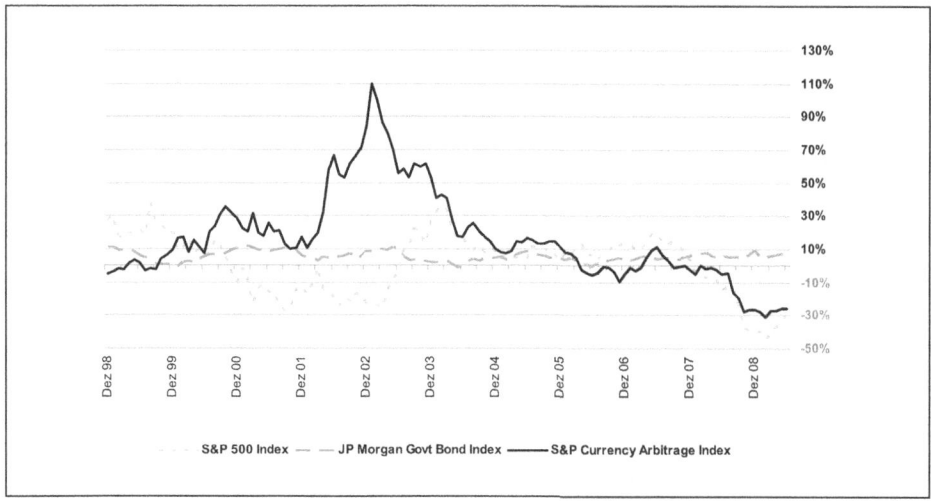

Quelle: Eigene Darstellung. Daten: Bloomberg.

Abbildung 6-8: *Rollierende Zwölfmonats-Renditen des S&P Currency Arbitrage Index*

Die rollierenden Zwölfmonats-Sharpe Ratios bewegen sich für den SPCAI Index in einer Bandbreite von -2,49 bis +4,14. Abbildung 6-9 zeigt mehrheitlich positive Werte.

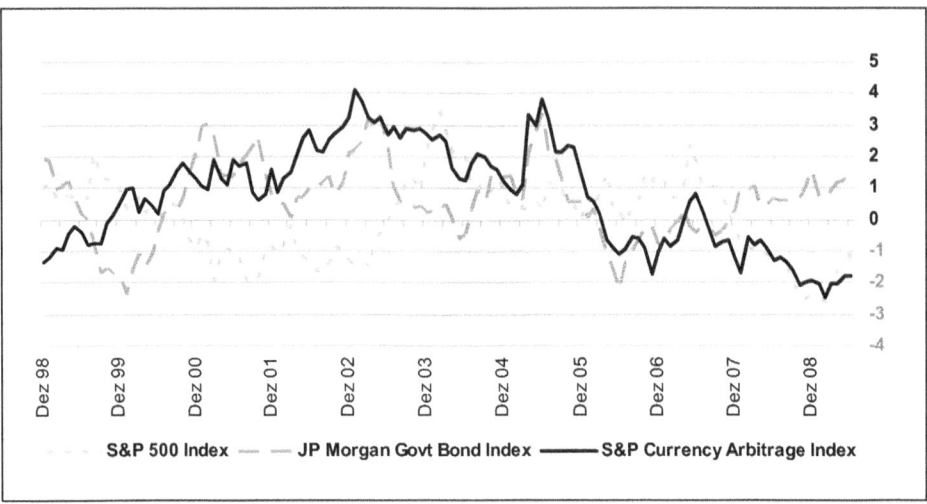

Quelle: Eigene Darstellung. Daten: Bloomberg.
Abbildung 6-9: *Rollierende Zwölfmonats-Sharpe-Ratios des S&P Currency Arbitrage Index*

Wie aus Tabelle 6-10deutlich wird, erzielt der SPCAI in einem negativen Monat einen durchschnittlichen Verlust von -2,5 Prozent sowie einen durchschnittlichen Monatsgewinn von 3,1 Prozent in einem positiven Monat. Diese Werte sind besser als bei Aktien (-4,1 und +3,2 Prozent).

Tabelle 6-10: Historisches Risikoprofil des S&P Currency Arbitrage Index

	SPCAI	SP 500	JPMGBI
Durchschnittlicher Monatsverlust	-2,5%	-4,1%	-0,7%
Durchschnittlicher Monatsgewinn	3,1%	3,2%	0,9%
Semi-Standardabweichung	7,7%	13,0%	2,0%
Sortino Ratio (RFR)	1,15	-0,21	1,01
Downside Correlation (SPCAI)		0,24	0,10
Upside Correlation (SPCAI)		0,13	-0,06
Schiefe	0,34	-0,67	-0,13
Überschuss-Wölbung	0,25	1,03	0,20

Quelle: Eigene Darstellung. Daten: Bloomberg.

Die durchschnittliche Volatilität des SPCAI über den gesamten Untersuchungszeitraum beträgt 13,4 Prozent. Dabei reicht die Bandbreite zu verschiedenen Zwölfmonats-Betrachtungsstichtagen von 3,4 bis 20,4 Prozent, wie aus Abbildung 6-10 zu sehen ist.

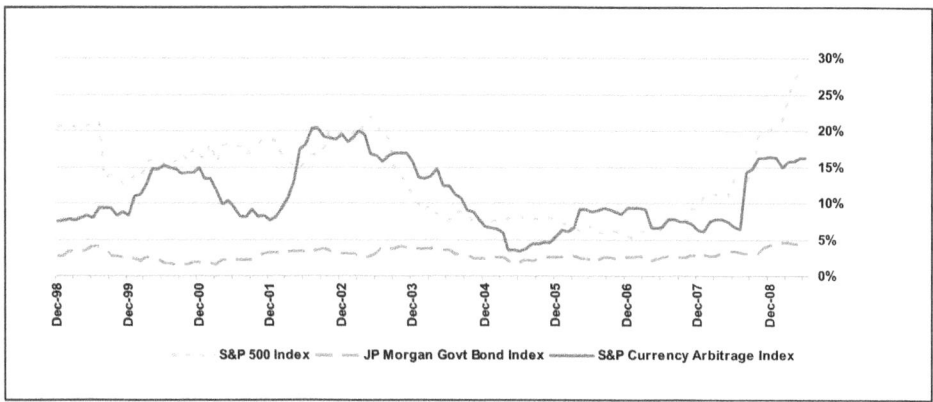

Quelle: Eigene Darstellung. Daten: Bloomberg.
Abbildung 6-10: *Rollierende Zwölfmonats-Volatilitäten des S&P Currency Arbitrage Index*

Mit einer Korrelation von +0,08 zum SP500 und von +0,03 zum JPMGBI über die gesamte Untersuchungsperiode weist diese Form der Carry-Trade-Strategie keinerlei langfristige Abhängigkeiten zu diesen beiden Anlageklassen aus. In einer rollierenden Zwölfmonats-Betrachtung bewegt sich die Korrelation des SPCAI zu Aktien zwischen -0,69 und +0,71 sowie mit -0,86 bis +0,80 zu Anleihen (siehe Abbildung 6-11).

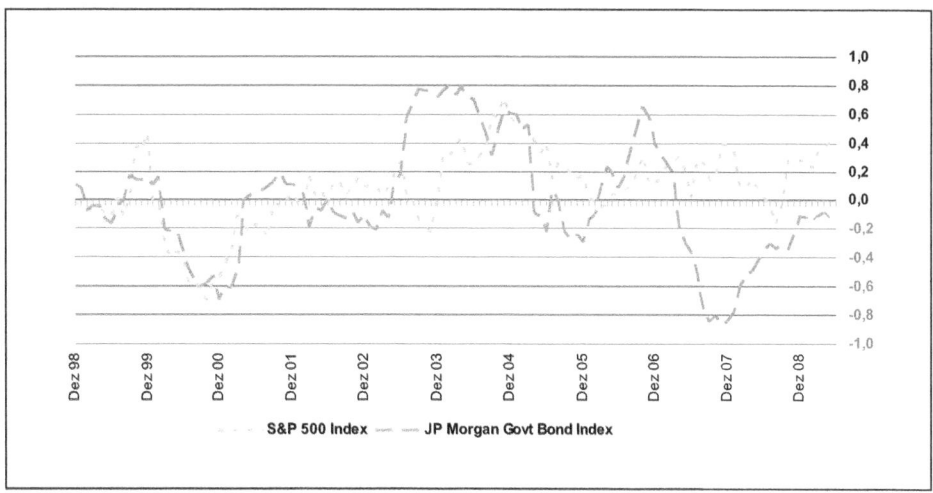

Quelle: Eigene Darstellung. Daten: Bloomberg.
Abbildung 6-11: *Rollierende Zwölfmonats-Korrelationen des S&P Currency Arbitrage Index*

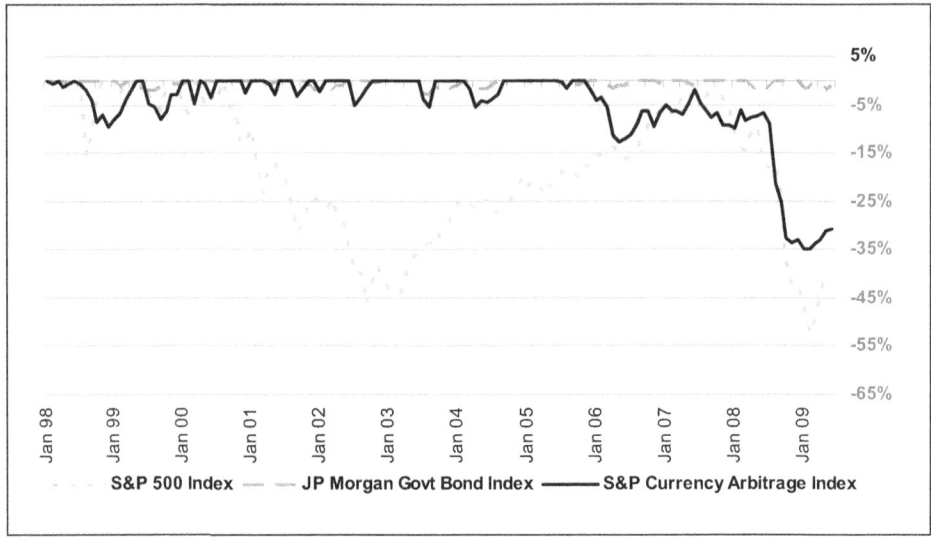

Quelle: Eigene Darstellung. Daten: Bloomberg.
Abbildung 6-12:   *Unterwasser-Chart des S&P Currency Arbitrage Index*

Anhand des in Abbildung 6-12 dargestellten Unterwasser-Charts ist ersichtlich, dass die Drawdown-Phasen des SPCAI bis Ende 2005 tendenziell kürzer und weniger ausgeprägt waren als bei Aktien. Dementsprechend waren die Wertaufholzeiten bei Carry-Trade-Strategien nach einem Wertverlust kürzer als bei Aktien. Die jüngste Drawdown-Phase scheint hier die Annahme nahezulegen, dass es hier eine tiefergehende strukturelle Veränderung gegeben hat.

Bei genauerer Betrachtung der Kursverluste mithilfe der Drawdown-Analyse in Tabelle 6-11 ist festzuhalten, dass es durchaus länger andauernde Marktphasen geben kann, in welchen Carry-Trade-Strategien nicht funktionieren. So dauerte der größte Drawdown im Untersuchungszeitraum 39 Monate, und die alten Höchststände sind bis heute noch nicht erreicht.

Tabelle 6-11: Drawdown-Analyse des S&P Currency Arbitrage Index

	Drawdown	Length	Recovery	Start	Valley
1	-34.98%	39	5	Dec-05	Feb-09
2	-9.60%	6	5	Jul-98	Dec-98
3	-7.92%	3	4	Jul-99	Sep-99
4	-5.41%	3	1	Jun-03	Aug-03
5	-5.38%	2	5	Mar-04	Apr-04
6	-5.23%	1	3	Jul-02	Jul-02
7	-4.96%	1	1	Mar-00	Mar-00
8	-3.70%	2	1	May-00	Jun-00
9	-3.31%	1	2	Sep-01	Sep-01
10	-2.95%	2	1	Apr-01	May-01
11	-2.46%	1	1	Dec-00	Dec-00
12	-2.24%	1	1	Jan-02	Jan-02

Quelle: Eigene Darstellung. Daten Bloomberg.

6.2.3 Momentum-Strategien

Das Momentum ist ein wesentlicher Oszillator in der Chartanalyse und kann speziell bei der Zyklusanalyse eines Charts von Bedeutung sein. Dabei wird durch den Betrag und die Lage des Indikators die Geschwindigkeit und Richtung eines Trends ermittelt. Die deutlich sichtbaren Wendepunkte des Oszillators können als Indikatoren für eine nachlassende Trendintensität interpretiert werden. Bei extremen Ausschlägen deuten sie gar auf eine Trendänderung hin. Anhand dieser Signale kann ein Investor seine Entscheidungen verbessern, indem er diesen zusätzlich zu Trendfolgeindikatoren benutzt, um klarere Kauf- bzw. Verkaufszeitpunkte für Wertpapiere abzuleiten. Das Momentum ist ein Vorlaufindikator, da der Indikator in einem Aufwärtstrend sein Hoch vor dem Kursverlauf erreicht (bzw. sein Tief bei einem Abwärtstrend). Folgende Ereignisse werden signalisiert:

▨ Ein bestehender Aufwärtstrend beschleunigt sich: Momentum positiv und steigend.

▨ Ein bestehender Aufwärtstrend wird gebremst: Momentum positiv und fallend.

▨ Ein bestehender Abwärtstrend beschleunigt sich: Momentum negativ und fallend.

▨ Ein bestehender Abwärtstrend wird gebremst: Momentum negativ und steigend.

Das Momentum errechnet sich aus der fortlaufenden Division des aktuellen Kurses mit dem vor t Tagen. Teilweise werden die beiden Kurse auch subtrahiert. Das Ergebnis ist eine Kurve (die Momentum-Kurve), deren Ausprägung von der gewählten Periodenlänge t abhängt. Charttechniker wählen in der Regel eine Einstellung von $t = 20$ Tagen. Eine prozentuale

Beurteilung des Momentums wird durch den Rate of Change (ROC) Oszillator ermöglicht: ROC = (Kurs heute – Kurs vor t Tagen)/Kurs vor t Tagen.[12]

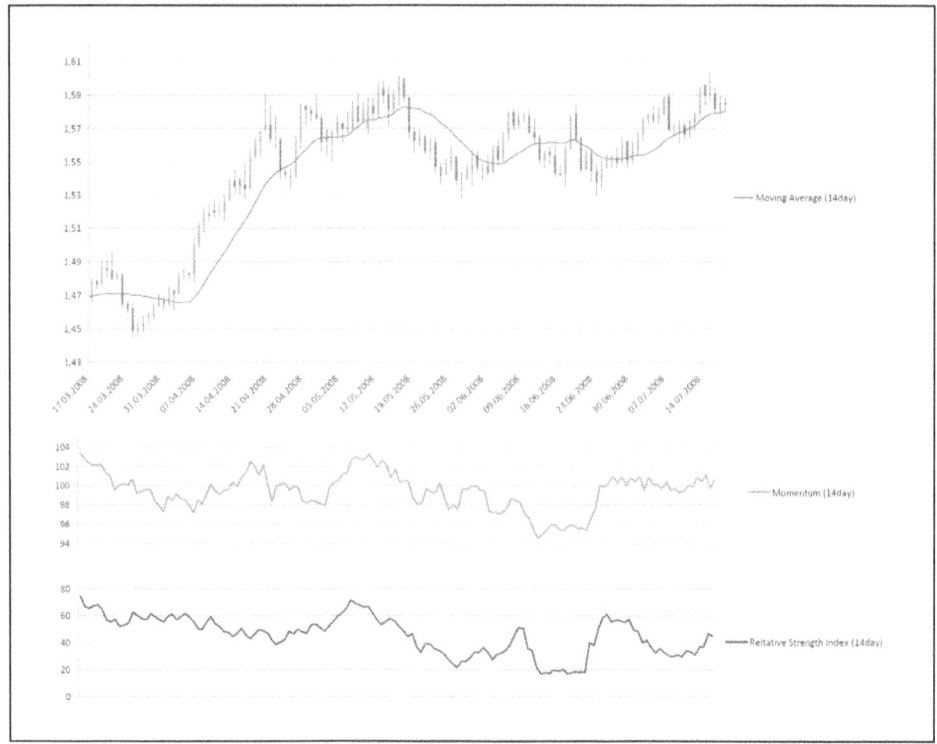

Quelle: Premium Currency Advisor AG. Daten: Bloomberg.
Abbildung 6-13: *Momentum Chart Euro/US-Dollar*

Eines der Hauptanwendungsgebiete des Momentum-Indikators ist innerhalb seiner trendfolgenden Funktion die Suche nach Konvergenz und Divergenz zum Kursverlauf des Basiswertes. Konvergenz bedeutet, dass eine Extrembewegung des Basiswertes durch eine ähnliche Bewegung im Indikator begleitet wird. Steigt der Basiswert auf einen neuen Hochpunkt, sollte der Indikator ebenfalls einen neuen Hochpunkt ausbilden. In diesem Fall ist der zugrunde liegende Kurstrend des Basiswertes intakt. Divergenzanalyse bedeutet hingegen die Suche nach Kursbewegungen, die nicht vom Indikator bestätigt werden. Studien zufolge sind etwa geschätzte 70 bis 80 Prozent der Währungsmanager Anhänger des Trendfolgestils.[13]

Mit dem DBG10 Currency Momentum Index (DBG10MI) berechnet die Deutsche Bank einen Index, welcher in einer regelbasierten Form die G10-Währungen nach ihren Zwölf-

---

12 Quelle: http://de.wikipedia.org/wiki/Momentum_(Chartanalyse) [21. Juni 2009].
13 Vgl. Middleton (2005), S. 14.

Monats-Spot-Wechselkursveränderungen gliedert und jeden Monat die drei Währungen mit der besten Performance Long und die drei Währungen mit der schlechtesten Wertentwicklung Short geht. In diesem Abschnitt werden die Rendite- und Risikoeigenschaften von Momentum-Strategien anhand des regelbasierten DBG10MI analysiert und mit einer Investition in US-Aktien, gemessen anhand des S&P 500 Index (SP500) sowie in Staatsanleihen, gemessen anhand des JP Morgan Government Bond Index (JPMGBI), verglichen. Die Auswertungen in diesem Abschnitt erfolgen auf Basis von Monatsdaten und basieren entsprechend auf 240 Datenpunkten. Der Untersuchungszeitraum erstreckt sich vom 01. Juli 1989 bis zum 30. Juni 2009.

Die durchschnittliche jährliche Wertentwicklung des DBG10MI betrug +8,6 Prozent. Diese lag damit über den Werten für Aktien (+5,5 Prozent) und Anleihen (+7,4 Prozent), wie aus Tabelle 6-12 ersichtlich ist. Diese Rendite wurde mit einer Volatilität von 9,1 Prozent erreicht. Die risikoadjustierten Performancemaße (Sharpe Ratio, Omega) zeigen für den DBG10MI bessere Werte als für den Aktienmarkt und aufgrund der im Vergleich mit Anleihen hohen Volatilität geringere Werte als bei Anleihen.

Die maximalen Kursverluste (schlechtester Monat von -6,4 Prozent und Maximum Drawdown von -15,8 Prozent) sind im Vergleich zum Aktienmarkt sehr attraktiv.

Tabelle 6-12: Historische Wertentwicklung des DB G10 Currency Momentum Index

	DBG10MI	SP500	JPMGBI
Annualisierte Rendite	8,6%	5,5%	7,4%
Volatilität	9,1%	14,9%	4,1%
% Positive Monate	60,8%	62,1%	74,2%
Sharpe Ratio (RFR)	0,47	0,13	0,68
Omega (RFR)	1,41	1,11	1,68
Bester Monat	10,1%	11,2%	5,1%
Schlechtester Monat	-6,4%	-16,9%	-3,1%
Maximum Drawdown	-15,8%	-52,6%	-5,3%
Annualisiertes Alpha (DBG10MI)		8,1%	12,6%
Beta (DBG10MI)		0,10	-0,54
Downside Beta (DBG10MI)		-0,01	-1,40

Quelle: Eigene Darstellung. Daten: Bloomberg

Hervorzuheben bei der in Abbildung 6-14 dargestellten Renditeverteilung des DBG10MI ist deren rechtsschiefe Verteilung der Renditen.

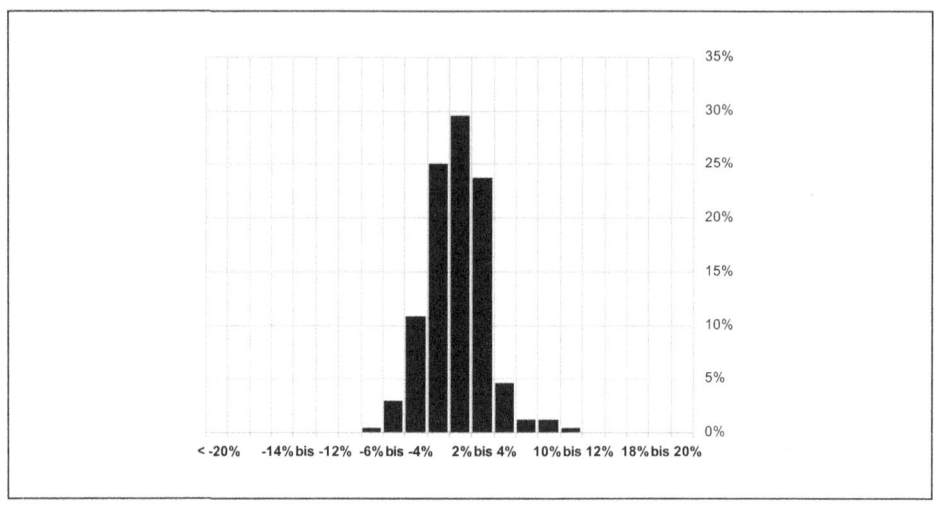

Quelle: Eigene Darstellung.

Abbildung 6-14: *Häufigkeitsverteilung der monatlichen Renditen des DB G10 Currency Momentum Index*

Die rollierenden Zwölfmonats-Renditen bewegen sich für den DBG10MI in einer Bandbreite von -15,0 bis +40,4 Prozent. Abbildung 6-15 zeigt die Bandbreite möglicher Renditen über einen rollierenden Zwölfmonats-Zeitraum, welche in der Mehrzahl positiv sind.

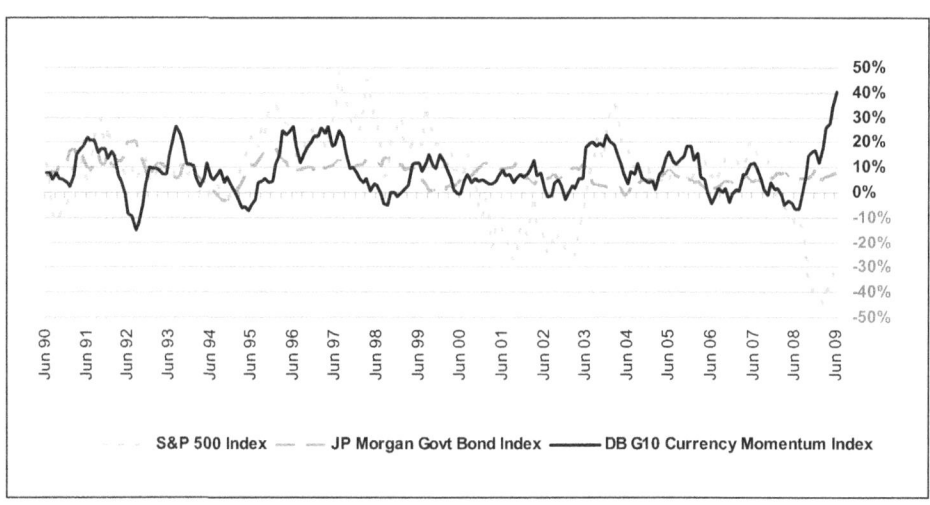

Quelle: Eigene Darstellung. Daten: Bloomberg

Abbildung 6-15: *Rollierende Zwölfmonats-Renditen des DB G10 Currency Momentum Index*

Die rollierenden Zwölfmonats-Sharpe Ratios bewegen sich für den DBG10MI in einer Band-breite von -2,24 bis +3,39. Abbildung 6-16 zeigt die Bandbreite möglicher Sharpe Ratios über einen rollierenden Zwölfmonats-Zeitraum, welche durchaus starke Fluktuationen aufweisen.

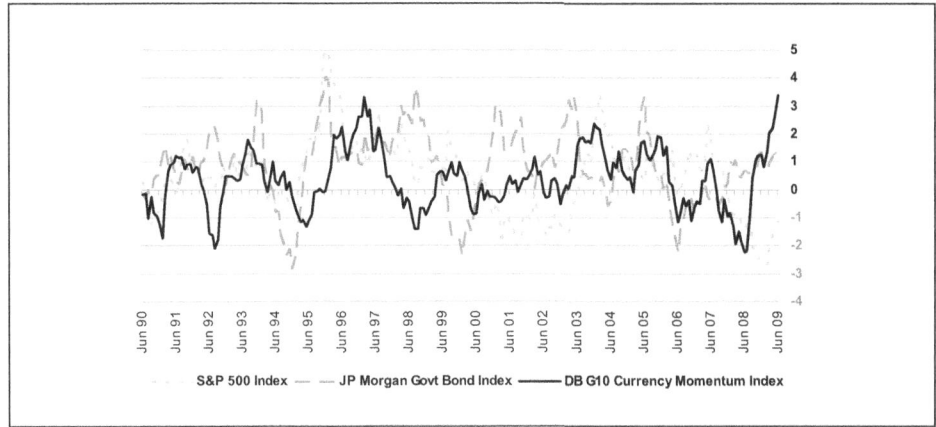

Quelle: Eigene Darstellung. Daten: Bloomberg
Abbildung 6-16: *Rollierende Zwölfmonats-Sharpe Ratios des DB G10 Currency Momentum*
Index

Wie aus Tabelle 6-13 deutlich wird, erzielt der DBG10MI in einem negativen Monat einen durchschnittlichen Verlust von -1,8 Prozent sowie in einem positiven Monat einen durch-schnittlichen Monatsgewinn von +2,4 Prozent. Die Semi-Standardabweichung ist bei den hier verglichenen Investitionsalternativen mit 5,6 Prozent ebenfalls die zweitbeste Variante mit Anleihen als konservativste Alternative (2,5 Prozent).

Tabelle 6-13:   Historisches Risikoprofil des DB G10 Currency Momentum Index

	DBG10MI	SP500	JPMGBI
Durchschnittlicher Monatsverlust	-1,8%	-3,7%	-0,9%
Durchschnittlicher Monatsgewinn	2,4%	3,1%	1,1%
Semi-Standardabweichung	5,6%	11,1%	2,5%
Sortino Ratio (RFR)	0,76	0,18	1,11
Downside Correlation (DBG10MI)		-0,01	-0,34
Upside Correlation (DBG10MI)		-0,02	-0,22
Schiefe	0,23	-0,64	0,07
Überschuss-Wölbung	0,06	1,36	1,30

Quelle: Eigene Darstellung. Daten: Bloomberg.

Die durchschnittliche Volatilität des DBG10MI über den gesamten Untersuchungszeitraum beträgt 9,1 Prozent. Dabei reicht die Bandbreite zu verschiedenen Betrachtungsstichtagen von 2,5 bis 15,1 Prozent, wie aus Abbildung 6-17 deutlich wird.

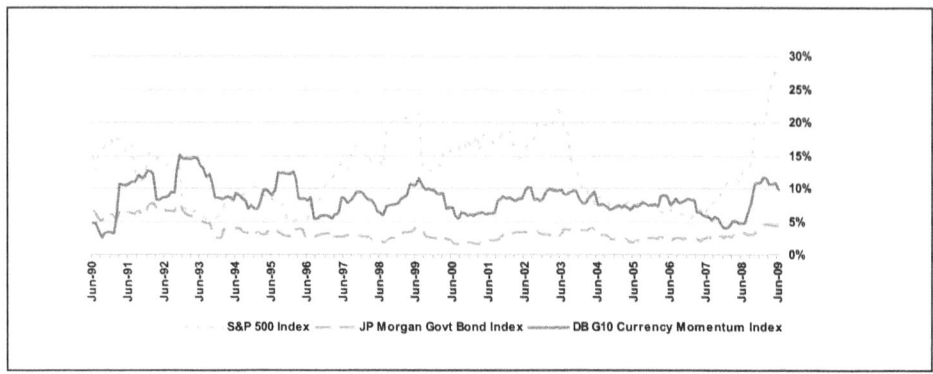

Quelle: Eigene Darstellung. Daten: Bloomberg.
Abbildung 6-17: *Rollierende Zwölfmonats-Volatilitäten des DB G10 Currency Momentum Index*

Mit einer Korrelation von +0,16 zum SP500 und von -0,24 zum JPMGBI über die gesamte Untersuchungsperiode weist die naive Momentum-Strategie keinerlei langfristige Abhängigkeiten zu diesen beiden Anlageklassen aus. In der rollierenden Zwölfmonats-Betrachtung in Abbildung 6-18 bewegt sich die Korrelation zu Aktien zwischen -0,61 bis +0,90 und zu Staatsanleihen in einer Bandbreite von -0,94 bis +0,78.

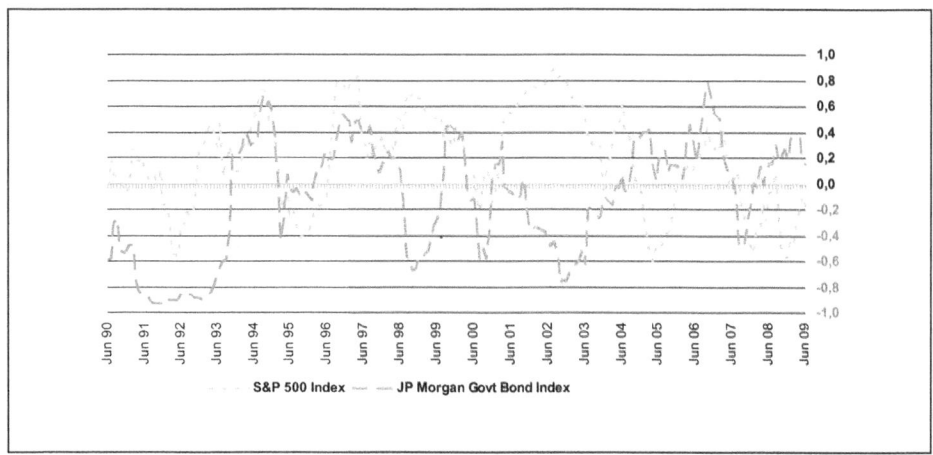

Quelle: Eigene Darstellung. Daten: Bloomberg.
Abbildung 6-18: *Rollierende Zwölfmonats-Korrelationen des DB G10 Currency Momentum Index*

Der Unterwasser-Chart in Abbildung 6-19 zeigt sehr schön die relativ moderaten Kurskorrekturen und insbesondere die relativ schnellen Erholungsphasen für den DBG10MI.

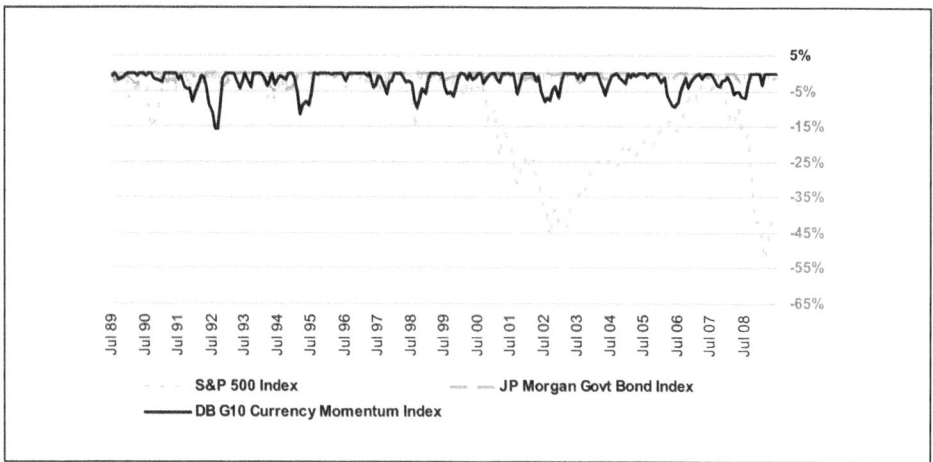

Quelle: Eigene Darstellung. Daten: Bloomberg
Abbildung 6-19: *Unterwasser-Chart des DB G10 Currency Momentum Index*

Die nachfolgende Drawdown-Analyse in Tabelle 6-14 bestätigt dieses Bild. So gab es verhältnismäßig viele Drawdown-Phasen, von denen jedoch die Größte mit einem Wert von -15,8 Prozent, einer Dauer von 15 Monaten und einer Erholungsphase von drei Monaten für eine derartige Momentum-Strategie ein attraktives Muster widerspiegelt. Entsprechend sollte ein Investor auf Basis der Daten der Vergangenheit mit einem minimalen Anlagehorizont von rund zwei Jahren planen.

Tabelle 6-14: Drawdown-Analyse des DB G10 Currency Momentum Index

	Drawdown	Length	Recovery	Start	Valley
1	-15.79%	15	3	Jul-91	Sep-92
2	-11.52%	4	5	Dec-94	Mar-95
3	-9.92%	6	5	Apr-98	Sep-98
4	-9.56%	7	9	Dec-05	Jun-06
5	-8.10%	4	7	Apr-02	Jul-02
6	-6.79%,	13	2	Jul-07	Jul-08
7	-6.46%	4	3	Jul-99	Oct-99
8	-6.19%	3	4	Mar-04	May-04
9	-5.92%	6	3	May-97	Oct-97
10	-5.80%	1	3	Sep-01	Sep-01
11	-4.47%	2	2	Apr-93	May-93
12	-4.21%	2	1	Aug-93	Sep-93

Quelle: Eigene Darstellung. Daten: Bloomberg.

Die drei in diesem Abschnitt aufgeführten Handelsstrategien stellen die Grundstrategien dar, wie im Währungsmarkt systematische Renditequellen erschlossen werden können. Diese drei Handelsstrategien könnten im übertragenen Sinne auch als Marktbetas im Währungsmarkt bezeichnet werden, da sie offensichtlich mit einem regelgebundenen Vorgehen erlauben marktinhärente Risikoprämien zu extrahieren. Neben diesen drei aufgeführten Strategien gibt es auch vereinzelt aktive Währungsmanager, die den Handel von Volatilität mit Währungsoptionen als weitere Möglichkeit einsetzen. Reine Währungsvolatilitäts-Manager sind jedoch eher die Ausnahme. Wie die Rendite-Risiko-Analysen der drei Strategien aufgezeigt haben, funktionieren derartige Strategien nicht in jeder Marktphase gleichermaßen, weswegen in der Praxis durch aktive Währungsmanager nicht selten der Einsatz dieser Strategien kombiniert wird.

6.3   Handelsbeispiel

In diesem Abschnitt wird eine aktive und überwiegend systematisch umgesetzte Anlagestrategie vorgestellt, welche auf Basis der Faktoren Carry und Momentum Handelspositionen im internationalen Währungsmarkt aufbaut. Dies mit dem Ziel, attraktive risikobereinigte Renditen zu generieren. Der Anlagestrategie liegt hierbei ein Währungsuniversum von insgesamt 33 Währungen zugrunde, welches es erlaubt insgesamt 528 verschiedene Währungspaarkombinationen darzustellen. Die Begrenzung auf 33 der weltweit mehr als 160 verschiedenen verfügbaren Währungen ist im Wesentlichen einer ausreichend verfügbaren Handelsliquidität geschuldet. Handelspositionen werden in 3-Monats-Forward-Kontrakten aufgebaut und täglich angepasst. Basierend auf der vom Handelssystem generierten Signale wurden im vierten Quartal 2005 unter anderem insgesamt 3 Positionen in asiatischen Währungen aufgebaut.[14] Hierbei werden die zwei resultierenden Longpositionen von einer Shortposition finanziert.

Am 10.11.2005 generierte das Handelssystem hierbei ein Kaufsignal für eine Währungsposition in Indonesischen Rupien (IDR) und im Philippinischen Peso (PHP). Ein Verkaufssignal wurde hierbei für den japanischen Yen (JPY) generiert, welcher somit als Finanzierungswährung dient. Der Carry ausgedrückt als Zinsdifferenz versus dem USD gemessen anhand der implizierten 2-Monats-Forwards (3-Monats-Forward – 1-Monats-Forward) ist in der Tabelle 6-15 dargestellt.

---

14 Zur Vereinfachung werden die täglichen handelssystembasierten Anpassungen der Positionen nicht berücksichtigt.

Tabelle 6-15: *Implizierte Zinsdifferenz der 2-Monats-Forwards versus dem USD am 10.11.2005*

IDR	7,52%
PHP	3,29%
JPY	-4,51%

Quelle: Eigene Darstellung. Daten: Bloomberg, FX Concepts LLC

Neben dem Zins-Carry ist für die Generierung des Handelssignals auch das sogenannte Momentum von Bedeutung. Das Momentum gehört in die Kategorie der sogenannten Trendfolgesignale. Hier wird das 30-Tage-Momentum, das heißt die Veränderung des Spotpreises über einen rollierenden 30-Tages-Betrachtungshorizont wie in Tabelle 6-16 dargestellt, verwendet. In der Praxis finden Handelssysteme Anwendung, die verschiedene Momentumindikatoren über verschiedene Zeitfenster in unterschiedlicher Gewichtung aggregieren.

Tabelle 6-16: Momentum 30-Tage am 10.11.2005

	FX-Spot (30.09.2005)	FX-Spot (10.11.2005 +30 Handelstage)	Momentum
IDR/USD	10.290,00	9.977,50	3,04%
PHP/USD	56,05	54,68	2,44%
JPY/USD	113,28	117,70	-3,90%

Quelle: Eigene Darstellung. Daten: FX Concepts LLC

Der in Fortschreibung des gegenwärtigen Momentums erwartete Ertrag bestehend aus Carry + Momentum stellt sich demenstprechend wie in Tabelle 6-17 dar.

Tabelle 6-17: Erwarteter Ertrag bestehend aus Carry + Momentum am 10.11.2005

	Carry	Momentum	Total
IDR	7,52%	3,04%	10,55%
PHP	3,29%	2,44%	5,74%
JPY	-4,51%	-3,90%	-8,41%

Quelle: Eigene Darstellung. Daten: FX Concepts LLC

Diese drei Erwartungswerte dienen neben den dazugehörigen historischen Volatilitäten und Korrelationen als Inputfaktoren, um mit Hilfe eines Mittelwert-Varianz-Optimierers die entsprechenden Positionsgrößen innerhalb des Portfolios zu bestimmen Da die Inputfaktoren sich täglich ändern, ändern sich die Portfoliogewichte der einzelnen Währungen ebenfalls täglich. Der Einfachheit halber sind die zum Zeitpunkt der Positionsinitiierung am

10.11.2005 gewählten Positionsgrößen wie in Tabelle 6-18 für die weitere Berechnungen über die Dauer bis zur Schließung der Position konstant gehalten worden.

Tabelle 6-18: Positionsgröße

IDR	31,45%
PHP	23,62%
JPY	-55,07%

Quelle: Eigene Darstellung. Daten: FX Concepts LLC

Bezogen auf ein Nominalvolumen von 1.000.000 US-Dollar ergibt sich dann in der Folge am 11.11.2005 und am 14.11.2005 die in der Tabelle 6-19 beispielhaft aufgeführte Gewinn- und Verlustrechnung. In der Praxis wurde diese Position über einen Zeitraum von mehreren Wochen gehalten.

Tabelle 6-19: Gewinn- und Verlustrechnung für den 11.11.2005 und 14.11.2005

Nominalvolumen (in USD)	Währung	Gewichtung	FX-Kurs vs. USD (10.11.2005)	FX-Kurs vs. USD (11.11.2005)	FX-Kurs vs. USD (14.11.2005)	GuV am 11.11.2005 in %	GuV am 14.11.2005 in %	GuV am 11.11.2005 in USD	GuV am 14.11.2005 in USD
1.000.000	IDR	31,45%	9977,5	9.987	10.003	-0,030%	-0,049%	-299,41	-488,05
1.000.000	PHP	23,62%	54,41	54,41	118,09	0,117%	-0,087%	1.166,50	-868,36
(1.000.000)	JPY	-55,07%	117,7	118,09	118,69	0,182%	0,280%	1.824,74	2.798,02
Total						0,269%	0,144%	2.691,83	1.441,61

Quelle: Eigene Darstellung. Daten: FX Concepts LLC

Die Gewinn- und Verlustrechnung in Prozent am 11.11.2005 für die Indonesischen Rupien errechnet sich wie folgt: 9.987 / 9.977,50 – 1 * 31,45% * -1 = -0,03%. Dieses prozentuale Tagesergebnis multipliziert mit dem Nominalvolumen in Höhe von 1.000.000 US-Dollar ergibt den entsprechenden Tagesgewinn / -verlust in US-Dollar.

Die Abbildung 6-20 zeigt die relative Wertentwicklung der drei involvierten asiatischen Währungen versus dem US-Dollar im Zeitraum vom 30.09.2005 bis zum 17.02.2006.

Stopp-Loss-Limite werden nicht eingesetzt. Entwickelt sich eine Währung entgegengesetzt der vom Modell implizierten Erwartung, so führt dies über die täglichen Berechnungen des Momentumfaktors zu einer Veränderung der aggregierten Gewinnerwartung für diese Währung. Dies führt wiederum in der Folge über den täglichen Prozess der Mittelwert-Varianz-Optimierung zu einer geringeren Gewichtung und schlussendlichen Aussteuerung dieser Währung im Portfolio.

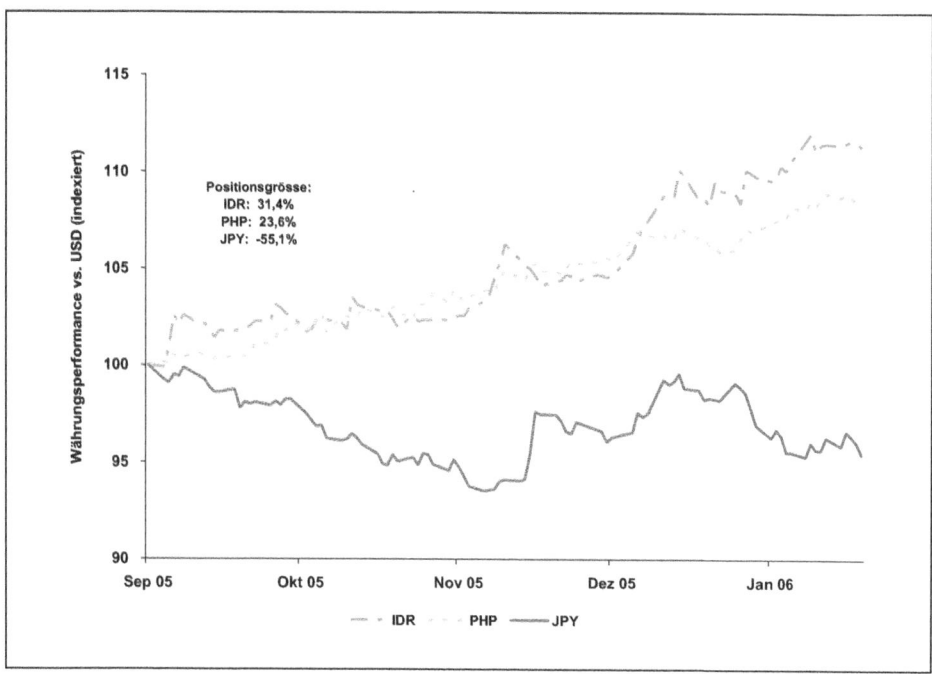

Quelle: Eigene Darstellung. Daten: Bloomberg, FX Concepts LLC
Abbildung 6-20: *Währungsperformance ausgewählter asiatischer Währungen versus USD*

6.4   Rendite- und Risikobetrachtung

In diesem Abschnitt werden die Rendite- und Risikoeigenschaften von aktiven Währungsfonds beschrieben. Als Benchmark wird der ParkerFX All Index (PFX) verwendet und mit
einer Investition in US-Aktien, gemessen anhand des S&P 500 Index (SP500) sowie in
Staatsanleihen, gemessen anhand des JP Morgan Government Bond Index (JPMGBI), verglichen. Der PFX stellt die durchschnittliche Wertentwicklung von 58 verschiedenen aktiven
Währungsmanagern dar und wird von Parker Global Stratgegies LLC berechnet.[15] Die Auswertungen in diesem Abschnitt erfolgen auf Basis von Monatsdaten und basieren entsprechend auf 156 Datenpunkten. Der Untersuchungszeitraum erstreckt sich vom 30. Juni 1996
bis zum 30. Juni 2009.

---

[15]   Quelle: Parker Global Strategies LLC, Stand: Mai 2009.

6.4.1   Wertentwicklung

Die durchschnittliche jährliche Wertentwicklung des PFX betrug +4,8 Prozent und lag damit über den Werten für Aktien (+2,5 Prozent) und unter jener von Anleihen (+6,4 Prozent), wie der Tabelle 6-20 zu entnehmen ist. Diese Rendite wurde mit einer Volatilität von 5,7 Prozent erzielt. Besonders interessant erscheinen die Kennzahlen für die maximalen absoluten Kursverluste (schlechtester Monat von -3,0 Prozent und Maximum Drawdown von -9,2 Prozent).

Tabelle 6-20: Historische Wertentwicklung des ParkerFX All Index

	PFX	SP500	JPMGBI
Annualisierte Rendite	4,8%	2,5%	6,4%
Volatilität	5,7%	16,5%	3,1%
Positive Monate in %	53,2%	59,0%	75,6%
Sharpe Ratio (RFR)	0,17	-0,00	0,78
Omega (RFR)	1,13	1,00	1,76
Bester Monat	5,6%	9,7%	3,0%
Schlechtester Monat	-3,0%	-16,9%	-2,0%
Maximum Drawdown	-9,2%	-52,6%	-2,9%
Annualisiertes Alpha (PFX)		4,8%	3,2%
Beta (PFX)		0,00	0,26
Downside Beta (PFX)		-0,04	0,45

Quelle: Eigene Darstellung. Daten: Parker Global Strategies LLC, Bloomberg.

Hervorzuheben bei der in Abbildung 6-21 dargestellten Renditeverteilung des PFX ist die völlige Abstinenz von Extremwerten – sowohl am linken als auch am rechten Rand der Verteilung.

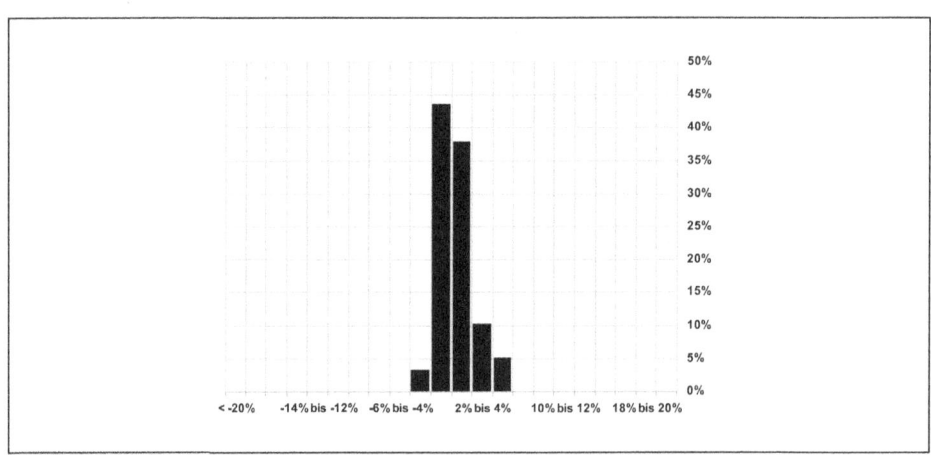

Quelle: Eigene Darstellung. Daten: Parker Global Strategies LLC, Bloomberg.
Abbildung 6-21: *Häufigkeitsverteilung der monatlichen Renditen des ParkerFX All Index*

Die positive Schiefe (+0,91) sowie der Vergleich bester Monat (+5,6 Prozent) versus schlechtester Monat (-3,0 Prozent), lassen diese Strategie für Investoren als sehr attraktiv erscheinen.
Die rollierenden Zwölfmonats-Renditen bewegen sich für den PFX in einer Bandbreite von -
4,9 bis +18,5 Prozent. Abbildung 6-22 zeigt die Bandbreite möglicher Renditen über einen
rollierenden Zwölfmonats-Zeitraum, welche in der Mehrzahl positiv sind.

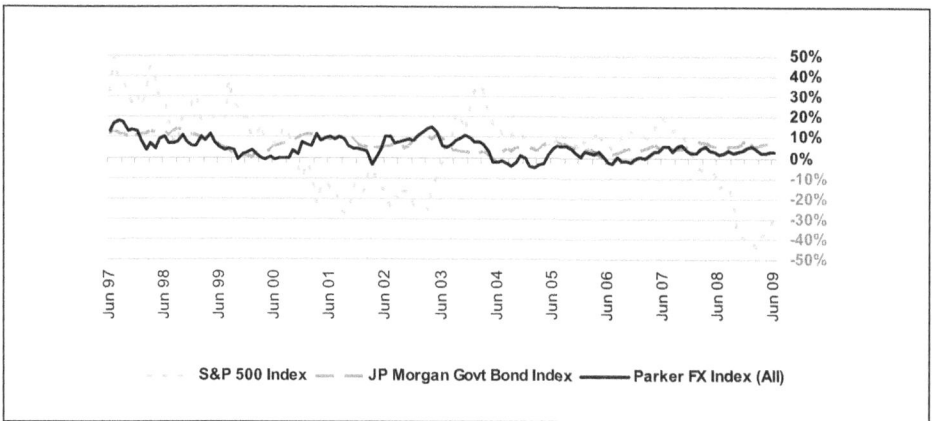

Quelle: Eigene Darstellung. Daten: Parker Global Strategies LLC, Bloomberg.
Abbildung 6-22: *Rollierende Zwölfmonats-Renditen des ParkerFX All Index*

Die rollierenden Zwölfmonats-Sharpe-Ratios bewegen sich für den PFX in einer Bandbreite
von -2,01 bis +2,06. Abbildung 6-23 zeigt die Bandbreite möglicher Sharpe Ratios über einen
rollierenden Zwölfmonats-Zeitraum.

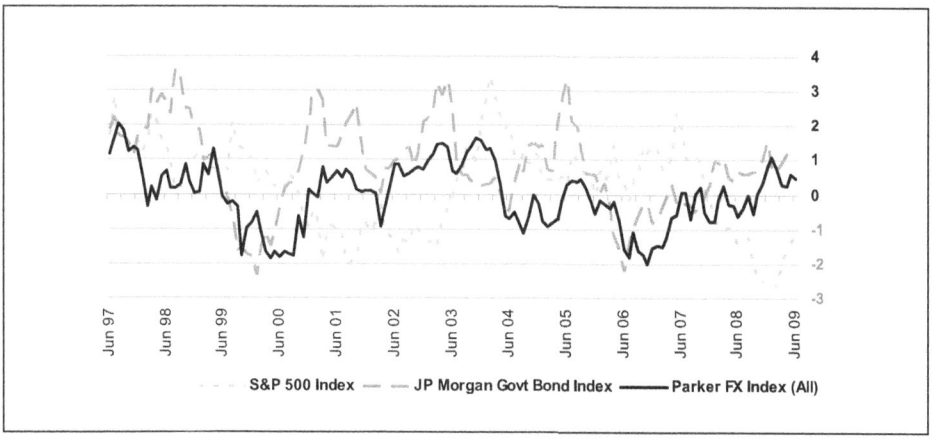

Quelle: Eigene Darstellung. Daten: Parker Global Strategies LLC, Bloomberg.
Abbildung 6-23: *Rollierende Zwölfmonats-Sharpe-Ratios des ParkerFX All Index*

6.4.2   Risikobetrachtung

Wie aus Tabelle 6-21 deutlich wird, erzielt der PFX in einem negativen Monat einen durchschnittlichen Verlust von -0,9 Prozent sowie einen durchschnittlichen Monatsgewinn von
+1,5 Prozent in einem positiven Monat. Diese Werte sind in ihrer Relation besser als bei
Aktien (-4,1 und +3,4 Prozent) und vergleichen sich gut mit Anleihen (-0,7 und +0,9 Prozent). Die Semi-Standardabweichung ist bei den hier verglichenen Investitionsalternativen
mit 3,3 Prozent ebenfalls die zweitbeste Variante mit Anleihen als konservativste Alternative
(1,9 Prozent) und Aktien mit einem relativ hohen Wert von 12,6 Prozent.

Tabelle 6-21: Historisches Risikoprofil des ParkerFX All Index

	PFX	SP500	JPMGBI
Durchschnittlicher Monatsverlust	-0,9%	-4,1%	-0,7%
Durchschnittlicher Monatsgewinn	1,5%	3,4%	0,9%
Semi-Standardabweichung	3,3%	12,6%	1,9%
Sortino Ratio (RFR)	0,29	-0,01	1,26
Downside Correlation (PFX)		-0,09	0,16
Upside Correlation (PFX)		0,05	0,04
Schiefe	0,91	-0,66	-0,17
Überschuss-Wölbung	0,08	0,86	0,07

Quelle: Eigene Darstellung. Daten: Parker Global Strategies LLC, Bloomberg.

Die durchschnittliche Volatilität des PFX Index über den gesamten Untersuchungszeitraum
beträgt 5,7 Prozent. Dabei reicht die Bandbreite zu verschiedenen Betrachtungsstichtagen
von 2,4 bis 9,9 Prozent, wie anhand von Abbildung 6-24 zu sehen ist.

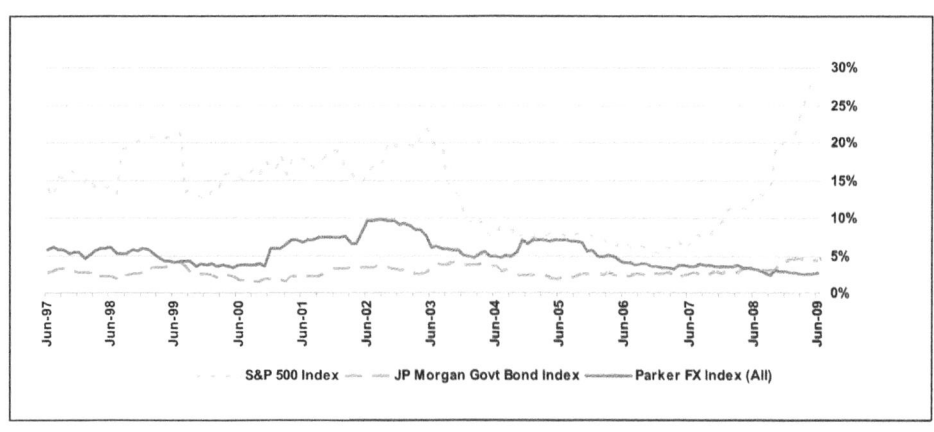

Quelle: Eigene Darstellung. Daten: Parker Global Strategies LLC, Bloomberg.
Abbildung 6-24: *Rollierende Zwölfmonats-Volatilität des ParkerFX All Index*

Mit einer Korrelation von +0,1 zum SP500 und von -0,1 zum JPMGBI weist der PFX Index keinerlei langfristige Abhängigkeiten zu diesen beiden Anlageklassen aus.

Tabelle 6-22: Korrelations-Matrix Währungs-Indizes

	Parker FX Systematic Index	Parker FX Index	S&P 500 Index	DAX Index	Swiss Market Index	S&P Currency Arb. Index	Parker FX Discretionary Index	JP Morgan Govt Bond Index	REX Performance Index
Parker FX Systematic Index	1,0	1,0	0,1	0,1	0,1	0,2	0,5	-0,1	0,0
Parker FX Index	1,0	1,0	0,1	0,1	0,1	0,1	0,6	-0,1	0,0
S&P 500 Index	0,1	0,1	1,0	0,9	0,8	0,4	-0,1	-0,2	-0,4
DAX Index	0,1	0,1	0,9	1,0	0,8	0,4	0,0	-0,3	-0,5
Swiss Market Index	0,1	0,1	0,8	0,8	1,0	0,3	-0,1	-0,3	-0,4
S&P Currency Arb. Index	0,2	0,1	0,4	0,4	0,3	1,0	-0,3	-0,1	-0,3
Parker FX Discretionary Index	0,5	0,6	-0,1	0,0	-0,1	-0,3	1,0	-0,1	0,0
JP Morgan Govt Bond Index	-0,1	-0,1	-0,2	-0,3	-0,3	-0,1	-0,1	1,0	0,8
REX Performance Index	0,0	0,0	-0,4	-0,5	-0,4	-0,3	0,0	0,8	1,0

Quelle: Eigene Darstellung: Daten: Parker Global Strategies LLC, Bloomberg.

Auf einer rollierenden Zwölfmonats-Basis hingegen bewegt sich die Korrelation des PFX zu Aktien zwischen -0,65 und +0,72, sowie zu Anleihen zwischen -0,57 bis +0,86.

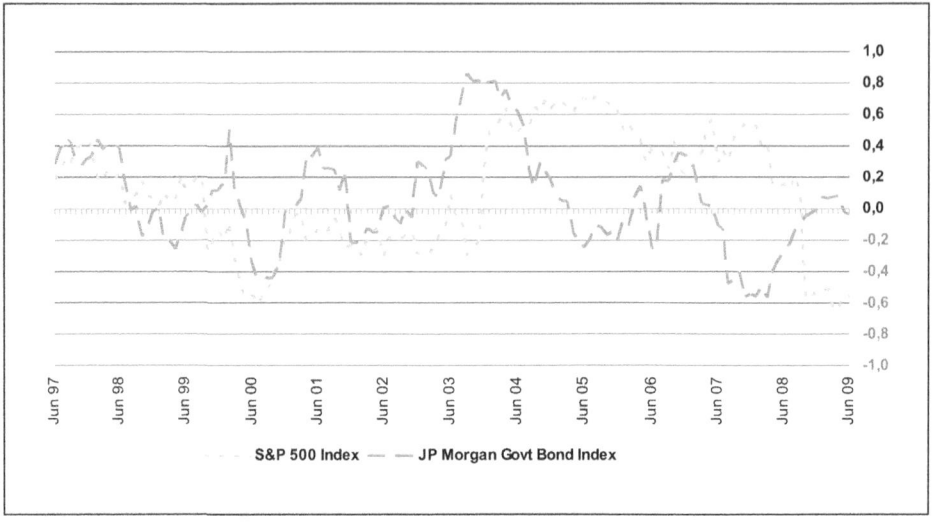

Quelle: Eigene Darstellung. Daten: Parker Global Strategies LLC, Bloomberg.
Abbildung 6-25: *Rollierende Zwölfmonats-Korrelationen des ParkerFX All Index*

Der Unterwasser-Chart zeigt ein interessantes Profil für den PFX mit geringen Ausschlägen in den negativen Bereichen.

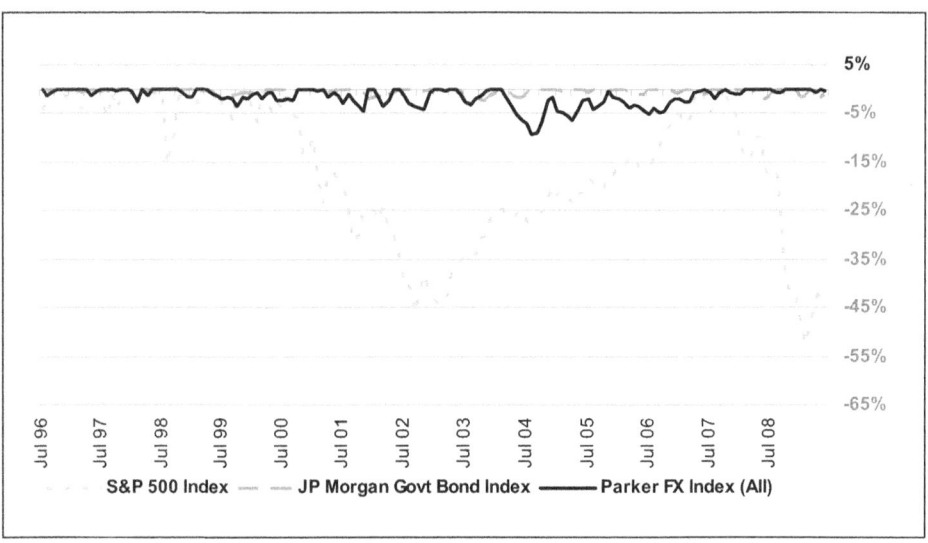

Quelle: Eigene Darstellung. Daten: Parker Global Strategies LLC, Bloomberg.
Abbildung 6-26: *Unterwasser-Chart des ParkerFX All Index*

Die Drawdown-Analyse in Tabelle 6-23 bestätigt die geringen Drawdowns mit dem Maximum Drawdown von -9,2 Prozent im März 2004. Allerdings zeigt diese Analyse auch auf, dass es mitunter sehr lange Erhohlungsphasen benötigt, ehe der Index wieder seinen Verlust aufgeholt hat.

Tabelle 6-23: Drawdown-Analyse des ParkerFX All Index

	Drawdown	Length	Recovery	Start	Valley
1	-9.18%	6	34	Mar-04	Aug-04
2	-4.47%	8	1	Apr-01	Nov-01
3	-4.32%	5	2	Jul-02	Nov-02
4	-3.67%	3	2	Jan-02	Mar-02
5	-3.49%	6	12	May-99	Oct-99
6	-3.22%	3	4	Jun-03	Aug-03
7	-2.64%	2	1	Jan-98	Feb-98
8	-2.09%	2	2	Jul-07	Aug-07
9	-1.84%	3	2	Nov-98	Jan-99
10	-1.43%	1	2	Aug-96	Aug-96
11	-1.40%	1	1	Apr-98	Apr-98
12	-1.38%	1	2	May-97	May-97

Quelle: Eigene Darstellung. Daten: Parker Global Strategies LLC, Bloomberg.

7. Ausblick

Spätestens die direkten Auswirkungen der Finanzkrise auf die Portfolios institutioneller Investoren sollten demonstriert haben, dass die Diversifikation über verschiedene Anlageklassen hinweg in der heutigen Zeit nicht mehr als ausreichend erachtet werden kann. Diese ist vielmehr zusätzlich mit einer Diversifikation über verschiedene Anlagekategorien bis hin zu unterschiedlichen Investmentstrategien zu ergänzen. Nur ein derartiges Vorgehen kann auch in extremen Stressphasen eine gewisse abfedernde Wirkung innerhalb der Gesamtanlagen erzielen, ohne sich gleichzeitig die Chance zu nehmen, attraktive risikobereinigte Renditen zu generieren. Nachdem, ausgelöst durch die Finanzkrise, Aktien- und Rohstoffpreise zeitweise über 40 Prozent von ihren Höchstständen einbüßten und auch Anleihen niedriger Bonität einem starken Verkaufsdruck ausgesetzt waren, sehen sich wiederum einige andere Marktteilnehmer in ihrer Anlagephilosophie bestätigt, vorwiegend in Staatsanleihen höchster Bonität zu investieren. Doch auch diese Strategie kann in einem Umfeld niedriger Zinsen, einem eventuell lauernden Anstieg der Inflation sowie einer steigenden Staatsverschuldung unangenehmes Enttäuschungspotenzial bergen. Neben den so genannten klassischen alternativen Investmentstrategien wie beispielsweise Long-Short Equity, Global Macro und Convertible Arbitrage sollten in Zukunft auch die in diesem Buch vorgestellten innovativen Investmentstrategien an Aufmerksamkeit gewinnen. Denn einige dieser Strategien haben sich entweder in der Krise als besonders „unkorreliert" herausgestellt (Managed Futures, Long-Short Rohstoffe, Volatilitäts-Arbitrage, Stromhandel) oder sollten von einer Normalisierung überproportional profitieren (zum Beispiel Distressed Securities und Währungen).

Neben der bekannten Umsetzungsform in einem Offshore-Fonds werden aber auch zunehmend Vehikel an Bedeutung gewinnen, welche Onshore domiziliert sind. Zu nennen sind hier beispielsweise sogenannte UCITS-konforme Fonds mit Domizil in Europa, welche für eine Reihe von Strategien geeignet sind, die sowohl über eine hohe inhärente Liquidität verfügen als auch Finanzinstrumente einsetzen, die UCITS-konform sind. Der Ansatz, Strategien, welche nicht UCITS-konforme Finanzinstrumente zum Einsatz bringen, über synthetische Lösungen in richtlinienkonformen Vehikeln abzubilden (zum Beispiel über Swap-Konstruktionen), muss hierbei im Einzelfall kritisch analysiert werden. Für Investmentstrategien, welche nicht UCITS-kompatibel umgesetzt werden können, bietet die europäische Fondsindustrie ebenfalls geeignete Lösungen an. Ein weiterer Trend, der in der Industrie auszumachen ist, ist der verstärkte Ruf nach Transparenz. Inwiefern die vermehrt aus dem Boden sprießenden Managed-Account-Plattformen eine probate Antwort darstellen oder dies aber mit einer erhöhten Transparenz des Fondsmanagements innerhalb eines Fondsvehikels, reguliert oder Offshore, adressiert werden kann, muss ebenfalls im Einzelfall entschieden werden.

Abschließend ist auch noch einmal darauf hinzuweisen, dass die in den Unterkapiteln „Rendite- und Risikobetrachtung" verwendeten Indizes verschiedenen Verzerrungen ausgesetzt sind. Zu erwähnen sind hier der Selection Bias und der Survivorship Bias. Der *Selection Bias* entsteht dadurch, dass bei den verwendeten Indizes jeweils eine Auswahl getroffen wird (entweder durch den Indexanbieter oder durch die Autoren) und dass dadurch nicht gewährleistet ist, dass sich der Index jeweils aus allen Fonds zusammensetzt, um damit einen repräsentativen Maßstab darzustellen. Der *Survivorship Bias* entsteht dadurch, dass die Indizes sich lediglich aus solchen Fonds zusammensetzen, die nach wie vor aktiv sind und ihr Reporting an die gängigen Datenbankanbieter nicht eingestellt haben, sei es beispielsweise, weil sie liquidiert wurden.[1] Auch ist darauf hinzuweisen, dass die Berechnungen und die Abbildungen dieser Unterkapitel jeweils auf einem Durchschnitt verschiedener Fonds basieren und die Ergebnisse einzelner Fonds entsprechend deutlich abweichen können. Dies ist insofern bedeutsam, als die Renditedispersion bei den Monatsrenditen bei alternativen Investmentstrategien mit einer Spannweite von knapp 16 Prozent deutlich ausgeprägter ist, als dies bei traditionellen bzw. benchmark-orientierten Investmentfonds der Fall ist.[2] Zusätzlich müssen natürlich die erzielten Wertentwicklungen und Portfolioeigenschaften der in diesem Buch dargestellten Investmentstrategien in der Vergangenheit kein Indikator für die zukünftigen Ergebnisse dieser Strategien darstellen.

---

1   Weitere Informationen zu den möglichen Verzerrungen von fondsbasierten Indizes kann Fung/Hsieh (2000), Heidorn *et al* (2006) sowie Kaiser (2009) entnommen werden.
2   Vgl. Kaiser/Thießen (2008), S. 432.

Abbildungsverzeichnis

Tabellenverzeichnis

Literaturverzeichnis

ACHLEITNER, A.-K. UND C. KASERER (2005): Private Equity Funds and Hedge Funds: A Primer, Technische Universität München, Working Paper.

ALLEN, P., S. EINCHCOMB UND N. GRANGER (2006): Variance Swaps, JP Morgan Securities, White Paper, London.

ANSON, M. (2006): Handbook of Alternative Assets, 2. Auflage, Wiley, Hoboken.

APPEL, G. (2005): Technical Analysis: Power Tools for Active Investors, Prentice Hall International, London.

BANK FOR INTERNATIONAL SETTLEMENTS (2007): Triennial Central Bank Surves - Foreign Exchange and Derivatives Markets Activity in 2007, Basel.

BUSACK, M. UND D.G. KAISER (2006): „Alternative Investment-Strategien – Definition, Klassifikation und Anlagetechniken", in: M. Busack und D.G. Kaiser (Hrsg.), *Handbuch Alternative Investments Band 1*, Gabler Verlag, Wiesbaden, S. 3-31.

CETTIER, P., D. KOHLER UND O. MALITIUS (2008): „Currency-Investments auf Basis struktureller Währungsmarkteffekte", *Absolut|report*, Nr. 45 (August/September), S. 44-51.

DELLA CASA, T., M. RECHSTEINER UND A. LEHMANN (2007): De-mystifying managed futures – why first class research and innovation are key to stay ahead of the game, White Paper, Man Investments, London.

DRIESSEN, J., P.J. MAENHOUT UND G. VILKOV (2005): Option-Implied Correlations and the Price of Correlation Risk, Working Paper, University of Amsterdam, November.

ELLER, R. UND C. SAGERER (2008): "An Overview of Commodity Sectors", in: F.J. Fabozzi, R. Füss und D.G. Kaiser (Hrsg.), *The Handbook of Commodity Investing*, Wiley, Hoboken, S. 681-711.

ERB, C. UND C.R. HARVEY (2006): "The Strategic and Tactical Value of Commodity Futures", *Financial Analysts Journal*, Vol. 62, Nr. 2, S. 69-97.

FABOZZI, F.J., R. FÜSS UND D.G. KAISER (2008): „A Primer on Commodity Investing", in: F.J. Fabozzi, R. Füss und D.G. Kaiser (Hrsg.), *The Handbook of Commodity Investing*, Wiley, Hoboken, S. 3-37.

FRIDSON, M.S., K.P. COVEY UND K. STERLING (2008): "Performance of Distressed Bonds", *Journal of Portfolio Management*, Vol. 34, Nr. 3, S. 56-62.

FÜSS, R., D.G. KAISER UND M. PRAß (2006): „Ertragskomponenten von Commodity-Futures-Indizes", *Zeitschrift für das gesamte Kreditwesen*, Vol. 59, Nr. 22, S. 1214-1218.

FÜSS, R., D.G. KAISER UND M. STEIN (2009): "Strategies of Hedge Funds in Fixed-Income Markets", in: G.N. Gregoriou und C. Hoppe (Hrsg.), *The Handbook of Credit Portfolio Management*, McGraw-Hill, New York, S. 325-347.

FUNG, W. UND D.A. HSIEH (2000): "Performance Characteristics of Hedge Funds and Com-modity Funds: Natural vs. Spurious Biases", *Journal of Financial and Quantitative Analysis*, Vol. 35, Nr. 3, S. 291-307.

GORTON, G. UND K.G. ROUWENHORST (2006): "Facts and Fantasies about Commodity Futures", *Financial Analysts Journal*, Vol. 62, Nr. 2, S. 47-68.

GRANT, M., K. GREGORY UND J. LUI (2007): Volatility as an asset, Goldman Sachs, White Paper, New York.

GREGORIOU, G.N. (2006): "Selecting Last Year's Top Performing CTA as this Year's Choice", in: G.N. Gregoriou und D.G. Kaiser (Hrsg.), *Hedge Funds and Managed Futures – A Handbook for Institutional Investors*, Risk Books, London, S. 351-358.

GREGORY, K. UND J. LUI (2007): Trading Equity Dispersion, Goldman Sachs, White Paper, New York.

HAASE, M. UND V. MARKERT (2009): „Auf der Suche nach der Benchmark: Die neue Generation von Rohstoff-Indizes", *Zeitschrift für das gesamte Kreditwesen*, Vol. 62, Nr. 8, S. 385-387.

HARDING, D. (2006): „Mythen und Realitäten über Managed Futures", in: M. Busack und D.G. Kaiser (Hrsg.), *Handbuch Alternative Investments Band 1*, Gabler Verlag, Wiesbaden, S. 635-646.

HEDGES, J. (2003): „Distressed-Hedge-Fund-Investments: Chancen und Risiken", *Absolut|report*, Nr. 13, S. 10-17.

HEIDORN, T., C. HOPPE UND D.G. KAISER (2006): „Validität des Benchmarking von traditionellen Marktindizes mit Hedgefondsindizes", *Bank Archiv*, Vol. 54, Nr. 10, S. 710-721.

HILPOLD, C. und D.G. KAISER (2005): Alternative Investment Strategien – Einblick in die Anlagetechniken der Hedgefonds-Manager, Wiley, Weinheim.

HILPOLD, C. (2006): „Hedgefonds im Rohstoff-Bereich: Relative Value Commodities", in: M. Busack und D.G. Kaiser (Hrsg.), *Handbuch Alternative Investments Band 2*, Gabler Verlag, Wiesbaden, S. 393-412.

HOPPE, C. (2005): Derivate auf Alternative Investments – Konstruktion und Bewertungsmöglichkeiten, Gabler Edition Wissenschaft, Wiesbaden.

HÜNERWADEL, A. (2007): „Arten und Formen des Stromhandels, insbesondere Börsen- und Derivathandel", in: R.H. Weber (Hrsg.), *Stromhandel*, Schulthess, Zürich, S. 49-63.

ICE (2009): Futures Daily Reports, www.theice.org.

INEICHEN, A.M. (2003): Absolute Returns – The Risk and Opportunites of Hedge Fund Investing, Wiley, London.

JAEGER, L. UND C. WAGNER (2005): "Factor Modelling and Benchmarking of Hedge Funds: Can Passive Investments in Hedge Fund Strategies Deliver?", *Journal of Alternative Investments*, Vol. 8, Nr. 3, S. 9-36.

JAFFARIAN, E.L. (2007): A Survey of the Managed Futures Industry, Efficient Capital Management, Naperville.

KAISER, D.G. (2009): Hedgefonds – Entmystifizierung einer Anlagekategorie, 2. Auflage, Gabler Verlag, Wiesbaden.

KAISER, D.G. UND F. THIEßEN (2008): „Implikationen der Renditedispersion von Hedgefonds bei der Berechnung von Performancekennzahlen auf Basis von Hedgefondsindizes", *Finanz Betrieb*, Vol. 10, Nr. 6, S. 425-432.

KAT, H.M. (2004): "Hedge Funds and Managed Futures – A Match Made In Heaven", *Journal of Investment Management*, Vol. 2, Nr. 1, S. 32-40.

KEYNES, J.M. (1930): A Treatise on Money, Macmillan, London.

KIRSCHNER, S., E. MAYER UND L. KESSLER (2006): The Investor's Guide to Hedge Funds, Wiley, Hoboken.

KOGLER, M., M. HAUSBERGER UND B. BORTON (2009): "Index-Dispersion Trading", MM Capital LLC White Paper, New York.

KRITZMAN, M. (1993): "The Optimal Currency Hedging Policy with Biased Forward Rates," *Journal of Portfolio Management*, Vol. 19, Nr. 4, S. 94-100.

LAYARD-LIESCHING, R.G. (2006): "Investing in Commodities", in: R.N. Sullivan (Hrsg.), *Global Perspectives on Investment Management: Learning from the Leaders*, CFA-Institute, Charlottesville, S. 321-337.

LEDENCAN, M., M. THOMAS UND R. ROSSLENBROICH (2005): „Volatilität als Werttreiber risikooptimierter Handelsstrategien", *Absolut|report*, Nr. 26 (Juni), S. 16-25.

LEQUEUX, P. (2008): „Herausforderungen und Möglichkeiten des aktiven Währungsmanagements", *Absolut|report*, Nr. 43 (April/Mai), S. 40-47.

LEQUEUX, P. UND I. PETEJ (2006): „Herausforderungen und Möglichkeiten des aktiven Währungsmanagements", in: M. Busack und D.G. Kaiser (Hrsg.), *Handbuch Alternative Investments Band 2*, Gabler Verlag, Wiesbaden, S. 457-472.

LHABITANT, F.-S. (2002): Hedge Funds – Myths and Limits, Wiley, Chichester.

LIEBLER, H., D. SCHIERECK UND M. SCHMID (2004): „Distressed Debt Investing", *Bank Archiv*, Vol. 52, Nr. 9, S. 649-661.

LINTNER, J. (1983): "The Potential Role of Managed Commodity-Financial Futures Accounts (and/or Funds) in Portfolios of Stocks and Bonds", präsentiert bei der Annual Conference der Financial Analysts Federation in Toronto, Kanada.

LOGGIE, K. (2008): Volatility Arbitrage Indices – A Primer, Standard & Poor's White Paper, New York.

LOZOVAIA, T. UND H. HIZHNIAKOVA (2008): How to extend Modern Portfolio Theory to make money from Trading Equity Options, EgarTechnology, White Paper, New York.

LUCA, C. (2007): Is all FX Trading Created Equal?, CME Group White Paper, Chicago.

MASON, C. UND S. WEINGRAM (2004): "Volatility Trading Hedge Funds: A Primer", *swissHEDGE*, Nr. 4, S. 17-21.

MATOS, E. (2000): Distressed Securities Investing, White Paper, Tremont, New York.

MEZGER, M. (2008): "Sources of Alpha in Commodity Investing", in: F.J. Fabozzi, R. Füss und D.G. Kaiser (Hrsg.), *The Handbook of Commodity Investing*, Wiley, Hoboken, S. 423-453.

MIDDLETON, A. (2005): "Trading Style Analysis: A Quantitative Assessment of the Currency Industry", *Journal of Alternative Investments*, Vol. 8, Nr. 1, S.14-28.

MOORE, S., J. TOEPKE UND N. COLLEY (2006): The Encyclopaedia of Commodity and Financial Spreads, Wiley, Hoboken.

MURPHY, J.J. (1999): Technical Analysis of the Financial Markets: A Comprehensive Guide to Trading Methods and Applications, Prentice Hall Press, London.

MURRAY, M.P (2000): "Risk Management for Distressed Securities Portfolios", in V.R. Parker (Hrsg.), *Managing Hedge Fund Risk*, Risk Books, London, S. 231-240.

NEW YORK MERCANTILE EXCHANGE (2006): Crack Spread Handbook, New York.

ONEX CREDIT PARTNERS (2009): Distressed Debt Trading Example, White Paper, Englewood Cliffs.

PROELSS, J. UND D. SCHWEIZER (2008): "Efficient Frontier of Commodity Portfolios", in: F.J. Fabozzi, R. Füss und D.G. Kaiser (Hrsg.), *The Handbook of Commodity Investing*, Wiley, Hoboken, S. 454-478.

SARAVELOS, G. (2007): Deutsche Bank Guide to Currency Indices, White Paper, Deutsche Bank, London.

SKEGGS, J. (2006): "Welcome turbulence – how to make money from volatility arbitrage", *HedgeFundsReview*, Volatility Arbitrage Supplement, July, S. 4-9.

STEFANINI, F. (2006): Investment Strategies of Hedge Funds, Wiley, Chichester.

STERLING, K., M.S FRIDSON, V.C.C KONG (2009): "Return Dynamics of Distressed Bonds", *Journal of Portfolio Management*, Vol. 35, Nr. 2, S. 102-109.

WEBER, T. (1999): Das Einmaleins der Hedge Funds, Campus Verlag, Frankfurt a.M.

WEßELMANN, C. (2008): "Betriebsergebnisse 2008", *atw - Internationale Zeitschrift für Kernenergie*, Bonn.

WILDER, J.W. (1978): New Concepts in Technical Trading Systems, Trend Research, McLeansville.

ZENKER, M. UND G. HOPLEY (2008): Understanding US Power Markets, Barclays Capital Research, London.

Stichwortverzeichnis

Die Autoren

Claus Hilpold ist Gründungspartner und Managing Director der POLARIS Investment Advisory AG in Zürich und berät in dieser Funktion institutionelle Investoren bei der Investition in alternative Investmentstrategien. Zuvor war er von 2004 bis 2008 bei Harcourt Investment Consulting AG für das Business Development im deutschen und österreichischen Markt verantwortlich. Vor seinem Wechsel zu Harcourt arbeitete Herr Hilpold bei der Commerzbank AG in Frankfurt am Main, wo er als Produktmanager für die Strukturierung und Vermarktung hedgefondsbezogener Produkte in Deutschland, Österreich und der Schweiz verantwortlich war. Herr Hilpold hat einen Abschluss in Betriebswirtschaftslehre mit Schwerpunkt Bankmanagement (Diplom-Betriebswirt FH) von der Wissenschaftlichen Hochschule in Lahr. Als Bestandteil eines berufsbegleitenden Aufbaustudienganges hält er zudem ein Diplom in Bankmanagement (Diplom-Bankbetriebswirt ADG) von der Akademie Deutscher Genossenschaften in Montabaur. Seit 2004 ist Herr Hilpold zertifiziert als Chartered Financial Analyst (CFA) und im Jahre 2008 absolvierte er die Ausbildung zum Chartered Alternative Investment Analyst (CAIA). Claus Hilpold ist Co-Autor des Buches „Alternative Investment Strategien" und ferner Verfasser verschiedenster Fachbeiträge und Buchkapitel zum Thema Alternative Investments. Seit 2004 ist er Dozent an der Finanzakademie der European Business School in Oestrich-Winkel zum Thema Alternative Investments.

Dr. Dieter Kaiser ist in seiner Position als Director Investment Management bei der Feri Institutional Advisors GmbH in Bad Homburg für die Selektion von Single-Hedgefonds sowie das Management von Dach-Hedgefonds zuständig. Herr Kaiser begann seine Karriere im Bereich Institutional Sales bei Crédit Agricole Asset Management in Frankfurt am Main, wo er ab 2001 für den Marketing Support der Dach-Hedgefonds-Aktivitäten der Gruppe zuständig war. Von 2003 bis 2007 arbeitete er bei der deutschen Niederlassung der Benchmark Capital Management GmbH, wo er als Produktspezialist für das Institutional Research verantwortlich war. Herr Kaiser hat zahlreiche Artikel zum Themengebiet der Alternative Investments in professionellen und akademischen Zeitschriften von internationalem Rang veröffentlicht. Seine Aufsätze erschienen beispielsweise im *Journal of Alternative Investments, Journal of Wealth Management* sowie in *Financial Markets and Portfolio Management*. Er ist außerdem Autor und Herausgeber von acht Büchern und seit 2003 Referent zum Themengebiet der Alternative Investments an der Frankfurt School of Finance and Management. Herr Kaiser ist Diplom-Betriebswirt, hält einen Master of Arts-Abschluss in Banking und Finance von der Frankfurt School of Finance and Management und promovierte am Lehrstuhl für Finanzwirtschaft an der Technischen Universität Chemnitz. Auf der akademischen Seite ist Herr Kaiser Research Fellow am Centre for Practical Quantitative Finance der Frankfurt School of Finance and Management.

The manufacturer's authorised representative in the EU is Springer
Nature Customer Service Centre GmbH, Europaplatz 3, 69115 Heidelberg,
Germany. If you have any concerns regarding our products, please
contact ProductSafety@springernature.com

Printed and bound by CPI Group (UK) Ltd, Croydon, CR0 4YY

23/04/2026

02095645-0010